高等学校大数据管理与应用专业规划教材

Business Intelligence:
Methods and Applications
Second Edition

商务智能
方法与应用

（第2版）

刘红岩　编著

清华大学出版社
北京

内 容 简 介

本书介绍商务智能概况、商务智能过程、关联分析、分类、数值预测、聚类、神经网络与深度学习、数据预处理、文本数据处理、数据仓库、联机分析处理、商务智能可视化、商务智能应用、商务智能软件系统、复杂数据的商务智能分析方法以及商务智能的社会影响与发展等。

本书内容具体、新颖、丰富、易于理解,既涵盖商务智能领域的经典基础知识,又反映该领域的最新发展趋势;既包含数据分析的各种理论模型,又包含实用软件工具的具体使用方法。

本书适合作为信息管理、计算机应用、电子商务、数据科学与大数据技术以及商务数据科学等专业的教材,也可作为数据分析人员的参考资料。

图书在版编目(CIP)数据

商务智能方法与应用/刘红岩编著. —2 版. —北京:清华大学出版社,2020.7(2023.12重印)
高等学校大数据管理与应用专业规划教材
ISBN 978-7-302-55810-1

Ⅰ. ①商… Ⅱ. ①刘… Ⅲ. ①电子商务—智能技术—高等学校—教材 Ⅳ. ①F713.361

中国版本图书馆 CIP 数据核字(2020)第 110935 号

组稿编辑:刘向威
文稿编辑:张爱华
封面设计:文 静
责任校对:焦丽丽
责任印制:杨 艳

出版发行:清华大学出版社
    网 址:https://www.tup.com.cn,https://www.wqxuetang.com
    地 址:北京清华大学学研大厦 A 座   邮 编:100084
    社 总 机:010-83470000   邮 购:010-62786544
    投稿与读者服务:010-62776969,c-service@tup.tsinghua.edu.cn
    质量反馈:010-62772015,zhiliang@tup.tsinghua.edu.cn
    课件下载:https://www.tup.com.cn,010-83470236
印 装 者:三河市龙大印装有限公司
经 销:全国新华书店
开 本:185mm×260mm 印 张:19.75   字 数:470 千字
版 次:2013 年 5 月第 1 版 2020 年 8 月第 2 版   印 次:2023 年 12 月第 5 次印刷
印 数:4101~4900
定 价:59.00 元

产品编号:083665-01

前　言

数据已经渗透到各行各业的各种业务过程中,这些数据不断积累,形成了传统数据管理系统无法有效管理和使用的大数据。同时,企业和机构运营环境越来越复杂,竞争也越来越激烈,商业机会稍纵即逝,管理者需要全面掌握业务各方面的运营状况,及时做出反应,进行快速、科学的决策。商务智能系统具有数据集成、数据管理以及数据分析的功能,能从大量数据中发现隐含的模式,辅助管理者发现业务运营的规律和异常,降低运营成本和风险,增加收入,提高客户满意度。商务智能系统已经被越来越多的企业所采纳,成为提高企业竞争力的重要方法,在许多重要的商业应用中发挥着重要的作用。

全球管理咨询公司麦肯锡全球研究院(McKinsey Global Institution,MGI)2011 年发布了一个题目为《大数据:创新、竞争和生产力的下一个前沿领域》(*Big data*:*the next frontier for innovation*,*competition*,*and productivity*)的研究报告。报告中指出,大数据可以为世界经济创造重要价值,提高企业和公共部门的生产力和竞争力,并为消费者创造大量的经济剩余。2016 年 12 月,MGI 又发表了题为《分析的时代:在大数据的世界竞争》(*The age of analytics*:*competing in a data-driven world*)的研究报告。报告指出,大数据分析正在改变竞争的基础,对商业模式产生颠覆性影响。同时,报告还指出分析和技术人才持续匮乏,是数据潜在价值发现和有效利用的障碍。为此,近几年来,国内外高校纷纷设立与数据分析有关的专业,如数据科学与大数据技术专业和商务数据科学专业。

本书作者自 20 世纪 90 年代末就开始在清华大学为研究生开设"商务智能"课程,20 年来一直从事商务智能领域的教学和科研工作。本书内容是作者 20 年来教学和科研内容的总结,旨在为数据科学专业、信息系统专业、计算机专业以及其他相关专业介绍商务智能的基本概念、功能和分析方法。全书分为五个部分,共 16 章内容。第一部分(包括第 1 章和第 2 章)是商务智能概念和过程,主要介绍商务智能的基本概念、系统构成、发展历史以及系统开发过程。第二部分(包括第 3~7 章)是商务智能方法,详细介绍机器学习和数据挖掘的各种模型和技术方法,包括关联分析、分类、数值预测、聚类以及神经网络与深度学习的各种方法。第三部分(包括第 8~12 章)是商务智能基础技术,介绍为了实现数据分析需要的基础支撑技术,包括数据预处理、文本数据处理、数据仓库、联机分析处理和商务智能可视化。第四部分(包括第 13 章和第 14 章)是商务智能应用系统,介绍商务智能的应用领域,并以推荐系统和意见挖掘为例,介绍了典型的应用方法。另外,还介绍了常用的商务智能系统,包括商品化的商务智能系统和开源的商务智能软件。为了便于理解前面介绍的数据分析方法,此部分还介绍了开源数据挖掘软件 Weka 和 RapidMiner 的详细使用方法。第五部分(包括第 15 章和第 16 章)是商务智能深度应用与发展,进一步介绍了针对复杂数据的分析方法,包括序列模式挖掘、社会网络分析、数据流数据挖掘以及多关系数据挖掘等;最后对商务智能的进一步发展以及对社会的影响进行了分析和展望。

本书在编写过程中，得到了教育部高等学校管理科学与工程类学科教学指导委员会主任、国家信息化专家咨询委员会成员、清华大学陈国青教授的帮助和指导，得到了国家自然科学基金（项目编号：71771131）的资助，在此表示感谢。

由于作者水平有限，书中难免有疏漏之处，望广大读者批评指正。

刘红岩

2020 年于清华园

目 录

第一部分　商务智能概念及过程

第1章　商务智能概述 ⋯⋯⋯⋯⋯⋯⋯⋯⋯⋯⋯⋯⋯⋯⋯⋯⋯⋯⋯⋯ 3
1.1　商务智能的基本概念 ⋯⋯⋯⋯⋯⋯⋯⋯⋯⋯⋯⋯⋯⋯⋯⋯⋯ 3
　　1.1.1　数据 ⋯⋯⋯⋯⋯⋯⋯⋯⋯⋯⋯⋯⋯⋯⋯⋯⋯⋯⋯⋯⋯ 3
　　1.1.2　信息和知识 ⋯⋯⋯⋯⋯⋯⋯⋯⋯⋯⋯⋯⋯⋯⋯⋯⋯⋯ 6
1.2　商务智能的系统构成 ⋯⋯⋯⋯⋯⋯⋯⋯⋯⋯⋯⋯⋯⋯⋯⋯⋯ 6
1.3　商务智能的发展历史 ⋯⋯⋯⋯⋯⋯⋯⋯⋯⋯⋯⋯⋯⋯⋯⋯⋯ 8
练习题1 ⋯⋯⋯⋯⋯⋯⋯⋯⋯⋯⋯⋯⋯⋯⋯⋯⋯⋯⋯⋯⋯⋯⋯⋯⋯ 9

第2章　商务智能过程 ⋯⋯⋯⋯⋯⋯⋯⋯⋯⋯⋯⋯⋯⋯⋯⋯⋯⋯⋯ 10
2.1　商务智能系统的开发方法 ⋯⋯⋯⋯⋯⋯⋯⋯⋯⋯⋯⋯⋯⋯⋯ 10
　　2.1.1　商务智能系统的开发过程 ⋯⋯⋯⋯⋯⋯⋯⋯⋯⋯⋯⋯ 10
　　2.1.2　商务智能系统成功的关键因素 ⋯⋯⋯⋯⋯⋯⋯⋯⋯⋯ 11
2.2　数据仓库与数据库 ⋯⋯⋯⋯⋯⋯⋯⋯⋯⋯⋯⋯⋯⋯⋯⋯⋯⋯ 12
2.3　联机事务处理与联机分析处理 ⋯⋯⋯⋯⋯⋯⋯⋯⋯⋯⋯⋯⋯ 13
2.4　商务智能与决策支持系统 ⋯⋯⋯⋯⋯⋯⋯⋯⋯⋯⋯⋯⋯⋯⋯ 14
练习题2 ⋯⋯⋯⋯⋯⋯⋯⋯⋯⋯⋯⋯⋯⋯⋯⋯⋯⋯⋯⋯⋯⋯⋯⋯⋯ 15

第二部分　商务智能方法

第3章　关联分析 ⋯⋯⋯⋯⋯⋯⋯⋯⋯⋯⋯⋯⋯⋯⋯⋯⋯⋯⋯⋯⋯ 19
3.1　频繁模式与关联规则 ⋯⋯⋯⋯⋯⋯⋯⋯⋯⋯⋯⋯⋯⋯⋯⋯⋯ 19
3.2　频繁项集的典型挖掘方法 ⋯⋯⋯⋯⋯⋯⋯⋯⋯⋯⋯⋯⋯⋯⋯ 21
　　3.2.1　逐层发现算法Apriori ⋯⋯⋯⋯⋯⋯⋯⋯⋯⋯⋯⋯⋯⋯ 21
　　3.2.2　无候选集发现算法FP-Growth ⋯⋯⋯⋯⋯⋯⋯⋯⋯⋯ 23
3.3　关联规则的生成方法 ⋯⋯⋯⋯⋯⋯⋯⋯⋯⋯⋯⋯⋯⋯⋯⋯⋯ 26
3.4　关联规则的其他类型 ⋯⋯⋯⋯⋯⋯⋯⋯⋯⋯⋯⋯⋯⋯⋯⋯⋯ 26
　　3.4.1　多层次关联规则 ⋯⋯⋯⋯⋯⋯⋯⋯⋯⋯⋯⋯⋯⋯⋯⋯ 27
　　3.4.2　负模式 ⋯⋯⋯⋯⋯⋯⋯⋯⋯⋯⋯⋯⋯⋯⋯⋯⋯⋯⋯⋯ 27

3.4.3　结构化数据中的关联分析 ……………………………………………… 28

3.5　关联规则的兴趣度的其他度量 ……………………………………………… 29

练习题 3 ………………………………………………………………………… 30

第 4 章　分类 ……………………………………………………………………… 32

4.1　分类的概念 …………………………………………………………………… 32

4.2　决策树分类方法 ……………………………………………………………… 33

4.2.1　决策树的构建过程 …………………………………………………… 34

4.2.2　属性的类型及分裂条件 ……………………………………………… 35

4.2.3　决策树的剪枝 ………………………………………………………… 39

4.3　朴素贝叶斯分类 ……………………………………………………………… 40

4.4　K 近邻分类 …………………………………………………………………… 43

4.5　逻辑回归 ……………………………………………………………………… 44

4.6　支持向量机 …………………………………………………………………… 45

4.6.1　线性可分 ……………………………………………………………… 45

4.6.2　线性不可分 …………………………………………………………… 47

4.6.3　软间隔支持向量机 …………………………………………………… 49

4.7　分类性能的度量方法 ………………………………………………………… 49

4.7.1　测试数据集的构造 …………………………………………………… 49

4.7.2　分类性能的度量指标 ………………………………………………… 50

4.7.3　不同分类模型的比较 ………………………………………………… 51

练习题 4 ………………………………………………………………………… 54

第 5 章　数值预测 ………………………………………………………………… 56

5.1　数值预测的概念 ……………………………………………………………… 56

5.2　回归方法 ……………………………………………………………………… 57

5.2.1　一元线性回归 ………………………………………………………… 57

5.2.2　多元线性回归 ………………………………………………………… 59

5.2.3　非线性回归 …………………………………………………………… 61

5.3　回归树与模型树 ……………………………………………………………… 62

5.3.1　模型树的构建 ………………………………………………………… 63

5.3.2　模型树的剪枝 ………………………………………………………… 64

5.3.3　算法 …………………………………………………………………… 64

5.4　K 近邻数值预测 ……………………………………………………………… 66

5.5　预测误差的度量 ……………………………………………………………… 66

练习题 5 ………………………………………………………………………… 67

第 6 章　聚类 ……………………………………………………………………… 69

6.1　概述 …………………………………………………………………………… 69

6.1.1　聚类的概念 ·· 69

6.1.2　聚类方法分类 ·· 70

6.2　相似度衡量方法 ·· 70

6.2.1　数据类型 ·· 71

6.2.2　基于内容的相似度衡量 ································ 71

6.2.3　基于链接的相似度衡量 ································ 75

6.3　K 均值方法 ·· 76

6.4　层次聚类方法 ·· 78

6.5　DBSCAN 算法 ·· 79

6.6　聚类效果衡量方法 ·· 81

练习题 6 ·· 82

第 7 章　神经网络与深度学习 ······································· 84

7.1　多层感知机 ·· 84

7.1.1　多层感知机的模型结构 ································ 84

7.1.2　多层感知机模型的训练 ································ 87

7.1.3　正则化 ·· 92

7.2　卷积神经网络 ·· 94

7.2.1　卷积 ·· 94

7.2.2　池化 ·· 100

7.2.3　经典的卷积神经网络模型结构 ·················· 101

7.3　循环神经网络 ·· 105

7.3.1　循环神经网络基本模型 ······························ 105

7.3.2　长短期记忆网络模型 ·································· 108

7.3.3　门控循环单元模型 ······································ 109

7.4　深度神经网络模型的优化 ······································ 110

7.4.1　小批量随机梯度 ·· 110

7.4.2　动量梯度下降 ·· 112

7.4.3　AdaGrad ·· 113

7.4.4　RMSProp ·· 114

7.4.5　Adam ·· 115

7.4.6　学习率衰减 ·· 117

练习题 7 ·· 117

第三部分　商务智能基础技术

第 8 章　数据预处理 ·· 121

8.1　数据预处理的原因和任务 ······································ 121

8.2　数据规范化 ·· 121

8.3 数据离散化 ······· 122

    8.3.1 分箱离散化 ······· 122

    8.3.2 基于熵的离散化 ······· 123

    8.3.3 离散化方法 ChiMerge ······· 124

8.4 数据清洗 ······· 125

8.5 特征选择与特征提取 ······· 126

    8.5.1 特征选择 ······· 126

    8.5.2 特征提取 ······· 128

练习题 8 ······· 130

第 9 章 文本数据处理 ······· 132

9.1 词向量模型 ······· 132

9.2 主题模型 ······· 137

练习题 9 ······· 140

第 10 章 数据仓库 ······· 142

10.1 数据仓库的基本概念 ······· 142

10.2 数据仓库的体系结构 ······· 143

10.3 多维数据模型 ······· 145

    10.3.1 多维数据模型的概念 ······· 145

    10.3.2 多维数据模型的构建方法 ······· 148

10.4 数据仓库项目的开发 ······· 151

    10.4.1 数据仓库开发模式 ······· 151

    10.4.2 数据仓库开发过程 ······· 152

练习题 10 ······· 154

第 11 章 联机分析处理 ······· 156

11.1 联机分析处理简介 ······· 156

11.2 多维数据模型中的层次设计 ······· 157

11.3 立方体的定义和计算 ······· 158

11.4 OLAP 的多维数据分析 ······· 159

练习题 11 ······· 161

第 12 章 商务智能可视化 ······· 163

12.1 商务智能可视化的类型 ······· 163

12.2 数据可视化 ······· 163

12.3 过程和结果可视化 ······· 167

12.4 积分卡和仪表盘 ······· 171

练习题 12 ·· 174

第四部分　商务智能应用系统

第 13 章　商务智能应用 ··· 177
- 13.1　商务智能应用领域 ·· 177
  - 13.1.1　关系营销 ··· 177
  - 13.1.2　生产管理 ··· 180
- 13.2　推荐系统 ··· 182
  - 13.2.1　基于用户的协同过滤 ··· 183
  - 13.2.2　基于物品的协同过滤 ··· 185
  - 13.2.3　矩阵分解 ··· 186
  - 13.2.4　基于内容的推荐方法 ··· 187
- 13.3　意见挖掘 ··· 188
  - 13.3.1　特征和意见的抽取 ·· 189
  - 13.3.2　意见极性判断 ·· 190
- 练习题 13 ·· 191

第 14 章　商务智能软件系统 ·· 192
- 14.1　概述 ··· 192
  - 14.1.1　商品化的商务智能系统 ······································ 192
  - 14.1.2　开源的商务智能软件 ··· 193
- 14.2　Weka ·· 194
  - 14.2.1　数据文件 ··· 195
  - 14.2.2　数据预处理 ··· 196
  - 14.2.3　关联分析 ··· 199
  - 14.2.4　分类 ·· 203
  - 14.2.5　数据规范化与聚类 ·· 205
  - 14.2.6　回归分析 ··· 210
  - 14.2.7　特征提取 ··· 214
- 14.3　RapidMiner ··· 216
  - 14.3.1　RapidMiner 的安装 ·· 216
  - 14.3.2　结构化数据预处理 ·· 223
  - 14.3.3　文本数据预处理 ··· 241
  - 14.3.4　频繁项集和关联规则的挖掘 ································· 243
  - 14.3.5　序列模式的挖掘 ··· 249
  - 14.3.6　分类 ·· 250
  - 14.3.7　聚类 ·· 262
  - 14.3.8　推荐系统 ··· 267

练习题 14 •• 273

第五部分　商务智能深度应用与发展

第 15 章　复杂数据的商务智能分析方法 ••••••••••••••••••••••••••••••••• 277

15.1　序列模式挖掘 •• 277

　　15.1.1　序列模式的定义 •• 277

　　15.1.2　序列模式挖掘算法 •••••••••••••••••••••••••••••••••••• 279

15.2　社会网络分析 •• 280

　　15.2.1　中心度分析 •• 281

　　15.2.2　链接分析 •• 282

15.3　数据流数据挖掘 •• 284

15.4　多关系数据挖掘 •• 286

练习题 15 •• 289

第 16 章　商务智能的社会影响与发展 •••••••••••••••••••••••••••••••••• 291

16.1　商务智能中的隐私保护 •••••••••••••••••••••••••••••••••••••• 291

16.2　移动商务智能 •• 294

16.3　云商务智能 •• 295

练习题 16 •• 297

参考文献 ••• 298

第一部分

商务智能概念及过程

第1章

商务智能概述

当今的企业处在信息爆炸、经济全球化的背景下,面对瞬息万变、竞争激烈的业务环境,和日益"强大"的客户,企业面临着重重的压力和挑战,如何战胜压力、迎接挑战,关系到企业的生死存亡。在这种情况下,企业的管理人员必须能够对企业的运营状况洞察秋毫,迅速、敏捷、准确地应对各种变化,做出科学的决策。明智、正确的决策不是仅凭直觉就能产生的。传统的联机事务处理系统可以帮助企业高效率地开展日常业务,在提供决策支持信息方面却无能为力。然而企业内部的业务运营系统记录的业务数据、企业外部竞争者的相关信息、客户的信息以及浩如烟海的互联网信息等,以及不断发展的信息技术,给企业带来了机会。如何从这些海量数据中挖掘出有价值的知识,辅助管理人员进行决策是每个企业急需解决的问题。商务智能正是在这样的背景下诞生了。本章将介绍商务智能的基本概念、系统构成和发展历史。

1.1 商务智能的基本概念

商务智能(business intelligence)这个术语最早由 Gartner Group 的分析师 Howard Dresner 提出。在 1996 年,他将商务智能定义为由数据仓库(或数据集市)、查询报表、数据分析、数据挖掘、数据备份和恢复等部分组成的、以辅助企业决策为目的的一类技术及其应用。从此,不同的权威机构、不同的学者从各个方面赋予了商务智能不同的内涵。对工业界来说,商务智能可以被看作是一类技术或工具,利用它们可以对大量的数据进行收集、管理、分析和挖掘,以改善业务决策水平,增强企业的竞争力。对学术界来说,商务智能是一套理论、方法和应用,通过它们可以快速地发现海量数据中隐含的各种知识,有效地解决企业面临的管理和决策问题,支持企业的战略实施。商务智能可以被看作是从海量数据中发现知识的过程,也可以被看作是企业拥有的一种能力,一种通过对数据的管理、分析和挖掘从而快速地做出正确决策的能力。

1.1.1 数据

数据是描述事物的符号。在计算机科学中,数据是数字、文字、图像、声音等可以输入到计算机被识别的符号。数据是未经加工和修饰的原料。企业运营离不开数据。企业运营的各个环节每天都在积累数据,如供应商、客户的数据,销售、生产以及库存数据等。社会化媒体、智能化手机等使得全世界不计其数的个体也在不断产生数据。这些数据往往超出了传统的数据库系统能够存储、管理和分析的范畴,也因此促进了商务智能技术的发展。

一个企业的各个业务部门通常都有相应的信息系统支持,这些系统一般通过关系数据库存储和管理数据。这些数据是通过统一的二维表格的形式存储的,这类数据称为结构化数据。例如,表1.1存放的是有关交易细节的数据。这样的数据结构在关系数据库中称为表(table),表中的每一列代表一个属性。表1.1所示的表含有五个属性:交易号、商品号、单价、折扣和数量。表中的每一行描述了一笔交易的相关信息。

表1.1　交易细节数据

交 易 号	商品号	单价	折扣	数量
00587205	133792	2.99	0	1
00587205	146775	2	0	1
00587205	000700	1	0	4.5
00587206	147525	1	0	5.9
00587206	113838	1	0	7.5

还有一类数据无法利用统一的二维表格的形式存储,例如,文档、HTML以及各种多媒体数据等,这类数据称为非结构化数据(unstructured data)。非结构化数据中一种常见的数据是文本数据。例如,客户对所购买商品的评论信息就属于文本数据,如图1.1所示。

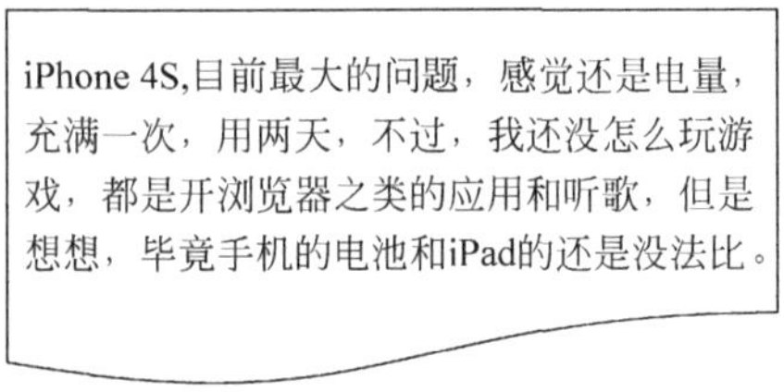

iPhone 4S,目前最大的问题,感觉还是电量,充满一次,用两天,不过,我还没怎么玩游戏,都是开浏览器之类的应用和听歌,但是想想,毕竟手机的电池和iPad的还是没法比。

图1.1　有关苹果手机iphone 4S的一段评论文本

2011年6月,MGI发布了一份报告,题目为《大数据:创新、竞争和生产力的下一个前沿领域》。报告中认为,大数据(big data)是指大小超出了典型数据库软件获取、存储、管理和分析的能力的数据集。不存在一个固定的符合大数据的数据集大小的标准。不同行业采用的数据管理软件工具不尽相同,其通常拥有的数据库大小也不相同。而且随着时间的推移,数据集的大小在不断增长,数据管理技术也不断进步。目前来说,大数据的数据集大小从几太字节到数千太字节都有可能。

很多研究机构都预测,全球产生、存储和消耗的数据呈指数增长。国际数据公司(international data corporation,IDC)预测,全球数据圈在2025年将增长到175ZB。

大数据中蕴藏着商机,可以变为一个企业的核心竞争力。报告中指出,大数据可以发挥重要的经济作用,不但有利于私人商业活动,也有利于国民经济和公民。数据可以为世界经济创造重要价值,提高企业和公共部门的生产率和竞争力,并为消费者创造大量的经济剩余。此报告深入分析了五个领域,以说明大数据如何创建价值。这五个领域分别包括美国的医疗卫生行业、欧洲的公共管理领域、美国零售业、全球制造业和个人地理位置信息。其要点总结于图1.2中。从图1.2中可以看到,如果能够有效地利用大数据来提高效率和质量,预计美国医疗行业每年通过数据获得的潜在价值可超过3000亿美元,能够使得美国医疗卫生支出降低超过8%;充分利用大数据的零售商有可能将其经营利润提高60%以上;通过利用大数据提高政府行政管理方面的运作效率,可以为欧洲国家创造超过2500亿欧元的价值;利用大数据可以使制造业每年在产品开发、组装方面节省成本50%,降低运营资本7%;对于个人地理位置信息的有效利用可以为服务提供商创造1000亿美元的收入。

报告中总结了利用大数据创造价值的五种方法和途径,如创造透明度,客户分群,用算法替代或支持人工决策,开发新的业务模式、产品、服务等。下面是对报告在此方面内容的

US health care
- $300 billion value per year
- ~0.7 percent annual productivity growth

Europe public sector administration
- €250 billion value per year
- ~0.5 percent annual productivity growth

Global personal location data
- $100 billion+ revenue for service providers
- Up to $700 billion value to end users

US retail
- 60+% increase in net margin possible
- 0.5–1.0 percent annual productivity growth

Manufacturing
- Up to 50 percent decrease in product development, assembly costs
- Up to 7 percent reduction in working capital

图 1.2　大数据在五个领域可以创造的价值图示

（来源：MGI 发布的报告"大数据：创新、竞争和生产力的下一个前沿领域"）

总结和精简。

1. 创造透明度

创造透明度使得一个企业的利益相关者能够及时、方便地访问大数据，可以创造巨大的价值。例如，在制造业，将研发部门、工程和制造等部门的数据进行集成可以显著节省时间，从而利用更多的时间改善质量和进行营销。

2. 通过实验发现需求、揭示性能变化、改进性能

企业内部存储了大量详细的事务以及性能数据。利用 IT 技术可以记录业务过程中的参数，进而进行控制实验。利用数据分析业务性能的变化，可以使管理者更好地进行性能管理。

3. 客户分群

利用大数据可以对客户进行细分，创建非常细的客户群体，从而根据客户群体的特点提供满足需求的产品和服务。这种方法在营销和风险管理领域应用广泛，同时也可以应用到其他领域，如公共部门。现在，有些公司，如生活消费品和服务业提供公司，甚至利用大数据处理技术来实现客户的实时分群，以进行有效的促销或推送广告。

4. 用算法替代或支持人工决策

通过分析大数据可以发现潜在的有价值的知识，可以显著改进决策质量、降低风险。这种分析有许多应用，例如，可以帮助税收部门发现需要进一步检查的缴税者，可以帮助零售商根据实时的库存量和销量自动调整库存。通过对整个大数据进行分析，而不是对小部分抽样数据进行分析，可以辅助管理人员做出更好的决策。

5. 开发新的业务模式、产品和服务

利用大数据可以使公司开发新的产品和服务，提升已有产品和服务，开创崭新的业务模式。制造业企业根据用户使用产品的体验可以改进下一代产品的设计，开发新的售后服务模式。新涌现的大量位置信息开创了崭新的基于位置的服务模式，例如导航服务、推荐服务等。

为了充分挖掘大数据的潜力，需要解决的问题之一是技术，包括数据集成、分析、可视化等方面的技术。利用这些技术可以从大数据中发现信息和知识。这些技术也正是本书在下面的章节中将要重点介绍的内容。

1.1.2　信息和知识

数据可以看作是未经加工的原料。通过一定的技术和方法，对数据进行集成、分析，挖掘其潜在的规律和内涵，得到的结果是信息（information）。信息是具有商务意义的数据。例如，通过对零售信息的集成和分析发现，某超市的客户群根据其消费行为可以分为若干个群体，每个群体具有一些明显的特征。例如，其中一个群体是单身女性，喜欢经常购买化妆品，消费金额高。客户群的这些特征对于销售管理人员来说是非常有意义的，因此，可以称为信息，其有别于原始的销售交易记录和客户的基本特征方面的数据。

当信息用于商务决策，并基于决策开展相应的商务活动时，信息就上升为知识（knowledge）。信息转化为知识的过程不仅需要信息，而且需要结合决策者的经验和能力，用以解决实际的问题。例如，某连锁超市的经理发现，近期化妆品的销售业绩下降了，为了解决该问题，决定采取促销措施，根据对数据的分析得到客户分群的信息，销售经理锁定了促销的目标客户群，最终开展了为这部分客户邮寄优惠券的促销活动。这与随机选取一部分用户进行促销比较起来，显然要有效得多。由此看到，通过对数据的分析得到的信息，原本看起来是缺乏生命力的，但是一经利用，会给企业带来利润。

1.2　商务智能的系统构成

一个商务智能系统通常包含六个主要组成部分：数据源、数据仓库、联机分析处理、数据探查、数据挖掘以及业务绩效管理。

1. 数据源

商务智能的根本是数据。数据的来源主要包括企业内部的操作型系统，即支持各业务部门日常运营的信息系统，以及企业的外部，如人口统计信息、竞争对手信息等。综合多方面的数据进行分析，可以有效提高信息的有效性。

2. 数据仓库

各种数据源的数据经过抽取、转换之后需要放到一个供分析使用的环境，以便对数据进行管理，这就是数据仓库（data warehouse）。通常针对单个部门的数据仓库称为数据集市（data mart），以区别于企业范围内的数据仓库。数据仓库可以将分析数据与实现业务处理的操作型数据隔离，一方面不影响业务处理系统的性能，另一方面为数据的分析提供了一个综合的、集成的、统一的数据管理平台，详细信息在第10章介绍。

3. 联机分析处理

数据仓库中的数据可以通过不同的方法进行分析。联机分析处理(online analytical processing,OLAP)是其中的方法之一。利用该方法,业务性能度量可以通过多个维度、多个层次进行多种聚集汇总,通过交互的方式发现业务运行的关键性能指标的异常之处。多维数据可以进行多种操作,如切片、切块、下钻、上卷等,详细信息在第 11 章介绍。

4. 数据探查

数据探查(exploration)包括灵活的查询、即时报表以及统计方法等。该类方法属于被动分析方法,因为这些分析方法需要基于分析者对于问题的假设。例如,某超市的销售经理发现上个月销售额下降了,同时,他知道上个月该超市附近有个化妆品的专卖店开张了,因此他觉得很可能化妆品的销量下降从而导致总销量的下降。为了验证这个假设,需要进行相关数据的查询和抽取,并利用统计的方法验证。探查数据的方法可以借助统计上的中心性、发散性以及相关性的统计量分析,多变量分析时也可以借助可视化技术。详细信息在第 8、12 章介绍。

5. 数据挖掘

数据挖掘(data mining)是从大量数据中自动发现隐含的信息和知识的过程,属于主动分析方法,不需要分析者的先验假设,可以发现未知的知识。数据挖掘可以作用于结构化数据,也可以对文本数据以及多媒体数据进行分析。常用的分析方法包括分类、聚类、关联分析、数值预测、序列分析、社会网络分析等。

1) 分类

分类(classification)是通过对具有类别的对象的数据集进行学习,概括其主要特征,构建分类模型,根据该模型预测对象的类别的一种数据挖掘和机器学习技术。例如,电信公司的客户可以分为两类:一类是忠诚的;另一类是流失的。根据这两类客户的个人特征方面的数据以及在公司的消费方面的数据,利用分类技术可以构建分类模型,例如,利用决策树算法可以构建决策树,发现分类规则,如"如果此客户不在高话费类中,没有出现 3 个月滑动话费总额高的情况,话费增长很快,不是生活在大城市,则此客户很可能会流失"。根据此类规则,可以预测哪些用户可能会流失。对可能流失的重要客户采取一定的措施,避免其流失,可以节省用于开发新客户的高成本,提升客户价值。

2) 聚类

聚类(clustering)是依据物以类聚的原理,将没有类别的对象根据对象的特征自动聚集成不同簇的过程,使得属于同一个簇的对象之间非常相似,属于不同簇的对象之间不相似。其典型应用是客户分群。例如,将电信公司的客户根据个人特征如年龄,以及打电话的行为数据,可以自动将客户分为若干个群体,每个群体具有一些明显的特征。如其中一个群体的特征包括"绝大部分通话在夜间,除了朋友和家庭优惠项目外,对其他服务不感兴趣,向外拨出多个不同号码,大多数人每月有 30～40 个不同的拨出号码,被叫通话时间更长,主要是青少年学生"。在公司进行促销或投放广告时可以有针对性地选择客户群,提高回应率。

3) 关联分析

关联分析最早用于分析超市中顾客一次购买的物品之间的关联性,例如,发现关联规则（association rule）"尿不湿→啤酒（0.5％，60％）"，其含义为，0.5％的交易中会同时购买尿不湿和啤酒，且买尿不湿的交易中有60％会同时买啤酒。根据这种关联性可以指导销售活动以及物品的摆放布局等。关联分析一经提出之后得到了广泛的研究和应用，可以用于各种不同的应用背景。

4）数值预测

分类技术用于预测类别，类别可以看作是定性属性的取值。数值预测则用于预测连续变量的取值。常用的预测方法是回归分析。例如，可以根据客户个人特征，如年龄、工作类型、受教育程度、婚姻状况等，预测其每月的消费额度。预测模型的构建需要利用历史数据进行学习。

5）序列分析

序列分析是对序列数据库进行分析，从中挖掘出有意义模式的技术。序列模式（sequential pattern）的发现属于序列分析，它是从序列数据库中发现的一种有序模式，例如，从用户租借电影VCD的序列数据中可以发现一种频繁存在的序列模式"赤壁，鸿门宴，见龙卸甲"，意味着"看了《赤壁》之后会接着看《鸿门宴》，过段时间会看《见龙卸甲》"。

6）社会网络分析

社会网络（social network）是由个人或组织及其之间的关系构成的网络。社会网络分析（social network analysis）是对社会网络的结构和属性进行分析，以发现其中的局部或全局特点、其中有影响力的个人或组织以及网络的动态变化规律等。随着社会媒体、社会化商务的发展，社会网络分析变得非常重要。

数据挖掘的这些技术的详细内容在第3～7章以及第15章中介绍。

6. 业务绩效管理

业务绩效管理（business performance management，BPM），又称为企业绩效管理（corporate performance management），是对企业的关键性能指标，如销售、成本、利润以及可盈利性等，进行度量、监控和比较的方法和工具。这些信息通常通过可视化的工具如平衡积分卡和仪表盘等进行展示。相关内容参见第12章。

1.3 商务智能的发展历史

商务智能这个术语虽然出现在20世纪90年代中期，但是其产生经历了多种信息系统的演化，其主要思想可以追溯到管理信息系统。

管理信息系统（management information system，MIS）产生于20世纪70年代。在此之前的信息系统主要用于完成事务处理、实现组织或企业内各个业务部门的日常业务处理的自动化，不能实现对管理层人员的决策信息支持。随着计算机技术以及管理科学的发展，为企业提供企业管理的全方位信息、为管理人员提供管理决策信息的管理信息系统逐渐被企业采纳。该系统有别于其他的信息系统之处在于，其目的主要是提供信息以实现对企业或组织的快速、有效管理。最初实现的管理信息系统提供的管理信息是有限的，通过静态的、二维的报表提供一些固定格式和特征的信息，无法满足管理人员灵活多变的需求。

决策支持系统（decision support system，DSS）开始于20世纪70年代，发展于20世纪80年代。决策支持系统是基于计算机的用于支持业务或组织决策的信息系统。通常，决策支持系统基于数据库和模型库,用于解决半结构化和非结构化的决策问题,辅助管理人员做出快速、正确的决策。决策者可以通过该系统对要解决的问题进行分析,基于系统提供的信息和个人经验对系统提供的方案进行评价和选择,通过人机交互,可以进行决策方案的多次求解。

主管信息系统(executive information system,EIS)又称为经理信息系统,出现于20世纪80年代,是针对企业内的高级管理人员的决策支持系统。这种系统提供了灵活的报表生成、预测、趋势分析等功能。系统以直观的形式展现企业的运行状况以及关键成功因素(critical success factors)等。

商务智能系统是随着数据仓库、数据挖掘和联机分析处理等技术的发展于20世纪90年代产生的。通过数据仓库可以集成企业内外的各种数据,为数据的分析处理提供基础。联机分析处理则提供从多个维度探查业务性能指标的交互分析功能。数据挖掘结合人工智能、统计等技术实现对大量数据中潜在模式、规律、异常的发现和评价。这些新兴的技术为企业管理人员提供了更强大的决策支持工具。同时,主管信息系统所拥有的功能在商务智能系统中得到进一步发展,包含了企业绩效管理等功能,以及平衡计分卡和仪表盘等可视化工具。

现在,随着Web 2.0技术的广泛使用、社会媒体以及移动技术的发展,社会化商务、移动商务对商务智能系统提出了新的需求。数据不断积累,结合云计算的商务智能系统使得智能系统的普及应用成为可能,越来越多的企业采用商务智能系统辅助决策,提升企业竞争力。

练习题 1

1. 什么是商务智能?
2. 简述数据、信息与知识的联系和区别。
3. 简述商务智能的发展历史。
4. 商务智能系统的主要组成要素有哪些?

第2章

商务智能过程

成功的商务智能系统可以给企业带来更多的利润,降低成本和风险,提高企业竞争力。但是并不是所有商务智能系统都是成功的。本章将介绍商务智能系统的开发方法、成功要素,以及商务智能系统与决策支持系统的联系和区别。另外,也将比较数据仓库与数据库、联机事务处理与联机分析处理。

2.1 商务智能系统的开发方法

商务智能系统是一个相对复杂的软件系统,为了在时间、资源、人力等限制条件下开发出满足需求的商务智能系统,需要运用软件过程的方法,遵循软件开发的基本规律和项目管理的基本方法,避免项目的无限延期或者开发的系统无人使用等情况发生,从而实现预期目标。下面首先介绍商务智能系统开发的基本过程,然后介绍开发过程中应该注意的问题。

2.1.1 商务智能系统的开发过程

商务智能系统的开发过程可以分为规划、分析、设计及实现四个主要阶段,如图 2.1 所示。

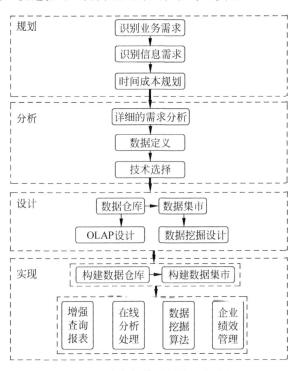

图 2.1 商务智能系统的开发过程

在规划阶段,主要目标是选择要实施商务智能的业务部门或业务领域,从而解决企业的关键业务决策问题,识别使用商务智能系统的人员以及相应的信息需求,规划项目的时间、成本、资源的使用。

通常一个企业存在许多利用商务智能的场合,可以通过与各部门的管理人员、分析人员进行交谈、沟通,了解每个业务部门或业务领域的需求,收集他们当前急需解决的问题,同时收集解决这些问题需要的信息,以及需要这些信息解决问题的用户是谁。为了发现问题,可以考虑一些关键问题,例如,企业中哪些业务环节的支出费用太高,哪些过程耗用时间太长,哪些环节的决策质量不高,等等。然后将需求归纳汇总,按照职能部门分组。例如,营销部门的常见需求包括客户关系管理、客户分群、促销、客户保留、品牌管理等;财务部分的需求包括预算、盈利分析、绩效管理、风险以及欺诈识别等。

对于每类需求,对其重要性和实现的难易程度进行分析。重要性方面,可以从三个方面进行衡量:衡量商务智能提供的信息的可操作性,可操作性越强越好;衡量实施商务智能可能给企业带来的回报,是降低成本、创造更多利润,还是提升企业核心竞争力;衡量实施商务智能是帮助企业实现短期目标、提升业务运营业绩,还是实现长期目标、获得企业竞争优势。

难易程度的分析也可以从两个方面考虑。首先是商务智能的实现需要涉及的范围,如果仅涉及单个业务部门,则实现相对容易。如果涉及多个部门,则协调多个部门需要花费更多的时间和资源,因此实现的难度高。其次,衡量数据的可获取性。有些需求的满足只需要从企业的业务信息系统中抽取数据进行分析即可,这时系统的实现相对容易。如果需要的数据需要重新收集,则可能需要改变已有的业务流程,实现的复杂度更高。

综合重要性和实现的难易程度,将各种实现商务智能的需求进行排序,首先选择最重要、最容易实现的进行实施,然后对项目所需的时间、财力、人力进行分析和规划。

在分析阶段,针对在规划阶段最终选择要实现商务智能的业务部门或业务领域,进行详细的需求分析,收集需要的各类数据,选择需要的商务智能支撑技术,例如,数据仓库、在线分析数据或者数据挖掘等。

在设计阶段,根据需求及需要的支持技术,如果要创建数据仓库,则进行数据仓库的模型设计,常用的是多维数据模型。数据集市可以从数据仓库中抽取数据进行构建,在不构建数据仓库的情况下,也可以直接为某个业务部门设计和实现数据集市。如果要实现OLAP解决问题,则要设计多维分析的聚集操作类型。如果要借助数据挖掘技术,则需要选择具体的算法,如分类、聚类、关联分析、数值预测等,并设计相应的数据集以及数据预处理方法。数据仓库和OLAP的详细设计方法在第10章和第11章介绍。

在实现阶段,选择ETL工具实现源数据的抽取,构建数据仓库和(或者)数据集市,并对数据仓库或数据集市的数据选取并应用相应的查询或分析工具,包括增强型的查询、报表工具、联机分析处理工具、数据挖掘系统以及企业绩效管理工具等,实现所需信息的发现以及评价。在具体应用该系统之前,需要完成对系统的数据加载和应用测试,同时需要设计系统的访问控制和安全管理方法。

2.1.2 商务智能系统成功的关键因素

商务智能系统的开发通常涉及费用高,所需时间长,为了避免项目的失败,需要在实施项目的过程中注意以下关键因素。

1. 业务驱动

成功的商务智能系统能够解决企业面临的关键问题,与企业的长期发展战略方向一致。它必须在充分了解业务需求的情况下启动,有明确的用户群。企业也需要做好改变业务流程的准备,以充分利用商务智能系统提供的信息进行决策,将决策过程转变为数据驱动型的决策。

2. 高层支持

很多研究和实践证明,获取高层领导的支持对于项目的成功十分关键。从项目启动开始,就要争取领导对项目的认可和参与。商务智能项目通常需要大量的资源,高层领导的支持可以保障资源的获取。项目开发过程中经常涉及多个部门人员的协作,高层领导可以使得跨部门的合作更为通畅。另外,商务智能系统的使用通常涉及企业业务流程以及业务人员工作方式的改变,在领导的支持下,在企业范围内进行项目的宣传有利于员工对系统的认可和推广使用。

3. 业务人员和 IT 人员的合作

在商务智能系统开发的整个过程中,业务人员和 IT 技术人员必须密切合作。一方面,仅仅有 IT 人员参与的系统往往是不成功的,因为 IT 人员通常不了解业务需求,开发的系统无法解决业务人员的问题,使得实现的系统无人使用,难以产生应有的效果;另一方面,缺乏 IT 人员的参与也是有问题的,业务人员通常不了解商务智能系统的功能,单独无法提炼出准确的需求。因此,只有两方面人员的密切合作才可能开发出实用的系统。

4. 循序渐进

商务智能系统的开发最好从小规模开始,从满足单个业务部门的需求开始,这样的系统开发周期短,目标明确,投资回报快,风险低,可以让用户很快看到系统实施的效果;前端的应用也可以从比较熟悉的查询、报表开始,逐渐过渡到 OLAP,便于让用户接受此类应用。在此基础上,可以将应用推广到跨多个部门的应用,满足用户更多、更复杂的需求,然后逐渐升级到使用数据挖掘发现知识来辅助决策。

5. 培训

商务智能系统是个复杂的系统,其使用方式更加灵活,具有一定的难度。只有培训用户学会使用系统,使用户克服畏惧心理,熟练使用系统,才能充分发挥系统的功能。培训也可以使用户正确地理解和认识商务智能,认识到商务智能会给企业带来各种收益,可以提高用户使用商务智能系统的热情。用户在使用过程中可以提出新的需求,不断完善已有系统的功能。

2.2 数据仓库与数据库

数据库和数据仓库既有联系又有区别:区别在于构建目的不同、管理的数据不同、管理方法不同;联系表现在两个方面,一是数据仓库中的大部分数据来自业务系统的数据库中,二是当前绝大多数数据仓库都是利用数据库系统管理的。下面主要解释不同之处。

数据库主要用于实现企业的日常业务运营,提高业务运营的效率。它的事务管理模块的功能对于正确完成业务操作是非常关键的,例如,对于银行的转账业务,数据库系统可以保证转账手续的快速完成,且保证两个转账账户余额的变化的原子性、一致性、隔离性和持久性。数据仓库的构建主要用于集成多个数据源的数据,这些数据最终用于分析,以发现其中隐藏的规律、异常等知识,以辅助决策过程。数据仓库的构建是为了将数据分析处理与数据库中的事务处理环境分隔开来,以免大规模的数据访问影响了事务处理的效率。

数据库中的数据通常只包含当前数据,数据的存储避免冗余,数据的组织按照业务过程涉及的数据实现,是应用驱动的。数据仓库中的数据是按照主题组织的,为了方便分析,将某一主题的所有数据集成在一起。为了方便快速查找,数据存在大量冗余。数据仓库中的数据通常是历史数据,数据源中的数据按照一定的频率刷新到数据仓库中。数据库中的数据通常是最细节的数据,数据仓库中的数据依据分析任务的不同,可以对细节数据进行一定的汇总。

数据库中的数据需要进行频繁的插入、删除、修改等更新操作,因此,除了要通过创建事务保证业务处理的正确性外,还需要复杂的并发控制机制保证事务运行的隔离性。数据仓库中的数据主要用于分析处理,除了初始的导入和成批的数据清除操作之外,数据很少需要进行更新操作,因此也不需要复杂的并发控制等事务管理功能。另外,数据库中数据的更新操作的时效性很强,事务的吞吐率是个非常重要的指标。而数据仓库的数据量十分庞大,分析时通常涉及大量数据,时效性不是最关键的。数据仓库中的数据质量非常关键,不正确的数据将导致错误的分析结果。

2.3　联机事务处理与联机分析处理

联机事务处理(online transaction processing,OLTP)是数据库管理系统的主要功能,用于完成企业内部各个部门的日常业务操作。而联机分析处理(online analytical processing,OLAP),是数据仓库系统的主要应用,提供数据的多维分析以支持决策过程。其主要区别列于表 2.1 中。OLAP 的详细内容参见第 11 章。

表 2.1　联机事务处理和联机分析处理的比较

	联机事务处理	联机分析处理
用户	普通职员	管理人员,分析人员
功能	日常业务处理	决策支持
数据库设计	高度规范化	非规范化
数据处理	在线插入、删除、修改	批量加载和删除
使用方式	重复操作	即时的图表形式的交互查询
执行单元	短的事务处理	复杂的查询
数据	当前的细节数据	历史的汇总数据
性能指标	事务吞吐量	查询响应时间
事务特性	并发控制和事务恢复很重要	并发控制和事务恢复不重要

OLTP 系统主要面向日常的业务处理人员,实现重复的业务操作,例如银行的存取款业务。OLAP 系统主要面向管理人员,可以通过多维的视角观察业务性能指标,交互地探

查不同细节层次的数据,数据的查询方式灵活多变,用于验证假设、发现问题,从而辅助决策。

为了避免数据冗余以及更新异常等问题,OLTP系统中的数据需要进行规范化处理,通常至少满足三范式的要求,而为了便于理解和提高查询性能,OLAP系统中数据通常是不符合较高范式的规范化要求的,数据中存在一定程度的冗余。

OLTP系统中的数据是通过短的事务频繁地被插入、删除、修改的,但通常每次操作仅涉及少量数据。OLAP系统中的数据是用于分析的,经常被查询和进行汇总计算,每次涉及大量数据的读取。

OLTP系统中的数据通常反映的是当前的状态,而OLAP中的数据是历史数据,OLTP系统中积累的数据定期更新到OLAP系统中。

评价OLTP系统性能的主要指标是事务吞吐量,即单位时间内系统完成的事务个数。OLAP系统的性能评价指标是查询的响应时间,即从查询提交开始到返回结果所需的时间。

OLTP系统中事务的原子性、一致性、隔离性和永久性非常重要,为了保证这些性质,并发控制和恢复是非常重要的数据管理模块。在OLAP中数据很少被更新,并发控制和恢复不重要。

2.4 商务智能与决策支持系统

决策支持系统(decision support system)的概念最早由Scott Morton在20世纪70年代初提出。他将决策支持系统定义为"一种交互式的基于计算机的系统,用于协助决策者使用数据和模型解决非结构化的问题"。决策支持系统的用户主要是管理人员和业务分析人员,主要目的是辅助决策者进行科学决策,这点与商务智能是相同的。之后很多学者从不同方面对决策支持系统进行了定义和研究。在20世纪80年代,决策支持系统得到了迅速发展。20世纪80年代后期出现的主管信息系统(executive information system)、群体决策支持系统(group decision support system)及组织决策支持系统(organizational decision support system)使得决策支持由个人发展为群体和组织。20世纪90年代开始,商务智能技术的发展,使得决策支持系统的发展有了新的突破。

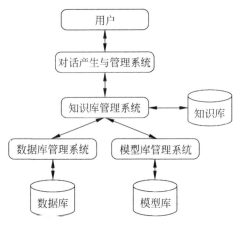

图2.2 决策支持系统的系统架构

被广泛接受的决策支持系统的系统架构是Ralph H. Sprague和Eric D. Carlson提出的对话-数据-模型架构(dialog-data-modeling,DDM),即决策支持系统由数据库管理系统、模型库管理系统和对话产生与管理系统三部分组成。后来,随着人工智能的发展,在此基础架构的基础上又引入了知识库管理系统,如图2.2所示。

决策离不开数据,数据库管理系统用于抽取、存储、更新决策所需的数据,涉及企业内外部的数据,一般决策者通过对数据的查询,提供决策所需信息。

模型库管理系统主要用于管理决策所需的

各种模型,例如财务、统计、预测以及管理等方面的定量模型,利用这些模型可以进行问题分析。用户利用该系统可以方便、快捷地构建和操纵模型。系统提供对模型的分类、删除、复制等维护功能,可以实现将已有模型进行合并,以及对模型的执行情况进行跟踪、分析和评价,如对变量进行敏感度分析等。常用的模型分析功能包括因果分析(what-if analysis)、目标搜索(goal-seeking)以及风险分析(risk analysis)等。

知识库管理系统提供知识的表示、存储和管理,用于支持定量模型无法解决的决策过程,帮助用户建立、应用和管理描述性、过程性和推理性知识。知识库中可以存储和管理专家的领域知识,并通过逻辑推理进行问题的解答,可以减轻用户大量的信息处理和分析的负担。

对话产生与管理系统主要负责用户与系统的交互。接收用户的输入,能够与数据管理系统、模型库管理系统和知识库管理系统进行交互,以各种格式将结果返回给用户,提供图形用户界面以及可视化功能。

决策支持系统中的数据库可以是与企业各个职能部门的信息系统中的数据库分离,包含从各个业务系统抽取的数据以及外部数据源的数据。但是,此数据库的数据集成功能较弱。企业内部的各种信息系统内的数据互不关联,存在大量冗余、不一致的问题,数据量庞大,因此,数据库无法满足决策支持系统的需求。20 世纪 90 年代兴起的数据仓库技术,具有良好的数据集成、转换等功能,可以与决策支持系统集成。另外,决策支持系统的知识库通常是设置好的,知识很少发生变化,知识的类型和范围很窄。商务智能系统则能从大量的数据中发现新颖、有用的知识,提供更加灵活的查询和报表功能以及多维分析功能,可以对决策支持系统的知识库进行动态更新。因此,将商务智能与传统的决策支持系统进行结合,可以进一步提升决策支持系统的功能。

商务智能系统与决策支持系统相比,在数据分析和知识发现方面具有更强的功能,但是它只提供对决策有帮助的信息,并不提供可能的决策方案,用户需要结合自身的领域知识和经验,判断各种决策方案的优劣,系统不具有提供方案生成、协调、评估等功能,这是商务智能系统的不足之处。

练习题 2

1. 商务智能系统的开发包含哪些主要的阶段？各阶段的主要任务是什么？
2. 商务智能系统成功的关键因素有哪些？
3. 试分析数据仓库和数据库的区别和联系。
4. OLTP 和 OLAP 分别代表什么？比较二者的不同之处。
5. 什么是决策支持系统？它与商务智能系统有什么区别和联系？

第二部分

商务智能方法

第3章

关联分析

关联分析用于分析对象之间的关联性、相关性。关联规则是关联分析的技术之一。关联规则概念的提出最早源自超市购物篮分析(market basket analysis)。它用于分析顾客一次购买的商品之间的关联性,即哪些商品经常被一起购买,这从一定程度上反映了顾客的购买行为模式。这种模式可以被用于辅助零售运营商进行运营管理,例如,货品的布局安排、促销策略的制定、进货管理等方面。然而它的应用远不局限于购物篮分析,还可以用于发现许多其他应用领域数据之间的关联并进而研究其相关性,也可以用于分类、聚类等其他挖掘任务中。

本章将首先介绍关联规则相关的基本概念,如频繁项集、关联规则、闭合项集等,然后介绍几种经典的关联规则和频繁项集的挖掘算法,最后介绍关联分析的兴趣度度量。

3.1 频繁模式与关联规则

以购物篮分析为例,关联规则用于分析顾客一次购买的商品的关联性。为了进行此类分析,需要记录顾客每次购买的所有商品,记录该信息的数据库称为**交易数据库**(transaction database),如表 3.1 所示。表中第一列记录的是交易号(transaction identifier,TID),对应于购物小票的编号,具有唯一标识一个顾客一次购物行为的作用。第二列记录的是一个顾客一次购物所包含的所有商品,用集合变量 t_i 表示,其中 i 是交易号。表中的一行对应一次交易(transaction)。实际购物小票中通常一种商品在一行中表示,以便记录购买数量、价格和折扣等详细信息。在关联规则的分析中暂且忽略这些信息,并且为了表示的简洁性忽略了每个商品的具体品牌和规格等信息。

表 3.1 交易数据库示例

交易号(TID)	商品(item)	交易号(TID)	商品(item)
1	beer, diaper, nuts	4	beer, cheese, diaper, nuts
2	beer, biscuit, diaper	5	beer, butter, cheese, nuts
3	bread, butter, cheese		

在关联规则挖掘中,被研究的对象称为项(item)。例如在购物篮分析应用背景下,顾客购买的每个商品称为一个项。所有项的集合由 I 表示,$I=\{i_1,i_2,\cdots,i_n\}$。例如,在表 3.1 中,$I=\{\text{beer,biscuit,bread,butter,cheese,diaper,nuts}\}$。由此,每个交易 t_i 对应的项的集合是 I 的子集,即 $t_i\subseteq I$。例如,$t_1=\{\text{beer,diaper,nuts}\}\subseteq I$。交易数据库 D 则是交易的集合,即 $D=\{t_1,t_2,\cdots,t_m\}$。I 的任何一个子集称为**项集**(itemset)。一个项集 X 包含的项的个数称为该项集的**长度**。包含 k 个项的项集称为 k **项集**。一个项集 X 在数据库 D 中出现

的次数，称为频数，记为 count(X)，等于包含该项集的交易的个数。例如，若 $X=\{$beer，diaper$\}$，则 count(X)=3，因为它被 t_1、t_2 和 t_4 所包含。一个项集 X 的**支持度**（support）记为 support(X)，由公式（3.1）定义。

$$support(X)=\frac{count(X)}{|D|}\times100\%\qquad(3.1)$$

其中，$|D|$ 代表 D 中交易的个数。若 $X=\{$beer，diaper$\}$，则 support(X)=3/5=60%。

一个项集 X 的支持度如果大于用户给定的一个最小支持度（minimum support，minsup）阈值，则 X 被称为**频繁项集**（**或频繁模式**），或称 X **是频繁的**。

给定两个项集 X 和 Y，关联规则是形如 $X{\rightarrow}Y$ 的蕴含式，其中 $X\subseteq I$ 称为规则的前件，$Y\subseteq I$ 称为规则的后件，且 $X\bigcap Y=\varnothing$。一个规则 $X{\rightarrow}Y$ 在数据库 D 中的**支持度**，记为 support($X{\rightarrow}Y$)，定义为项集 $X\bigcup Y$ 的支持度，即 support($X{\rightarrow}Y$)=support($X\bigcup Y$)。它的**置信度**记为 confidence($X{\rightarrow}Y$)，定义为项集 $X\bigcup Y$ 的支持度除以项集 X 的支持度，即如公式（3.2）定义。

$$confidence(X\rightarrow Y)=\frac{support(X\rightarrow Y)}{support(X)}\times100\%\qquad(3.2)$$

一个规则 $X{\rightarrow}Y$ 如果同时满足 support($X{\rightarrow}Y$)≥minsup 和 confidence($X{\rightarrow}Y$)≥minconf，则称该规则在数据库 D 中成立，其中 minsup 和 minconf 分别是用户给定的最小支持度和最小置信度的阈值。例如，给定 minsup=40% 和 minconf=60%，则规则$\{$beer，diaper$\}{\rightarrow}$nuts（为了表示的简洁性，将包含一个元素的集合的大括号省略，以下同）在表 3.1 所示的数据库中成立，因为 support($\{$beer，diaper$\}\rightarrow$nuts)=40%，confidence($\{$beer，diaper$\}{\rightarrow}$nuts)=66.7%。

在实际应用中，给定 minsup 和 minconf 两个阈值后，一个数据库中存在的频繁项集的数目可能巨大，这是因为频繁项集存在如下性质。

性质 3.1 给定最小支持度阈值 minsup，一个频繁项集的所有非空子集都是频繁的。

例如，若 minsup=40%，则项集$\{$beer，diaper，nuts$\}$是频繁的，因为它出现在 t_1 和 t_4 两个交易中，则这两个交易必然同时包含了该项集的所有非空子集，如 beer、diaper、nuts、$\{$beer，diaper$\}$、$\{$beer，nuts$\}$和$\{$diaper，nuts$\}$，共 6 个项集。那么这些项集至少出现在这两个交易中，因此它们都是频繁的。根据该性质，可以知道"如果一个项集是不频繁的，则其所有超集都是不频繁的"也是成立的。

由于该性质的存在，如果一个数据库中可以发现的频繁项集的最大长度为 20，则最终输出的频繁项集个数至少为($2^{20}-1$)个，其中($2^{20}-2$)个是该项集的子集。众多的项集给后续的结果分析与评价带来问题，因此，如何减少输出的项集个数，同时又不损失任何信息是需要解决的问题，为此，Pasquier 等人首次提出了闭合频繁项集（closed frequent itemset）的概念。

一个频繁项集 X 被称为**闭合频繁项集**当且仅当不存在任一个项集 Y 满足 $X\subset Y$ 且 support(Y)=support(X)。闭合频繁项集 X 被称为是闭合的。

例如，在表 3.1 中，假设 minsup=40%，项集 diaper 是频繁的，但不是闭合的，因为存在项集$\{$beer，diaper$\}$是 diaper 的超集且具有和它相同的支持度 60%。而$\{$beer，diaper$\}$是闭合频繁项集，因为不存在一个更长的超集具有与它相同的支持度。利用闭合频繁项集，输出的最终满足条件的项集个数将大大降低。举个极端的例子,如果一个长度为 20 的频繁项集 X 的所有非空子集的支持度都与该项集相同,则原来结果中的($2^{20}-1$)个项集都由该项集 X 所涵盖了。如果只有部分子集具有与 X 相同的支持度,则这些项集不必输出的同时,又可以通过 X 推导出它们的存在,所有未出现在结果中的那些 X 的子集一定是频繁的且具有与 X 相同的支持度。因此,闭合频繁项集的集合是频繁项集集合的一种信息无损的压缩。

3.2　频繁项集的典型挖掘方法

关联规则的挖掘一般分为两个步骤:第一步发现所有的频繁项集;第二步从频繁项集中发现关联规则。本节重点介绍频繁项集的生成方法,3.3 节介绍关联规则的生成方法。

关联规则自 1993 年提出以来,至今已有非常多的相关研究。典型的挖掘算法包括 Agrawal 和 Srikant 1994 年提出的 Apriori 算法以及 J. Han、J. Pei 等提出的 FP-Growth 算法和 Zaki 提出的 Eclat 算法等。挖掘闭合频繁项集的典型算法包括 CLOSET＋ 以及 CHARM 算法等。在本节中将对上面提到的 Apriori、FP-Growth 两个算法进行介绍。

3.2.1　逐层发现算法 Apriori

逐层发现算法 Apriori 发现频繁项集的过程是按照项集的长度由小到大逐级进行的,即首先发现频繁 1 项集,然后是频繁 2 项集,……,最后是频繁 N 项集。在发现过程中为了减少需要检查的项集的个数,提高发现效率,该算法充分利用了 3.1 节中给出的性质 3.1,即一个项集如果是不频繁的,则其所有超集一定也是不频繁的。

Apriori 算法的主要步骤如下所示。

算法 3.1:Apriori

输入:交易数据库 D,最小支持度阈值 minsup

输出:D 中的所有频繁项集的集合 F

主要步骤:

(1)　Find all of frequent items from D and save them in F_k,$k=1$;

(2)　if F_k is not empty then begin

(3)　　$C_{k+1}=$gen_candidate(F_k);

(4)　　for each transaction t in D begin

(5)　　　for any candidate $c \in C_{k+1}$

(6)　　　　if itemset c occurs in t then

(7)　　　　　c. count＋＋;

(8)　　end for

(9)　　$F_{k+1}=\{c \in C_{k+1} | \text{support}(c) \geqslant \text{minsup}\}$;

(10)　　$k=k+1$;

(11) end if

(12) return $F=\bigcup_k F_k$;

函数 gen_candidate(F_k)

输入：所有的频繁 k 项集的集合 F_k

输出：候选 $k+1$ 项集的集合 C_{k+1}

主要步骤：

(1)　　for each itemset $f_1 \in F_k$ begin

(2)　　　　for each itemset $f_2 \in F_k$

(3)　　　　　　if $(f_1[1]=f_2[1])$ and $(f_1[2]=f_2[2])$ and$\cdots$and$(f_1[k-1]=f_2[k-1])$

　　　　　　　　and $(f_1[k] \prec f_2[k])$then begin

(4)　　　　　　　　for$(i=1;i \leqslant k;i++)$

(5)　　　　　　　　　　$c[i]=f_1[i]$;

(6)　　　　　　　　$c[k+1]=f_2[k]$;

(7)　　　　　　　　prune$=0$;

(8)　　　　　　　　for each k-subset of c

(9)　　　　　　　　　　if it is not in F_k then

(10)　　　　　　　　　　prune$=1$,break;

(11)　　　　　　　　if (prune$==0$) add c to C_{k+1};

(12)　　　　　　end if

(13)　　end for

(14) return C_{k+1};

算法从 $k=1$ 开始，即首先扫描一遍数据库，统计出每个单项的出现次数，得到频繁 1 项集的集合，记为 F_1。由 F_1 构造可能会频繁的 2 项集，这样的项集称为候选项集（candidate itemsets），候选 2 项集的集合记为 C_2，扫描数据库统计所有候选 2 项集的支持度，选出其中频繁的 2 项集，得到 F_2，…，以此类推。因此，在挖掘过程中的两个主要步骤为：

(1) 利用已经发现的频繁 k 项集生成候选 $(k+1)$ 项集。对应算法 Apriori 中的步骤(3)，通过调用函数 gen_candidate(F_k)生成候选项集。

(2) 扫描数据库 D，对每个候选 $(k+1)$ 项集统计其出现次数，计算支持度，得到频繁的 $(k+1)$ 项集集合。对应算法 Apriori 中的步骤(4)～(9)。

其中生成候选集的过程，即函数 gen_candidate(F_k)通过如下两个步骤实现：

(1) 利用已经发现的频繁 k 项集来构造候选 $(k+1)$ 项集。对应函数 gen_candidate 中的步骤(1)～(6)。

为了快速不重复地生成所有的候选项集，假设项集合 I 中的项之间存在一个人为定义的顺序，如字典序。一个项 a 若排在项 b 的后面，则表示为 $a \prec b$。同样地，每个项集中的项都按照此顺序进行排序。构造候选项集时，对于 F_k 中的任意两个不同的项集 f_1 和 f_2，如果其前 $k-1$ 个项分别对应相同，且 f_1 的最后一项排在 f_2 的最后一项的前面，则新的候选项集由它们的前 $k-1$ 项，f_1 的最后一项和 f_2 的最后一项共同构成。例如，假设项按字典序排序，$f_1 = \{\text{beer}, \text{diaper}\}$，$f_2 = \{\text{beer}, \text{nuts}\}$，则构造的候选项集为$\{\text{beer}, \text{diaper}, \text{nuts}\}$。同样$\{\text{beer}, \text{diaper}\}$和$\{\text{beer}, \text{cheese}\}$可以生成$\{\text{beer}, \text{cheese}, \text{diaper}\}$。

（2）对每个候选$(k+1)$项集进行进一步剪裁，去除那些包含非频繁k项集的候选项集。对应函数 gen_candidate 中的步骤（7）～（11）。

$\{\text{beer}, \text{diaper}, \text{nuts}\}$的3个$k$项子集$\{\text{beer}, \text{nuts}\}$、$\{\text{diaper}, \text{nuts}\}$和$\{\text{beer}, \text{diaper}\}$都是频繁2项集，因此$\{\text{beer}, \text{diaper}, \text{nuts}\}$可能会频繁，因而被放到3项候选项集集合$C_3$中。而对于$\{\text{beer}, \text{cheese}, \text{diaper}\}$来说，其子集$\{\text{cheese}, \text{diaper}\}$在数据库中仅出现一次，是不频繁的，因此$\{\text{beer}, \text{cheese}, \text{diaper}\}$不可能频繁，因而将被删除。

3.2.2 无候选集发现算法 FP-Growth

Apriori 算法在发现频繁项集的过程中采用的是先生成候选项集再验证每个候选项集是否频繁的过程，另一种算法则无须生成候选项集，可以避免大量候选项集的产生。FP-Growth(frequent-pattern growth)就是这样一种算法，其主要步骤如下。

算法 3.2：FP-growth
输入：交易数据库 D，最小支持度阈值 minsup
输出：D 中的所有频繁项集的集合 F
主要步骤
（1）$L_1 = \text{findF1}(D, \text{minsup})$；
（2）$T = \text{constructTree}(L_1, D)$；
（3）CallmineTree$(T, \varnothing)$；

函数 mineTree(T, X)
（1）initialize $S = \varnothing, M = \varnothing$；
（2）if tree T contains a single path P then
（3）   for each combination Y of the nodes in the path P
（4）   generate itemset $X \cup Y$ with support count = minimum support count of nodes in Y and $S = S \cup (X \cup Y)$；
（5）   let Q be the tree after replacing the single path P with a null node；
（6）else $Q = T$；
（7）for each item h in the header table of tree Q begin
（8）   generate itemset $Y = X \cup h$ with support count = h. support count；
（9）   construct Y's conditional pattern base and Y's conditional FP tree T_y；
（10）   if tree $T_y \neq \varnothing$ then call mineTree (T_y, Y)；
（11）end
（12）Let M be the set of frequent itemsets mined from tree Q；
（13）return $(S \cup M \cup (S \otimes M))$

下面以表3.1中的数据为例说明该算法的主要步骤，假设 minsup＝40％，即至少出现 2次。

第一步首先扫描数据库，统计各个单项的出现次数(support count)，去掉出现次数少于 2次的，然后将它们按照出现次数从大到小排序存放在列表 L_1 中。在本例中 L_1＝｛beer：4，diaper：3，nuts：3，cheese：3，butter：2｝。为了描述的简洁性，将这5个单项分别用字母 a、b、c、d 和 e 表示。相应地，表3.1变为表3.2，在此表中，不频繁的单项被删除，剩下的项按照 L_1 中的顺序排序。

第二步调用函数 constructTree(L_1, D) 为数据库构建一棵前缀树，称为**频繁模式树**(frequent patter tree，简称 **FP 树**)。在此树中，每个结点(除根结点外)代表一个单项，在此例中代表一个商品，树中的每条路径代表表3.2中的一个交易中包含的各个项。这种树又称为前缀树。如果把每个交易中的项组合在一起看成一个字符串，则字符串前缀相同时共享相同的路径。表3.2对应的频繁模式树如图3.1所示。

表3.2　排序后交易数据库

交易号（TID）	商品（item）	交易号（TID）	商品（item）
1	a，b，c	4	a，b，c，d
2	a，b	5	a，c，d，e
3	d，e		

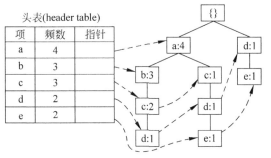

图 3.1　表 3.2 对应的频繁模式树 T

构建该树时，表3.2中的第一个交易对应根结点下的第一条路径 abc，每个结点中除了存放项的名字外，还记录一个频数 n，即从根结点到当前结点对应的项集在数据库中出现的次数，处理完第一个交易之后，三个结点的该数字均为1。第二个交易包含的项集 ab 与第一条路径共享前两个结点，因此，只需将这两个结点的频数增加1即可。第三个交易与之前的项集不具有共享前缀的关系，因此在根结点下新建一条路径 de；第四个交易与第一条路径共享前三个结点，第五个交易则共享第一个结点。

图3.1中，除了树外，还有一个称为**头表**(header table)的表格，存放图中出现的每个单项，出现的次数(即频数)以及一个指针指向图中第一个包含该项的结点，图中同样的结点也都通过指针链接起来，以便访问。至此，原来的交易数据库中的信息已经在频繁模式树中全部保留，下面的挖掘过程只需通过该树即可。

第三步，通过调用函数 mineTree(T, ∅) 发现所有的频繁项集。该函数是个递归调用的过程。为了充分说明各种可能的情况，以图3.2中的频繁模式树为例说明该函数的运行过程，要求项集最少出现两次。

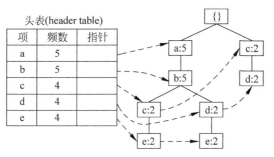

图 3.2　频繁模式树 T

对于如图 3.2 所示的频繁模式树,首先判断该树是否只有一个单支路径或根结点下只有一个分支,此处不存在,则将对头表中的每个项依次进行处理,顺序是从表中的最后一项(此处是 e)开始,每项的处理方式都相同。下面以处理项 e 为例,说明挖掘过程。首先根据头表中 e 的指针链可以找到包含 e 的所有结点以及从根结点到该结点的所有路径,此处是两条路径,即 abc:2 和 abd:2,存到一个称为**条件模式库**(conditional pattern base)的数据库中,如表 3.3 所示。其中,因为 e 出现在每条路径的最后,因此省略。为了方便,该库也可以简单地以集合{abc:2,abd:2}表示。对于该数据库,其处理方式与处理表 3.1 的方式一样,即先统计各个单项出现的次数后,去除不频繁的项,此处四个单项全部频繁,为其构建频繁模式树 T_e(如图 3.3),接着递归调用函数 mineTree(T_e,{e})。

表 3.3　项 e 的条件模式库

项集	频数	项集	频数
abc	2	abd	2

mineTree(T_e,{e})函数运行时,首先可以看到此树含有一个单支前缀路径 ab:5,这种情况下,可以把挖掘过程分成两部分,对路径 ab 生成与 e 的所有组合,即 $S = \{ae:4, be:4, abe:4\}$。然后将此路径用一个空的根结点替换,生成树 Q,如图 3.4 所示。对其中的每个单项 c 和 d 分别进行处理,对应的频繁模式树均为空,因此分别生成了一个 2 项集,得到 ce 和 de,构成集合 $M = \{ce:2, de:2\}$。最后,返回 $S \cup M \cup (S \otimes M)$,其中 $S \otimes M$ 代表将 S 中的每一个项集与 M 中的每一个项集进行组合得到的项集集合,即 $S \otimes M = \{ace:2, ade:2, bce:2, bde:2, abce:2, abde:2\}$,其中频数取的是两者中较小的。然后返回到 mineTree(T_e,{e})函数处,继续处理图 3.2 中的其他项 d、c、b、a,处理方法相同。每个单项对应的条件模式库以及最终得到的频繁项集如表 3.4 所示。

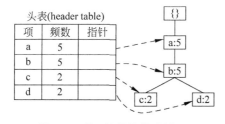

图 3.3　项 e 的频繁模式树 T_e

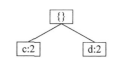

图 3.4　频繁模式树 T_e 的多分支部分 Q

表 3.4　条件模式库和频繁项集

项	条件模式库	频繁项集
e	abc:2; abd:2	{e:4,ae:4,be:4,abe:4,ce:2,de:2,ace:2,ade:2,bce:2,bde:2,abce:2,abde:2}
d	ab:2; c:2	{d:4,cd:2,ad:2,bd:2,abd:2}
c	ab:2	{c:4,ac:2,bc:2,abc:2}
b	a:5	{b:5,ba:5}
a		{a:5}

3.3　关联规则的生成方法

对于规则 $S{\rightarrow}Y$ 来说,称项集 S 为该规则的前件,Y 为后件。找到所有的频繁项集后,就可以生成关联规则。对于任一个频繁项集 X 和它的一个非空真子集 Y,假设 $S=X-Y$,检验是否满足 $\text{confidence}(S{\rightarrow}Y)\geqslant\text{minconf}$,如果满足,则输出规则 $S{\rightarrow}Y$。为了快速生成所有规则,对于一个频繁项集 X,可以按照特定的顺序进行上述检验,一种高效的方法是按照 Y 的长度从小到大进行。即先检验 X 的每个 1 项子集(即长度为 1 的子集)作为规则的后件是否满足置信度阈值,然后是 2 项子集作为后件,……,最后是 $|X|-1$ 项子集作为后件。若 Y 和 Z 是 X 的两个不同的 k 项子集,只有当 $\text{confidence}(X-Y{\rightarrow}Y)\geqslant\text{minconf}$ 和 $\text{confidence}(X-Z{\rightarrow}Z)\geqslant\text{minconf}$ 都满足时才有必要检验 $X-(Y\cup Z){\rightarrow}(Y\cup Z)$ 是否成立,如果 $\text{confidence}(X-Y{\rightarrow}Y)<\text{minconf}$ 或 $\text{confidence}(X-Z{\rightarrow}Z)<\text{minconf}$,则 $\text{confidence}(X-(Y\cup Z){\rightarrow}(Y\cup Z))$ 一定不成立。因为如果 $\text{confidence}(X-Y{\rightarrow}Y)<\text{minconf}$,即

$$\text{confidence}(X-Y\rightarrow Y)=\frac{\text{count}(X)}{\text{count}(X-Y)}<\text{minconf}$$

则一定有

$$\text{confidence}(X-(Y\bigcup Z)\rightarrow(Y\bigcup Z))=\frac{\text{count}(X)}{\text{count}(X-(Y\bigcup Z))}\leqslant\frac{\text{count}(X)}{\text{count}(X-Y)}$$
$$<\text{minconf}$$

因此,在由 k 项子集构建 $k+1$ 项子集后件时可以采用 Apriori 算法中候选项集的构建方法(步骤 3)。例如,假设项集{a,b,c,d}是一个 4 项频繁集,简写为 abcd,假设 abc→d、abd→c、acd→b 和 bcd→a 都成立,检验 2 项子集时发现 cd→ab、bd→ac、ad→bc、ac→bd 成立,则由前两个规则可以生成 d→abc,由后两个规则可生成 a→bcd。d→abc 需要进一步验证其置信度是否满足阈值的要求,因为 cd→ab、bd→ac、ad→bc 都成立;而 a→bcd 不需要检验,因为 ab→cd 不成立,且它不可能成立。

3.4　关联规则的其他类型

对于购物篮分析,前面提到的方法是针对顾客每次购买的商品的关联性进行分析,本节将介绍如何利用商品的类别层次信息进行关联分析、如何发现包含负项的模式及规则,以及将交易数据库推广到结构化表的数据中的方法。

3.4.1 多层次关联规则

如果只对顾客购买的最细节的商品进行关联分析,有可能出现某些商品出现频率太低的情况,如果将商品进行归类,属于一类的商品的支持度会大于其包含的每个商品的支持度,从而有利于发现一些有意义的频繁模式或关联规则。为此研究者提出了多层次关联规则的挖掘方法,该问题最早由 Han 和 Fu,以及 Srikant 和 Agrawal 首先提出研究。

商品的类别信息通常可以利用概念层次树来表示,图 3.5 所示为有关食品的概念层次树。

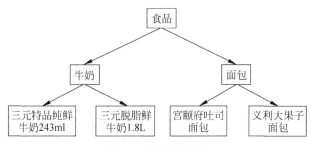

图 3.5 概念层次树

在概念层次树中叶子结点通常代表具体商品,而其上层结点代表的是其类别信息。如果一个结点 A 和结点 B 之间存在一条从 A 指向 B 的有向边,则 A 称为 B 的双亲结点,B 则为 A 的子女结点,从根结点到一个结点 A 的路径中的所有除 A 外的结点都是 B 的祖先,同时 A 也是这些结点的子孙结点。结点的层次从根结点开始,根结点的层次为 1,根结点的子女结点的层次为 2,以此类推。

利用项的概念层次信息不仅可以发现涉及哪些出现频率比较低的商品的频繁模式和关联规则,而且也可以发现概括性更强的规则。为了发现包含不同层次商品的频繁模式,可以将交易数据库进行更新,将一行中每个商品的所有祖先结点都添加到该行中,与其他项同等对待,利用频繁模式和关联规则的挖掘算法可以发现类似"牛奶→面包"或"牛奶→义利大果子面包"等类型的关联规则。当然,引入概念层次信息也会有一些问题存在,例如,挖掘效率变低、发现冗余的关联规则等。如果一个规则中的项是另一个规则中项的祖先,则称前者是后者的祖先规则。例如规则"牛奶→面包"是规则"三元脱脂鲜牛奶1.8L→义利大果子面包"的祖先规则。如果一个规则和其祖先规则具有近似相同的置信度,则该规则称为冗余规则。为了减少发现的规则数目,可以将冗余规则从输出的结果中去除。

3.4.2 负模式

如前所述,集合 $I=\{i_1,i_2,\cdots,i_n\}$ 包含了交易数据库中出现的所有项,当项 i_k 没有出现在某个给定的交易中时,称该项对于该交易是负项,记为 $\overline{i_k}$,与此对应,出现在该交易中的每个项 i_d 称为正项。一个包含负项的项的集合称为**负项集**。一个负项集的支持度如果不小于用户给定的最小支持度,则称为**频繁负项集**。给定一个频繁负项集 X,如果 confidence(subset(X)→X-subset(X))大于或等于给定的最小置信度阈值则称 subset(X)→

X-subset(X)为负关联规则。负项集和负关联规则统称为负模式。

为了发现负模式，将未出现在一个交易中的所有项都以负项的形式加入是不行的，因为毕竟出现在交易中的项的个数是很少的。可以只将那些频繁出现的项或所关注的某些项加入。

3.4.3 结构化数据中的关联分析

前面介绍的交易数据库可以看作是非结构化的形式，也可以将其转化为结构化的表的形式存放。方法是将 I 中的每个项都作为一个属性，对于某个交易，如果某项出现在此交易中，则相应的该属性的取值为 1，否则取值为空（或者为 0）。例如，表 3.1 所示的交易数据库可以转化为如表 3.5 所示的结构化表。

表 3.5　交易数据库对应的结构化表

交易号（TID）	beer	diaper	nuts	biscuit	bread	butter	cheese
1	1	1	1				
2	1	1		1			
3					1	1	1
4	1	1	1				1
5	1		1			1	1

同样对于存放在关系数据库表中的数据，可以利用关联分析的方法发现其中的频繁模式和关联规则。例如，对于表 3.6 所示的数据，可以将其转化为表 3.7 所示的数据表，这其中包括两种处理：对于类别取值的属性，将每个取值转化为"属性＝值"的形式，以便更好地理解所发现的频繁模式或关联规则；对于取值连续的属性，首先将其离散化，然后将每个取值区间作为一个值，继而转化为"属性＝值"的形式。

表 3.6　学生及修课信息表 1

性别	年龄	专业	类别	分数
男	21	计算机	硕士研究生	A
女	22	信息系统	硕士研究生	B
男	20	会计	本科生	B
女	28	金融	博士研究生	C
男	26	计算机	博士研究生	B

表 3.7　学生及修课信息表 2

性别	年龄	专业	类别	分数
性别＝男	年龄＝[20～24]	专业＝计算机	类别＝硕士研究生	分数＝A
性别＝女	年龄＝[20～24]	专业＝信息系统	类别＝硕士研究生	分数＝B
性别＝男	年龄＝[20～24]	专业＝会计	类别＝本科生	分数＝B
性别＝女	年龄＝[25～29]	专业＝金融	类别＝博士研究生	分数＝C
性别＝男	年龄＝[25～29]	专业＝计算机	类别＝博士研究生	分数－B

3.5　关联规则的兴趣度的其他度量

前面介绍的关联规则的定义中涉及两个参数：支持度和置信度,这两种度量是描述一条关联规则是否有意义的常用度量。但是有些情况下,仅仅根据这两个度量发现的规则可能具有误导性。例如,如果利用关联分析的方法分析修商务智能课程的学生的基本信息以及所得成绩之间的关系,可能得到这样一条关联规则：专业＝计算机→成绩＝良(53％,72.6％),这使人感觉计算机专业的学生的成绩更易得良,但是实际上总人数中得良的比例为75％,也就是说如果是计算机专业的学生,得良的可能性反而降低了。那么,如何能避免发现此类关联规则呢？为此,很多研究者提出了不同的度量方法。下面介绍其中的两种：lift 和 cosine。

1. 度量 lift

对于关联规则 $X \rightarrow Y$,度量 lift 的计算公式如下：

$$\text{lift}(X,Y) = \frac{\text{confidence}(X \rightarrow Y)}{\text{support}(Y)} = \frac{P(X \bigcup Y)}{P(X)P(Y)} \tag{3.3}$$

由公式(3.3)可以看到,lift 度量弥补了置信度没有考虑规则后件的支持度的缺陷。如果 X 和 Y 相互独立,则 $P(X \bigcup Y) = P(X)P(Y)$。因此,若 $\text{lift}(X,Y)=1$,则说明 X 与 Y 独立；若 $\text{lift}(X,Y)>1$,则说明 X 与 Y 正相关；若 $\text{lift}(X,Y)<1$,则说明 X 与 Y 负相关。

假设修商务智能课程的班级中的计算机专业与分数良之间的统计数字如表 3.8 所示,则由此可以计算其 $\text{lift}(B,C)$ 值为 $0.53/(0.75 \times 0.73)=0.97$,即计算机专业与良之间有些负相关,接近独立。

表 3.8　计算机专业与分数良的列联表(contingency table)

	计算机 C	非计算机 $\bar{C}$	合计
良 B	53	22	75
非良 $\bar{B}$	20	5	25
合计	73	27	100

在此例中可以看到,使用 lift 度量可以将不相关的关联规则进行进一步筛选。但是,此度量是否在任何情况下都是客观的呢？再来看一个例子。表 3.9 和表 3.10 分别给出了有关计算机专业与选商务智能课程的两个不同的列联表,两个表中数据的区别在于 $\overline{AC}$ 的取值,即非计算机专业、没选商务智能课程的人数,前者大,后者小。从表中可以看出计算机专业和修商务智能课程之间存在一定的相关性,因为计算机专业选商务智能课程的人数比计算机专业选其他课程的人数以及非计算机专业选商务智能课程的人数都多出很多。根据表 3.9 计算可得 $\text{lift}(C,A)=2.4$,符合相关性,而根据表 3.10 计算可得 $\text{lift}(C,A)=1.04$,接近独立,与实际相悖。

表 3.9　计算机专业与修商务智能课程的列联表 1

	计算机 C	非计算机 $\bar{C}$	合计
选 A	80	20	100
没选 $\bar{A}$	20	180	200
合计	100	200	300

表 3.10　计算机专业与修商务智能课程的列联表 2

	计算机 C	非计算机 $\bar{C}$	合计
选 A	80	20	100
没选 $\bar{A}$	20	10	30
合计	100	30	130

由此可知，度量 lift 对于两个项集同时不出现的情况是敏感的，它适用于变量对称的情况，即项集的同时出现和同时不出现同样重要的情况。那么怎么消除这种敏感性？下面介绍另一个度量 cosine。

2．度量 cosine

对于关联规则 $X \rightarrow Y$，度量 cosine 的计算公式如下：

$$\mathrm{cosine}(X,Y) = \frac{P(X \bigcup Y)}{\sqrt{P(X)P(Y)}} = \frac{\mathrm{support}(X \bigcup Y)}{\sqrt{\mathrm{support}(X) \times \mathrm{support}(Y)}}$$

$$= \sqrt{\mathrm{confidence}(X \rightarrow Y) \times \mathrm{confidence}(Y \rightarrow X)} \qquad (3.4)$$

从公式（3.4）可以看到，$\overline{AC}$ 的值不会影响 consine 的取值。表 3.9 和表 3.10 两种情况下 $\mathrm{cosine}(C,A)$ 的值相等，均为 0.8，都属于正相关的情况。因此它适用于变量不对称的情况，即项集的同时出现相比于同时不出现更重要的情况。

练习题 3

1．假设记录了一组用户一段时间内的网上购物信息，包括在什么网站、什么时间、购买了哪些商品，每个用户都有一个唯一的用户 ID，请回答如下问题：

（1）如何构造数据集以进行频繁项集和关联规则的发现？

（2）根据（1）中构造的数据集所发现的关联规则对于商家有什么意义？

（3）网上购物与在实体超市购物两种情况下关联分析的不同之处有哪些？

2．给定表 3.11 所示的交易数据库，假设 minsup＝40％和 minconf＝60％，请找出所有的频繁项集以及关联规则。

表 3.11　习题 2

TID	项	TID	项
1	a,b,d,e	4	a,b,c,d
2	a,c	5	a,b,c,f
3	c,d,f		

3．表 3.12 中每一行记录了某天中价格上涨的股票，请据此表回答下列问题：

表 3.12　习题 3

日　期	股　票	日　期	股　票
2012-6-4	A,B,C,D	2012-6-7	A,B,E,F
2012-6-5	D,E	2012-6-8	D,F
2012-6-6	A,B		

（1）假设 minsup＝40％和 minconf＝60％，可以发现哪些关联规则？这些规则在现实中有什么意义吗？

（2）如果要利用关联规则的发现方法发现类似这样的规则"股票 A 涨、B 涨，则第 2 天股票 E 涨"，应该如何构造数据集？

（3）如果发现的规则的形式为"股票 A 涨、B 涨，则第 2 天股票 C 跌"，数据集该如何构造呢？

4. 针对题 2 中发现的关联规则 a→b，构造列联表，分别计算度量 lift 和 cosine 值，说明其含义。

5. 表 3.13 中每个项表达成类别-商品的格式，如 A-a 代表的是 a 的类别是 A，设 minsup＝40％和 minconf＝60％，请发现含有类别的频繁项集及关联规则。

表 3.13 习题 5

TID	项	TID	项
1	A-a,A-b,B-d,C-e	4	A-a,A-b,B-c,B-d
2	A-a,B-c	5	A-a,A-b,B-c,C-f
3	B-c,B-d,C-f		

6. 假设 minsup＝50％，请找出表 3.14 中所有的闭合频繁项集。

表 3.14 习题 6

TID	项	TID	项
1	a,b,c,d,e	3	b,d
2	a,c	4	a,b,c,d,e,f

分类技术是数据挖掘中最常用的技术之一,有着非常广泛的应用。在日常生活和工作中,经常将对象赋予不同的类别。例如,对于信用卡的申请者,可以根据其各方面信息判断其信誉的高和低;医生需要根据患者的症状判断所患疾病的类型;推广新产品时需要预测已有客户是否对新产品感兴趣,等等。总结已有类别对象的特点并进而进行未知类别对象的类别预测可以帮助解决许多实际问题。为此,本章将介绍分类任务的基本概念、常用技术以及分类学习的效果衡量方法等内容。

4.1 分类的概念

前面提到的三种场景具有共同的特点,通过分析对象的一些已知特性判断其可能所属的类别。例如,病人的每个症状或检查结果属于对象的已知特性数据,而所患疾病的类型为类别。所有可能的疾病类型构成一个类别的集合。类别之间是没有顺序的。为了达到这一目的,还需要一些历史数据,例如,记录的已有信用卡持有人的个人信息以及信誉情况。根据这些历史数据,可以进行一定的分析,归纳、总结每类用户区别于其他类别用户的共同特点,构造一个函数或分类模型(又称分类器,classifier),根据此函数或分类模型,预测一个对象的类别。这个过程称为**分类**(classification),其中历史数据称为**训练数据集**(training dataset)。表 4.1 是训练数据的一个示例。在表 4.1 中,每一行描述了汽车销售公司的一个客户的信息,包括客户编号、年龄、性别、年收入及婚姻状况等个人信息以及在此公司是否购买过豪华车。此表的每一列称为一个**属性**,用于描述一个对象的某个特性或性质。表 4.1 中属性"豪华车"是分类的目标属性,称为**分类属性**(class label attribute),其每个取值称为一个类别(class label)。在表 4.1 中分类属性有两个类别:是和否。构造函数或分类器的过程称为**学习**。为了评价一个分类模型的性能,通常根据分类模型判断一组已知类别的对象的类别,这些已知类别的对象构成的数据集称为**测试数据集**(testing dataset)。

表 4.1　分类训练数据

客户编号	年龄/岁	性别	年收入/万元	婚姻状况	是否购买过豪华车
1	<30	女	86	已婚	否
2	<30	男	65	单身	否
3	<30	男	90	离异	否
4	<30	女	75	已婚	否
5	30～50	女	82	已婚	是
6	30～50	男	91	已婚	是

客户编号	年龄/岁	性别	年收入/万元	婚姻状况	是否购买过豪华车
7	30～50	女	200	离异	是
8	30～50	女	40	单身	否
9	30～50	男	20	离异	否
10	＞50	女	96	离异	否
11	＞50	女	80	单身	否
12	＞50	男	50	单身	是
13	＞50	女	80	离异	否
14	＞50	男	92	离异	是

分类有很多种方法,常用的方法有决策树方法、贝叶斯方法、K 近邻（K-nearest neighbor）以及支持向量机（support vector machine）等。下面分别介绍前三种方法。评价一个分类模型的度量也有多种,在本章的最后将对测试数据的构建以及常用的度量方法进行介绍。

4.2 决策树分类方法

决策树是最常用的分类技术之一,具有性能良好且结果容易理解的特点。图 4.1 是针对表 4.1 所构建的决策树。树中每个椭圆形代表一个结点（node）,结点之间的边表示的是结点之间的关系。以"年龄"和"年收入"这两个结点为例,被指向的结点"年收入"是结点"年龄"的子女结点,结点"年龄"则是结点"年收入"的双亲结点。

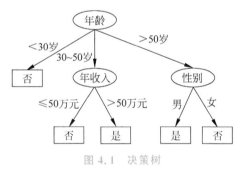

图 4.1 决策树

在决策树中有两类结点,每个没有子女结点的结点,即**叶子结点**,对应一个类别;其余每个结点对应一个属性。没有双亲结点的结点称为**根结点**。既有双亲又有子女的结点称为**内部结点**。结点的层次从根结点开始从 1 计数,即根结点的层次为 1,根结点的子女结点的层次为 2,以此类推。从非叶子结点引出的每条边（每条分支）,即出边,对应一种基于此结点属性的判断（分裂）条件。例如,图 4.1 中,根结点的三条出边分别表示"年龄＜30 岁""30≤年龄≤50 岁"和"年龄＞50 岁"三个判断条件。

从根结点到叶子结点的路径可以转化为一条分类规则。如图 4.1 中,最右边的从根结点"年龄"到叶子结点"否"的路径对应的规则为"if 年龄＞50 岁且性别＝女,then 是否购买过豪华车＝否"。

当基于训练数据集构造了决策树之后,就可以利用该决策树进行未知类别样本的类别判断。例如对于一个年收入为 100 万元的 50 岁的已婚男性,首先在根结点处判断其年龄属于大于 50 岁的情况从而选择最右分支,然后依据其性别选择左分支,最后到达叶子结点"是",即预测该客户的类别为"是"。

4.2.1 决策树的构建过程

如何才能快速构造出一个预测效果好的决策树呢？针对一个训练数据集可以构造出很多棵不同的树，有的树比较复杂，有的树相对简单，何种类型的树的预测效果好呢？根据奥卡姆剃刀（Occam's Razor）原理："如无必要，勿增实体"（Entities should not be multiplied unnecessarily），通常来说一棵小的树的预测能力更好。从性能角度来说，不可能把所有可能的树都创建出来，然后从中选择最好的树。因此，通常采用分而治之的思想，利用贪心策略从局部出发来构造一棵大小紧凑的决策树。已有很多构建决策树的方法，如Hunt、ID3、C4.5 及 CART 等。下面主要介绍常用的 C4.5 算法。

给定一个训练数据集 D，涉及的类别由 $C=\{c_1,c_2,\cdots,c_k\}$ 表示。构建决策树 T 的过程可以看作是将训练数据集不断进行分裂的过程，其主要步骤如下。

（1）创建一个结点 t，初始情况下训练数据集中的所有样本与根结点关联，记为 D_t。将 t 设为当前结点。

（2）如果当前结点 t 所关联的数据集 D_t 中所有样本的类别都相同（假设为 c_i），则将该结点标记为叶子结点，记录类别为 c_i，停止对该结点所关联的数据集的进一步分裂。接着处理其他非叶子结点；否则，进入下一步。

（3）为数据集 D_t 选择分裂属性和分裂条件。根据分裂条件将数据集 D_t 分裂为 m 个子集，为结点 t 创建 m 个子女结点，将这 m 个数据集分别与之关联。依次将每个结点设为当前结点，转至步骤（2）进行处理，直至所有结点都标记为叶子结点。

上述过程是一个自顶向下递归的构建过程，其关键点在于分裂属性和分裂条件的选择。分裂属性的选择以分裂后的各个子数据集中类别的分布为依据，若子数据集中的类别都一样，则该结点变为叶子结点，否则需要进一步分裂，因此子女结点样本的类别越纯，构建的决策树的规模可能越小。因此分裂属性的选择通常利用类别纯度的衡量作为标准，常用的有信息熵和 gini 指数两种。下面主要介绍基于信息熵的方法。

给定一个数据集 D 及类别集合 $C=\{c_1,c_2,\cdots,c_k\}$，用 $\text{count}(c_i)$ 代表类别 c_i 在 D 中出现的次数，用 $p(c_i)$ 代表 c_i 在 D 中出现的相对频率，即 $p(c_i)=\text{count}(c_i)/|D|$，其中 $|D|$ 代表 D 中的数据行数。数据集 D 的**信息熵** $\text{entropy}(D)$ 的计算公式如下：

$$\text{entropy}(D) = -\sum_{i=1}^{k} p(c_i)\log_2 p(c_i) \tag{4.1}$$

设类别的个数为 2，即 $k=2$，当 D 中的类别相同时，该数据集的信息熵最小，$\text{entropy}(D)=0$；当两种类别各占一半时，该数据集的信息熵最大，$\text{entropy}(D)=1$。由此可以看到，信息熵的取值越小类别分布越纯，反之越不纯。

假设一个数据集 D 按照属性 A 的分裂条件分裂出的 m 个子数据集分别为 $D_1,D_2,\cdots,D_m$，则综合这 m 个子数据集的信息熵就可以作为衡量一个属性 A 优劣的度量，记为 $\text{entropy}(D,A)$，其计算公式如下：

$$\text{entropy}(D,A) = \sum_{i=1}^{k} \frac{|D_i|}{|D|}\text{entropy}(D_i) \tag{4.2}$$

一个数据集 D 按属性 A 分裂前后信息熵的差值称为**信息增益**（information gain），记为 $\text{gain}(D,A)$，计算公式如下：

$$gain(D,A) = entropy(D) - entropy(D,A) \qquad (4.3)$$

因此选择分裂属性时可以以信息增益作为选择标准,选取值最大的属性作为分裂属性。

4.2.2 属性的类型及分裂条件

给定一个数据集 D 及一个属性 A,如果要根据公式(4.2)计算利用该属性进行数据集分裂的信息熵,还需要确定根据 A 对数据集的分裂方法。本节介绍针对不同类型的属性,如何对数据集进行分裂,即分裂条件的生成方法。下面先介绍属性的类型。

属性按取值类型的不同可以分为**定量**(quantitative)和**定性**(qualitative)两种。定量属性又称为**数值**(numerical)属性,每个取值为数值,既可以比较大小,又可以进行数值运算,如加、减、乘、除等。表 4.1 中的属性"年收入"属于定量属性。定性属性又称为**类别**(categorical)属性,其取值不具有数的特点,尽管可能表示形式为数,如客户编号,但对客户编号比较大小或求平均都是没有意义的。定性属性又可以分为**标称**(nominal)**属性**和**序数**(ordinal)**属性**。标称属性没有顺序关系,每个取值只是个符号用以区分不同的对象,不同的取值只能比较相等或不相等,标称属性的例子包括客户编号、性别、电话号码等。序数属性的值之间具有顺序关系,例如成绩的取值优、良、中、差之间是有顺序关系的。分类属性通常是标称属性。

属性从另一个角度又可以分为**离散**(discrete)**属性**和**连续**(continuous)**属性**。具有有限个取值的属性或可数的无限个取值的属性是离散属性。通常,整数表示的属性为离散属性,而实数表示的属性为连续属性。例如,年收入为连续属性。定性属性一般为离散属性。

1. 定性属性的分裂条件

一个数据集 D 若根据一个定性属性 A 进行分裂,假设 A 在 D 中的取值由集合 V_A 表示,$V_A = \{a_1, a_2, \cdots, a_m\}$,则分裂条件为 $A = a_i$,其中 i 取 $1 \sim m$ 的所有整数。例如,对于表 4.1 中的数据,若按属性"婚姻状况"进行数据集分裂,则分裂条件为婚姻状况=单身、婚姻状况=已婚和婚姻状况=离异,即表 4.1 中的数据将分裂为 3 个子集,如表 4.2～表 4.4 所示,其中"婚姻状况"属性的取值分别为单身、已婚和离异。

表 4.2 "婚姻状况=单身"对应的子数据集 D_1

客户编号	年龄/岁	性别	年收入/万元	婚姻状况	是否购买过豪华车
2	<30	男	65	单身	否
8	30～50	女	40	单身	否
11	>50	女	80	单身	否
12	>50	男	50	单身	是

表 4.3 "婚姻状况=已婚"对应的子数据集 D_2

客户编号	年龄/岁	性别	年收入/万元	婚姻状况	是否购买过豪华车
1	<30	女	86	已婚	否
4	<30	女	75	已婚	否
5	30～50	女	82	已婚	是
6	30～50	男	91	已婚	是

表 4.4　"婚姻状况＝离异"对应的子数据集 D_3

客户编号	年龄/岁	性别	年收入/万元	婚姻状况	是否购买过豪华车
3	<30	男	90	离异	否
7	30~50	女	200	离异	是
9	30~50	男	20	离异	否
10	>50	女	96	离异	否
13	>50	女	80	离异	否
14	>50	男	92	离异	是

因此根据公式(4.2)利用属性"婚姻状况"进行数据集分裂的信息熵计算如下：

$$
\begin{aligned}
\text{entropy}(D,\text{婚姻状况}) &= \frac{|D_1|}{|D|}\text{entropy}(D_1) + \frac{|D_2|}{|D|}\text{entropy}(D_2) + \frac{|D_3|}{|D|}\text{entropy}(D_3) \\
&= \frac{4}{14}\left(-\frac{1}{4}\log_2\frac{1}{4} - \frac{3}{4}\log_2\frac{3}{4}\right) + \frac{4}{14}\left(-\frac{2}{4}\log_2\frac{2}{4} - \frac{2}{4}\log_2\frac{2}{4}\right) + \\
&\quad \frac{6}{14}\left(-\frac{2}{6}\log_2\frac{2}{6} - \frac{4}{6}\log_2\frac{4}{6}\right) \\
&= 0.91
\end{aligned}
$$

同理，可以计算分别按照属性"年龄"以及按照属性"性别"分裂数据集的信息熵分别为 $\text{entropy}(D,\text{年龄})=0.69$，$\text{entropy}(D,\text{性别})=0.89$。

2. 定量属性的分裂条件

以表 4.1 中的年收入为例，为了方便计算信息熵，将该属性及分类属性抽出并按年收入升序排序，如表 4.5 中的前两列所示。表 4.5 中的第 3 列显示的是从第一行到当前行中两个类别的取值个数。如，第一行的类别统计只针对第一行，因此类别"否"有 1 个，"是"的个数为 0。第二行统计的是前两行的类别个数，以此类推。

表 4.5　按年收入升序排序的类别数据集

年收入/万元	是否购买过豪华车	累计类别分布
20	否	是：0；否：1
40	否	是：0；否：2
50	是	是：1；否：2
65	否	是：1；否：3
75	否	是：1；否：4
80	否	是：1；否：5
80	否	是：1；否：6
82	是	是：2；否：6
86	否	是：2；否：7
90	否	是：2；否：8
91	是	是：3；否：8
92	是	是：4；否：8
96	否	是：4；否：9
200	是	是：5；否：9

对于定量属性 A,设 A 在数据集 D 中有 m 个不同的取值,$a_1<a_2<\cdots<a_m$,其分裂数据集的候选条件为 $A\leq a_i$(或取相邻两点的中点 $(a_i+a_{i+1})/2$)和 $A>a_i$,其中 $1<i<m$。以"年收入 $\leq$ 40 万元"为例,分裂成的两个数据集一个满足"年收入 $\leq$ 40 万元",另一个则满足"年收入 $>$ 40 万元",前者的类别分布是"是:0;否:2",则后者的类别分布为"是:5;否:7",因为整个数据集的类别分布为"是:5;否:9"。因此,信息熵计算如下:

$$
\begin{aligned}
\text{entropy}(D,年收入) &= \frac{|D_1|}{|D|}\text{entropy}(D_1)+\frac{|D_2|}{|D|}\text{entropy}(D_2)\\
&= \frac{2}{14}\times 0 + \frac{12}{14}\left(-\frac{5}{12}\log_2\frac{5}{12}-\frac{7}{12}\log_2\frac{7}{12}\right)\\
&= 0.84
\end{aligned}
$$

可以证明不需要在每个取值处都计算信息熵,只需在类别发生变化的两个点处进行数据集的分裂并计算信息熵即可。因此,候选的分裂条件还包括"年收入 $\leq$ 50 万元"、"年收入 $\leq$ 80 万元"、"年收入 $\leq$ 86 万元"、"年收入 $\leq$ 91 万元"和"年收入 $\leq$ 96 万元"。对应的信息熵分别为 0.94、0.79、0.80、0.86 和 0.83。其中最小的是"年收入 $\leq$ 80 万元",因此该条件作为属性"年收入"的分裂条件。

在未分裂表 4.1 所示的数据集 D 之前,该数据集的信息熵 $\text{entropy}(D)=0.94$。因此 4 个属性的信息增益分别为:$\text{gain}(D,年龄)=0.24$,$\text{gain}(D,年收入)=0.15$,$\text{gain}(D,性别)=0.05$,$\text{gain}(D,婚姻状况)=0.03$。其中,属性"年龄"的信息增益最大,故在根结点的分裂属性为"年龄"。为根结点创建 3 个子女结点,3 个分支上的分裂条件分别为年龄 $<$ 30 岁、年龄 $=$ 30~50 岁、年龄 $>$ 50 岁,如图 4.2 所示。其中,年龄 $<$ 30 岁对应的数据集中的类别全部为否,将此子女结点标识为叶子结点。另外两个结点按照与处理表 4.1 的相同方法进行分裂属性的选择,直至所有结点成为叶子结点为止。

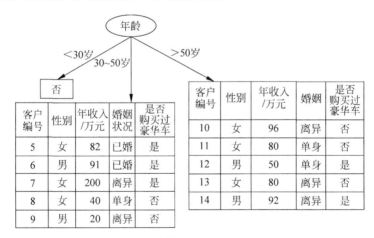

图 4.2 决策树的构建过程示意

3. 信息增益的调整——增益比率

度量信息增益偏向于选择取值个数多的属性。举个极端的例子,若以属性"客户编号"为分裂属性,则每个客户被划为一个单独的数据集,其信息熵为零,信息熵最大,但实际上,由于每个客户的编号均不相同,因此选择该属性没有意义。因为属性取值的个数越多,分裂后的子数据集趋向于更纯，而子数据集包含的行数越少，概括能力越差，因此需要解决此问题。解决方法有两种：一种是调整选择分裂属性的度量；另一种是限制分裂产生的条件。有些决策树算法限定每次对数据集的分裂都是二分的，如 CART 算法。如果一个标称属性的取值多于 2 个，需要将取值进行组合。例如，若属性 A 有 3 个不同的取值 a、b 和 c，则组合有 3 种情况：$\{a\}$ 和 $\{b,c\}$、$\{a,b\}$ 和 $\{c\}$ 及 $\{a,c\}$ 和 $\{b\}$。以属性"婚姻状况"为例，其二分方案如图 4.3 所示。如果是序数属性，则应该考虑其顺序，将相邻顺序的值进行组合。

图 4.3　数据集的二分策略

采用第一种方法，可以调整信息增益的度量方法，以便对所分裂的数据集的大小进行考虑，这就是度量增益比率（gain ratio）的由来。假设一个数据集 D 按照属性 A 的分裂条件分裂出的 m 个子数据集分别为 $D_1, D_2, \cdots, D_m$，则增益比率 $\text{gain\_ratio}(D, A)$ 的计算公式为

$$\text{gain\_ratio}(D, A) = \frac{\text{gain}(D, A)}{\text{splitInfo}(D, A)} = \frac{\text{gain}(D, A)}{-\sum_{i=1}^{m} \frac{|D_i|}{|D|} \log_2 \left(\frac{|D_i|}{|D|} \right)} \tag{4.4}$$

以属性"年龄"为例，分成的 3 个数据集的大小分别为 4、5、5，则其 $\text{splitInfo}(D, 年龄)$ 的计算如下：

$$\text{splitInfo}(D, A) = -\frac{4}{14} \log_2 \frac{4}{14} - \frac{5}{14} \log_2 \frac{5}{14} - \frac{5}{14} \log_2 \frac{5}{14} = 1.58$$

属性"年龄"的增益比率则为 $0.24/1.58 = 0.15$。

综合上述过程，构造决策树的主要步骤如下所示。

算法 4.1：决策树构建算法 gen_tree(D)

输入：训练数据集 D

输出：决策树

主要步骤

（1）　if dataset D meets stopping criteria then

（2）　　create leaf node t；

（3）　　　t. class label = majority class in D；

（4）　　　return t；

（5）　else

（6）　　create root node t；

（7）　　　t. split_condition = find_split_condition(D)；

（8）　　split dataset D into a set of m subsets, D_i, $1 \leq i \leq m$, if t. split_condition has m outcomes

（9）　　　for each dataset D_i ,$1 \leqslant i \leqslant m$ do

（10）　　　　　$s = $ gen_tree(D_i)

（11）　　　　　add node s as t's child；　//将结点 s 作为结点 t 的子女结点扩展已有树

（12）　　　end for

（13）　end if

（14）　return t ;

4.2.3　决策树的剪枝

在构建决策树过程中,如果以叶子结点中的类别尽量纯作为停止分裂一个结点的标准,则构造的决策树对于训练集的误差可能比较小,但是由于这样的树尽可能地拟合了训练集中的样本特点,因而通常具有较低的概括(generalization)能力,在预测未知类别对象时的准确率较低,这就是过度拟合(overfitting)问题。当然,如果过早地停止对结点的进一步分裂也会导致拟合不足(underfitting)问题。为了解决这些问题,通常需要对决策树进行剪枝(pruning)优化。剪枝分为两种类型:一种是先剪枝(pre-pruning);另一种是后剪枝(post-pruning)。先剪枝指的是在构建树的过程中,在尚未完全拟合训练集的情况下,例如,在一个结点中的类别还没有达到最纯且还可以进一步进行分裂的情况下就停止对它的分裂。具体实现时可以指定一个信息熵阈值,当一个结点关联的数据集的信息熵低于该阈值时停止继续分裂。此方法的缺点是阈值不容易确定,阈值设置的不恰当可能导致拟合不足或过分拟合问题解决不彻底。因此常用的方法是后剪枝。下面介绍 C4.5 中所用的基于误差估计的剪枝方法,重点介绍用叶子结点替换子树的方法,即子树替换(subtree replacement)方法。

以图 4.4 为例,图 4.4(a)中用阴影表示的子树被一个叶子结点替换,如图 4.4(b)所示的树中带阴影的结点。这种替换称为子树替换。

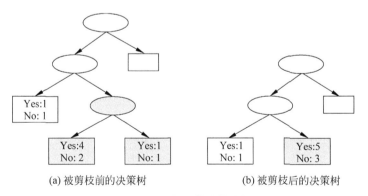

(a) 被剪枝前的决策树　　　　　　　　(b) 被剪枝后的决策树

图 4.4　数据集的剪枝过程

为了判断是否需要进行子树替换,通常需要估计决策树的概括误差(generalization error)。训练误差又称回代误差(resubstitution error),是训练数据集中被错误分类的样本数占总训练样本数的比例。利用训练误差对概括误差进行估计是一种乐观估计,通常估计效果很差。C4.5 中采用的是基于统计的误差上界估计属于悲观估计。为了利用训练误差估计概括误差，假设每个结点中的样本被误分类的错误率符合二项分布，当结点中样本个数足够大时该分布可以用正态分布近似。假设属于一个结点的样本个数为 N，被错误分类的个数为 n，则观测到的分类误差为 $f=n/N$。假设真实误差为 p，将变量 f 通过变换 $(f-p)/\sqrt{p(1-p)/N}$ 使其符合标准正态分布。给定置信度 α，找到使下式成立的置信限 z。

$$\Pr\left(\frac{f-p}{\sqrt{p(1-p)/N}} > z\right) = \alpha \tag{4.5}$$

然后将公式(4.5)中的不等式改为等式，解出 p 的上限，得到公式(4.6)，作为每个结点中分类误差的悲观估计。

$$e_{\text{upper}}(f,N,\alpha) = \frac{f + \dfrac{z^2}{2N} + z\sqrt{\dfrac{f}{N} - \dfrac{f^2}{N} + \dfrac{z^2}{4N^2}}}{1 + \dfrac{z^2}{N}} \tag{4.6}$$

查标准正态分布表，当 $\alpha=25\%$ 时 $z=0.69$。C4.5 中 α 的默认值为 25%。

图 4.4(a)中第四层左侧的结点中有 6 个样本，其中 2 个样本被分错，即 $N=6$，$f=2/6=0.33$，设 $\alpha=25\%$，则带入公式(4.6)可得 $e=0.47$。同理，同层右侧结点的误差上限可以估计为 $e=0.72$。将这两个误差按照数据集占的比例加权求和，即 $6/8 \times 0.47 + 2/8 \times 0.72 = 0.533$。然后计算这两个结点的双亲结点($N=8$，$f=3/8$)，可算得 $e=0.497$。因为 $0.497 < 0.533$，所以这个子树被一个叶子结点替换，如图 4.4(b)所示。接着可以继续如此计算，判断现在的子树是否需要替换。

实现决策树剪枝还有一些其他方法，其中一种方法是利用确认数据集(validation dataset)，即从训练数据集中移出一部分作为确认数据集。在判断一棵子树是否需要被替换时，利用确认数据集来比较替换前和替换后的分类误差，如果替换后的误差低，则实现剪枝。该方法的缺点是，训练数据集的数据量变少，可能会影响决策树的学习效果，尤其在数据不充足的情况下。

4.3 朴素贝叶斯分类

朴素贝叶斯分类是基于贝叶斯定理的一种分类方法。给定一个样本变量 X 的一个观察到的样本 x，由 n 个属性 $A_1, A_2, \cdots, A_n$ 描述，其属性取值分别为 $x_1, x_2, \cdots, x_n$，即 $x=(x_1, x_2, \cdots, x_n)$，要判断其所属的类别，即类别属性 Y 的取值，可以通过估计其属于每个类别的概率，即 $\Pr(Y=c_i|X=x)$，简写为 $P(c_i|x)$，取概率最大的类别赋予此样本。假设类别变量 Y 的可能取值有 k 个，$C=\{c_1, c_2, \cdots, c_k\}$，样本 x 所属的类别 $c \in C$ 可以通过下式判定：

$$c = \underset{c_i \in C}{\arg\max} P(c_i \mid x) = \underset{c_i \in C}{\arg\max} P(c_i \mid x_1, x_2, \cdots, x_n) \tag{4.7}$$

为了便于计算后验概率 $P(c_i|x)$，根据贝叶斯定理，有

$$P(c_i \mid x) = \frac{P(x \mid c_i)P(c_i)}{P(x)} \tag{4.8}$$

由于类别不同时，公式(4.8)的分母没有变化，因此可以得到

$$c = \underset{c_i \in C}{\arg\max} P(c_i \mid x) = \underset{c_i \in C}{\arg\max} P(x \mid c_i)P(c_i) \tag{4.9}$$

但是要估算概率 $P(x|c_i)$ 仍然需要非常大的样本量,通常是难以达到的,为此进行如下推导和假设。

$$P(x_1, x_2, \cdots, x_n \mid c_i)$$
$$= P(x_1 \mid x_2, \cdots, x_n, c_i) P(x_2, \cdots, x_n \mid c_i)$$
$$= P(x_1 \mid x_2, \cdots, x_n, c_i) P(x_2 \mid x_3, \cdots, x_n, c_i) P(x_3, \cdots, x_n \mid c_i)$$
$$= \cdots$$
$$= P(x_1 \mid x_2, \cdots, x_n, c_i) P(x_2 \mid x_3, \cdots, x_n, c_i) P(x_3 \mid x_4, \cdots, x_n \mid c_i) \cdots P(x_n \mid c_i)$$
$$\tag{4.10}$$

假设给定类别变量取值一定的情况下,各个属性取值之间互相独立,则公式(4.10)可以变为下式:

$$P(x_1, x_2, \cdots, x_n \mid c_i)$$
$$= P(x_1 \mid c_i) P(x_2 \mid c_i) P(x_3 \mid c_i) \cdots P(x_n \mid c_i) = \prod_{j=1}^{n} P(x_j \mid c_i) \tag{4.11}$$

这样公式(4.9)可以变化为下面的公式(4.12)。

$$c = \underset{c_i \in C}{\operatorname{argmax}} P(c_i \mid x) = \underset{c_i \in C}{\operatorname{argmax}} \prod_{j=1}^{n} P(x_j \mid c_i) P(c_i) \tag{4.12}$$

公式(4.12)中 $P(c_i)$ 可以用训练数据集中类别 c_i 出现的次数占训练数据集总行数的比例来近似。例如,表 4.1 中,$P(是)=5/14$,$P(否)=9/14$。那么条件概率 $P(x_j|c_i)$ 如何得到呢?对于定性属性,$P(x_j|c_i)$ 可以通过计算类别为 c_i 的样本中属性 A_j 取值为 x_j 的样本所占比例来近似。

对于定量属性,有两种方法。一种方法是先将该属性取值离散化(具体方法将在第 7 章介绍),离散化后的取值变为区间,如表 4.1 中属性年龄的取值是离散化后的取值。离散化后的属性可以当作定性属性处理。另一种方法是假设变量服从某种概率分布,通过训练数据集估计分布的参数。常用的概率分布是正态分布 $N(\mu, \sigma^2)$。计算 $P(x_j|c_i)$ 时,在类别为 c_i 的样本中为属性 A_j(x_j 是属性 A_j 的取值)的取值计算均值 μ_{ij} 和标准差 σ_{ij},然后利用公式(4.13)进行近似估计。

$$P(x_j \mid c_i) \approx \frac{1}{\sqrt{2\pi}\sigma_{ij}} e^{\frac{-(x_j - u_{ij})^2}{2\sigma_{ij}^2}} \tag{4.13}$$

下面以表 4.1 中数据为例,说明利用朴素贝叶斯进行分类的过程。为了方便阅读,将表 4.1 复制在表 4.6 中。为了计算,根据公式(4.12),对此公式中用到的各个概率都进行了计算,显示在表 4.7 中。

表 4.6 训练数据集

客户编号	年龄/岁	性别	年收入/万元	婚姻状况	是否购买过豪华车
1	<30	女	86	已婚	否
2	<30	男	65	单身	否
3	<30	男	90	离异	否
4	<30	女	75	已婚	否
5	30~50	女	82	已婚	是
6	30~50	男	91	已婚	是

客户编号	年龄/岁	性别	年收入/万元	婚姻状况	是否购买过豪华车
7	30~50	女	200	离异	是
8	30~50	女	40	单身	否
9	30~50	男	20	离异	否
10	＞50	女	96	离异	否
11	＞50	女	80	单身	否
12	＞50	男	50	单身	是
13	＞50	女	80	离异	否
14	＞50	男	92	离异	是

表 4.7　朴素贝叶斯分类器中的概率

$P(是)=5/14,P(否)=9/14$

$P(年龄=30\sim50|是)=3/5$

$P(年龄＞50|是)=2/5$

$P(性别=女|是)=2/5$

$P(性别=男|是)=3/5$

$P(婚姻状况=已婚|是)=2/5$

$P(婚姻状况=离异|是)=2/5$

$P(婚姻状况=单身|是)=1/5$

$P(年龄＜30|否)=4/9$

$P(年龄=30\sim50|否)=2/9$

$P(年龄＞50|否)=3/9$

$P(性别=女|否)=6/9$

$P(性别=男|否)=3/9$

$P(婚姻状况=已婚|否)=2/9$

$P(婚姻状况=离异|否)=4/9$

$P(婚姻状况=单身|否)=3/9$

类别为"是"时，年收入的均值 μ 为 103，标准差 σ 为 56.8

类别为"否"时，年收入的均值 μ 为 70，标准差 σ 为 25

如果给定一个未知类别的客户样本，$x=$（年龄＜30，男，年收入30万，单身），要预测其是否购买豪华车，则基于表4.7中的信息可以进行如下计算：

$P(是|x) \propto P(年龄＜30|是)P(性别=男|是)P(婚姻状况=单身|是)$

$\qquad P(年收入=30|是)P(是)$

$$=0 \times \frac{3}{5} \times \frac{1}{5} \times \frac{1}{\sqrt{2\pi} \times 56.8} e^{\frac{-(30-103)^2}{2 \times 56.8^2}} \times \frac{5}{14}$$

$$=0$$

$P(否|x) \propto P(年龄＜30|否)P(性别=男|否)P(婚姻状况=单身|否)$

$\qquad P(年收入=30|否)P(否)$

$$=\frac{4}{9} \times \frac{3}{9} \times \frac{3}{9} \times \frac{1}{\sqrt{2\pi} \times 25} e^{\frac{-(30-70)^2}{2 \times 25^2}} \times \frac{9}{14}$$

$$=0.000\,14$$

因为 $0.000\,14 > 0$，所以将此顾客预测为类别"否"。但是，这里有个问题，在计算 $P(是 | x)$ 时，由于年龄 < 30 的情况在类别为"是"的训练数据集中没有出现，导致结果为 0。如何解决此问题？在计算定性属性的类别条件概率 $P(x_j | c_i)$ 时，可以采用平滑（smoothing）方法，如公式(4.14)。

$$P(x_j | c_i) = \frac{\text{count}(x_j, c_i) + mp}{\text{count}(c_i) + m} \tag{4.14}$$

公式(4.14)中，$\text{count}(x_j, c_i)$ 代表训练数据集中类别为 c_i 且属性 A_j 取值为 x_j 的样本个数，$\text{count}(c_i)$ 代表训练数据集中类别为 c_i 的样本个数。m 和 p 的取值有各种不同的方法，一种常用的取值为，$p = 1/|C|$，$m = |C|$，C 为类别集合，$|C|$ 为类别的个数。对于表 4.6 中的训练数据集，$m = 2$，$p = 1/2$。重新计算类别条件概率如下：

$$P(是 | x) \propto P(年龄 < 30)P(性别 = 男)P(婚姻状况 = 单身)P(年收入 = 30)P(是)$$

$$= \frac{1}{7} \times \frac{4}{7} \times \frac{2}{7} \times \frac{1}{\sqrt{2\pi} \times 56.8} e^{\frac{-(30-103)^2}{2 \times 56.8^2}} \times \frac{5}{14} = 0.000\,03$$

$$P(否 | x) \propto P(年龄 < 30 | 否)P(性别 = 男 | 否)P(婚姻状况 = 单身 | 否)$$

$$P(年收入 = 30 | 否)P(否)$$

$$= \frac{5}{11} \times \frac{4}{11} \times \frac{4}{11} \times \frac{1}{\sqrt{2\pi} \times 25} e^{\frac{-(30-70)^2}{2 \times 25^2}} \times \frac{9}{14}$$

$$= 0.000\,17$$

由于 $0.000\,17 > 0.000\,03$，所以还是将此样本预测为类别"否"。

4.4 K 近邻分类

前面介绍的决策树分类算法在预测一个未知类别样本之前，通过学习的过程已经构建了一个分类模型，即决策树模型。该模型在训练数据集未更新之前不需要改变，当需要进行预测时，直接使用该模型，不必再访问原始训练数据集，这种分类方法称为**积极方法**（eager method）。与之对应的分类方法称为**懒惰方法**（lazy method）。这类方法不需要事先学习分类模型，当需要预测时，根据预测样本的特性和已知训练数据集中的数据进行类别的判断。K 近邻（K-nearest neighbor）方法就属于这一类。在实际应用中该方法简单而有效。

K 近邻方法的核心思想是对于一个预测样本，从训练数据集中找到与其最相似的 K 个样本，利用这 K 个样本的类别来决定此样本的类别。其中，K 由用户指定。相似样本的选择方法取决于样本之间相似度的衡量方法，多种相似度衡量方法的介绍详见第 6 章。一种最直观的相似度衡量方法是将每个样本看作是多维空间中的一个点，点之间的距离可以用于衡量相似度，距离越近越相似。常用的距离度量是欧氏距离。

给定样本 a 和样本 b，分别由 n 个属性 $A_1, A_2, \cdots, A_n$ 描述，两个样本分别表示为 $a = (x_{a1}, x_{a2}, \cdots, x_{an})$，$b = (x_{b1}, x_{b2}, \cdots, x_{bn})$，两个样本之间欧氏距离 d_{ab} 可以用式(4.15)计算：

$$d_{ab} = \sqrt{\sum_{i=1}^{n} (x_{ai} - x_{bi})^2} \tag{4.15}$$

由于每个属性的取值范围不一致,因此计算距离之前需要进行规范化(normalization),将每个属性的取值映射到同样的范围,例如[0,1]或[-1,1]等。否则,某些属性对距离的贡献大于另外一些属性,导致结果的不合理。规范化方法详见第8章的介绍。常用的规范化方法是最小-最大值法(min-max)。假设属性 A 原来的最大值为 max,最小值为 min,规范化后的取值范围为[$\min_1, \max_1$],则对于该属性的任意的一个取值 v,规范化后的取值 v_1 可以用公式(4.16)计算:

$$v_1 = \frac{v - \min}{\max - \min}(\max_1 - \min_1) + \min_1 \tag{4.16}$$

按照公式(4.15),为一个测试样本选取 K 个与其距离最小的样本之后,可以利用投票法(voting)统计各个类别的样本个数,将 K 个类别中占大多数的类别赋予测试样本。例如,如果 $K=5$,则共有 2 个类别:"是"和"否",5 个样本中类别为"是"的样本有 3 个,类别为"否"的样本有 2 个,则测试样本的类别预测为"是"。

当然,有可能选取的最相似的 K 个样本中包含有距离取值较大的样本,即不太相似的样本,这种情况下有可能导致预测类别的不准确。一种解决方法是为选取的样本赋予权值,相似的样本(距离小)的权值大,不相似的(距离大)权值小。因此可以将权值 w 设置为距离的倒数,然后计算属于各个类别的样本的权值之和,将 K 个类别中权值之和最大的类别赋予测试样本。

4.5 逻辑回归

线性回归模型是一种常见的模型,基于给定样本的属性取值。线性回归模型用这些属性的线性组合来预测实数取值,即数值预测,该模型的详细介绍参加5.2节。与数值预测不同,分类的任务是预测类别,以二分类为例,类别集合 $C=\{c_1, c_2\}$,给定一个样本的各属性取值,$\boldsymbol{x}=(x_1 x_2, \cdots, x_n)$,分类任务是判断该样本属于类别 c_1 还是 c_2,假设 $y=1$ 代表属于 c_1,$y=0$ 则代表属于 c_2。该问题可以转化为判断该样本属于两个类别的概率。假设用变量 $\hat{y}$ 代表预测一个样本 $\boldsymbol{x}$ 属于类别 c_1 的概率,即

$$\hat{y} = p(y=1 \mid \boldsymbol{x}) \tag{4.17}$$

则属于类别 c_2 的概率为($1-\hat{y}$)。给定属性的参数向量 $\boldsymbol{w}=(w_1, w_2, \cdots, w_n)$,属性的线性组合可以表示为 $\boldsymbol{wx}+b$,因为其取值为任何实数,包括负数,因此不适宜用于概率的估计。如果要将其转换为概率的取值,即 0~1 的实数值,可以利用 sigmoid 函数:

$$\hat{y} = \frac{1}{1 + e^{-(\boldsymbol{wx}+b)}} \tag{4.18}$$

将公式(4.18)进行变换可以得到:

$$\ln \frac{\hat{y}}{1-\hat{y}} = \boldsymbol{wx} + b \tag{4.19}$$

其中,$\frac{\hat{y}}{1-\hat{y}}$ 称为概率(odds),$\ln \frac{\hat{y}}{1-\hat{y}}$ 称为对数概率,因此,逻辑回归(logistic regression)又称为对数概率回归。公式(4.18)所示的逻辑回归模型的参数($\boldsymbol{w}, b$)可以通过训练样本进行学习。

已知有 m 个已知类别的样本 $\{(\mathbf{x}_j, y_j)\}_{j=1}^m$，其中 $\mathbf{x}_j \in R^n$ 代表第 j 个样本的属性取值向量：$\mathbf{x}_j = (x_{j1}, x_{j2}, \cdots, x_{jn})$。$y_j \in \{0,1\}$ 代表第 j 个样本的真实类别取值，$\hat{y}_j$ 代表第 j 个样本属于类别 c_1 的预测概率。为了学习模型参数，定义交叉熵损失函数如下：

$$L(\mathbf{w}, b) = -\frac{1}{m} \sum_{j=1}^m y_j \ln \hat{y}_j + (1 - y_j) \ln(1 - \hat{y}_j) \tag{4.20}$$

从公式(4.20)可以看到，当真实类别取值 $y = 1$ 时，损失函数将使预测概率 $\hat{y}_j$ 取值尽可能大，而当真实类别取值 $y = 0$ 时，损失函数将使预测概率 $\hat{y}_j$ 取值尽可能小。该损失函数的最小化求解可以采用梯度下降法，即首先随机初始化参数 $(\mathbf{w}, b)$，然后利用下面的公式进行各参数的更新，直至收敛。

$$w_i = w_i - \eta \frac{\partial L(\mathbf{w}, b)}{\partial w_i} \quad i = 1, 2, \cdots, n \tag{4.21}$$

$$b = b - \eta \frac{\partial L(\mathbf{w}, b)}{\partial b} \tag{4.22}$$

其中，$\eta \in [0,1]$ 是学习率。梯度的计算公式为：

$$\frac{\partial L(\mathbf{w}, b)}{\partial w_i} = \frac{1}{m} \sum_{j=1}^m (\hat{y}_j - y_j) x_{ji} \tag{4.23}$$

$$\frac{\partial L(\mathbf{w}, b)}{\partial b} = \frac{1}{m} \sum_{j=1}^m (\hat{y}_j - y_j) \tag{4.24}$$

4.6　支持向量机

支持向量机(support vector machine, SVM)最早由 Vapnik 和 Chervonenkis 于 1963 年提出，利用线性模型解决分类问题。后于 1992 年由 Boser、Guyon 和 Vapnik 在 *A Training Algorithm for Optimal Margin Classifiers* 一文中进一步扩展至解决线性不可分问题。为了便于理解，本节首先以线性可分的分类问题为例介绍其基本模型，然后再扩展至非线性可分情况。

4.6.1　线性可分

给定 m 个已知类别的样本 $\{(\mathbf{x}_j, y_j)\}_{j=1}^m$，其中 $\mathbf{x}_j \in R^n$ 代表第 j 个样本的属性取值向量：$\mathbf{x}_j = (x_{j1}, x_{j2}, \cdots, x_{jn})^T$。$y_j \in \{+1, -1\}$ 代表第 j 个样本的真实类别取值，其中 $+1$ 代表正例，-1 代表负例。支持向量机模型是利用一个超平面将两类样本进行分割，根据此超平面为未知类别的样本进行类别预测。二维空间中的分割超平面是一条直线，在三维空间，分割超平面是一个平面。以二维空间的分类问题为例，即每个样本由两个属性描述：$\mathbf{x}_j = (x_{j1}, x_{j2})^T$，假设所有样本如图 4.5 所示，图中实心圆点代表正例样本，空心圆点代表负例样本。

图 4.5 中的每一条直线都可以将两类样本分割开。支持向量机模型需要通过训练集找到这样的超平面。在二维空间中可以看到这样的分割直线有无数条，那么哪一条线好呢？这些直线对于训练样本误差相同，但是这些直线的泛化(generalization)能力是不同的，即为不在训练集中的样本进行类别预测时的性能是不同的。以其中的两条线为例，对已非训练

集中的样本的区分情况如图4.6所示，其中的每个点代表一个样本。从中可以看到，一条线把一个样本分错，另一条线把3个样本分错。

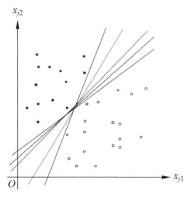

图4.5　二分类样本及划分直线图示

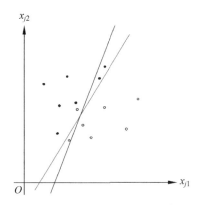

图4.6　直线用于非训练样本分类情况

因此，需要找到那条泛化能力强的直线。为此，首先给出两个基本概念：支持向量（support vector）和间隔（margin）。支持向量指的是那些离分割直线距离最近的样本，以图4.7中的直线为例，方框中的三个样本是支持向量，因为它们是离直线最近的样本，其中一个是正样本，另外两个是负样本。这些支持向量到分割超平面（此处是直线）的距离称为间隔。有证明显示，间隔最大的超平面具有最好的泛化能力，同时，为了使其与正负例训练样本的间隔都达到最大，分割超平面应该与正例支持向量和负例支持向量的距离相同。

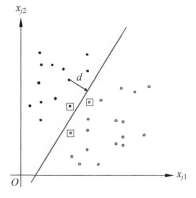

图4.7　支持向量和间距

在 n 维空间中超平面的数学表达为：

$$\boldsymbol{w}^{\mathrm{T}}\boldsymbol{x}+b=0 \tag{4.25}$$

其中，$\boldsymbol{w}=(w_1,w_2,\cdots,w_n)^{\mathrm{T}}$ 是超平面的法向量。对于一个未知类别的样本 $\boldsymbol{x}_i$，其类别 y_i 的判断方法如下：

$$\begin{cases} y_i=+1 & \boldsymbol{w}^{\mathrm{T}}\boldsymbol{x}_i+b>0 \\ y_i=-1 & \boldsymbol{w}^{\mathrm{T}}\boldsymbol{x}_i+b>0 \end{cases} \tag{4.26}$$

空间中任意一个点 $\boldsymbol{x}_j=(x_{j1},x_{j2},\cdots,x_{jn})^{\mathrm{T}}$ 到该超平面的距离 d_j 为：

$$d_j=\frac{|\boldsymbol{w}^{\mathrm{T}}\boldsymbol{x}_j+b|}{\|\boldsymbol{w}\|} \tag{4.27}$$

其中，分母 $\|\boldsymbol{w}\|$ 是向量 $\boldsymbol{w}$ 的模，分子是 $\boldsymbol{w}^{\mathrm{T}}\boldsymbol{x}_j+b$ 的绝对值。如果将 $\boldsymbol{w}$ 和 b 进行等比例变换，即同时都扩大 k 倍，任一点到超平面的距离 d_j 是不变的，因此，可以令任一训练样本 $\boldsymbol{x}_j=(x_{j1},x_{j2},\cdots,x_{jn})$ 满足下式：

$$\begin{cases} \boldsymbol{w}^{\mathrm{T}}\boldsymbol{x}_j+b\geqslant 1 & y_j=+1 \\ \boldsymbol{w}^{\mathrm{T}}\boldsymbol{x}_j+b\leqslant -1 & y_j=-1 \end{cases} \tag{4.28}$$

此时,支持向量到超平面的距离,即间距变为 $\frac{1}{\|\boldsymbol{w}\|}$,负例支持向量到超平面的距离和正例支持向量到超平面的距离之和为 $\frac{2}{\|\boldsymbol{w}\|}$。因此,超平面的参数 $\theta=(\boldsymbol{w},b)$ 的确定可以转化为如下最优化问题:

$$\theta=\underset{\boldsymbol{w},b}{\arg\max}\ \frac{2}{\|\boldsymbol{w}\|}$$
$$\text{s. t.}\ \ y_j(\boldsymbol{w}^{\mathrm{T}}\boldsymbol{x}_j+b)\geqslant 1 \quad j=1,2,\cdots,m \tag{4.29}$$

这可以转化为一个最小化的二次规划(quadratic programming)问题:

$$\theta=\underset{\boldsymbol{w},b}{\arg\min}\ \frac{1}{2}\|\boldsymbol{w}\|^2$$
$$\text{s. t.}\ \ y_j(\boldsymbol{w}^{\mathrm{T}}\boldsymbol{x}_j+b)\geqslant 1 \quad j=1,2,\cdots,m \tag{4.30}$$

该二次规划问题可以直接求解,但是运算复杂度比较高,可以转化为对偶问题进行求解。为此,为每个约束引入拉格朗日乘子 α_j,令 $\boldsymbol{\alpha}=(\alpha_1,\alpha_2,\cdots,\alpha_m)$,得到拉格朗日函数为

$$L(\theta,\boldsymbol{\alpha})=\frac{1}{2}\|\boldsymbol{w}\|^2-\sum_{j=1}^{m}\alpha_j(y_j(\boldsymbol{w}^{\mathrm{T}}\boldsymbol{x}_j+b)-1) \tag{4.31}$$

分析公式(4.31)可以看到,对于训练集中的非支持向量来说,$y_j(\boldsymbol{w}^{\mathrm{T}}\boldsymbol{x}_j+b)-1>0$,因此,为最大化公式(4.31),每个样本对应的 α_j 应该为 0,因此支持向量机模型中只有支持向量才是起作用的。

为最大化公式(4.31),求其对 $\boldsymbol{w}$ 和 b 的偏导,使其为 0,得到如下公式:

$$\boldsymbol{w}=\sum_{j=1}^{m}\alpha_j y_i \boldsymbol{x}_j$$
$$0=\sum_{j=1}^{m}\alpha_j y_j \tag{4.32}$$

将公式(4.32)带入公式(4.31),消去 $\boldsymbol{w}$ 和 b 之后,得到如下的对偶问题:

$$\alpha=\underset{\boldsymbol{\alpha}}{\arg\max}\sum_{j=1}^{m}\alpha_j-\frac{1}{2}\sum_{i=1}^{m}\sum_{j=1}^{m}\alpha_i\alpha_j y_i y_j \boldsymbol{x}_i^{\mathrm{T}}\boldsymbol{x}_j$$
$$\text{s. t.}\ \sum_{j=1}^{m}\alpha_j y_j=0, \alpha_j\geqslant 0 \quad j=1,2,\cdots,m \tag{4.33}$$

求解该问题得到 α 值后,可以得到支持向量机的模型:

$$f(\boldsymbol{x})=\boldsymbol{w}^{\mathrm{T}}\boldsymbol{x}+b$$
$$=\sum_{j=1}^{m}\alpha_j y_j \boldsymbol{x}_j^{\mathrm{T}}\boldsymbol{x} \tag{4.34}$$

求解公式(4.33)的优化问题可以使用二次规划算法,为了高效地求解该问题,有很多算法如 SMO(sequential minimal optimization)被提出。转化为该对偶问题的另一个优点是,当特征空间维度很高时,例如,将低维空间转化为高维空间以解决线性不可分问题时,利用对偶问题更加高效。

4.6.2 线性不可分

实际应用中,很多分类问题都是线性不可分的,在这种情况下,可以通过将原始的样本

空间映射到更高维的特征空间，就可以找到分割正负例样本的超平面。例如，图4.8中的样本是在一维空间中的，图中实心圆点代表正例样本，空心圆点代表负例样本，无法用一条直线进行分割，但是，若将其映射到二维空间中，如图4.9所示，则就可以用一条直线进行两类样本的分割。

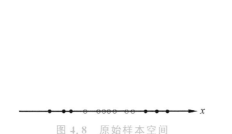

图 4.8　原始样本空间

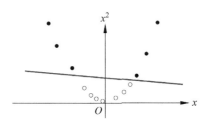

图 4.9　映射到二维特征空间

对于任一在原始样本空间特征向量为 $\boldsymbol{x}$ 的样本，用 $\varphi(\boldsymbol{x})$ 表示映射到高维特征空间后的特征向量，则在高维空间中的支持向量机模型为：

$$f(\boldsymbol{x}) = \boldsymbol{w}^{\mathrm{T}} \varphi(\boldsymbol{x}) + b \tag{4.35}$$

其对偶问题对应的模型为：

$$f(\boldsymbol{x}) = \sum_{j=1}^{m} \alpha_j y_j \varphi(\boldsymbol{x}_j)^{\mathrm{T}} \varphi(\boldsymbol{x}) + b \tag{4.36}$$

对偶优化问题为：

$$\alpha = \underset{\alpha}{\mathrm{argmax}} \sum_{j=1}^{m} \alpha_j - \frac{1}{2} \sum_{i=1}^{m} \sum_{j=1}^{m} \alpha_i \alpha_j y_i y_j \varphi(\boldsymbol{x}_i)^{\mathrm{T}} \varphi(\boldsymbol{x}_j)$$

$$\mathrm{s.t.} \ \sum_{j=1}^{m} \alpha_j y_j = 0 \quad \alpha_j \geqslant 0 \quad j = 1, 2, \cdots, m \tag{4.37}$$

公式(4.37)中 $\varphi(\boldsymbol{x}_i)^{\mathrm{T}} \varphi(\boldsymbol{x}_j)$ 的计算需要先将样本 $\boldsymbol{x}_i$ 和 $\boldsymbol{x}_j$ 映射到高维空间，然后计算它们在高维空间中的向量内积，为了简化计算，将此过程用一个称为核函数的函数 $\mathcal{K}(\cdot, \cdot)$ 代替：

$$\mathcal{K}(\boldsymbol{x}_i, \boldsymbol{x}_j) = \varphi(\boldsymbol{x}_i)^{\mathrm{T}} \varphi(\boldsymbol{x}_j) \tag{4.38}$$

这样，可以利用样本在原始空间中的核函数值进行计算，避免了高维空间中的向量内积操作。相应地，支持向量机模型变为：

$$f(\boldsymbol{x}) = \sum_{j=1}^{m} \alpha_j y_j \mathcal{K}(\boldsymbol{x}, \boldsymbol{x}_j) + b \tag{4.39}$$

公式(4.37)变为：

$$\alpha = \underset{\alpha}{\mathrm{argmax}} \sum_{j=1}^{m} \alpha_j - \frac{1}{2} \sum_{i=1}^{m} \sum_{j=1}^{m} \alpha_i \alpha_j y_i y_j \mathcal{K}(\boldsymbol{x}_i, \boldsymbol{x}_j)$$

$$\mathrm{s.t.} \ \sum_{j=1}^{m} \alpha_j y_j = 0 \quad \alpha_j \geqslant 0 \quad j = 1, 2, \cdots, m \tag{4.40}$$

常用的核函数包括多项式核函数、高斯核函数和线性核函数等。多项式核函数的基本形式为：

$$\mathcal{K}(\boldsymbol{x}_i, \boldsymbol{x}_j) = (\boldsymbol{x}_i^{\mathrm{T}} \boldsymbol{x}_j)^d \quad d \geqslant 1 \tag{4.41}$$

高斯核函数的基本形式如公式(4.42)所示，其中 σ 是带宽。高斯核函数属于径向基函数(Radial Basis Function, RBF)。

$$\mathcal{K}(\boldsymbol{x}_i,\boldsymbol{x}_j)=\exp(-\parallel \boldsymbol{x}_i-\boldsymbol{x}_j\parallel^2/2\sigma^2) \tag{4.42}$$

线性核函数的基本形式为：

$$\mathcal{K}(\boldsymbol{x}_i,\boldsymbol{x}_j)=\boldsymbol{x}_i^{\mathrm{T}}\boldsymbol{x}_j \tag{4.43}$$

4.6.3 软间隔支持向量机

在前面介绍的支持向量机模型中,训练模型的过程中要求每个训练样本必须被正确分割,如公式(4.30)所示的约束条件：$y_j(\boldsymbol{w}^{\mathrm{T}}\boldsymbol{x}_j+b)\geqslant 1,j=1,2,\cdots,m$,这种约束成为硬间隔约束。实际应用中,正负样本之间在空间中很可能存在一些交叠,为了将它们完全分开,就需要提升模型的复杂度,这样会导致过拟合问题。为了解决此问题,一种方法是允许少部分样本不满足约束条件。为此为每个训练样本引入松弛变量 $\xi_j>0$,改变约束条件为：

$$y_j(\boldsymbol{w}^{\mathrm{T}}\boldsymbol{x}_j+b)\geqslant 1-\xi_j \quad j=1,2,\cdots,m$$

为了使尽量多的样本被正确分割,在目标函数上加上惩罚项：

$$\theta=\underset{\boldsymbol{w},b}{\arg\min}\frac{1}{2}\parallel \boldsymbol{w}\parallel^2+C\sum_{j=1}^{m}\xi_j$$
$$\mathrm{s.t.}\ y_j(\boldsymbol{w}^{\mathrm{T}}\boldsymbol{x}_j+b)\geqslant 1-\xi_j \quad j=1,2,\cdots,m \tag{4.44}$$

其中 C 为大于 0 的常数。这个模型称为软间隔支持向量机。其对偶问题为：

$$\alpha=\underset{\alpha}{\arg\max}\sum_{j=1}^{m}\alpha_j-\frac{1}{2}\sum_{i=1}^{m}\sum_{j=1}^{m}\alpha_i\alpha_j y_i y_j \boldsymbol{x}_i^{\mathrm{T}}\boldsymbol{x}_j$$
$$\mathrm{s.t.}\ \sum_{j=1}^{m}\alpha_j y_j=0$$
$$0\leqslant \alpha_j\leqslant C \quad j=1,2,\cdots,m \tag{4.45}$$

4.7 分类性能的度量方法

根据训练数据集构建的分类模型的性能进行度量,是分类预测过程中不可缺少的一步,根据其性能度量可以选择预测性能好的分类器进行预测。如前所述,具有类别的历史数据集 D 通常可以分为几部分,一部分是训练数据集 D_t,一部分是测试数据集 D_e。一个分类模型的性能通过其在测试数据集上的表现来度量。下面分别介绍测试数据集的构造以及性能度量的类型。

4.7.1 测试数据集的构造

构造训练数据集和测试数据集的常用方法有保持法(holdout)、交叉验证法(cross-validation)和自助抽样法(bootstrap)等。保持法是人为确定训练数据集和测试数据集的比例,常用的比例是 2:1 和 1:1。2:1 意味着将数据集 D 的 2/3 作为训练数据集,1/3 作为测试数据集;同理,1:1 指的是一半作为测试,一半作为训练使用。此方法的缺陷是,分类器的性能可能取决于训练集的具体构成,训练集包含的样本不同,性能可能变化较大。

交叉验证法解决了保持法中部分样本未参与分类器构造的缺点。交叉验证通常称为 **K 折交叉验证**,其基本过程是这样的：首先将数据集 D 分成均匀的 K 份,然后学习 K 次,每次选择不同的 $(K-1)$ 份数据作为训练数据集,剩余的 1 份作为测试数据集。这样可以保

证通过 K 次学习,所有数据均参与过分类器的构建,所有样本也都参与了性能的测试。总性能指标是 K 个性能指标的平均值。特别地,当 $K=|D|$ 时,即测试数据集只包含一个样本时,这种方法称为**留一法**(leave-one-out),这可以最大限度地使用已知类别的样本作为训练样本。常用的交叉验证是十折交叉验证(10-fold cross-validation)。

自助抽样法采用放回抽样来构造训练数据集。过程是这样的:从 D 中随机选取一个样本放到训练数据集中,然后将此样本放回 D 中,重新抽取下一个样本,假设 $|D|=N$,则重复抽取 N 次,得到一个大小为 N 的训练数据集。在 N 次放回抽样中,一个样本一次都没被抽中的概率为 $(1-1/N)^N$,则一个样本被抽中的概率为 $1-(1-1/N)^N$。当 N 很大时,该值逼近 $1-1/e=0.632$,即训练集中包含约 63.2% 的不同的样本。那些不包含在训练集中的样本则构成了测试数据集,包含 D 的 36.8% 的样本。可以多次采用此方法构造训练数据集和测试数据集,将性能指标求平均来反映总性能。

4.7.2 分类性能的度量指标

分类模型的性能通常包括两方面:一方面是分类算法的有效性;另一方面是构造分类模型的算法的效率。后者主要通过算法的复杂度分析和具体的运行时间进行度量。本节主要讨论前者。分类算法的有效性通常通过所构造模型的预测**准确率**(accuracy rate)来衡量,或者与之对立的**错误率**(error rate)来衡量。预测准确率通常由测试数据集的准确率来衡量。假设测试数据集包含 M 个样本,其中有 P 个被正确分类,剩余被错误分类。这样,准确率为 P/M,错误率为 $(M-P)/P$。

一个分类算法针对某个测试数据集的有效性通常通过一个混淆矩阵(confusion matrix)来反映。图 4.10 中下方所示的混淆矩阵是对具有 Yes 和 No 两个类别共 14 个样本的分类结果。在混淆矩阵中,行代表的是真实类别情况,列则是预测的类别情况。图 4.10 中表示,14 个样本中有 9 个样本的真实类别是 No,5 个是 Yes。其中,9 个真实类别为 No 的样本中,有 6 个被预测为 No,预测正确,有 3 个被预测为 Yes,预测错误;5 个真实类别为 Yes 的样本中,有 2 个预测为 Yes,预测正确,3 个被预测为 No,预测错误。

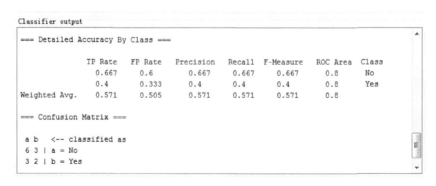

图 4.10　分类器输出结果示例

对于两个类别的分类问题,可以将其中一个类别视为正例(positive),另一个类别视为负例(negative)。混淆矩阵中的 4 个数可以分别被称为**真正例数**(true positive,TP)、**假正例数**(false positive,FP)、**真负例数**(true negative,TN)、**假负例数**(false negative,FN)。例如，对于图 4.10 中所示的 Yes 和 No 两个类别，若将 Yes 当作正例，No 当作负例，则混淆矩阵变为如表 4.8 所示。

表 4.8　两类别混淆矩阵

真 实 类 别	预 测 类 别	
	Yes	**No**
Yes	2 真正例数	3 假负例数
No	3 假正例数	6 真负例数

假设真正例数、假正例数、真负例数和假负例数分别用变量 TP、FP、TN 和 FN 表示，则可以将准确率细化为真正率（true positive rate，TP rate）和假正率（false positive rate，FP rate），它们以及准确率（accuracy rate）和错误率（error rate）的计算公式如下：

$$\text{TP rate} = \frac{\text{TP}}{\text{TP} + \text{FN}} \tag{4.46}$$

$$\text{FP rate} = \frac{\text{FP}}{\text{FP} + \text{TN}} \tag{4.47}$$

$$\text{accuracy rate} = \frac{\text{TP} + \text{TN}}{\text{TP} + \text{FP} + \text{TN} + \text{FN}} \tag{4.48}$$

$$\text{error rate} = \frac{\text{FP} + \text{FN}}{\text{TP} + \text{FP} + \text{TN} + \text{FN}} \tag{4.49}$$

以图 4.10 中的分类结果为例，准确率为 8/14＝0.57，错误率＝6/14＝0.43；当 Yes 为正例时，真正率为 2/5＝0.4，假正率为 3/9＝0.33。当 No 为正例时，真正率为 6/9＝0.67，假正率为 3/5＝0.6。

衡量分类模型性能的另一类指标借鉴信息检索中的度量：**查准率**（precision）、**查全率**（recall）及 **F-measure**。其计算公式分别如下：

$$\text{precision} = \frac{\text{TP}}{\text{TP} + \text{FP}} \tag{4.50}$$

$$\text{recall} = \frac{\text{TP}}{\text{TP} + \text{FN}} \tag{4.51}$$

$$\text{F-measure} = \frac{2 \times \text{precision} \times \text{recall}}{\text{precision} + \text{recall}} = \frac{2 \times \text{TP}}{2 \times \text{TP} + \text{FP} + \text{FN}} \tag{4.52}$$

从公式（4.49）可以看到，查全率与真正率是相等的。F-measure 将查准率和查全率综合考虑。

4.7.3　不同分类模型的比较

为了比较利用不同分类算法构建的分类模型的性能，可以利用图形进行比较，常用的图形包括收益图（gains chart）和 ROC 曲线。

下面以表 4.9 中的数据为例说明**收益图**的绘制方法。假设测试数据集共包含 10 个样本，每个样本对应一名客户，类别是为其寄送某产品的宣传邮件后是否回复，共两个类别：

"是"和"否"。假设利用朴素贝叶斯分类器为每个测试样本都计算了其类别为"是"的概率。将这10个客户根据其属于类别"是"的概率按降序排序，列于表4.9中，第3列是其类别的真实值。收益图的 X 轴是所选样本占总测试样本的比例，Y 轴是所选样本中包含的属于类别"是"的样本占测试样本中所有类别为"是"的样本的比例。

表 4.9　测试数据集结果示例

客户编号	预测为类别"是"的概率	真实类别
9	0.9	是
1	0.8	是
3	0.7	是
2	0.7	是
8	0.6	否
4	0.5	是
6	0.4	否
5	0.4	是
7	0.2	否
10	0.1	否

为了方便，可以将表4.9中的数据分为5组，则每组样本占总样本的20%，本例中类别"是"为正例，计算每组内样本的真正率（即组内包含的正例个数占总正例个数的百分比）以及累积真正率，如表4.10所示。10个测试样本中有6个是正例。以表4.9中前两个客户构成的第1组为例，包含两个正例，占总正例个数的1/3。然后以样本比例为 X 轴、累积真正率为 Y 轴画曲线，如图4.11所示。

表 4.10　收益图示例数据

样本比例	真正率	累积真正率
0～20%	33.3%	33.3%
20%～40%	33.3%	66.6%
40%～60%	16.7%	83.3%
60%～80%	16.7%	100%
80%～100%	0	100%

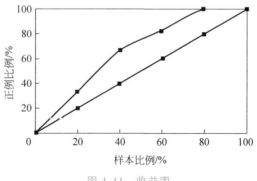

图 4.11　收益图

通过收益图可以比较不同分类模型的性能。将不同分类算法得到的分类模型的测试结果分别画在同一张图中,图 4.12 所示为两个不同的分类器的收益图。现在,假设要根据分类器的预测结果选择 20%(由活动经费决定)的客户做一次产品宣传活动,那么依据收益图判断应该根据哪个分类器进行客户的选择呢? 从图 4.12 可以看到,在 20% 的样本比例处,分类器 1 具有较高的正例比例,因此应该根据分类器 1 进行目标客户的选择。

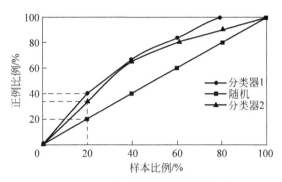

图 4.12　不同分类器的收益图比较

ROC(receiver operating characteristic)曲线的 Y 轴与收益图相同,X 轴是所选样本中的负例样本占测试样本中总负例样本的比例,即假正率。为了绘制 ROC 曲线,根据表 4.9,可以先统计得到表 4.11 所示数据,即对每个不同的假正率都计算相应的真正率。对于表 4.9 中的前 6 个客户,其中有 5 个的类别为"是",1 个的类别为"否",因此假正率为 1/4,真正率为5/6,从而得到表 4.11 中的第 2 行数据。然后,分别以假正率和真正率为 X、Y 轴作图,如图 4.13 所示。

表 4.11　ROC 曲线相关数据示例

FP rate	TP rate	FP rate	TP rate
0	0	75%	100%
25%	83.3%	100%	100%
50%	100%		

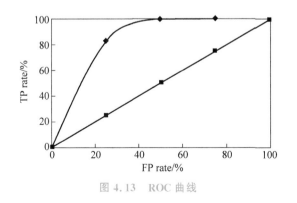

图 4.13　ROC 曲线

图 4.13 中直线是随机选择样本对应的真正率和假正率之间的关系。通常可以通过曲线下包围的面积来衡量模型的性能,面积越大,性能越好。直线下的面积为 0.5,通常分类

模型对应的曲线下的面积取值范围为 0.5～1。不同模型对应的 ROC 曲线画在同一个坐标系中,然后根据相同的假正率下哪个模型的真正率高,选哪个模型。

练习题 4

1. 表 4.12 是 UCI 机器学习数据库中鸢尾花数据集的一个子集,其中属性 type 是分类属性。请以此数据集为训练数据集分别利用 K 近邻(用最小-最大法先规范化为$[0,1]$,用欧氏距离度量相似度)对测试样本$(5.1,2.5,3.0,1.1,\text{Iris-versicolor})$和$(6.3,2.9,5.6,1.8,\text{Iris-virginica})$进行分类,计算准确率。

表 4.12　鸢尾花子数据集

sep_length	sep_width	pet_length	pet_width	type
5.7	2.9	4.2	1.3	Iris-versicolor
6.2	2.9	4.3	1.3	Iris-versicolor
5.7	2.8	4.1	1.3	Iris-versicolor
6.3	3.3	6.0	2.5	Iris-virginica
5.8	2.7	5.1	1.9	Iris-virginica
7.1	3.0	5.9	2.1	Iris-virginica
5.1	3.8	1.6	0.2	Iris-setosa
4.6	3.2	1.4	0.2	Iris-setosa
5.3	3.7	1.5	0.2	Iris-setosa

2. 以表 4.13 中数据为训练数据集。

(1) 利用信息增益作为选择分裂属性的标准,构建决策树。

(2) 以增益比率作为选择分裂属性的标准,构建决策树。

(3) 根据(1)中构建的决策树为 35 岁年收入 10 万元的已婚男性预测所购车型。

表 4.13　习题 2 的数据集

年龄/岁	性别	年收入/万元	婚姻	车型
25	男	10	单身	普通
27	女	25	单身	普通
30	男	30	单身	高级
45	女	60	单身	高级
28	男	40	已婚	中档
32	男	20	离异	普通
52	男	50	已婚	中档
35	女	30	离异	普通
55	男	100	已婚	高级
48	女	120	离异	高级

3. 假设某分类器在一个测试数据集上的分类结果的混淆矩阵如表 4.14 所示,请计算该分类器的准确率、错误率,以类别 Yes 为正例计算真正率、假正率、查准率、查全率及 F-measure。

表 4.14　两类别混淆矩阵

	Yes	**No**
Yes	15	5
No	10	20

4. 请依据表 4.15 中数据绘制收益图和 ROC 曲线。

表 4.15　习题的数据集

客户编号	预测为类别"是"的概率	真实类别
1	0.9	是
2	0.85	是
3	0.8	是
4	0.76	否
5	0.72	是
6	0.7	是
7	0.66	是
8	0.62	否
9	0.6	是
10	0.55	否
11	0.5	是
12	0.5	否
13	0.45	是
14	0.4	否
15	0.37	否
16	0.3	是
17	0.26	否
18	0.22	否
19	0.1	否
20	0.05	否

5. 选择一个 UCI 分类数据集,使用朴素贝叶斯、逻辑回归和 SVM(多项式核函数)构建分类模型,利用 10 折交叉验证比较模型的性能,同时利用 ROC 曲线进行比较。

6. 给出公式(4.33)的详细推导过程。

第5章

数值预测

第 4 章中介绍的分类问题可以看作是一种预测技术,预测的是新样本的类别。另一类常见的预测问题是数值预测。分类问题中预测的是类别,属于类别属性的取值;数值预测则预测的是数值属性的取值。本章将介绍解决数值预测问题的常用技术和方法。

5.1 数值预测的概念

数值预测是一个与分类既相似又有区别的过程。两者都属于有监督学习,解决问题的过程相同,都是先通过训练数据集进行学习得到一个模型,然后利用模型进行预测。不同的是分类问题预测的是类别,而数值预测预测的是数值,通常是连续类型的数值。另一个不同是两者采用的常用技术大多是不同的,数值预测最常用的技术是回归(regression),因此,有时将回归与数值预测等同。当然,有一些技术是相同的,例如,K 近邻既可以用于分类也可以用于数值预测。有些技术存在相似性,例如,决策树和模型树、回归树的构建过程存在一些共性。

数值预测问题可以这样描述。给定一个样本 x_t,由 $k+1$ 个属性 $A_1,A_2,\cdots,A_k,Y$ 描述,其中属性 Y 为数值属性,称该数值属性为**目标属性**,其他属性称为**描述属性**。假设样本 x_t 前 k 个属性的取值分别为 $x_{t_1},x_{t_2},\cdots,x_{t_k}$,样本 x_t 可以表示为 $x_t=(x_{t_1},x_{t_2},\cdots,x_{t_k})$,要预测其数值属性 Y 的取值,记为 y,需要构建一个样本集,记此样本集为 D,其中每个样本有 $k+1$ 个属性 $A_1,A_2,\cdots,A_k,Y$ 的取值,其中第 i 个样本为$(x_{i_1},x_{i_2},\cdots,x_{i_k},y_i)$,$i=1,2,\cdots,n$。与分类任务类似,通常将数据集 D 分为两部分:一部分作为学习,用于构建预测模型,称为训练数据集,简称**训练集**;另一部分作为测试模型性能的数据集,称为测试数据集,简称**测试集**。

数值预测有许多实际的应用,例如,预测一个产品的销售量、预测一个客户的消费额度、预测一个客户的月均账户余额、预测一个产品的性能等。这些预测是一个公司或部门的业务运营非常重要的决策依据。下面以一个常用的供研究使用的数据集来进一步解释数值预测问题。该数据集是加州大学欧文分校机器学习数据库(UC Irvine Machine Learning Repository,网址为 http://archive.ics.uci.edu/ml/)中的一个,名为 computer hardware,或者 CPU performance,简称 CPU。该数据完整版包括 209 个样本,每个样本有 10 个属性,其中有 2 个类别属性,8 个数值属性,选择其中的 6 个数值属性作为描述属性,1 个数值属性作为目标属性。表 5.1 是该数据集的一个子集。

表 5.1　数据集 CPU 的子集

MYCT	MMIN	MMAX	CACH	CHMIN	CHMAX	PRP
125	256	6000	256	16	128	198
29	8000	32 000	32	8	32	269
29	8000	32 000	32	8	32	220
29	8000	32 000	32	8	32	172
26	8000	32 000	64	8	32	318
23	16 000	32 000	64	16	32	367
23	16 000	32 000	64	16	32	489
23	16 000	64 000	64	16	32	636
23	32 000	64 000	128	32	64	1144
400	512	3500	4	1	6	40

表 5.1 中的各属性对应机器周期时间、最小内存、最大内存、缓存、最小信道、最大信道及相对性能,其中最后一个属性为目标属性。给定一台计算机,已知其前 6 个属性的取值,可以预测其相对性能的取值。回归方法是最常用的数值预测方法,下面首先重点介绍回归方法、回归树和模型树方法,最后介绍预测误差的各种度量。

5.2　回归方法

回归(regression)方法是一种历史悠久的统计方法,最早由弗朗西斯·高尔顿(Francis Galton)提出。回归方法中最常用的是线性回归(linear regression),包括一元线性回归(又称简单线性回归)、多元线性回归(multiple linear regression)以及非线性回归。线性回归方法不仅可以用于预测,而且可以用作解释模型,以探寻变量之间的关系。另外还有回归树(regression tree)和模型树(model tree)等模型,下面先从简单的一元线性回归开始介绍。

5.2.1　一元线性回归

一元线性回归模型涉及一个因变量(dependent variable,又称响应变量(response variable))y 和一个自变量(independent variable)x,利用如下的线性关系对两者进行建模。

$$y = \beta_0 + \beta_1 x + \varepsilon \tag{5.1}$$

其中,β_0、β_1 是系数;ε 是随机变量,服从均值为 0、方差为 σ^2 的正态分布,即 $\varepsilon \sim N(0, \sigma^2)$。构建和使用此模型涉及如下几个步骤:①构建包含因变量和自变量的训练集;②通过散点图,确认因变量和自变量之间的近似线性关系;③计算系数,构建模型;④检验模型;⑤利用模型进行预测。

一元线性回归是用一条直线描述因变量和自变量之间的关系,因此可以通过已观测到的样本的散点图来发现两者之间是否大致符合线性关系。表 5.2 所示的是某公司在 10 个地区的销售额和人口数。

为了建立销售额和人口数之间的数量关系,首先绘制散点图,如图 5.1 所示。从该图中可以看到,二者之间存在线性关系。因此,下面就可以利用线性回归进行建模。

表 5.2 销售额与人口数

销售额/万元	人口数/万人	销售额/万元	人口数/万人
32	33	41	43
28	34	30	36
26	28	22	29
30	30	28	35
29	32	35	36

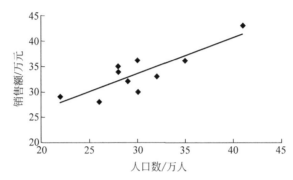

图 5.1 销售额与人口数之间的散点图

为了构建一元线性回归模型，需要根据训练集数据进行参数估计。假设训练集由 n 个样本构成：$\{(x_i, y_i) | i = 1, 2, \cdots, n\}$。用一条直线来拟合这 n 个样本，则原来的 n 个点由直线上的 n 个点来估计，即原来的点 (x_i, y_i) 变为 $(x_i, \hat{y}_i)$，$i = 1, 2, \cdots, n$，其中的误差 $\varepsilon_i = y_i - \hat{y}_i$ 称为残差（$\hat{y}_i = a + bx_i$，其中，a、b 为系数 β_0、β_1 的估计值，b 又称为斜率系数）。为使拟合的误差最小，采用最小二乘法，即使 n 个样本的拟合误差的平方和最小：

$$\mathrm{SS}_E = \sum_{i=1}^{n} \varepsilon_i^2 = \sum_{i=1}^{n} (y_i - \hat{y}_i)^2 \tag{5.2}$$

SS_E 称为**残差平方和**。为使 SS_E 最小，通过将该式对系数 a 和 b 求偏导，使其等于 0，可解得 a 和 b 的值如下：

$$b = \frac{S_{xy}}{S_{xx}} = \frac{\sum_{i=1}^{n}(x_i - \bar{x})(y_i - \bar{y})}{\sum_{i=1}^{n}(x_i - \bar{x})^2} \tag{5.3}$$

$$a = \bar{y} - b\bar{x} = \frac{1}{n}\sum_{i=1}^{n} y_i - b\frac{1}{n}\sum_{i=1}^{n} x_i$$

式(5.3)中 $\bar{x}$ 和 $\bar{y}$ 分别是 n 个样本的自变量和因变量的均值，S_{xx} 称为 **x 的校正平方和**，S_{xy} 称为**校正交叉乘积和**。同理，$S_{yy} = \sum_{i=1}^{n}(y_i - \bar{y})^2$ 称为 **y 的校正平方和**。

无论因变量和自变量之间是否存在真实的线性关系，利用公式(5.3)都能得到该线性模型。因此，在构建完此模型之后，需要对模型进行各种检验。下面介绍**拟合优度检验、回归关系的显著性检验**和**回归系数的显著性检验**，常用的检验方法有 R 检验、F 检验和 t 检验。

首先介绍回归模型的**方差分析**。前面已经给出了残差平方和 SS_E，下面给出回归平方和 SS_R 的定义。

$$\mathrm{SS}_R = \sum_{i=1}^{n}(\hat{y}_i - \bar{y})^2 \tag{5.4}$$

总离差平方和 SS_T 是将 y 的均值作为总体估计值时的误差，定义如下。

$$\mathrm{SS}_T = \sum_{i=1}^{n}(y_i - \bar{y})^2 \tag{5.5}$$

可以证明，$\mathrm{SS}_T = \mathrm{SS}_E + \mathrm{SS}_R$。可以理解为，总离差平方和中被回归模型解释的部分为回归平方和，未被回归模型解释的部分是残差平方和。那么，在总离差平方和中回归平方和占的比例越大，说明模型的拟合效果越好。因此，定义样本决定系数（determination coefficient）R^2（R square）和修正样本决定系数 $\bar{R}^2$（adjusted R square）如下。

$$R^2 = \frac{\mathrm{SS}_R}{\mathrm{SS}_T} = 1 - \frac{\mathrm{SS}_E}{\mathrm{SS}_T}$$
$$\bar{R}^2 = 1 - \frac{\mathrm{SS}_E/(n-k-1)}{\mathrm{SS}_T/(n-1)} = 1 - \frac{n-1}{n-k-1}(1-R^2) \tag{5.6}$$

公式（5.6）中 n 为样本个数，k 为自变量个数，修正样本决定系数 $\bar{R}^2$ 用于自变量个数增多的时候，它将自变量的个数加以考虑，以便不同自变量个数的回归方程可以进行比较。显然，样本决定系数 R^2 越接近 1，说明模型的拟合程度越高。

为了检验线性回归关系的显著性，需要检验假设 $H_0 : b = 0$ 和 $H_1 : b \neq 0$。可以证明在 H_0 成立的情况下由公式（5.7）定义的 F 符合 $F(1, n-2)$ 分布。

$$F = \frac{\mathrm{SS}_R}{\mathrm{SS}_E/(n-2)} \tag{5.7}$$

给定显著性水平 α，查自由度为 $(1, n-2)$ 的 F 分布临界值表，可得临界值 $F_\alpha(1, n-2)$ 使得概率 $P(F > F_\alpha(1, n-2)) = \alpha$。然后，通过样本计算公式（5.7）得 F 值，设为 F_0，若 $F_0 > F_\alpha(1, n-2)$ 则因变量和自变量之间的线性关系显著，假设 H_0 被拒绝。

最后介绍**回归系数的显著性检验**。为了检验回归模型中每个回归系数的显著性，可以推导出系数 a 和 b 的样本方差如下。

$$S_b^2 = \frac{\mathrm{SS}_E/(n-2)}{S_{xx}} \tag{5.8}$$

$$S_a^2 = \frac{\mathrm{SS}_E}{n-2}\left(\frac{1}{n} + \frac{\bar{x}^2}{S_{xx}}\right) \tag{5.9}$$

可以证明 $t_b = b/S_b$ 和 $t_a = a/S_a$ 均符合自由度为 $(n-2)$ 的 t 分布。其中重要的是检验系数 b 是否为 0。因此需要检验假设 $H_0 : b = 0$ 和 $H_1 : b \neq 0$ 是否成立。给定显著性水平 α，查自由度为 $(n-2)$ 的 t 分布表，得到 $t_\alpha(n-2)$，若 $t_b > t_\alpha(n-2)$，则拒绝假设 H_0，即回归系数 b 显著。通常 $t_b > 2$ 时说明该系数显著，即对模型的贡献大。同时可以计算出 P 值（P value），一般以 $P < 0.05$ 为显著，$P < 0.01$ 为非常显著。

5.2.2　多元线性回归

多元线性回归是对一个因变量和多个自变量之间的回归分析。设因变量 y 和 k 个自

变量 $x_1, x_2, \cdots, x_k$ 之间满足如下线性关系：

$$y = \beta_0 + \beta_1 x_1 + \beta_2 x_2 + \cdots + \beta_k x_k + \varepsilon \tag{5.10}$$

公式(5.10)中 $\beta_i, i=1,2,\cdots,n$，称为回归系数；ε 称为残差，服从均值为 0、方差为 σ^2 的正态分布，即 $\varepsilon \sim N(0, \sigma^2)$。该式称为多元线性回归模型。

假设因变量和自变量有 n 个观测样本，$(x_{i1}, x_{i2}, \cdots, x_{ik}, y_i), i=1,2,\cdots,n$。根据这些样本观测值，可以得到估计的回归方程为：

$$\hat{y} = b_0 + b_1 x_1 + \cdots + b_k x_k \tag{5.11}$$

其中，$b_0, b_1, \cdots, b_k$ 是 $\beta_0, \beta_1, \cdots, \beta_k$ 的最小二乘估计，即使得公式(5.12)中残差平方和 SS_E 最小。

$$SS_E = \sum_{i=1}^{n} (y_i - \hat{y}_i)^2 = \sum_{i=1}^{n} (y_i - b_0 - b_1 x_{i1} - b_2 x_{i2} - \cdots - b_k x_{ik})^2 \tag{5.12}$$

与一元线性回归类似，为使 SS_E 最小，利用多元函数求极值的方法 $\left(令 \dfrac{\partial SS_E}{\partial b_i} = 0, i=0,1,\cdots,k\right)$ 可以解得 $b_0, b_1, \cdots, b_k$ 的取值。求解过程这里不再赘述，下面给出结果。

为方便表述，n 个观测样本 $(x_{i1}, x_{i2}, \cdots, x_{ik}, y_i)$ 及回归系数用如下矩阵表示。

$$\boldsymbol{Y} = \begin{bmatrix} y_1 \\ y_2 \\ \vdots \\ y_n \end{bmatrix} \quad \boldsymbol{X} = \begin{bmatrix} 1 & x_{11} & x_{21} & \cdots & x_{k1} \\ 1 & x_{12} & x_{22} & \cdots & x_{k2} \\ \vdots & \vdots & \vdots & & \vdots \\ 1 & x_{1n} & x_{2n} & \cdots & x_{kn} \end{bmatrix} \quad \boldsymbol{B} = \begin{bmatrix} b_0 \\ b_1 \\ \vdots \\ b_k \end{bmatrix} \tag{5.13}$$

则回归系数可以通过矩阵运算 $\boldsymbol{B} = (\boldsymbol{X}^T \boldsymbol{X})^{-1} \boldsymbol{X}^T \boldsymbol{Y}$ 得到。

建立了多元回归模型后，同样要进行模型的检验，包括拟合优度检验、回归模型的显著性检验和回归系数的显著性检验。

拟合优度检验仍然使用样本决定系数 R^2 和修正样本决定系数 $\bar{R}^2$，其公式同公式(5.6)，其中，残差平方和见公式(5.12)，回归平方和与总离差平方和的公式同公式(5.4)、(5.5)，$SS_T = SS_E + SS_R$。因变量 y 的自由度(degree of freedom) df_T 也可以分解为回归自由度 df_R 和残差自由度 df_E，即 $df_T = df_R + df_E$，其中 $df_T = n-1$，$df_R = k$，$df_E = n-k-1$，n 为样本个数，k 为自变量个数。R^2 越接近 1，模型的拟合效果越好。将三种方差（即 SS_T、SS_E、SS_R）分别除以相应的自由度，得到的是相应的均方差，即 $MS_T = SS_T/df_T$，$MS_E = SS_E/df_E$，$MS_R = SS_R/df_R$。

回归模型的显著性检验用于检验因变量与自变量整体之间是否存在线性关系，仍然采用 F 检验。显著性检验的无效假设和备择假设分别为 $H_0: b_1 = b_2 = \cdots = b_k = 0$ 和 $H_1: b_1, b_2, \cdots, b_k$ 不全为零。可以证明，在 H_0 成立的情况下，由公式(5.14)定义的 F 变量符合 $F(k, n-k-1)$ 分布。

$$F = \frac{MS_R}{MS_E} \tag{5.14}$$

给定显著性水平 α，查自由度为 $(k, n-k-1)$ 的 F 分布临界值表，可得临界值 $F_\alpha(k, n-k-1)$ 使得概率 $P(F > F_\alpha(k, n-k-1)) = \alpha$。然后，通过样本计算公式(5.14)得 F 值，设为 F_0，若 $F_0 > F_\alpha(n-k-1))$，则因变量和自变量之间的线性关系显著，假设 H_0 被拒绝。

表 5.3 是回归分析结果中通常返回的方差分析表的构成示例。

表 5.3 回归分析结果中通常返回的方差分析表的构成示例

方差类型	自由度	平方和	均方差	F
回归	k	SS_R	MS_R	MS_R/MS_E
残差	$n-k-1$	SS_E	MS_E	
总离差	$n-1$	SS_T		

回归系数的显著性检验。前面所述的 F 检验如果说明回归关系是显著的，并不能说明每个回归系数是显著的，有可能存在某些回归系数不显著的情况。因此，需要接着对单个回归系数分别进行检验，不显著的系数可以去掉，重新建立回归模型。

回归系数的显著性检验可以采用 t 检验。对于每个回归系数 $b_i(i=1,2,\cdots,k)$，显著性检验的两个假设分别为 $H_0:b_i=0$ 和 $H_1:b_i\neq0$。若 $b_i=0$ 说明自变量 x_i 的变化对因变量没有线性影响，即变量 x_i 对因变量的影响不显著。为每个回归系数 b_i 构造变量 t_{b_i}：

$$t_{b_i}=\frac{b_i}{S_{b_i}}=\frac{b_i}{\sqrt{c_{ii}}\sqrt{MS_E}} \tag{5.15}$$

其中，c_{ii} 是矩阵 $\boldsymbol{C}=(\boldsymbol{X}^T\boldsymbol{X})^{-1}$ 的对角线上的第 i 个值。

给定显著性水平 α，查自由度为 $(n-k-1)$ 的 t 分布表，得到 $t_\alpha(n-k-1)$，若 $t_{b_i}>t_\alpha(n-k-1)$，则拒绝假设 H_0，即回归系数 b_i 显著。

在通过以上显著性检验之后，给定一个因变量未知的样本 $(x_{t1},x_{t2},\cdots,x_{tk})$ 将其带入公式 (5.11) 中的各个自变量取值中就可以得到因变量的一个预测值。

5.2.3 非线性回归

实际应用中并不是所有的因变量和自变量之间都存在线性关系，有时存在非线性关系，如图 5.2 所示。

图 5.2 中所示的是某商品在某段时间内的价格 x 和销量 y 之间的关系图，显然这两个变量之间存在的不是线性关系。有些非线性关系通过一定的变换可以转换为线性回归问题。例如，图 5.2 中所示的两个变量之间的关系为 $y=a+bx^2$。此时，可以假设 $x_1=x^2$，则原来的非线性关系变为 $y=a+bx_1$。因此，对于形如 $y=a_0+a_1x+$

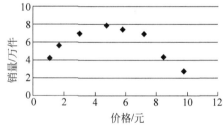

图 5.2 销售量与商品价格之间的散点图

$a_2x^2+\cdots+a_px^p$ 的因变量和自变量之间的关系，假设 $x_1=x,x_2=x^2,\cdots,x_p=x^p$，则有 $y=a_0+a_1x_1+a_2x_2+\cdots+a_px_p$。经过这样的变换之后，就可以利用多元线性回归进行建模了。

一些常用的非线性函数除了前面提到的多项式函数外，还包括幂函数、指数函数、对数函数及双曲函数等。

对于幂函数 $y=ax^b$，可以通过两边取对数变换为 $\lg y=\lg a+b\lg x$，设 $Y=\lg y,a_0=\lg a,a_1=b,X=\lg x$，则有 $Y=a_0+a_1X$。

对于指数函数 $y=ae^{bx}$，可以通过两边取对数变换为 $\ln y=\ln a+bx$，设 $Y=\ln y,a_0=\ln a,a_1=b$，则有 $Y=a_0+a_1x$。

对于对数函数 $y=a+b\lg x$，设 $X=\lg x$，则有 $y=a+bX$。

对于双曲函数 $y=x/(ax+b)$，可以通过两边取倒数变换为 $1/y=a+b/x$，设 $Y=1/y$，$X=1/x$，则有 $Y=a+bX$。

另外，非线性关系也可以通过构建回归树（regression tree）或模型树（model tree）的方法进行建模。

5.3　回归树与模型树

回归树和模型树与第 4 章中介绍的决策树存在许多相似之处，都是通过自顶向下分而治之的思想，将训练集不断分割成子数据集来不断扩展树枝，当满足一定条件时停止树的生长。不同之处包括数据集的分割条件不同和叶子结点的内容不同。决策树的叶子结点对应某个类别，而回归树的叶子结点对应一个数值，模型树的叶子结点对应一个线性回归方程。

图 5.3 所示的模型树是利用 Weka 中的 M5P 模型树算法对 CPU 数据集（此数据集是 UCI 机器学习数据库中的一个，网址为 http://archive. ics. uci. edu/ml/datasets/Computer+Hardware）构建的。表 5.1 是该数据集的部分数据。

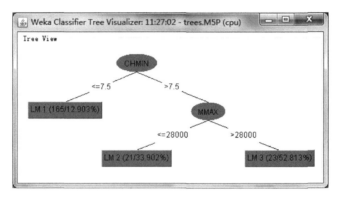

图 5.3　CPU 数据集的模型树

此模型树中有 2 个内部结点，3 个叶子结点。叶子结点对应的回归方程以及相应的条件如下：

```
If CHMIN <= 7.5, then
PRP = - 0.0055 * MYCT + 0.0013 * MMIN + 0.0029 * MMAX + 0.8007 * CACH + 0.4015 * CHMAX +
11.0971
if CHMIN > 7.5 and MMAX <= 28000, then
PRP = - 1.1492 * MYCT + 0.0086 * MMIN + 0.0031 * MMAX + 0.8422 * CACH - 4.0839 * CHMIN +
1.1597 * CHMAX + 101.3434
if CHMIN > 7.5 and MMAX > 28000, then
PRP = - 0.4882 * MYCT + 0.0218 * MMIN + 0.003 * MMAX + 0.3865 * CACH + 3.2333 * CHMAX -
67.9242
```

通常模型树比回归树小，更适合处理大规模数据，且回归树可以看作模型树的一个特例。下面重点介绍模型树的构建方法。为了避免过分拟合问题，模型树构建之后也需要进行剪枝。

5.3.1 模型树的构建

给定训练数据集,构建模型树的过程与构建决策树的过程非常类似,也是一个将训练集不断分裂的过程。假设训练数据集用 D 表示,涉及的类别由 $C = \{c_1, c_2, \cdots, c_k\}$ 表示。构建决策树 T 的主要步骤如下。

(1) 创建一个结点 t,与结点 t 关联的数据集记为 D_t。初始情况下训练数据集中的所有样本与根结点关联,即 $D_t = D$。将 t 设为当前结点。

(2) 如果当前结点 t 所关联的数据集 D_t 中样本个数小于给定阈值或者 D_t 中样本的目标属性取值的标准差小于给定阈值(例如初始数据集 D 的标准差的 5%),则将该结点标记为叶子结点,停止对该结点所关联的数据集的进一步分裂,对数据集 D_t 运用多元线性回归建模方法构建回归模型。否则,进入下一步。

(3) 为数据集 D_t 选择分裂属性和分裂条件。根据分裂条件将数据集 D_t 分裂为两个子数据集,为结点 t 创建两个子女结点,将这两个子数据集分别与之关联。依次将每个结点设为当前结点,转至步骤(2)进行处理,直至所有结点都标记为叶子结点。

上述过程中的一个关键点在于步骤(2)中的分裂属性和分裂条件的选择。分裂属性的选择以分裂后的各个子数据集中目标属性取值的标准差为依据,将标准差作为一种误差度量,将分裂前后标准差的减少量作为误差的期望减少,称为 SDR(standard deviation reduction)。假设数据集 D 按照属性 A 的取值分裂为两个子数据集 D_1 和 D_2,此次分裂的 SDR 值的计算公式如下:

$$\mathrm{SDR}(D, A) = \mathrm{sd}(D) - \sum_{i=1}^{2} \frac{|D_i|}{|D|} \times \mathrm{sd}(D_i) \tag{5.16}$$

其中,$\mathrm{sd}(D)$ 代表数据集 D 中目标属性取值的标准差,$|D|$ 代表数据集 D 中包含的样本个数。

在选择分裂属性时,选取使 SDR 值最大的属性。

按照属性 A 的取值分裂数据集的方法取决于属性 A 的类型。如果 A 是连续取值的属性,则将 A 的所有取值升序排列,每两个相邻的取值的中点可以作为一个候选的分裂点,中点假设用 v_m 表示,分裂条件则为 $A \leqslant v_m$ 和 $A > v_m$。计算每个候选分裂点的 SDR 值,选取具有最大值的分裂点作为该属性的分裂条件,与其他属性进行比较。

如果 A 是离散变量或定性属性,假设 A 属性有 k 个不同取值 $\{v_1, v_2, \cdots, v_k\}$,则可以将此属性进行如下处理:对于 A 的每个取值 v_i,求出对应的目标属性的平均值 $\mu(v_i)$,然后将这 k 个不同取值按照目标属性的平均值进行升序排序,设其顺序为 $v_{l_1}, v_{l_2}, \cdots, v_{l_k}$,其中 $l_i \in \{1, 2, \cdots, k\}$。则有 $(k-1)$ 组不同的分裂条件,分别为 $A \in \{v_{l_1}\}$ 和 $A \in \{v_{l_2}, \cdots, v_{l_k}\}$,$A \in \{v_{l_1}, v_{l_2}\}$ 和 $A \in \{v_{l_3}, \cdots, v_{l_k}\}$,$A \in \{v_{l_1}, v_{l_2}, v_{l_3}\}$ 和 $A \in \{v_{l_4}, \cdots, v_{l_k}\}$,$\cdots$,$A \in \{v_{l_1}, v_{l_2}, \cdots, v_{l_{k-1}}\}$ 和 $A \in \{v_{l_k}\}$。分别计算这 $k-1$ 组不同的分裂条件对应的 SDR 值,选择 SDR 值最大的作为该属性的分裂条件。

例如,假设银行储户的婚姻状况是属性 A,目标属性 Y 是每月平均账户余额,表 5.4 是一个有关这两个属性的示例数据。

表 5.4 定性属性数据集 D 示例

婚姻状况	账户余额/万元	婚姻状况	账户余额/万元
单身	20	已婚	200
单身	40	已婚	130
单身	90	离异	60
已婚	30	离异	100

属性婚姻状况有 3 个不同取值，其中单身对应的账户余额的平均值 μ（单身）$=(20+40+90)/3=50$，同理，μ（已婚）$=120$，μ（离异）$=80$。因此，3 个取值的排序为单身、离异、已婚。对应两组分裂条件，分裂条件 A_1：婚姻状况 $\in$｛单身｝和婚姻状况 $\in$｛离异，已婚｝，分裂条件 A_2：婚姻状况 $\in$｛单身，离异｝和婚姻状况 $\in$｛已婚｝。

根据分裂条件 A_1，表 5.4 可以分裂为 2 个子表，前 3 行婚姻状况为单身的构成一个数据集 D_1，剩下的 5 行为另一数据集 D_2。$\mathrm{sd}(D_1)=29.4$，$\mathrm{sd}(D_2)=58.9$，$\mathrm{sd}(D)=56.3$。则：

$$\mathrm{SDR}(D,A_1)=\mathrm{sd}(D)-\frac{3}{8}\mathrm{sd}(D_1)-\frac{5}{8}\times\mathrm{sd}(D_2)=8.47$$

$$\mathrm{SDR}(D,A_2)=11.4$$

因此按照分裂条件 A_2 进行分裂更优，故 $\mathrm{SDR}(D,A)=11.4$。

5.3.2 模型树的剪枝

模型树构建之后，为了避免过度拟合，需要对模型树进行剪枝。剪枝通过对树深度优先遍历从叶子结点向根结点进行。以图 5.3 中的模型树为例，首先查看内部结点 MMAX 对应的子树是否需要用一个叶子结点代替。方法是计算该结点以及其下的两个叶子结点的期望误差。给定结点 t 及所关联的数据集 D_t，设样本个数为 n，数据集 D_t 对应的多元线性回归模型为 M_t，M_t 中涉及的自变量的个数为 v，设利用该模型，D_t 中每个样本的目标属性的预测值为 p_i，真值为 a_i，其期望误差 $\mathrm{error}(t)$ 计算如下：

$$\mathrm{error}(t)=\frac{n+v}{n-v}\frac{1}{n}\sum_{i=1}^{n}|p_i-a_i| \tag{5.17}$$

两个叶子结点的期望误差通过加权求和结合在一起作为子树误差，权值是叶子结点包含样本占其父结点样本个数的比例。若当前结点含有 n 个样本，两个叶子结点含有样本分别为 n_1 和 $n-n_1$，则其权重分别为 n_1/n 和 $(n-n_1)/n$。若当前结点的期望误差小于子树误差，则将该结点设为叶子结点，即此子树被一个叶子结点代替。

5.3.3 算法

构造模型树的主要步骤如下所示。

算法 5.1：模型树构建算法 gen_modelTree(D)

输入：训练数据集 D

输出：模型树

主要步骤：

（1）　**if** dataset D meets stopping criteria **then**

（2）　　create node t；

（3）　　t. type＝leaf；

（4）　　t. data＝D

（5）　　t. model＝linearRegression(t)；

（6）　**else**

（7）　　create node t；

（8）　　t. type＝interior；

（9）　　t. split_condition＝find_split_condition(D)；

（10）　split dataset D into two subsets，D_1 and D_2

（11）　t. leftChild＝gen_modelTree(D_1)，t. leftChild. data＝D_1；

（12）　t. rightChild＝gen_modelTree(D_2)，t. rightChild. data＝D_2；

（13）**end if**

（14）return t；

模型树的剪枝的重要步骤如下：

算法 5.2：模型树剪枝算法 prune（node t）

输入：模型树

输出：剪枝后的模型树

主要步骤：

（1）　**if** t. type＝interior **then**

（2）　　prune(t. leftChild)；

（3）　　prune(t. rightChild)；

（4）　　t. model＝linearRegression(t)；

（5）　　**if** treeError(t)＞error(t) then

（6）　　　t. type＝leaf；

（7）　　**end if**

（8）　**end if**

过程 treeError（node t）

主要步骤：

（1）**if** t. type＝interior **then**

（2）　l＝t. leftChild；

（3）　r＝t. rightChild；

（4） return $(|l.\mathrm{data}| \times \mathrm{treeError}(l) + |r.\mathrm{data}| \times \mathrm{treeError}(r))/|t.\mathrm{data}|$;

（5） **else** return $\mathrm{error}(t)$;

（6） **end if**

在过程 treeError（node t）中，$|l.\mathrm{data}|$指的是与结点 l 关联的数据集包含的样本个数。error（t）是根据公式（5.17）计算的结点 t 的期望误差。调用该过程时利用 prune（root），即从根结点调用即可。

5.4　K 近邻数值预测

与第 4 章中介绍的 K 近邻分类类似，可以利用一个样本的 K 个最相似的邻居的目标属性的取值来进行预测。

假设训练集 D 由 n 个观测样本构成：$\{o_i = (x_{i1}, x_{i2}, \cdots, x_{iK}, y_i), i = 1, 2, \cdots, n\}$，其中 y_i 是目标属性 Y 的取值，$(x_{i1}, x_{i2}, \cdots, x_{iK})$ 是 K 个描述属性的取值。对于测试集 T 中的一个测试样本 $t_j = (x_{j1}, x_{j2}, \cdots, x_{jK}, y_j), j > n$，可以利用相似度衡量方法计算此样本与 D 中每个观测样本的相似度，选取与测试样本最相似的 K 个观测样本。例如，可以通过欧氏距离，计算此测试样本与第 i 个观测样本的距离，$d(o_i, t_j) = \sqrt{\sum_{l=1}^{k}(x_{il} - x_{jl})^2}$，找到距离最近的 K 个样本。设 $N(t_j)$ 是这 K 个观测样本的集合，则测试样本 t_j 的目标属性的预测值 p_j 计算如下：

$$p_j = \frac{\sum\limits_{o \in N(t_j)} \mathrm{sim}(o, t_j) \times y(o)}{\sum\limits_{o \in N(t_j)} \mathrm{sim}(o, t_j)} \tag{5.18}$$

式中，$y(o)$代表观测样本 o 的目标属性取值，$\mathrm{sim}(o, t_j)$代表观测样本 o 和测试样本 t_j 直接的相似度，相似度的衡量方法在第 6 章详述，此处可以利用欧氏距离的倒数进行衡量，即 $\mathrm{sim}(o, t_j) = 1/d(o, t_j)$。

5.5　预测误差的度量

预测性能的优劣需要一定的度量来衡量。常用的度量是平均绝对误差（mean absolute error，MAE）、均方误差（mean square error，MSE）、均方根误差（root mean square error，RMSE）、相对平方误差（relative square error，RSE）和相对绝对误差（relative absolute error，RAE）。

假设训练集 D 由 n 个观测样本构成：$\{o_i = (x_{i1}, x_{i2}, \cdots, x_{ik}, y_i), i = 1, 2, \cdots, n\}$，其中 y_i 是目标属性 Y 的取值，$(x_{i1}, x_{i2}, \cdots, x_{ik})$ 是 k 个描述属性的取值。假设测试集 T 包含 m 个样本，对于测试集 T 中的每个测试样本 $t_j = (x_{j1}, x_{j2}, \cdots, x_{jk}, y_j), n < j < n+m$，利用预测模型得出的目标属性的预测值为 p_j，则平均绝对误差 MAE 的计算公式如下：

$$\mathrm{MAE} = \frac{1}{m} \sum_{j=n+1}^{n+m} |p_j - y_j| \tag{5.19}$$

均方误差、均方根误差、相对平方误差和相对绝对误差的计算公式分别如下：

$$\text{MSE} = \frac{1}{m} \sum_{j=n+1}^{n+m} (p_j - y_j)^2 \tag{5.20}$$

$$\text{RMAE} = \sum_{j=n+1}^{n+m} \sqrt{\frac{(p_j - y_j)^2}{m}} \tag{5.21}$$

$$\text{RSE} = \frac{\sum\limits_{j=n+1}^{n+m} (p_j - y_j)^2}{\sum\limits_{j=n+1}^{n+m} (y_j - \bar{y})^2}, \text{其中} \bar{y} = \frac{1}{m} \sum_{j=n+1}^{n+m} y_j \tag{5.22}$$

$$\text{RAE} = \frac{\sum\limits_{j=n+1}^{n+m} |p_j - y_j|}{\sum\limits_{j=n+1}^{n+m} |y_j - \bar{y}|}, \text{其中} \bar{y} = \frac{1}{m} \sum_{j=n+1}^{n+m} y_j \tag{5.23}$$

练习题 5

1. 数值预测和分类的异同点有哪些？
2. 用线性回归建模的基本步骤有哪些？
3. 在线性回归中样本决定系数 R^2 说明了什么？
4. 如何进行回归关系的显著性检验？
5. 如何进行回归系数的显著性检验？
6. 表 5.5 中给出了 10 个学生的身高和体重的数据。
（1）绘制散点图。
（2）求出回归方程。
（3）对回归模型进行统计检验。
（4）一个身高 1.66m 的人的体重可预测为多少？

表 5.5　习题 6 数据

身高/m	体重/kg	身高/m	体重/kg
1.62	55	1.68	62
1.65	57	1.75	60
1.60	45	1.80	90
1.72	65	1.76	70
1.73	70	1.82	75

7. 根据 10 年的年度统计资料，利用多元回归对同一因变量构建了两个回归方程。第一个方程中 $k=5, R^2=0.83$；第二方程中 $k=1, R^2=0.80$。试对这两个回归方程的拟合程度做出评价。

8. 表 5.6 是来自中国统计年鉴的 1990—2003 年我国的城镇居民家庭人均可支配收入与城市人均住宅建筑面积的数据。

表 5.6　习题 8 数据

年　　度	城镇居民家庭人均可支配收入/元	城市人均住宅建筑面积/m²
1990	1510.2	13.65
1991	1700.6	14.17
1992	2026.6	14.79
1993	2577.4	15.23
1994	3496.2	15.69
1995	4283	16.29
1996	4838.9	17.03
1997	5160.3	17.78
1998	5425.1	18.66
1999	5854.02	19.42
2000	6280	20.25

（1）做出散点图，建立住宅建筑面积为因变量的一元线性回归模型，并解释斜率系数的经济意义。

（2）对回归模型进行统计检验。

9．图 5.4 是利用 Excel 进行多元回归建模的部分输出结果。

（1）计算①②③④⑤中的值。

（2）判断回归方程以及回归系数的显著性。

回归统计

回归统计	
R^2	①
调整的 t^2	②
标准误差	2.010050279
观测值	10

方差分析

	df	SS	MS	F	显著性水平 F
回归分析	2	423.0178851	⑤	52.34978375	6.16117E-05
残差	③	④	4.040302126		
总计	9	451.3			

	系数	标准误差	t 值	P 值	下 95%	上 95%
截距	-38.82516938	8.478591118	-4.579200582	0.00254617	-58.87383722	-18.77650155
X_1	1.340693618	0.143315893	9.354814676	3.31495E-05	1.001805625	1.679581612
X_2	0.022802293	0.004754224	4.796217239	0.001974896	0.011560347	0.03404424

图 5.4　习题 9 回归模型结果

第6章

聚类

物以类聚,人以群分。世界万物之间通常存在各种共性,因此发现共性将对象进行自动分组有很多应用。本章将介绍用于实现将对象自动分组的一种方法——聚类(clustering)。

6.1 概述

聚类具有广泛的应用,例如,在商业中通过收集客户的个人资料以及消费行为方面的数据,可以利用聚类技术实现客户的自动分群,将客户划分成具有不同特征的群体,这不仅可以更好地了解客户特点,更重要的是便于开展产品的营销活动。例如,表6.1是某银行收集的客户信息的部分数据的一个示例,其中账户余额是客户所开账户月均余额,其他信息,如年龄、收入、性别等都是客户的个人信息。对此类信息进行聚类分析,可以发现具有类似个人和行为信息的用户群。例如,其中一个用户群具有这样的特点:账户多为低余额、年龄偏低、收入偏低、性别多为男性且子女个数较少。商家根据此类信息可以更有针对性地提供服务或设计新型业务。

表 6.1 银行客户信息示例

编号	账户余额	年龄/岁	收入/元	性别	子女个数
100	很低	15	1967	男	0
200	高	25	8453	男	1
300	中	32	6125	女	2
400	低	20	2167	男	1
500	低	55	2439	女	4

聚类还可以用于许多其他的领域,例如生物学、心理学、医学、信息检索等。它也可以作为其他数据挖掘分析过程的一个基础处理步骤,例如,可以借助聚类发现那些偏离多数对象特点的孤立点(outlier),或者借助聚类赋予对象以类别以便进行分类分析等。

6.1.1 聚类的概念

聚类分析是根据给定一组对象的描述信息,发现具有共同特性的对象并构成簇(cluster)。其基本原则是:属于同一个簇的对象的相似度很高,而属于不同簇的对象的相似度很低。簇内相似度越高、簇间相似度越低,聚类效果越好。这是衡量聚类效果的标准之一。

假设数据集 D 由 n 个对象的信息构成:$D = \{o_i = (x_{i1}, x_{i2}, \cdots, x_{im}), i = 1, 2, \cdots, n\}$,其中,每个对象由 m 个属性描述,属性集合 $A = \{A_1, A_2, \cdots, A_m\}$,$x_{ij}$ 是第 i 个对象第 j 个属性的取值。常见的聚类问题是,给定 D 以及要聚类的簇的个数 k,输出 k 个簇的组成,即每

个簇包含哪些对象。设簇的集合为 $C = \{C_1, C_2, \cdots, C_k\}$，其中 $C_i = \{o_{i_1}, o_{i_2}, \cdots, o_{i_l}\} \subseteq D$。由于簇的构成通常依赖于簇的个数 k，而 k 的取值的选择具有一定的困难性，因此，也有些聚类方法不需要此参数，此时，通常需要设计一定的衡量聚类效果的度量方法，输出具有最优度量的聚类结果。常用的度量方法有轮廓系数（silhouette coefficient）。

根据聚类形成的簇的特点，也可以将聚类效果进行分类。如果属于各个簇的对象之间

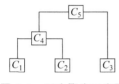

图 6.1　层次聚类示意图

没有交集，即 $C_i \cap C_j = \varnothing$，这类聚类通常称为**划分型聚类**。如果簇之间只具有包含关系，如 $C_i \subset C_j$，那么簇之间具有层次关系，这种聚类称为**层次聚类**。例如，图 6.1 所示的簇之间的关系用树状图（dendrogram）表示，是层次聚类的一个示意。

如果簇之间只具有重叠关系，即 $C_i \cap C_j \neq \varnothing$，此时称为**重叠聚类**。现实世界中有些对象可以同时属于多个簇。

根据数据集 D 与簇之间的关系，可以将聚类分为完全聚类和部分聚类。如果 $D = C_1 \cup C_2 \cup \cdots \cup C_k$，即所有对象都被分到簇中，则为**完全聚类**，否则，若 $D \supset C_1 \cup C_2 \cup \cdots \cup C_k$，则为部分聚类，通常那些未被分到任一个簇中的对象为**孤立点**。

6.1.2　聚类方法分类

聚类方法有很多，下面列举常见的几类，包括划分法、层次法、基于密度的方法以及基于模型的方法等。

划分法（partitioning approach）通常是将数据集进行划分，即将每个对象分到各个簇中，以达到优化某种聚类效果度量的目的。典型的划分聚类方法包括 K 均值（K-means）、K 中心点（K-medoids）等方法。

层次法（hierarchical approach）将对象聚成的簇间具有层次关系，通常分为**凝聚层次聚类**（agglomerative hierarchical clustering）和**分裂层次聚类**（divisive hierarchical clustering）两种。凝聚层次分类从单个对象开始，首先将每个单个对象看作一个簇，不断合并最相似的簇以得到更大的簇。分裂层次分类则刚好相反，它从包含所有对象的一个簇开始不断分裂簇。典型的层次聚类算法包括 Diana、Agnes、BIRCH、ROCK、CAMELEON 等。

基于密度的方法（density-based approach）基于对象之间的相邻关系和对象密度进行聚类，以便于发现具有不规则形状的簇。典型的基于密度的聚类算法包括 DBSCAN、OPTICS 和 DenClue 等。

基于模型的方法（model-based）假设每个簇中的对象都符合事先假设的模型。典型的基于模型的聚类算法包括 EM、SOM 和 COBWEB 等。

本章将介绍 K 均值、凝聚层次聚类以及基于密度的聚类算法 DBSCAN。聚类技术的效果依赖于对象之间相似度的衡量方法以及聚类效果的衡量方法。因此，在介绍具体的聚类技术之前，首先在 6.2 节介绍各种相似度衡量方法。

6.2　相似度衡量方法

相似度是许多数据挖掘技术的基础，例如第 4 章中介绍的分类和本章中介绍的聚类都需要用到相似度的衡量。为此本章介绍各种相似度的衡量方法。相似度的衡量方法可以

分为两大类：基于内容的方法（content based method）和基于链接的方法（link based method）。在介绍这些方法之前，首先介绍数据类型。

6.2.1　数据类型

在第 4 章中，描述数据的属性被分成了两大类：一类是定性属性；另一类是定量属性。或者从另一个角度分成连续属性和离散属性。本节将细化属性的分类。定性属性除了标称（nominal）属性和序数（ordinal）属性之外，增加一类**二值属性**（binary），此类属性的取值只有两个，可以看作一类特殊的标称属性。此类属性的例子有很多，例如，描述客户的性别属性，只有"男"或"女"两个取值。或者记录一个客户在某次购物中是否购买某个商品，取值有两个：一个是"是"，代表购买了此类商品；另一个是"否"，代表未购买此商品。这种取值是两种截然不同的状态的属性，又称为**布尔**（boolean）**属性**，其取值可以用 1 和 0 代替。此类属性的另一例子是医学检查项目，很多检查的结果只有两个："阳性"或"阴性"。

二值属性又分为**对称属性**（symmetric）和**非对称属性**（asymmeric）。如果二值属性的两个取值具有同等的重要性，则称为对称属性，否则称为非对称属性。取值的重要性与具体的应用背景相关。例如，在衡量客户相似度时，根据性别衡量客户的相似度，只要性别相同则相似度很高，性别不同则相似度很低，不会因为两个客户都是男性而其相似度高于两个女性客户的相似度。因此，此时性别是对称属性。如果描述客户的购买行为方面的属性，例如，描述一个客户是否购买 10 种商品，每种商品为一个二值属性，购买取值 1，未购买取值 0。客户 A 和 B 购买过相同的 9 种商品，只有 1 种都没购买，而客户 C 和 D 只有 1 种商品都购买过，另外 9 种都没购买过。显然，比起 C 和 D，A 和 B 更相似，通常商品的种类非常多，而一个客户购买过的商品一般仅是极小的一部分，根据没有购买过的商品来判断相似度显然不具有说服力。因此，此时这些二值属性都是非对称属性。同样，医学检查多数是非对称属性，"阳性"取值通常更重要。

定量属性可以进一步细分为**区间属性**（interval）和**比率属性**（ratio）。区间属性的取值进行加和减操作是有意义的，因而可以比较两个区间属性取值的差别，但是乘除运算是没有意义的，即两个取值之间的比率关系不成立。例如，摄氏温度是个区间属性，2℃ 和 4℃ 之间差了 2℃，但 4℃ 对应的温暖程度并不是 2℃ 的两倍。比率属性既可以加减也可以乘除。比率属性的取值具有内在的 0 点。例如，绝对温度是个比率属性，绝对温度 2℃ 和 4℃ 之间存在两倍的关系。比率属性的例子很多，例如，年龄、身高、体重等。

6.2.2　基于内容的相似度衡量

常用的基于内容的相似度包括基于距离的相似度、余弦相似度（cosine）、Jaccard 相似度、相关性相似度等。这些度量（measure）都是基于描述对象的属性的取值进行计算的。假设要计算相似度的两个对象分别为 $o_i = (x_{i1}, x_{i2}, \cdots, x_{im})$ 和 $o_j = (x_{j1}, x_{j2}, \cdots, x_{jm})$，其中 x_{il} 是对象 o_i 的第 l 个属性的取值。

1. 基于距离的相似度度量

若描述一个对象的 m 个属性都是数值属性，可以把该对象映射到 m 维空间中的一个点，则一种最常用的衡量相似度的方法是根据点与点之间的距离，距离远的相似度低，距离近的相似度高。

常用的距离公式包括欧氏距离和曼哈顿距离。两个对象 $o_i = (x_{i1}, x_{i2}, \cdots, x_{im})$ 和 $o_j = (x_{j1}, x_{j2}, \cdots, x_{jm})$ 的**欧氏距离**（Euclidean distance）$d(o_i, o_j)$ 计算方法如下：

$$d(o_i, o_j) = \sqrt{(x_{i1} - x_{j1})^2 + (x_{i2} - x_{j2})^2 + \cdots + (x_{im} - x_{jm})^2} \tag{6.1}$$

曼哈顿距离（Manhattan distance）$d(o_i, o_j)$ 计算方法如下：

$$d(o_i, o_j) = |x_{i1} - x_{j1}| + |x_{i2} - x_{j2}| + \cdots + |x_{im} - x_{jm}| \tag{6.2}$$

闵可夫斯基距离（Minkowski distance）是欧氏距离和曼哈顿距离的概括，公式如下：

$$d(o_i, o_j) = \sqrt[p]{(x_{i1} - x_{j1})^p + (x_{i2} - x_{j2})^p + \cdots + (x_{im} - x_{jm})^p} \tag{6.3}$$

闵可夫斯基距离又称为 L_p 范式（L_p 范式）。因此，$p=1$ 时对应曼哈顿距离，又称 L_1 范式；$p=2$ 时对应欧氏距离，又称 L_2 范式。$p=\infty$ 时称为**切比雪夫距离**（Chebyshev distance），相应公式如下：

$$d(o_i, o_j) = \lim_{p \to \infty} \left(\sum_{k=1}^{m} |x_{ik} - x_{jk}|^p \right)^{\frac{1}{p}} = \max_{1 \leqslant k \leqslant m} |x_{ik} - x_{jk}| \tag{6.4}$$

距离具有如下特性。

（1）非负性：对于任意对象 o_i 和 o_j，其距离 $d(o_i, o_j) \geqslant 0$，且当 $o_i = o_j$ 时，$d(o_i, o_j) = 0$；

（2）对称性：对于任意对象 o_i 和 o_j，$d(o_i, o_j) = d(o_j, o_i)$；

（3）三角不等式：对于任意对象 o_i、o_j 和 o_k，$d(o_i, o_j) \leqslant d(o_j, o_k) + d(o_i, o_k)$。

符合上述三条性质的函数称为距离函数。

距离可以直接作为相异度（dissimilarity）的度量，作为相似度度量需要进行转换，对象 o_i 和 o_j 的相似度由 $s(o_i, o_j)$ 表示，则转换方法包括以下几种：

$$s(o_i, o_j) = -d(o_i, o_j) \tag{6.5}$$

$$s(o_i, o_j) = \frac{1}{1 + d(o_i, o_j)} \tag{6.6}$$

$$s(o_i, o_j) = e^{-d(o_i, o_j)} \tag{6.7}$$

计算距离需要注意的是，当不同属性的取值范围相差很大时，取值范围大的属性对距离的贡献会大于取值范围小的属性，例如，身高（单位：m）和体重（单位：kg）两种属性，体重的取值会左右距离，因为其取值范围远远大于身高。因此，在计算距离之前应该将各个属性的取值范围规范化到同一个区间。规范化的详细介绍请参见第 8 章内容。

2. 余弦相似度

余弦相似度是通过两个向量夹角的余弦来衡量两个对象的。假设两个对象 o_i 和 o_j 对应的向量分别为 $\boldsymbol{x} = (x_{i1}, x_{i2}, \cdots, x_{im})$ 和 $\boldsymbol{y} = (x_{j1}, x_{j2}, \cdots, x_{jm})$，则余弦相似度 $\cos(o_i, o_j)$ 的计算公式如下：

$$\cos(o_i, o_j) = \frac{\sum_{k=1}^{m} x_{ik} x_{jk}}{\sqrt{\sum_{k=1}^{m} x_{ik}^2} \sqrt{\sum_{k=1}^{m} x_{jk}^2}} = \frac{\boldsymbol{x}}{\|\boldsymbol{x}\|} \frac{\boldsymbol{y}}{\|\boldsymbol{y}\|} \tag{6.8}$$

对象 o_i 和 o_j 在向量空间中的余弦相似度相当于两个向量方向上的单位矢量的点积。可见,该相似度忽略了向量的大小,即各个属性取值的绝对大小,这是与距离不同的。另外,它还有另外一个特点,两个向量中,只要有一个对象在某维度(属性)的取值为 0,则该维度相当于被忽略,因为乘积为 0。这使得该相似度特别适合于具有大量零值维度的情况。例如,余弦相似度是信息检索中用于衡量文档相似度的主要方法。每篇文档用词的向量模型表示,即假设文档集中出现的不同词的个数为 m,则文档被表示为 m 维向量,其中每个维度对应一个词的权重,最简单的计算词的权重的方法是词在此文档中出现的频率。由于一个文档中出现的词是少量的,多数词的权重取值是 0,这样,如果根据距离来衡量相似度是不合适的,因为两篇文档会共享大量的 0 值,使得文档的相似度很高,但实际上共同出现的词很少,此时使用余弦相似度就可以避免此问题。同样,如果描述客户的购买行为时用购买的各种商品的数量表示,不同的客户共享的商品的个数是很少的,此时利用余弦相似度也是更合适的。

3. 基于相关性的相似度度量

对于定量属性或二值属性可以利用皮尔逊相关系数(Pearson correlation coefficient)来衡量两个对象间的相似度。对象 $o_i = (x_{i1}, x_{i2}, \cdots, x_{im})$ 和 $o_j = (x_{j1}, x_{j2}, \cdots, x_{jm})$ 的皮尔逊相关系数 $\mathrm{corr}(o_i, o_j)$ 的计算公式如下:

$$\mathrm{corr}(o_i, o_j) = \frac{\dfrac{1}{m-1}\sum_{k=1}^{m}(x_{ik} - \bar{x}_i) \times (x_{jk} - \bar{x}_j)}{\sqrt{\dfrac{1}{m-1}\sum_{k=1}^{m}(x_{ik} - \bar{x}_i)^2 \dfrac{1}{m-1}\sum_{k=1}^{m}(x_{jk} - \bar{x}_j)^2}} \tag{6.9}$$

其中,$\bar{x}_i = \dfrac{1}{m}\sum_{k=1}^{m}x_{ik}, \bar{x}_j = \dfrac{1}{m}\sum_{k=1}^{m}x_{jk}$。

$\mathrm{corr}(o_i, o_j)$ 的取值范围为 $[-1, 1]$。取值为 1 时说明两个对象正相关,也最相似;取值为 -1 时说明两个对象负相关,也最不相似。

4. Jaccard 系数

Jaccard 系数(Jaccard coefficient)适合于用非对称二值属性描述的对象间的相似度衡量。对于用对称二值属性描述的对象间的相似度可以利用**简单匹配系数**(simple matching coefficient)进行衡量。

对于非对称二值属性,假设重要的取值用 1 代表,不重要的用 0 代表,对象 $o_i = (x_{i1}, x_{i2}, \cdots, x_{im})$ 和 $o_j = (x_{j1}, x_{j2}, \cdots, x_{jm})$ 的 m 个二值属性取值中,假设两个对象取值都为 1 的属性个数为 n_{11},取值都为 0 的属性个数为 n_{00},取值一个为 1 另一个为 0 的属性个数为 n_{10},取值一个为 0 另一个为 1 的属性个数为 n_{01},则用 Jaccard 系数计算二者的相似度 $s(o_i, o_j)$ 的公式如下:

$$s(o_i, o_j) = \frac{n_{11}}{n_{11} + n_{10} + n_{01}} \tag{6.10}$$

用简单匹配系数计算二者的相似度 $s(o_i, o_j)$ 的公式如下:

$$s(o_i, o_j) = \frac{n_{11} + n_{00}}{n_{11} + n_{10} + n_{01} + n_{00}} \tag{6.11}$$

5. 异种属性相似度的综合度量

上面介绍的几种相似度度量都是针对一个对象的所有属性同属一种类型，如都是数值类型或二值类型。实际应用中有时描述一个对象的属性属于多种不同的类型，例如，表6.1中所示的描述客户信息的属性中，账户余额属于序数属性，年龄、收入、子女个数属于比率属性，性别属于对称二值属性等。如何综合不同类型属性的相似度来衡量两个对象的相似度呢？通常，先对单个属性进行相似度度量，然后求所有属性相似度的均值作为整个对象相似度。因此，下面首先介绍不同类型单个属性相似度的衡量方法。

标称属性的取值只有相同和不相同的区别，因此，假设对象 $o_i = (x_{i1}, x_{i2}, \cdots, x_{im})$ 和 $o_j = (x_{j1}, x_{j2}, \cdots, x_{jm})$ 的第 k 个属性是标称属性，则基于此属性的两对象相似度记为 $s_k(o_i, o_j)$，计算方法如下：

$$s_k(o_i, o_j) = \begin{cases} 1 & x_{ik} = x_{jk} \\ 0 & \text{其他} \end{cases} \tag{6.12}$$

例如，对于表6.1中顾客号为100和200的两个顾客，性别属性上的相似度为1，100号和300号顾客在性别属性上的相似度为0。

序数属性的取值有顺序的区别，因此，假设对象 $o_i = (x_{i1}, x_{i2}, \cdots, x_{im})$ 和 $o_j = (x_{j1}, x_{j2}, \cdots, x_{jm})$ 的第 k 个属性是序数属性，有 p 个不同取值，首先将其取值排序，按照顺序映射为整数 $0 \sim (p-1)$，并用此序号代替原来的取值，则基于此属性的两对象相似度 $s_k(o_i, o_j)$ 的计算方法如下：

$$s_k(o_i, o_j) = 1 - \frac{|x_{ik} - x_{jk}|}{p - 1} \tag{6.13}$$

例如，表6.1中账户余额属性有4个不同取值，排序为很低、低、中、高，分别映射为0、1、2、3，顾客号为100和200的两个顾客在此属性上的相似度为0。

区间属性或比率属性可以通过取值的差来衡量相异度，假设对象 $o_i = (x_{i1}, x_{i2}, \cdots, x_{im})$ 和 $o_j = (x_{j1}, x_{j2}, \cdots, x_{jm})$ 的第 k 个属性是数值属性，则基于此属性的两对象相似度 $s_k(o_i, o_j)$ 的计算方法如下：

$$s_k(o_i, o_j) = \frac{1}{1 + |x_{ik} - x_{jk}|} \tag{6.14}$$

对于非对称二值属性，如果采用标称属性的处理方法，则有可能使得不重要的0值左右了相似度，因此，如果两个对象的非对称属性的两个取值均为0，则在衡量相似度时忽略，否则按照公式(6.12)计算。

综合上述内容，对象 $o_i = (x_{i1}, x_{i2}, \cdots, x_{im})$ 和 $o_j = (x_{j1}, x_{j2}, \cdots, x_{jm})$ 的相似度计算过程如下：

(1) $k=1, c=0, s(o_i, o_j)=0$。

(2) 按照第 k 个属性的类型分别进行如下计算。

对于非对称二值属性，若 $x_{ik} = x_{jk} = 0$，转至第(3)步；否则，按照标称属性处理；

若为对称二值属性，则按照标称属性处理；

对于标称属性,利用公式(6.12)计算 $s_k(o_i,o_j)$;

若为序数属性,利用公式(6.13)计算 $s_k(o_i,o_j)$;

若为数值属性,利用公式(6.14)计算 $s_k(o_i,o_j)$;

$c=c+1, s(o_i,o_j)=s(o_i,o_j)+s_k(o_i,o_j)$。

(3) 若 $k<m, k=k+1$,转至第(2)步;否则,若 $c\neq 0, s(o_i,o_j)=s(o_i,o_j)/c$。

表6.1中顾客号为100和200的两个顾客的相似度的计算过程如下。两个客户在账号余额上的相似度为0,在年龄上的相似度 $1/(1+10)=0.09$,收入上的相似度为0.0001,性别上的相似度为1,子女个数上的相似度为0.5,因此综合5个属性的总的相似度约为0.3。

6.2.3 基于链接的相似度衡量

某些应用中,无法或者很难获得描述每个对象的属性取值,此时可以利用对象之间的关系衡量其相似度,称为**链接相似度**。当然,在可以获取属性取值的情况下,链接相似度也不失为基于内容相似度的一种补充。近年来,斯坦福大学的研究者提出的一种基于随机游走理论的链接相似度衡量方法,称为 SimRank,引起了国际上众多研究者的关注和进一步研究,也被用到很多不同的应用领域。本节将介绍该方法的基本原理和计算方法。

对象之间的关系通常通过一个有向图 $G(V,E)$ 表示,其中,$V=\{v_i|i=1,2,\cdots,n\}$ 是图中的所有结点的集合,E 是图中所有边的集合。图中的一个结点代表一个对象,结点 v_i 和 v_j 之间的有向边 (v_i,v_j),即由 v_i 指向 v_j 的边,代表 v_i 和 v_j 之间的某种关系,例如,若结点代表网页,v_a 指向 v_b 的边可以表示网页 v_a 中包含指向网页 v_b 的链接。图6.2是这样的一个图的示例。在此图中,$V=\{a,b,c,d,e\}, E=\{(a,b),(a,c),(b,c),(b,d),(b,e),(e,c),(e,d)\}$。有些应用中,边上有权值,边 (v_i,v_j) 上的权值表示为 $w(v_i,v_j)$。

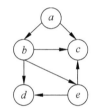

图6.2 链接关系图示例

如果一个图中存在边 (v_i,v_j),则同时一定存在方向相反的一条边 (v_j,v_i),则结点 v_i 和 v_j 之间用一条无向边表示,边无向的图称为无向图。

对于结点 $v_i\in V$,从 v_i 指出的边称为**出边**,指向 v_i 的边为**入边**。由 v_i 指向的结点称为 v_i 的**外邻居**(out-neighbor),v_i 的外邻居的集合由 $O(v_i)$ 代表,其中 $O_j(v_i)$ 表示 v_i 的第 j 个外邻居。同样,指向 v_i 的结点称为 v_i 的**内邻居**(in-neighbor),v_i 的内邻居的集合由 $I(v_i)$ 代表,$I_j(v_i)$ 表示 v_i 的第 j 个内邻居。v_i 的外邻居的个数称为 v_i 的**出度**,即出度 $=|O(v_i)|$;v_i 的内邻居的个数称为 v_i 的**入度**,即入度 $=|I(v_i)|$。

SimRank 算法提出时用于有向图,也可扩展至无向图。它基于这样的假设:如果两个对象链接到相似的对象,这两个对象很可能相似。SimRank 的理论基础为随机游走模型,计算两个结点 v_i 与 v_j 间相似度 $s(v_i,v_j)$ 的公式如下:

$$s(v_i,v_j)=\begin{cases} 1 & (v_i=v_j) \\ \dfrac{C}{|I(v_i)\|I(v_j)|}\sum_{q=1}^{|I(v_i)|}\sum_{l=1}^{|I(v_j)|}s(I_q(v_i),I_l(v_j)) & (v_i\neq v_j) \end{cases} \tag{6.15}$$

其中,C 表示衰减因子,取值范围为 $(0,1)$,在不同的领域中 C 是一个经验值。从该式可以看到，$s(v_a, v_b)$ 可以被看作是与结点 v_a 的入邻居和结点 v_b 的入邻居组合的结点对相似度得分的平均值。如果 $I(v_a)$ 为空集或 $I(v_b)$ 为空集，则 $s(v_a, v_b)$ 的得分为 0。

SimRank 的迭代计算公式如下：

$$s_{k+1}(v_i, v_j) = \frac{C}{|I(v_i)\|I(v_j)|} \sum_{q=1}^{|I(v_i)|} \sum_{l=1}^{|I(v_j)|} s_k(I_q(v_i), I_l(v_j)) \tag{6.16}$$

式(6.16)中 $s_k(v_i, v_j)$ 表示第 k 次迭代计算后 v_i 与 v_j 间的相似度，$k > 0$。初始时

$$s_0(v_i, v_j) = \begin{cases} 0 & (v_i \neq v_j) \\ 1 & (v_i = v_j) \end{cases}$$

以图 6.2 中的关系图为例，$s_1(b, c)$ 的计算如下：

$$s_1(b, c) = \frac{0.5}{1 \times 3}[s_0(a, a) + s_0(a, b) + s_0(a, 3)] = 0.167 \times (1 + 0 + 0) = 0.167$$

具体计算时，相邻两次迭代的相似度差的最大值小于某个很小的实数时就可以停止计算。

根据 SimRank 计算的两结点间的相似度具有如下 6 种性质。

(1) 有界性：$0 \leqslant s(v_a, v_b) \leqslant 1$。

(2) 对称性：$s(v_a, v_b) = s(v_b, v_a)$。

(3) 单调递增性：$s_k(v_a, v_b) \leqslant s_{k+1}(v_a, v_b)$。

(4) 存在性：即在理论上可以证明 SimRank 的公式存在并成立。

(5) 唯一性：SimRank 在收敛时只有唯一的相似度值矩阵。

(6) 收敛性：根据单调有界收敛准则，迭代过程一定收敛。

但是它不符合三角不等式性质，因此不是一个距离函数。

6.3 K 均值方法

K 均值(K-means)是一种古老但常用的聚类方法，简单且快速。它适用于每个对象对应 n 维空间中的点或 n 维矢量空间中的点的情况。假设数据集 D 由 n 个对象组成，$D = \{o_i = (x_{i1}, x_{i2}, \cdots, x_{im}), i = 1, 2, \cdots, n\}$，其中，每个对象由 m 个属性描述，x_{ij} 是第 i 个对象第 j 个属性的取值。K 均值聚类算法需要用户指定要聚类的簇的个数 K，设簇的集合为 $C = \{C_1, C_2, \cdots, C_K\}$，其中 $C_i = \{o_{i_1}, o_{i_2}, \cdots, o_{i_l}\} \subseteq D$。$K$ 均值聚类算法的主要步骤如下：

算法 6.1：K 均值

(1) 从 n 个对象中随机选取 K 个分别作为 K 个簇的初始**质心**(centroid)，质心是每个簇的代表，通常是靠近簇中心位置的点。

(2) 对于 D 中每个对象通过计算与每个质心的欧氏距离，选择距离最近的质心，将其分配到此质心代表的簇中。

(3) 重新计算每个簇的质心，假设第 i 个簇的质心用点 $c_i(y_{i1}, y_{i2}, \cdots, y_{im})$ 表示，质心是个虚拟的点，其每个属性的取值是属于此簇的所有对象相应属性取值的平均值，称为均值法。即

$$y_{ij} = \frac{1}{|C_i|} \sum_{o_l \in C_i} x_{lj} \qquad (6.17)$$

(4) 若新得到的质心与上一次迭代得到的质心完全相同,则迭代停止;否则,转至步骤(2)。

假设有 10 个对象,每个对象由两个属性描述,$D=\{(1,2),(1,3),(2,2),(2,3),(3,4),(4,2),(4,3),(4,4),(5,1),(5,3)\}$,如图 6.3(a)所示,+代表质心。设簇的个数 $K=2$。

设初始随机选择的质心是点(1,4)和(4,2),此时簇的分配如图 6.3(b)所示。重新计算质心,簇 C_1 的质心为((1+1+2+2+3)/5,(2+3+2+3+4)/5),即 $c_1(1.8,2.8)$,$c_2(4.4,2.6)$。按照此质心重新分配各点,分配后的结果如图 6.3(c)所示。再次计算质心,簇 C_1 的质心为 $c_1(1.5,2.5)$,$c_2(4.17,2.83)$。按照此质心分配后的结果如图 6.3(d)所示。该结果与上次结果相同,因此停止迭代。

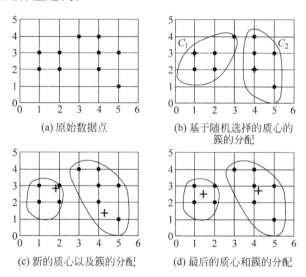

(a) 原始数据点　　　(b) 基于随机选择的质心的簇的分配

(c) 新的质心以及簇的分配　　　(d) 最后的质心和簇的分配

图 6.3　K 均值聚类过程

K 均值的聚类的目标是最小化簇内距离的平方和,记为 SSD(sum of square distance),设 n 个对象聚为 K 个簇 $C=\{C_1,C_2,\cdots,C_K\}$,其中 $C_i=\{o_{i_1},o_{i_2},\cdots,o_{i_l}\}\subseteq D$,则聚类的目标函数如下:

$$\text{SSD} = \sum_{i=1}^{K} \sum_{o_j \in C_i} d(o_j,c_i) \qquad (6.18)$$

其中,c_i 是簇 C_i 的质心。K 均值聚类初始质心选择不同可能会得到不同的簇的结果,有些结果是最小化 SSD 的最优结果,有些则是局部最小结果。可以运行多次,每次选择不同的初始质心,最后从结果中选取使 SSD 最小的作为最终结果。或者,随机选取一个点作为第一个质心后,之后的质心点选择与已经选过的点距离最远的点等方法。

另外,上述 K 均值的聚类过程中,步骤(2)和(3)不是一成不变的。质心的计算方法可以采用不同的方法,对象分配到簇的标准也可以不同。例如,将对象分配到簇时采用的若是曼哈顿距离,则质心的计算方法变为求属于同一个簇的各个对象相应属性取值的中位数(median)。如果将文档进行聚类,则相似度采用余弦相似度,即每个对象与哪个簇质心的余弦相似度最高就分配到哪个簇,质心的计算方法仍为均值法。

K 均值的迭代结束条件也可以放宽,例如,当产生簇分配变动的对象比例小于一定阈值(如 1%)时停止。

K 均值聚类方法简单且有效,但是它也存在一些缺点,例如,它不能处理定性属性描述的对象,因此有算法 K-modes 及 K-prototype 分别处理定性属性情况以及定性和定量属性同时存在的情况。另一个缺点是,它容易受孤立点的影响,为此算法 K-medoids 改进了质心的选择方法,由虚拟点改为真实存在的中心点,但同时算法的计算复杂度升高,效率降低。另外,如果采用欧氏距离来作为簇分配的方法,它发现的簇是具有球形形状的簇,如图 6.4(a)中的簇,对于具有非球形形状的簇难以发现,例如,图 6.4(b)中的椭圆形及凹形簇。K 均值聚类发现的簇的大小都差不多,如果一个簇比其他簇过大,将被 K 均值聚类方法分成几个小簇。

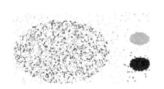 

(a) 球形的簇 　　　　　　(b) 椭圆形和凹形等形状的簇

图 6.4　各种不同形状的簇

6.4　层次聚类方法

层次聚类产生具有层次关系的簇,如图 6.1 所示。此类聚类方法又分为凝聚层次聚类和分裂层次聚类两种,其中凝聚层次聚类方法使用更多。因此,本节重点介绍此类聚类方法。

凝聚层次聚类方法不需要任何参数。假设有 n 个对象进行聚类,初始时每个单个对象被看作一个簇,即有 n 个簇;接着,将最相似的两个簇合并为一个簇,产生共 $n-1$ 个簇;然后继续合并最相似的两个簇,直至所有对象被合并到一个簇中。

此过程最关键之处在于如何判断簇之间的相似度。下面介绍最常用的 4 种方法:最小距离、最大距离、平均距离、质心距离。

最小距离又称**单链接**(single link),是基于来自两个簇中的结点之间的最小距离来衡量两个簇的相似度,合并最小距离最小的两个簇。

最大距离又称**全链接**(complete link),是基于来自两个簇中的结点之间的最大距离来衡量两个簇的相似度,合并最大距离最小的两个簇。

平均距离计算来自两个簇中的结点之间的距离的平均值,合并此平均距离最小的两个簇,这是最小距离与最大距离的折中。

质心距离计算两个簇的质心之间的距离,距离越小,两个簇的相似度越大。

这 4 种不同的方法的示意图见图 6.5。

凝聚层次聚类方法的缺点是计算复杂度较高,而且每次簇的合并是不可更改的。如果在某步骤错误地将两个簇进行了合并,在后面的步骤中此错误将保持下去,没有改正的机会。

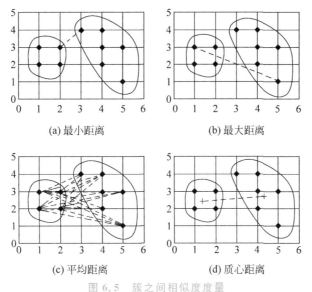

(a) 最小距离   (b) 最大距离

(c) 平均距离   (d) 质心距离

图 6.5　簇之间相似度度量

6.5　DBSCAN 算法

K 均值以及层次聚类方法易于发现具有球形形状的簇,而对于一些椭圆形或凹形形状的簇难以发现。基于密度的方法是基于不同的密度特性来实现聚类的,易于发现一些特殊形状的簇。本节介绍一种典型的基于密度的聚类算法——DBSCAN(density-based spatial clustering of applications with noise)。

在 DBSCAN 算法中,一个对象 o 的**密度**定义为以 o 为圆心给定半径内所包含的对象的个数。若密度大于一个给定的阈值,则此对象处于高密度区域。给定包含 n 个对象的数据集 D,$D=\{o_i|i=1,2,\cdots,n\}$,以及两个参数:ξ 和 minPts,其中 ξ 是半径,minPts 是半径区域内的点的个数的最小值,即密度阈值,DBSCAN 发现 D 中满足参数的高密度区域对应的簇。

给定半径 ξ,一个对象 o 的 ξ **邻居集**记为 neighbor(o,ξ),它是一个对象的集合,其中每个对象到 o 的距离不大于半径 ξ,称为对象 o 的 ξ **邻居**。以对象 o 为中心的半径 ξ 的区域称为此对象的 ξ **邻域**。集合 neighbor(o,ξ) 包含的对象的个数,即对象 o 的 ξ 邻域内对象的个数称为对象 o 的**密度**。给定半径 ξ,如果一个对象的密度不小于给定最小密度阈值 minPts,则称该对象为一个**核心点**(core point)。

给定数据集 D、半径 ξ 和密度阈值 minPts,DBSCAN 的主要步骤如下。

算法 6.2:DBSCAN

(1) 初始时将 n 个对象的状态都标记为 0,$i=1$。

(2) 从 D 中随机选取一个状态为 0 的对象 p,并将其状态更改为 1。

(3) 如果对象 p 的密度不小于 minPts,则创建一个新的簇 C_i 并把 p 加入此簇中,令集合 $N=$ neighbor(p,ξ)。对于 N 中的每个对象 q,做如下两步操作。

(a) 若 q 的状态为 0,则改为 1;若 q 是个核心点,将其所有的 ξ 邻居加入集合 N。

（b）若 q 不属于已有的任何一个簇 C_j，$1 \leqslant j \leqslant i$，将 q 放入 C_i。

（4）如果对象 p 的密度小于 minPts，标记 p 的状态为 3。

（5）如果所有对象的状态都为 1，则输出所有簇，不属于任何簇的对象为噪声，停止迭代；否则，令 $i = i + 1$，转至步骤（2）。

例如，要聚类的对象是图 6.6(a) 中的 10 个点。假设半径 $\xi = 1$，密度阈值 minPts $= 3$。

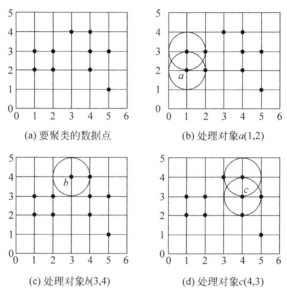

(a) 要聚类的数据点　　　　　　(b) 处理对象 a(1,2)

(c) 处理对象 b(3,4)　　　　　　(d) 处理对象 c(4,3)

图 6.6　DBSCAN 算法例子

假设第一次随机选取的点为 a(1,2)，因此 a 的密度为 3，满足要求，创建簇 C_1，a 的 2 个邻居和 a 本身加入此簇，接着在处理其邻居点 (1,3) 时，因为该点也是一个核心点，其邻居 (2,3) 也被加入此簇，最终位于两个圆圈内和圆圈上的 4 个点被分配到簇 C_1 中，如图 6.6(b) 所示。接着如果选取的点为 b(3,4)，b 的密度为 2，不满足最小密度 3 的要求，因此，不创建新簇。接着选取其他点，若选取的点是 c(4,3)，创建簇 C_2，则图 6.6(d) 中 2 个圆所覆盖的点被分到簇 C_2。最后处理点 (5,1)，该点不满足密度阈值，最终成为噪声点。

DBSCAN 算法的结果取决于参数的设定。通常，对于二维数据集来说，minPts $= 4$ 比较合适。ξ 和 minPts 的设定可以借助 K 距离。一个对象 o 的 K 距离定义为与其第 K 个近邻的距离。例如，在图 6.6(d) 中点 c 的 4 距离（即与其第 4 个近邻的距离）为点 c 与点 (3,4) 之间的欧氏距离 1.414。给定 K，将数据集 D 中所有对象的 K 距离计算后，根据 K 距离降序排列各点，并以结点序号为 x 轴，K 距离为 y 轴绘图，此图称为 **K 距离图**。对于图 6.6(a) 中的数据对应的 K 距离图如图 6.7 所示，$K = 4$。根据此图，找到第一个谷点在 K 距离 $= 2.24$ 处。这样，将半径 ξ 设为 2.24，minPts 设为 K 的值 4。

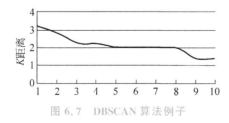

图 6.7　DBSCAN 算法例子

DBSCAN 的优点包括不需要指定簇的个数，可以发现任意形状的簇；缺点是对于高维数据，鉴于采用距离的度量带来的后果,聚类效果不好。

6.6 聚类效果衡量方法

在本章曾经提到,簇内相似度越高、簇间相似度越低,聚类效果越好。但是,定义一种对各种聚类方法都通用的衡量聚类效果的度量并不容易。本节介绍常用的几种衡量:凝聚度、分离度及轮廓系数。

凝聚度(cohesion)是用于衡量簇内各对象紧密程度的常用度量。设簇的集合为 $C=\{C_1,C_2,\cdots,C_k\}$,对于任一个簇 C_i 的凝聚度 cohesion(C_i) 及整个簇集合 C 的凝聚度 cohesion(C),有以下两种不同的定义方法:

$$\text{cohesion}(C)=\sum_{i=1}^{k}\frac{1}{|C_i|}\text{cohesion}(C_i)=\sum_{i=1}^{k}\frac{1}{|C_i|}\sum_{o_i\in C_i,o_j\in C_i}\text{similarity}(o_i,o_j)$$
(6.19)

$$\text{cohesion}(C)=\sum_{i=1}^{k}\text{cohesion}(C_i)=\sum_{i=1}^{k}\sum_{o_j\in C_i}\text{similarity}(o_j,c_i)$$
(6.20)

公式中 c_i 代表的是簇 C_i 的质心,$|C_i|$ 代表的是簇 C_i 中对象的个数。公式(6.19)是通过簇内两两对象间的相似度衡量簇内相似度,而公式(6.20)是通过簇内每个对象与质心之间的相似度衡量簇内相似度。

分离度(separation)用于衡量簇间各对象的相异程度。$C=\{C_1,C_2,\cdots,C_k\}$,簇的分离度,separation(C),有以下两种不同的定义方法:

$$\text{separation}(C)=\sum_{i=1}^{k}\left[|C_i|\times\text{similarity}(c_i,c)\right]$$
(6.21)

$$\text{separation}(C)=\sum_{i=1}^{k}\sum_{o_i\in C_i,o_j\in C_j,j\neq i}\text{similarity}(o_i,o_j)$$
(6.22)

公式中 c 是对象未聚类前的总体质心,c_i 代表的是簇 C_i 的质心。公式(6.21)衡量的是每个簇的质心和总体质心之间的相似度,而公式(6.21)衡量的是任意两个簇中的对象之间的相似度。

凝聚度和分离度是衡量聚类效果的两个不同方面,下面是综合二者的一种方法。

$$\text{validity}(C)=\sum_{i=1}^{k}\frac{\sum_{o_i\in C_i,o_j\in D,o_j\notin C_i}\text{similarity}(o_i,o_j)}{\sum_{o_i\in C_i,o_j\in C_i}\text{similarity}(o_i,o_j)}$$
(6.23)

轮廓系数(silhouette coefficient)也是将凝聚度和分离度相结合的一种度量。假设对象 o_i 属于簇 C_i,其轮廓系数 sc(o_i) 的定义如下:

$$\begin{cases}\text{sc}(o_i)=\dfrac{b_i-a_i}{\max(b_i,a_i)}\\[2mm]b_i=\dfrac{1}{n-|C_i|}\sum_{j=1,j\neq i}^{k}\sum_{o_j\in C_j}d(o_i,o_j)\\[2mm]a_i=\dfrac{1}{|C_i|-1}\sum_{o_j\in C_i,o_j\neq o_i}d(o_i,o_j)\end{cases}$$
(6.24)

其中，n 为对象的总个数。对于对象 o_i，b_i 是其与其他簇中所有对象距离的均值，a_i 是它与同簇中其他所有对象距离的均值。轮廓系数的取值范围是 $[-1,1]$。当 $a_i=0$ 时，轮廓系数取最大值 1。轮廓系数越大越好。将所有点的轮廓系数求平均可以用于衡量聚类质量。

练习题6

1. 简述聚类和分类两种技术的联系和区别。举出一个利用聚类的应用。

2. 根据表6.2中的数据，判断属性的类型，比较 cat 与其他 3 种动物的相似性。

表 6.2　习题 2

	Small size	Big size	2 legs	4 legs	Hair	Mane	Feather	Hunt	Run	Fly
Owl	1	0	1	0	0	0	1	1	0	1
Cat	1	0	0	1	1	0	0	1	0	0
Tiger	0	1	0	1	1	0	0	1	1	0
Lion	0	1	0	1	1	1	0	1	1	0

3. 计算表6.3中 3 个病人之间的相似度，其中 PID 是病人编号。

表 6.3　习题 3

PID	发烧	咳嗽	化验 1	化验 2	化验 3	化验 4
1	Yes	Negative	Positive	Negative	Negative	Negative
2	No	Negative	Negative	Negative	Positive	Negative
3	Yes	Positive	Positive	Positive	Negative	Negative

4. 表6.4中所示的是 3 篇短文的词频数据，计算两两之间的相似度。

表 6.4　习题 4

文档号	词 1	词 2	词 3	词 4	词 5	词 6	词 7	词 8	词 9	词 10
1	1	2	1	3	0	0	0	0	0	0
2	0	1	0	2	3	0	1	0	0	0
3	0	0	0	0	1	1	0	1	2	1

5. 假设人人网中的两个用户 A 和 B 的信息包括年龄、性别、职业及用标签表达的兴趣爱好。A 的信息为 16 岁、女、中学生、电影、电视、体育；B 的信息为 18 岁、男、大学生、音乐、体育。请用合适的方法计算其相似度。

6. 假设图6.8是微博用户的关注关系图，边 (a,b) 表示 a 关注 b，请利用 SimRank 计算任意两个结点之间的相似度。说明在此应用背景下，运用 SimRank 计算相似度的局限性。

7. 假设 10 个对象的 2 个属性取值分别为 $A(1,2)$、$B(2,1)$、$C(3,2.5)$、$E(4,4.6)$、$E(4.5,5)$、$F(5,4.5)$、$G(6,3)$、$H(6,4)$、$I(7,3.5)$、$J(3,4.8)$。

（1）用 K 均值方法将其聚为 3 个簇。

图 6.8　习题 6

（2）用凝聚层次聚类算法将其聚类，输出 3 个簇。

（3）用 DBSCAN 算法将其聚类，利用 K 距离确定参数，设 $K=3$。

（4）计算 3 种结果的轮廓系数，比较其优劣。

8. 表 6.5 是 UCI 机器学习数据库中鸢尾花的一个子集，其中属性 type 是花的类别，请利用 K 均值聚类技术将其聚为 3 类，并与其真实类别进行比较。

表 6.5　习题 8

sep_length	sep_width	pet_length	pet_width	type
5.7	2.9	4.2	1.3	Iris-versicolor
6.2	2.9	4.3	1.3	Iris-versicolor
5.7	2.8	4.1	1.3	Iris-versicolor
6.3	3.3	6.0	2.5	Iris-virginica
5.8	2.7	5.1	1.9	Iris-virginica
7.1	3.0	5.9	2.1	Iris-virginica
5.1	3.8	1.6	0.2	Iris-setosa
4.6	3.2	1.4	0.2	Iris-setosa
5.3	3.7	1.5	0.2	Iris-setosa

第7章

神经网络与深度学习

神经网络(neural network)又称人工神经网络(artificial neural network),是模拟生物神经元的基本结构和作用机理提出的一种计算模型。在此模型中,每个神经元接收一定的输入信息,对其经过加工后产生输出,再作为其他神经元的输入。大量神经元以一定的方式连接起来,实现特定的任务。神经网络模型从 20 世纪 50 年代开始提出,其发展经历了多次的兴衰起伏。2006 年以来,随着大数据以及计算机软硬件技术的发展,神经网络模型与深度学习(deep learning)理论又成为研究和应用的热点。本章将介绍常用的几类深度神经网络模型的原理与应用,包括多层感知机、卷积神经网络和循环神经网络等。

7.1 多层感知机

多层感知机(multiple layer perceptron,MLP)又称前馈神经网络(feedforward neural network),是最常用的神经网络模型,是多种其他神经网络模型的基础。在该模型中,神经元分为多层,低层的神经元的输出作为相邻的高一层的神经元的输入,即前馈的含义所在,同时不存在高层的神经元的输出向后反馈给低层的神经元的情况。

7.1.1 多层感知机的模型结构

多层感知机模型中,第一层的神经元的输入由已知给定。输入的信息构成输入层(input layer),又称为模型的第 0 层。最后一层称为输出层(output layer)。输入层和输出层之间的所有层都称为隐含层(hidden layer)。通常,输入和目标输出都是已知的,而中间各层的神经元的输出是未知的。每层由若干个神经元组成,其中每个神经元的输出都会成为上一层每个神经元的输入。换句话说,把每个神经元看作一个图中的结点,则低一层的结点会与高一层的每个结点相连接,因此,这种网络层又称为全连接层(fully connected layer,FC 层),也是其他神经网络模型(如卷积神经网络模型和循环神经网络模型)的常用组成部分。图 7.1 是一个只含一个隐藏层深度为 2 的神经网络模型。

图 7.1 中,输入层的 3 个结点是描述每个样本的 3 个变量,用矢量 $\boldsymbol{x}=(x_1,x_2,x_3)^{\mathrm{T}}$ 表示,其中上标[0]代表第 0 层。同时另一种表示为 $\boldsymbol{a}^{[0]}=(a_1^{[0]},a_2^{[0]},a_3^{[0]})^{\mathrm{T}}$,即 $a_j^{[0]}=x_j$($j=1,2,3$)。隐含层有 4 个结点,$a_j^{[1]}$($j=1,2,3,4$)代表的是第 1 层(即隐含层)第 j 个结点的输出变量,4 个输出值用矢量 $\boldsymbol{a}^{[1]}=(a_1^{[1]},a_2^{[1]},a_3^{[1]},a_4^{[1]})^{\mathrm{T}}$ 表示。输出层有一个结点,输出为 $a_1^{[2]}$。假设真实的输出用符号 $\boldsymbol{y}$ 表示,模型预测的输出用 $\hat{\boldsymbol{y}}$ 表示,在本例中只有一个输出,$\hat{y}=a_1^{[2]}$。同时,$\boldsymbol{a}^{[2]}=(a_1^{[2]})^{\mathrm{T}}$。输入层每个结点和隐含层的每个结点都通过有向边相连,边上有权重,隐含层的第 i 个结点和输入层的第 j 个结点之间的边上的权重为 $w_{ij}^{[1]}$,隐含层

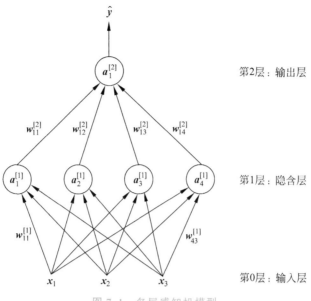

图 7.1 多层感知机模型

（即第 1 层）的第 j 个结点与输入层每个结点之间边的所有权重用矢量 $\boldsymbol{w}_j^{[1]}=(w_{j1}^{[1]},w_{j2}^{[1]},$ $w_{j3}^{[1]},w_{j4}^{[1]})^{\mathrm{T}}(j=1,2,3,4)$ 表示。隐含层（即第 1 层）的所有结点与输入层每个结点之间边的所有权重用如下矩阵表示：

$$\boldsymbol{W}^{[1]}=\begin{bmatrix}\boldsymbol{w}_1^{[1]\mathrm{T}}\\\boldsymbol{w}_2^{[1]\mathrm{T}}\\\boldsymbol{w}_3^{[1]\mathrm{T}}\\\boldsymbol{w}_4^{[1]\mathrm{T}}\end{bmatrix}$$

每个结点相当于一个信息处理单元，其主要运算过程如图 7.2 所示。

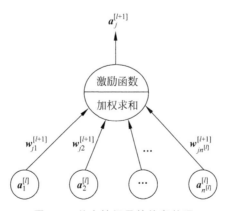

图 7.2 单个神经元的信息处理

图 7.2 所示的是第 $l+1$ 层的第 j 个神经元（结点）。假设上一层即第 l 层共有 $n^{[l]}$ 个神经元。每个神经元的处理过程分为两步。以第 $l+1$ 层的第 j 个神经元为例，第一步是将输入进行加权求和，得到 $z_j^{[l+1]}$：

$$z_j^{[l+1]} = \sum_{k=1}^{n^{[l]}} w_{jk}^{[l+1]} a_k^{[l]} + b_j^{[l+1]} \tag{7.1}$$

其中，$b_j^{[l+1]}$ 为偏置项（bias）。第二步对该值施加一个激励函数，得到该神经元的输出：

$$a_j^{[l+1]} = f(z_j^{[l+1]}) \tag{7.2}$$

其中，$f(\ )$ 代表激励函数。常用的激励函数包括 ReLU（rectified linear unit）、tanh（hyperbolic）、sigmoid 等。三种函数的数学表达分别如公式（7.3）～（7.5）所示，图像如图 7.3 所示。

$$\text{ReLU}(z) = \max(0, z) \tag{7.3}$$

$$\tanh(z) = \frac{e^z - e^{-z}}{e^z + e^{-z}} \tag{7.4}$$

$$\text{sigmoid}(z) = \frac{1}{1 + e^{-z}} \tag{7.5}$$

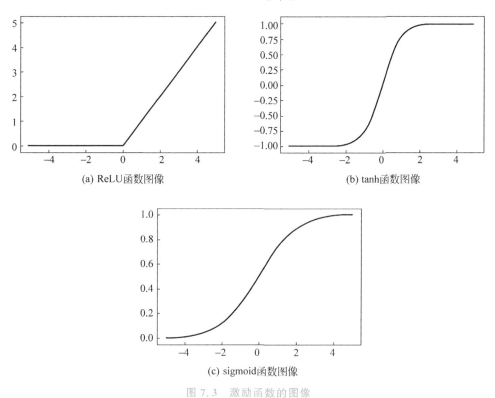

(a) ReLU函数图像 (b) tanh函数图像

(c) sigmoid函数图像

图 7.3 激励函数的图像

由于 tanh 和 sigmoid 函数在 z 值很大或很小时其梯度就变得很小，接近 0，所以学习过程会变得非常慢，因此，通常多采用 ReLU 函数作为隐含层神经元的激励函数，输出层用 sigmoid 函数比较多，多用于分类问题。每一层的激励函数都可以单独指定，第 i 层的神经元的激励函数可以用 $f^{[i]}$ 表示。

给定多层感知机的结构，即层数以及每层的结点个数，以及每层的激励函数和所有边上的权重与偏置项，再给定一个样本的输入变量取值就可以计算得到最终的输出。多层感知机模型的结构是人为事先设定的，然而，权重是未知的，因此需要通过学习得到。

7.1.2 多层感知机模型的训练

多层感知机模型的学习任务是给定网络的结构设置,确定网络的参数,即所有权重和偏置项的取值,使之能够对于给定的输入样本,产生准确的输出。该问题通常转化为根据训练样本的输入和真实输出值,学习模型中权重和偏置项的取值。本节以分类任务为例,说明模型的学习过程。下面首先介绍模型的损失函数的定义,然后给出损失函数的求解方法,即模型的训练过程。

如果分类任务是二分类问题,即只有两个类别的分类问题,两个类别可以分别看作"真"和"假"两个类,则输出层只需要一个结点即可,如图 7.1 所示。输出层的激励函数采用 sigmoid 函数,输出的 $\hat{y}$ 是 $0 \sim 1$ 的值,可以看作是属于"真"类别的概率,输入的样本的类别如果为"真",则真实值 $y = 1$,否则 $y = 0$。假设有 m 个训练样本,对于第 i 个样本,模型输出表示为 $\hat{y}^{(i)}$,真实值表示为 $y^{(i)}$,则 $\boldsymbol{y}^{(i)} = (y^{(i)}, (1 - y^{(i)}))^{\mathrm{T}}$,$\hat{\boldsymbol{y}}^{(i)} = (\hat{y}^{(i)}, (1 - \hat{y}^{(i)}))^{\mathrm{T}}$,则模型的损失函数可以定义如下:

$$\mathcal{L}(w, b) = \frac{1}{m} \sum_{i=1}^{m} \mathcal{L}^{(i)}(\boldsymbol{y}^{(i)}, \hat{\boldsymbol{y}}^{(i)})$$

$$= -\frac{1}{m} \sum_{i=1}^{m} \left[y^{(i)} \log \hat{y}^{(i)} + (1 - y^{(i)}) \log (1 - \hat{y}^{(i)}) \right] \tag{7.6}$$

这种损失函数称为交叉熵损失函数(cross entropy loss function)。使公式(7.6)表示的损失函数最小的权重和偏置项是感知机模型要学习的参数。在这些参数的取值确定的情况下,给定输入层变量的取值,就可以利用模型得到输出值,即预测值。

如果是多类别的分类问题,即类别个数大于 2,但每个样本都属于其中一个类别,即多类别分类问题(multi-class classification)。如果用多层感知机解决此类问题,则输出层的结点个数设置为类别的总个数。例如,对于鸢尾花数据集 Iris,其类别属性有 3 个取值,对应 3 个类别,即 3 种不同的鸢尾花类型。此时,输出层是 3 个结点。输出层的激励函数采用 softmax 函数,假设输出层是第 L 层,对于输出层的第 j 个结点来说,其输出为:

$$\hat{y}_j = f(z_j) = \frac{e^{z_j}}{\sum_{k=1}^{n^{[L]}} e^{z_k}} \tag{7.7}$$

其中,z_j 是输出层第 j 个结点对输入的加权求和的结果,为了简洁性省略了上标 $[L]$。对于多类别分类问题,假设第 i 个样本的真实输出为 $\boldsymbol{y}^{(i)} = (y_1^{(1)}, y_2^{(1)}, \cdots, y_n^{(1)})^{\mathrm{T}}$,模型的输出为 $\hat{\boldsymbol{y}}^{(i)} = (\hat{y}_1^{(1)}, \hat{y}_2^{(1)}, \cdots, \hat{y}_L^{(1)})^{\mathrm{T}}$。其损失函数仍采用交叉熵损失函数:

$$\mathcal{L}(w, b) = \frac{1}{m} \sum_{i=1}^{m} \mathcal{L}^{(i)}(\boldsymbol{y}^{(i)}, \hat{\boldsymbol{y}}^{(i)}) = -\frac{1}{m} \sum_{i=1}^{m} \sum_{j=1}^{n^{[L]}} y_j^{(i)} \log \hat{y}_j^{(i)} \tag{7.8}$$

如果每个样本可以属于多个类别,例如,判断一幅画里有哪些动物,这时的分类问题称为多标签分类(multi-label classification)。此时,不同动物的个数是类别的总个数,多层感知机的输出层的结点个数与类别的总个数一致,每个结点的激励函数都是 sigmoid 函数,则模型的损失函数为:

$$\mathcal{L}(w,b) = \frac{1}{m}\sum_{i=1}^{m}\mathcal{L}^{(i)}(\boldsymbol{y}^{(i)},\hat{\boldsymbol{y}}^{(i)})$$

$$= -\frac{1}{m}\sum_{i=1}^{m}\sum_{j=1}^{n^{[L]}}[y_j^{(i)}\log\hat{y}_j^{(i)} + (1-y_j^{(i)})\log(1-\hat{y}_j^{(i)})] \tag{7.9}$$

这些损失函数的求解通常采用梯度下降法（gradient descent），即

$$w_{jk}^{[l]} = w_{jk}^{[l]} - \eta\frac{\partial\mathcal{L}}{\partial w_{jk}^{[l]}} \tag{7.10}$$

$$b_j^{[l]} = b_j^{[l]} - \eta\frac{\partial\mathcal{L}}{\partial \boldsymbol{b}_j^{[l]}} \tag{7.11}$$

其中，$0<\eta<1$ 是学习率。给定训练集 $D=\{(\boldsymbol{x}^{(i)},\boldsymbol{y}^{(i)})|i=1,2,\cdots,m\}$，其中 $\boldsymbol{x}^{(i)}$ 是第 i 个样本的输入矢量，$\boldsymbol{y}^{(i)}$ 是第 i 个样本的真实输出矢量，模型的训练过程的主要步骤见算法 7.1。

算法 7.1：多层感知机模型的训练算法

输入：训练集 D、模型的结构、激励函数以及学习率 η、训练次数 N

输出：权重及偏置项

主要步骤：

(1) randomly initialize every weight w and bias b

(2) for iteration t in range$(0,N)$

(3)   for sample i in range$(1,m+1)$

(4)   compute $\boldsymbol{y}^{(i)}$ and $\mathcal{L}^{(i)}(\boldsymbol{y}^{(i)},\hat{\boldsymbol{y}}^{(i)})$

(5) $\mathcal{L} = \mathcal{L} + \mathcal{L}^{(i)}(\boldsymbol{y}^{(i)},\hat{\boldsymbol{y}}^{(i)})$

(6)   for each weight w and bias b

(7)   compute $\frac{\partial\mathcal{L}}{\partial w}$ and $\frac{\partial\mathcal{L}}{\partial b}$

(8) $w = w - \eta\frac{\partial\mathcal{L}}{\partial w}$

(9) $b = b - \eta\frac{\partial\mathcal{L}}{\partial b}$

为了加快计算速度，可以采用矢量化的计算方法。对于第 l 层，结点个数为 $n^{[l]}$，用矢量表示计算过程中涉及的各变量：

$$\boldsymbol{w}_j^{[l]} = \begin{bmatrix} w_{j1}^{[l]} \\ w_{j2}^{[l]} \\ \vdots \\ w_{jn^{[l-1]}}^{[l]} \end{bmatrix} \quad \boldsymbol{a}^{[l]} = \begin{bmatrix} a_1^{[l]} \\ a_2^{[l]} \\ \vdots \\ a_{n^{[l]}}^{[l]} \end{bmatrix} \quad \boldsymbol{b}^{[l]} = \begin{bmatrix} b_1^{[l]} \\ b_2^{[l]} \\ \vdots \\ b_{n^{[l]}}^{[l]} \end{bmatrix} \quad \boldsymbol{z}^{[l]} = \begin{bmatrix} z_1^{[l]} \\ z_2^{[l]} \\ \vdots \\ z_{n^{[l]}}^{[l]} \end{bmatrix}$$

将 $\boldsymbol{w}_j^{[l]}(j=1,2,\cdots,n^{[l]})$，$n^{[l]}$ 个矢量的每一个转置之后作为矩阵的一行，构成矩阵 $\boldsymbol{W}^{[l]}$：

$$W^{[l]} = \begin{bmatrix} w_1^{[l]\mathrm{T}} \\ w_2^{[l]\mathrm{T}} \\ \vdots \\ w_{n^{[l]}}^{[l]\mathrm{T}} \end{bmatrix}$$

则输入一个样本的各变量取值 $a^{[0]}$,公式(7.1)和公式(7.2)的计算可以用矢量运算实现：

$$z^{[l]} = W^{[l]} a^{[l-1]} + b^{[l]} \tag{7.12}$$

$$a^{[l]} = f^{[l]}(z^{[l]}) \tag{7.13}$$

以图 7.1 中的模型为例,给定一个样本 $a^{[0]}$,模型计算输出的过程如图 7.4 所示。

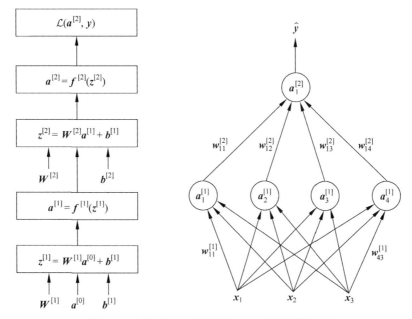

图 7.4　多层感知机模型的前向矢量化计算过程

得到模型的输出之后,可以通过后向计算的过程计算梯度,假设输出层的激励函数是 sigmoid,即 $f^{[2]}$ 为 sigmoid 函数,后向计算梯度的步骤如下：

$$\frac{\partial \mathcal{L}(a^{[2]}, y)}{\partial a^{[2]}} = \frac{a_1^{[2]} - y}{a_1^{[2]}(1 - a_1^{[2]})} \tag{7.14}$$

$$\frac{\partial L(a^{[2]}, y)}{\partial z^{[2]}} = \frac{\partial \mathcal{L}(a^{[2]}, y)}{\partial a^{[2]}} \frac{\partial a^{[2]}}{\partial z^{[2]}} = \frac{a_1^{[2]} - y}{a_1^{[2]}(1 - a_1^{[2]})} a_1^{[2]}(1 - a_1^{[2]}) = a_1^{[2]} - y \tag{7.15}$$

$$\frac{\partial \mathcal{L}(a^{[2]}, y)}{\partial W^{[2]}} = \frac{\partial \mathcal{L}(a^{[2]}, y)}{\partial z^{[2]}} \frac{\partial z^{[2]}}{\partial W^{[2]}} = \frac{\partial \mathcal{L}(a^{[2]}, y)}{\partial z^{[2]}} a^{[1]} \tag{7.16}$$

$$\frac{\partial \mathcal{L}(a^{[2]}, y)}{\partial b^{[2]}} = \frac{\partial \mathcal{L}(a^{[2]}, y)}{\partial z^{[2]}} \frac{\partial z^{[2]}}{\partial W^{[2]}} = \frac{\partial \mathcal{L}(a^{[2]}, y)}{\partial z^{[2]}} \tag{7.17}$$

$$\frac{\partial \mathcal{L}(a^{[2]}, y)}{\partial a^{[1]}} = \frac{\partial \mathcal{L}(a^{[2]}, y)}{\partial z^{[2]}} \frac{\partial z^{[2]}}{\partial a^{[1]}} = \frac{\partial \mathcal{L}(a^{[2]}, y)}{\partial z^{[2]}} W^{[2]} \tag{7.18}$$

$$\frac{\partial \mathcal{L}(a^{[2]}, y)}{\partial z^{[1]}} = \frac{\partial \mathcal{L}(a^{[2]}, y)}{\partial a^{[1]}} \frac{\partial a^{[1]}}{\partial z^{[1]}} = \frac{\partial \mathcal{L}(a^{[2]}, y)}{\partial z^{[2]}} W^{[2]} \frac{\partial f^{[1]}(z^{[1]})}{\partial z^{[1]}} \tag{7.19}$$

$$\frac{\partial \mathcal{L}(a^{[2]}, y)}{\partial W^{[1]}} = \frac{\partial \mathcal{L}(a^{[2]}, y)}{\partial z^{[1]}} \frac{\partial z^{[1]}}{\partial W^{[1]}} = \frac{\partial \mathcal{L}(a^{[2]}, y)}{\partial z^{[1]}} a^{[0]} \tag{7.20}$$

$$\frac{\partial \mathcal{L}(a^{[2]}, y)}{\partial b^{[1]}} = \frac{\partial \mathcal{L}(a^{[2]}, y)}{\partial z^{[1]}} \frac{\partial z^{[1]}}{\partial b^{[1]}} = \frac{\partial \mathcal{L}(a^{[2]}, y)}{\partial z^{[1]}} \tag{7.21}$$

其中，公式(7.19)中的 $\frac{\partial f^{[1]}(z^{[1]})}{\partial z^{[1]}}$ 在给定隐藏层的激励函数的情况下可以直接计算得到。

这样的计算过程利用了微分计算的链式法则以及后向传播过程，避免了梯度的重复计算，加快了计算速度。将前向和后向的计算过程结合起来，可以看作从模型的第0层开始先进行前向计算，得到模型的输出，然后从输出层开始后向计算梯度。整个过程如图7.5所示。

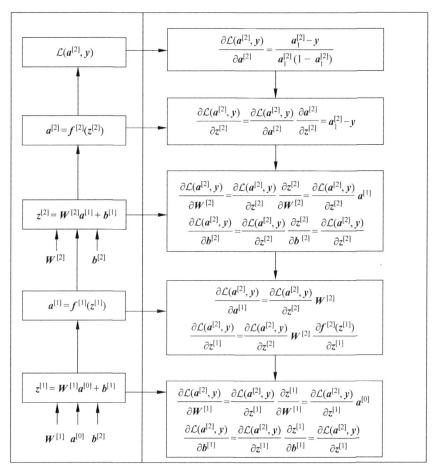

图 7.5　神经网络模型的前向和后向计算过程

上面的计算过程是针对一个样本的，为了简洁性省略了表示样本的上标符号。M 个样本的计算如果通过循环遍历每个样本实现，速度会比较慢，因此，可以进一步通过矢量化计算。以上标 (i) 表示第 i 个样本，引入如下符号：

$$X = \begin{bmatrix} x^{(1)} & x^{(2)} & \cdots & x^{(m)} \end{bmatrix}$$
$$Y = \begin{bmatrix} y^{(1)} & y^{(2)} & \cdots & y^{(m)} \end{bmatrix}$$
$$Z^{[l]} = \begin{bmatrix} z^{[l](1)} & z^{[l](2)} & \cdots & z^{[l](m)} \end{bmatrix}$$

$$\boldsymbol{A}^{[l]} = \begin{bmatrix} \boldsymbol{a}^{[l](1)} & \boldsymbol{a}^{[l](2)} & \cdots & \boldsymbol{a}^{[l](m)} \end{bmatrix}$$

模型中第 l 层的运算为：

$$\boldsymbol{Z}^{[l]} = \boldsymbol{W}^{[l]\mathrm{T}} \boldsymbol{A}^{[l-1]} + \boldsymbol{b}^{[l]} \tag{7.22}$$

$$\boldsymbol{A}^{[l]} = \boldsymbol{f}^{[l]}(\boldsymbol{Z}^{[l]}) \tag{7.23}$$

仍以图 7.1 的模型为例，前向计算过程变为：

$$\boldsymbol{Z}^{[1]} = \boldsymbol{W}^{[1]\mathrm{T}} \boldsymbol{A}^{[0]} + \boldsymbol{b}^{[1]} \tag{7.24}$$

$$\boldsymbol{A}^{[1]} = \boldsymbol{f}^{[1]}(\boldsymbol{Z}^{[1]}) \tag{7.25}$$

$$\boldsymbol{Z}^{[2]} = \boldsymbol{W}^{[2]\mathrm{T}} \boldsymbol{A}^{[1]} + \boldsymbol{b}^{[2]} \tag{7.26}$$

$$\boldsymbol{A}^{[2]} = \sigma(\boldsymbol{Z}^{[2]}) \tag{7.27}$$

同理，综合所有样本的梯度可以用矢量化的方式计算，首先引入符号：

$$\frac{\partial \mathcal{L}}{\partial \boldsymbol{A}^{[l]}} = \begin{bmatrix} \dfrac{\mathcal{L}^{(1)}}{\boldsymbol{a}^{[l](1)}} & \dfrac{\mathcal{L}^{(2)}}{\boldsymbol{a}^{[l](2)}} \cdots & \dfrac{\mathcal{L}^{(m)}}{\boldsymbol{a}^{[l](m)}} \end{bmatrix}$$

$$\frac{\partial \mathcal{L}}{\partial \boldsymbol{Z}^{[l]}} = \begin{bmatrix} \dfrac{\partial \mathcal{L}}{\partial \boldsymbol{z}^{[l](1)}} & \dfrac{\partial \mathcal{L}}{\partial \boldsymbol{z}^{[l](2)}} \cdots & \dfrac{\partial \mathcal{L}}{\partial \boldsymbol{z}^{[l](m)}} \end{bmatrix}$$

对于图 7.1 的模型，假设输出层的激活函数是 sigmoid，此时：

$$\frac{\partial \mathcal{L}}{\partial \boldsymbol{A}^{[2]}} = \begin{bmatrix} \dfrac{a_1^{[2](1)} - y^1}{a_1^{[2](1)}(1 - a_1^{[2](1)})} & \dfrac{a_1^{[2](2)} - y^2}{a_1^{[2](2)}(1 - a_1^{[2](2)})} \cdots & \dfrac{a_1^{[2](L)} - y^L}{a_1^{[2](L)}(1 - a_1^{[2](L)})} \end{bmatrix}$$

$$\frac{\partial \mathcal{L}}{\partial \boldsymbol{Z}^{[2]}} = \begin{bmatrix} \dfrac{\partial \mathcal{L}}{\partial \boldsymbol{z}^{[2](1)}} & \dfrac{\partial \mathcal{L}}{\partial \boldsymbol{z}^{[2](2)}} \cdots & \dfrac{\partial \mathcal{L}}{\partial \boldsymbol{z}^{[2](m)}} \end{bmatrix}$$

$$\frac{\partial \mathcal{L}}{\partial \boldsymbol{Z}^{[1]}} = \begin{bmatrix} \dfrac{\partial \mathcal{L}}{\partial \boldsymbol{z}^{[1](1)}} & \dfrac{\partial \mathcal{L}}{\partial \boldsymbol{z}^{[1](2)}} \cdots & \dfrac{\partial \mathcal{L}}{\partial \boldsymbol{z}^{[1](m)}} \end{bmatrix}$$

损失函数 $\mathcal{L}(w, b)$ 的梯度的后向计算过程为：

$$\frac{\partial \mathcal{L}}{\partial \boldsymbol{Z}^{[2]}} = \boldsymbol{A}^{[2]} - \boldsymbol{Y} \tag{7.28}$$

$$\frac{\partial \mathcal{L}}{\partial \boldsymbol{W}^{[2]}} = \frac{1}{m} \frac{\partial \mathcal{L}}{\partial \boldsymbol{Z}^{[2]}} \boldsymbol{A}^{[1]\mathrm{T}} \tag{7.29}$$

$$\frac{\partial \mathcal{L}}{\partial \boldsymbol{b}^{[2]}} = \frac{1}{m} \mathrm{sum}\left(\frac{\partial \mathcal{L}}{\partial \boldsymbol{Z}^{[2]}}\right) \tag{7.30}$$

$$\frac{\partial \mathcal{L}}{\partial \boldsymbol{A}^{[1]}} = \boldsymbol{W}^{[2]\mathrm{T}} \frac{\partial \mathcal{L}}{\partial \boldsymbol{Z}^{[2]}} \tag{7.31}$$

$$\frac{\partial \mathcal{L}}{\partial \boldsymbol{Z}^{[1]}} = \frac{\partial \mathcal{L}}{\partial \boldsymbol{A}^{[1]}} \odot \frac{\partial \boldsymbol{f}^{[1]}(\boldsymbol{Z}^{[1]})}{\partial \boldsymbol{Z}^{[1]}} \tag{7.32}$$

$$\frac{\partial \mathcal{L}}{\partial \boldsymbol{W}^{[1]}} = \frac{1}{m} \frac{\partial \mathcal{L}}{\partial \boldsymbol{Z}^{[1]}} \boldsymbol{A}^{[0]\mathrm{T}} \tag{7.33}$$

$$\frac{\partial \mathcal{L}}{\partial \boldsymbol{b}^{[1]}} = \frac{1}{m} \mathrm{sum}\left(\frac{\partial \mathcal{L}}{\partial \boldsymbol{Z}^{[1]}}\right) \tag{7.34}$$

$\mathrm{sum}\left(\dfrac{\partial \mathcal{L}}{\partial \boldsymbol{Z}^{[2]}}\right) = \mathrm{sum}\left(\dfrac{\partial \mathcal{L}}{\partial \boldsymbol{z}^{[2](1)}} \dfrac{\partial \mathcal{L}}{\partial \boldsymbol{z}^{[2](2)}} \cdots \dfrac{\partial \mathcal{L}}{\partial \boldsymbol{z}^{[2](m)}}\right)$ 代表的是 m 个矢量对应元素相加，

$\mathrm{sum}\left(\dfrac{\partial \mathcal{L}}{\partial \boldsymbol{Z}^{[1]}}\right)$ 同理。$\odot$ 代表两个矢量的对应元素相乘。

采用矢量化计算的方法实现多层感知机模型训练的算法如算法 7.2 所示。

算法 7.2：多层感知机模型的训练算法（矢量化）

输入：训练集 D、模型的结构、激励函数以及学习率 η、训练次数 N

输出：权重及偏置项

主要步骤：

(1) *randomly initialize every weight and bias*

(2) *for iteration t in range*(0,N)

(3)   *for layer l in range*(1,L+1)

(4) $\boldsymbol{Z}^{[l]}=\boldsymbol{W}^{[l]\mathrm{T}}\boldsymbol{A}^{[l-1]}+\boldsymbol{b}^{[l]}$

(5) $\boldsymbol{A}^{[l]}=\boldsymbol{f}^{[l]}(\boldsymbol{Z}^{[l]})$

(6)   compute $\dfrac{\partial \mathcal{L}}{\partial \boldsymbol{A}^{[L]}}$

(7)   for layer l in range$(L,0,-1)$

(8) $\dfrac{\partial \mathcal{L}}{\partial \boldsymbol{Z}^{[l]}}=\dfrac{\partial \mathcal{L}}{\partial \boldsymbol{A}^{[l]}}\odot\dfrac{\partial \boldsymbol{f}^{[l]}(\boldsymbol{Z}^{[l]})}{\partial \boldsymbol{Z}^{[l]}}$

(9) $\dfrac{\partial \mathcal{L}}{\partial \boldsymbol{W}^{[l]}}=\dfrac{1}{m}\dfrac{\partial \mathcal{L}}{\partial \boldsymbol{Z}^{[l]}}\boldsymbol{A}^{[l-1]\mathrm{T}}$

(10) $\dfrac{\partial \mathcal{L}}{\partial \boldsymbol{b}^{[l]}}=\dfrac{1}{m}\mathrm{sum}\left(\dfrac{\partial \mathcal{L}}{\partial \boldsymbol{Z}^{[l]}}\right)$

(11) $\dfrac{\partial \mathcal{L}}{\partial \boldsymbol{A}^{[l-1]}}=\boldsymbol{W}^{[l]\mathrm{T}}\dfrac{\partial \mathcal{L}}{\partial \boldsymbol{Z}^{[l]}}$

(12) $\boldsymbol{W}^{[l]}=\boldsymbol{W}^{[l]}-\eta\dfrac{\partial \mathcal{L}}{\partial \boldsymbol{W}^{[l]}}$

(13) $\boldsymbol{b}^{[l]}=\boldsymbol{b}^{[l]}-\eta\dfrac{\partial \mathcal{L}}{\partial \boldsymbol{b}^{[l]}}$

7.1.3　正则化

深度神经网络模型经常出现的一个问题是过拟合，模型在训练数据集上表现良好，但是在测试数据集上表现差很多。解决该问题的一种常用方法是正则化。本节介绍正则化的常用方法，包括参数范数惩罚和 dropout 机制等。

参数范数惩罚是深度学习提出之前就已经被经常使用的正则化方法，例如在线性回归和逻辑回归中经常使用 L1 范数和 L2 范数作为模型的正则化项。在深度学习模型中同样可以使用这类方法。以公式(7.8)表示的模型的损失函数为例，可以在原有损失函数的基础上，加上权重参数的弗罗贝尼乌斯范数(Frobenius norm，简称 F 范数)惩罚项，如公式(7.35)所示：

$$\mathcal{L}(w,b)=\frac{1}{m}\sum_{i=1}^{m}\mathcal{L}^{(i)}(\boldsymbol{y}^{(i)},\hat{\boldsymbol{y}}^{(i)})=-\frac{1}{m}\sum_{i=1}^{m}\sum_{j=1}^{n^{[L]}}y_j^{(i)}\log\hat{y}_j^{(i)}+\frac{\lambda}{2}\sum_{l=1}^{L}\parallel\boldsymbol{W}^{[l]}\parallel^2 \quad(7.35)$$

其中,超参 λ 用于平衡损失函数两项的贡献。弗罗贝尼乌斯范数又称为矩阵的 L2 范数,是矩阵每个元素的平方和,即

$$\| \boldsymbol{W}^{[l]} \|^2 = \sum_{j=1}^{n^{[l]}} \sum_{i=1}^{n^{[l-1]}} (w_{ji}^{[l]})^2$$

相应地,权重的梯度变为:

$$\frac{\partial \mathcal{L}}{\partial \boldsymbol{W}^{[l]}} = \frac{1}{m} \frac{\partial \mathcal{L}}{\partial \boldsymbol{Z}^{[l]}} \boldsymbol{A}^{[l-1] \mathrm{T}} + \lambda \boldsymbol{W}^{[l]}$$

权重的更新公式变为:

$$\boldsymbol{W}^{[l]} = \boldsymbol{W}^{[l]} - \eta \frac{\partial \mathcal{L}}{\partial \boldsymbol{W}^{[l]}} = (1 - \lambda \eta) \boldsymbol{W}^{[l]} - \eta \frac{1}{m} \frac{\partial \mathcal{L}}{\partial \boldsymbol{Z}^{[l]}} \boldsymbol{A}^{[l-1] \mathrm{T}}$$

L2 范数是最常用参数正则化方法。除此之外,还可以选择使用 L1 范数。仍以公式(7.8)表示的模型损失函数为例,加上权重的 L1 范数惩罚项后为:

$$\mathcal{L}(w, b) = \frac{1}{m} \sum_{i=1}^m \mathcal{L}^{(i)}(\boldsymbol{y}^{(i)}, \hat{\boldsymbol{y}}^{(i)}) = -\frac{1}{m} \sum_{i=1}^m \sum_{j=1}^{n^{[L]}} y_j^{(i)} \log \hat{y}_j^{(i)} + \lambda \sum_{l=1}^L \| \boldsymbol{W}^{[l]} \|_1 \quad (7.36)$$

$$\| \boldsymbol{W}^{[l]} \|_1 = \sum_{j=1}^{n^{[l]}} \sum_{i=1}^{n^{[l-1]}} w_{ji}^{[l]}$$

此时,权重的梯度变为:

$$\frac{\partial \mathcal{L}}{\partial \boldsymbol{W}^{[l]}} = \frac{1}{m} \frac{\partial \mathcal{L}}{\partial \boldsymbol{Z}^{[l]}} \boldsymbol{A}^{[l-1] \mathrm{T}} + \lambda \operatorname{sgn}(\boldsymbol{W}^{[l]})$$

其中,$\operatorname{sgn}(\boldsymbol{W}^{[l]})$ 是取矩阵中每个元素的正负号,即 1 或 -1。

与 L2 惩罚项不同,L1 惩罚项具有稀疏化参数的作用,即该惩罚项可以使权重取值接近 0 或等于 0,相应的变量的作用变得很小或不起作用,类似于特征选择的作用。

深度神经网络模型中常用的第二种正则化方法为 dropout 正则化,属于一种简化网络模型的方法。基本方法为:对于每个训练样本,在模型的训练过程中,对于模型的每个隐含层的每个结点都随机决定是否将其输出值变为 0。具体来说,给定结点被保留的概率,记为 p,则对于每个隐含结点,生成一个 0~1 的随机数,如果该随机数小于 $p \in [0,1]$,则该结点的输出值改为 0,否则保留原值。经过这种方式处理之后,为了避免因取值减少带来的影响,对隐含层的输出进行调整:

$$a^{[l]} = a^{[l]} / p$$

这种方法称为反向随机失活(inverted dropout)。采用 dropout 后,每个训练样本对应的模型结构是不同的。模型训练完成之后,利用模型进行预测时,不需要再使用 dropout 机制,即每个隐含层结点的输出都要利用。

除此之外,数据集增强(data augmentation)和提前终止(early stopping)也是增强模型泛化能力的方法。对于图像识别任务或者语音识别任务,将图像进行水平旋转后的图像加入训练集,或将一定的噪声加入语音的训练集,这种向训练集中加入假的数据的方法属于数据集增强的方法,可以在一定程度上提升模型的性能。提前终止指的是训练过程返回的是训练过程中的权重和偏置项,而不是训练结束时的结果。为了实现提前终止,需要从原来的训练集中分割出一个小数据集作为验证集(validation set),训练过程中,每循环一定次

数,将模型的训练结果在验证集上进行误差评估,最终返回的是使该误差变差前的模型的参数。

7.2 卷积神经网络

卷积神经网络(convolutional neural network,CNN)最早受神经科学领域的研究成果的启发而设计。科学家 David Hubel 和 Torsten Wiesel 在 20 世纪五六十年代对猫的视觉神经系统进行了一系列的研究,通过实验发现了初级视觉皮层的神经元的一些活动规律和性质,其中的部分性质为卷积神经网络的设计提供了依据。卷积神经网络有很多成功的应用案例,从早期用于图像处理,到后来用于其他领域,如文本的分析,对深度学习有深远的影响。本节首先介绍该模型的基础:卷积操作及其特点,然后介绍池化操作,最后介绍几种经典的卷积神经网络模型。

7.2.1 卷积

卷积是一种运算,对于两个连续函数 A 和 F,其卷积的运算,记为 $(A*F)(i)$,定义如下:

$$(A*F)(i) = \int_{-\infty}^{+\infty} A(t)F(i-t)\mathrm{d}t$$

对于离散变量的情况,其定义为:

$$(A*F)(i) = \sum_{t=-\infty}^{+\infty} A(t)F(i-t)$$

其含义可以理解为对函数 A 利用函数 F 进行加权叠加。例如,如果 $A(t)$ 代表通过 GPS 返回的时刻 t 的车辆位置,该定位每隔一定时间返回一个位置信息,由于定位存在误差,因此,可以将临近的位置信息进行加权平均;函数 F 可以看作加权函数,时间上越临近的位置权重越大,这样可以在一定程度上消除噪声的影响。将其用于二维图像的处理上,函数的变量变为二维:

$$(A*F)(i,j) = \sum_m \sum_n A(m,n)F(i-m,j-n) \tag{7.37}$$

公式(7.37)中函数 A 相当于描述图像(image)的函数,F 相当于权重函数。例如,对于一个给定大小的黑白图像,其每个像素可以用一个亮度值表示,是一个 0~255 的整数,即 $A(m,n)$ 代表的是处于位置 (m,n) 的像素的亮度值。为了简洁性,用二维矩阵描述一个黑白图像,即 $A(m,n) = a_{m,n}$,例如,对于一个 5×6 的图像,可以用如公式(7.38)所示的矩阵进行描述:

$$\begin{bmatrix} a_{0,0} & a_{0,1} & a_{0,2} & a_{0,3} & a_{0,4} & a_{0,5} \\ a_{1,0} & a_{1,1} & a_{1,2} & a_{1,3} & a_{1,4} & a_{1,5} \\ a_{2,0} & a_{2,1} & a_{2,2} & a_{2,3} & a_{2,4} & a_{2,5} \\ a_{3,0} & a_{3,1} & a_{3,2} & a_{3,3} & a_{3,4} & a_{3,5} \\ a_{4,0} & a_{4,1} & a_{4,2} & a_{4,3} & a_{4,4} & a_{4,5} \end{bmatrix} \tag{7.38}$$

为了对图中每个像素的信息进行处理,同样利用其邻居信息,如果只利用其相邻的一个像素的信息,可以设计权重函数如公式(7.39)所示,即 $F(i,j) = w_{ij}$。

$$\begin{bmatrix} w_{-1,-1} & w_{-1,0} & w_{-1,1} \\ w_{0,-1} & w_{0,0} & w_{0,1} \\ w_{1,-1} & w_{1,0} & w_{1,1} \end{bmatrix} \tag{7.39}$$

令 $F(i-m,j-n) = w_{i-m,j-n}$,利用该权重函数对图像中任意位置(i,j)的像素的卷积可以按照公式(7.40)计算:

$$(A * F)(i,j) = \sum_{m=i-1}^{i+1} \sum_{n=j-1}^{j+1} A(m,n)F(i-m,j-n) = \sum_{m=i-1}^{i+1} \sum_{n=j-1}^{j+1} a_{m,n} w_{i-m,j-n} \tag{7.40}$$

例如,对公式(7.38)中的像素 $a_{1,1}$ 和 $a_{1,2}$ 分别进行卷积的计算如下:

$$(A * F)(1,1) = \sum_{m=0}^{2} \sum_{n=0}^{2} a_{m,n} w_{1-m,1-n} = a_{0,0} w_{1,1} + a_{0,1} w_{1,0} + a_{0,2} w_{1,-1} + a_{1,0} w_{0,1}$$
$$+ a_{1,1} w_{0,0} + a_{1,2} w_{0,-1} + a_{2,0} w_{-1,1} + a_{2,1} w_{-1,0} + a_{2,2} w_{-1,-1}$$

$$(A * F)(1,2) = \sum_{m=0}^{2} \sum_{n=1}^{3} a_{m,n} w_{1-m,2-n} = a_{0,1} w_{1,1} + a_{0,2} w_{1,0} + a_{0,3} w_{1,-1} + a_{1,1} w_{0,1}$$
$$+ a_{1,2} w_{0,0} + a_{1,3} w_{0,-1} + a_{2,1} w_{-1,1} + a_{2,2} w_{-1,0} + a_{2,3} w_{-1,-1}$$

将公式(7.39)所示的矩阵逆时针翻转 180°,可以得到 $\boldsymbol{F}'$

$$\boldsymbol{F}' = \begin{bmatrix} w_{1,1} & w_{1,0} & w_{1,-1} \\ w_{0,1} & w_{0,0} & w_{0,-1} \\ w_{-1,1} & w_{-1,0} & w_{-1,-1} \end{bmatrix}$$

从 A 矩阵中把 $a_{1,1}$ 及其周围的邻居取出,得到的子矩阵记为 $\boldsymbol{A}_{11}$,同理把 $a_{1,2}$ 及其周围的邻居取出,得到的子矩阵记为 $\boldsymbol{A}_{12}$:

$$\boldsymbol{A}_{11} = \begin{bmatrix} a_{0,0} & a_{0,1} & a_{0,2} \\ a_{1,0} & a_{1,1} & a_{1,2} \\ a_{2,0} & a_{2,1} & a_{2,2} \end{bmatrix}, \quad \boldsymbol{A}_{12} = \begin{bmatrix} a_{0,1} & a_{0,2} & a_{0,3} \\ a_{1,1} & a_{1,2} & a_{1,3} \\ a_{2,1} & a_{2,2} & a_{2,3} \end{bmatrix}$$

从公式(7.40)来看,将 $\boldsymbol{A}_{11}$ 与 $\boldsymbol{F}'$ 对应元素相乘再相加即得到$(A * F)(1,1)$,记为:

$$(A * F)(1,1) = \boldsymbol{A}_{11} \odot \boldsymbol{F}'$$

$(A * F)(1,2)$ 的计算同理:

$$(A * F)(1,2) = \boldsymbol{A}_{12} \odot \boldsymbol{F}'$$

在卷积神经网络模型中,模型学习的目的是得到权重函数 F,以便提取图像或其他类型数据中的各种特征。$\boldsymbol{F}'$ 和 F 对应的是同一组权重,因此,在卷积神经网络模型中,将翻转后的 $\boldsymbol{F}'$ 称为卷积核,又称核函数(kernel function)、滤波器(filter),记为 $\boldsymbol{K}(k_1,k_2)$,其中 k_1 和 k_2 代表卷积核的大小为 $k_1 * k_2$。这样,只需将卷积核内的各元素与从输入矩阵中取出的相同大小的子矩阵对应元素相乘再相加即可得到卷积运算结果,相当于先做两个矩阵的哈达玛积(Hadamard product),然后将结果矩阵中的各元素相加。

卷积核的大小需要事先指定,卷积核中的每个权重的取值则需要通过学习得到。不同内容的卷积核提取图像的不同特征,例如提取边缘特征、模糊图像或锐化图像等。例如,图 7.6(a)所示的卷积核将每个像素与周围临近像素进行平均,因而可以得到模糊化后的图像;图 7.6(b)可以检测到图像的边缘特征,而图 7.6(c)可以使图像有锐化的效果。

$$\begin{bmatrix} 1/9 & 1/9 & 1/9 \\ 1/9 & 1/9 & 1/9 \\ 1/9 & 1/9 & 1/9 \end{bmatrix} \quad \begin{bmatrix} -1/8 & -1/8 & -1/8 \\ -1/8 & 1 & -1/8 \\ -1/8 & -1/8 & -1/8 \end{bmatrix} \quad \begin{bmatrix} -1 & -1 & -1 \\ -1 & 9 & -1 \\ -1 & -1 & -1 \end{bmatrix}$$

(a) 均值模糊　　　　　　　(b) 边缘检测　　　　　　　(c) 锐化

图 7.6　卷积核的例子

从 A 矩阵中取出 A_{11}、A_{12} 等子矩阵的过程,可以看作是将卷积核作为一个 3×3 的滑动窗口从左到右、从上到下在 A 上滑动,如图 7.7 所示。图中的横向滑动步长(stride)为 1,即每次向右移动一个像素。在模型设计过程中可以分别指定滑动窗口在横向和纵向滑动的步长大小,假设分别用变量 s_1 和 s_2 表示。卷积核在输入矩阵中每次滑动都得到一个卷积结果,从左到右、从上到下滑动结束后得到的结果矩阵称为特征图(feature map)。

如果第一个滑动窗口使卷积核与输入矩阵的左上角完全重合,则滑动过程中滑动窗口始终与输入矩阵中的元素完全重合。如图 7.7 所示,左上角的虚线框为第一个滑动窗口,为了表达更通用的情况,滑动窗口改为用窗口内左上角和右下角的元素代表,即表示为 $A(a_{0,0},a_{2,2})$。往右移动一个元素是第二个滑动窗口 $A(a_{0,1},a_{2,3})$,如此滑动,第 4 个滑动窗口到达右边缘,即 $A(a_{0,3},a_{2,5})$,接着第 5 个窗口回到最左边,即 $A(a_{1,0},a_{3,2})$,如此进行下去,最后一个窗口为 $A(a_{2,3},a_{4,5})$,如图 7.7 中右下角的虚线框所示。这种方式不需要为输入矩阵在边缘处额外补充值,称为 valid 类型的 padding。这种方式卷积后的结果矩阵会变小,例如,对于图 7.8 中的输入矩阵,如果 s_1 和 s_2 都为 1,卷积核大小为 3×3,则得到的特征图的大小为 3×4。如果要使得卷积后的特征图的大小与输入矩阵相同,则需要在输入矩阵的边缘处补充值,常用的方法是补 0,这种处理方法的另一个目的是原有输入矩阵中的每个元素可以作为窗口的中心点被处理。以图 7.8 为例,在输入矩阵的上下和左右分别补充一个 0,得到如图 7.8 所示的矩阵。此时,如果 s_1 和 s_2 都为 1,卷积核大小为 3×3,则得到的特征图的大小为 5×6。这种 padding 的方法称为 same。当步长大于 1 时,这种方式下得到的特征图大小与输入矩阵也是不一样的。

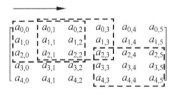

图 7.7　滑动窗口

$$\begin{bmatrix} 0 & 0 & 0 & 0 & 0 & 0 & 0 & 0 \\ 0 & a_{0,0} & a_{0,1} & a_{0,2} & a_{0,3} & a_{0,4} & a_{0,5} & 0 \\ 0 & a_{1,0} & a_{1,1} & a_{1,2} & a_{1,3} & a_{1,4} & a_{1,5} & 0 \\ 0 & a_{2,0} & a_{2,1} & a_{2,2} & a_{2,3} & a_{2,4} & a_{2,5} & 0 \\ 0 & a_{3,0} & a_{3,1} & a_{3,2} & a_{3,3} & a_{3,4} & a_{3,5} & 0 \\ 0 & a_{4,0} & a_{4,1} & a_{4,2} & a_{4,3} & a_{4,4} & a_{4,5} & 0 \\ 0 & 0 & 0 & 0 & 0 & 0 & 0 & 0 \end{bmatrix}$$

图 7.8　same 类型的 padding

上面的例子是针对 s_1 和 s_2 都为 1,卷积核大小为 3×3 的情况。假设卷积核的大小表示为 $k_1 * k_2$,输入矩阵的大小为 $i_1 * i_2$,则 valid 类型的 padding 方式下,输出特征图的大小 $o_1 * o_2$ 的计算方法为:

$$o_1 = \frac{i_1 - k_1 + 1}{s_1}$$

$$o_2 = \frac{i_2 - k_2 + 1}{s_2}$$

same 类型的 padding 方式下,需要在输入矩阵的上、下、左、右填充的值的个数分别记为 pad_1、pad_2、pad_3、pad_4,输出特征图的大小为:

$$o_1 = \left\lceil \frac{i_1}{s_1} \right\rceil$$

$$o_2 = \left\lceil \frac{i_2}{s_2} \right\rceil$$

填充值的个数的计算方法为:

$$\mathrm{pad}_1 = \left\lfloor \frac{\max((o_2-1)\times s_2 + k_2 - i_2, 0)}{2} \right\rfloor$$

$$\mathrm{pad}_2 = \max((o_2-1)\times s_2 + k_2 - i_{2,0}, 0) - \mathrm{pad}_1$$

$$\mathrm{pad}_3 = \left\lfloor \frac{\max((o_1-1)\times s_1 + k_1 - i_1, 0)}{2} \right\rfloor$$

$$\mathrm{pad}_4 = \max((o_1-1))\times s_1 + k_1 - i_1, 0) - \mathrm{pad}_3$$

其中,$\lfloor\ \rfloor$ 为向下取整,$\lceil\ \rceil$ 为向上取整。以图 7.8 为例,$s_1 = s_2 = 1$,卷积核大小为 $k_1 = k_2 = 3$,输入矩阵的大小为 $i_1 = 5, i_2 = 6$,same 类型的 padding 方式下,$o_1 = \frac{5}{1} = 5, o_2 = \frac{6}{1} = 6$;

$\mathrm{pad}_1 = \left\lfloor \frac{\max((6-1)\times 1 + 3 - 6, 0)}{2} = 1 \right\rfloor$,$\mathrm{pad}_2 = \max((6-1)\times 1 + 3 - 6, 0) - 1 = 1$,$\mathrm{pad}_3 = \left\lfloor \frac{\max((5-1)\times 1 + 3 - 5, 0)}{2} \right\rfloor = 1$,$\mathrm{pad}_4 = \max((5-1)\times 1 + 3 - 5, 0) - 1 = 1$,即输入矩阵的上、下、左、右都补一个 0,即图 7.8 所示的情况。

通常卷积之后会作用一个激励函数,如 ReLU。因此,假设第 $l+1$ 层的填充后的输入矩阵为 $\boldsymbol{A}^{[l]}$,其中每个滑动窗口对应的子矩阵 $\boldsymbol{A}^{[l]}(a_{i,j}^{[l]}, a_{i+k_2, j+k_2}^{[l]})$ 与卷积核 $\boldsymbol{K}^{[l+1]}(k_1, k_2)$ 卷积运算之后再经过激励函数 f 的作用,得到的结果记为 $a_{i,j}^{[l+1]}$,计算公式为:

$$a_{i,j}^{[l+1]} = f(\boldsymbol{A}^{[l]}(a_{i,j}^{[l]}, a_{i+k_2, j+k_2}^{[l]}) \odot \boldsymbol{K}^{[l+1]}(k_1, k_2) + b_{i,j}^{[l+1]}) \tag{7.41}$$

公式(7.41)中 $b_{i,j}$ 为偏置项。假设卷积核中最左上角的元素表示为 $w_{1,1}$,则卷积运算如公式(7.42)所示,得到的特征图由 $a_{i,j}^{[l+1]}$ 构成。通常,卷积神经网络模型中每个卷积层会定义多个卷积核,每个卷积核都得到一个特征图。

$$z_{i,j}^{[l+1]} = \boldsymbol{A}^{[l]}(a_{i,j}^{[l]}, a_{i+k_2, j+k_2}^{[l]}) \odot \boldsymbol{K}^{[l+1]}(k_1, k_2)$$

$$= \sum_{u=1}^{k_1} \sum_{v=1}^{k_2} (a_{i+u-1, j+v-1}^{[l]} \times w_{u,v}^{[l+1]}) + b_{i,j}^{[l+1]} \tag{7.42}$$

如果图像是彩色的,则图像中每个像素的颜色值由三原色表示,即红色、绿色和蓝色 3 个通道的色彩亮度,也即 RGB 图像。此时一幅图由 3 个矩阵表示,对应 3 个颜色通道(channel),每个矩阵中的元素取值是每个像素相应颜色的亮度取值。相应地,每个输入矩阵需要 1 个 $k_1 * k_2$ 大小的卷积核,3 个输入矩阵的卷积核则表示为 $k_1 * k_2 * 3$,即 3 个相同大小的卷积核。假设第 $l+1$ 层填充后的 3 个通道的输入分别用 $\boldsymbol{A}_1^{[l]}$、$\boldsymbol{A}_2^{[l]}$、$\boldsymbol{A}_3^{[l]}$ 表示,卷积核用 $\boldsymbol{K}_1^{[l+1]}(k_1, k_2)$、$\boldsymbol{K}_2^{[l+1]}(k_1, k_2)$、$\boldsymbol{K}_3^{[l+1]}(k_1, k_2)$ 表示,则在每个通道上的卷积操作如公式(7.43)所示:

$$z_{i,j}^{[l+1]} = \sum_{c=1}^{3} [\boldsymbol{A}_c^{[l]}(a_{i,j}^{[l]}, a_{i+k_2, j+k_2}^{[l]}) \odot \boldsymbol{K}_c^{[l+1]}(k_1, k_2)] + b_{i,j}^{[l+1]} \tag{7.43}$$

其中

$$\boldsymbol{A}_c^{[l]}(a_{i,j}^{[l]},a_{i+k_2,j+k_2}^{[l]})\odot\boldsymbol{K}_c^{[l+1]}(k_1,k_2)=\sum_{u=1}^{k_1}\sum_{v=1}^{k_2}(a_{c,i+u-1,j+v-1}^{[l]}\times w_{c,u,v}^{[l+1]}) \tag{7.44}$$

公式(7.44)中下标 c 代表的是通道的编号。这样可以得到一个特征图。可以定义多个 k_1*k_2*3 的卷积核，得到多个特征图。这些特征图作为下一个网络层的输入矩阵。多个特征图可以当作不同通道的输入矩阵进行处理。通常进行卷积运算的网络层称为卷积层（convolution layer），施加激励函数的层称为非线性层（nonlinearity layer）。假设激励函数为 f，则非线性层的计算公式为：

$$a_{i,j}^{[l+1]}=f(z_{i,j}^{[l+1]}) \tag{7.45}$$

下面通过一个例子进一步说明卷积层的运算过程。表 7.1 所示的是一个 3 通道的输入矩阵（表 7.1 的第 1 列），填充 1 个 0 后，即 $\mathrm{pad}_1=\mathrm{pad}_2=\mathrm{pad}_3=\mathrm{pad}_4=1$，利用一个 $3\times3\times3$ 的卷积核（第 2 列）运算的过程和结果，其中第 3 列是每个通道的计算结果，最后一列是综合 3 个通道的卷积结果。

表 7.1　卷积层运算示例 1

$\boldsymbol{A}^{[l]}$	$\boldsymbol{K}^{[l+1]}$	$\boldsymbol{A}_c^{[l]}(a_{i,j}^{[l]},a_{i+k_2,j+k_2}^{[l]})\odot\boldsymbol{K}_c^{[l+1]}(k_1,k_2)$	$\boldsymbol{Z}^{[l+1]}$
$\begin{matrix}0&0&0&0&0&0\\0&1&1&2&2&0\\0&1&1&1&2&0\\0&2&1&1&0&0\\0&2&1&0&1&0\\0&0&0&0&0&0\end{matrix}$	$\begin{bmatrix}1&1&1\\-1&0&-1\\-1&1&0\end{bmatrix}$	$\begin{bmatrix}0&-3&3&-1\\3&1&2&2\\-3&-1&2&3\\2&2&0&1\end{bmatrix}$	
$\begin{matrix}0&0&0&0&0&0\\0&0&1&2&0&0\\0&2&2&1&1&0\\0&2&1&0&0&0\\0&1&0&0&0&0\\0&0&0&0&0&0\end{matrix}$	$\begin{bmatrix}-1&-1&-1\\-1&-1&1\\-1&1&0\end{bmatrix}$	$\begin{bmatrix}2&1&0&-2\\3&-4&-5&-2\\-1&-7&-5&-2\\-2&-4&-1&0\end{bmatrix}$	$\begin{bmatrix}3&-1&-7&0\\3&-1&1&-2\\3&-10&-5&6\\0&1&-2&2\end{bmatrix}$
$\begin{matrix}0&0&0&0&0&0\\0&2&2&0&1&0\\0&0&0&2&1&0\\0&2&1&0&2&0\\0&1&1&0&0&0\\0&0&0&0&0&0\end{matrix}$	$\begin{bmatrix}1&0&-1\\-1&1&-1\\1&-1&0\end{bmatrix}$	$\begin{bmatrix}0&0&-5&2\\-4&1&3&-3\\0&-3&-3&4\\-1&2&-2&0\end{bmatrix}$	
	$b^{[l+1]}=1$	$b^{[l+1]}=1$	

表 7.2 是对表 7.1 中相同的输入数据采用另一个 $3\times3\times3$ 的卷积核的计算的过程。这样，对输入 $\boldsymbol{A}^{[l]}$ 进行卷积层处理后得到两个特征图，分别在表 7.1 和 7.2 的第 4 列中显示。

表 7.2 卷积层运算示例 2

$A^{[l]}$	$K^{[l+1]}$	$A_c^{[l]}(a_{i,j}^{[l]},a_{i+k_2,j+k_2}^{[l]})\odot K_c^{[l+1]}(k_1,k_2)$	$Z^{[l+1]}$
$\begin{bmatrix} 0&0&0&0&0&0 \\ 0&1&1&2&2&0 \\ 0&1&1&1&2&0 \\ 0&2&1&1&0&0 \\ 0&2&1&0&1&0 \\ 0&0&0&0&0&0 \end{bmatrix}$	$\begin{bmatrix} 1&-1&1 \\ -1&0&0 \\ -1&0&1 \end{bmatrix}$	$\begin{bmatrix} 1&-1&0&-3 \\ 1&0&-1&-2 \\ 1&-3&1&-2 \\ -1&0&-1&1 \end{bmatrix}$	
$\begin{bmatrix} 0&0&0&0&0&0 \\ 0&0&1&2&0&0 \\ 0&2&2&1&1&0 \\ 0&2&1&0&0&0 \\ 0&1&0&0&0&0 \\ 0&0&0&0&0&0 \end{bmatrix}$	$\begin{bmatrix} 1&-1&-1 \\ 1&1&0 \\ -1&-1&0 \end{bmatrix}$	$\begin{bmatrix} -2&-3&0&0 \\ -1&-2&1&4 \\ -3&1&1&0 \\ -2&-2&1&0 \end{bmatrix}$	$\begin{bmatrix} -1&-2&-2&0 \\ -1&-4&1&1 \\ 0&-4&-1&-2 \\ -4&0&-4&1 \end{bmatrix}$
$\begin{bmatrix} 0&0&0&0&0&0 \\ 0&2&2&0&1&0 \\ 0&0&0&2&1&0 \\ 0&2&1&0&2&0 \\ 0&1&1&0&0&0 \\ 0&0&0&0&0&0 \end{bmatrix}$	$\begin{bmatrix} -1&0&-1 \\ -1&1&-1 \\ 1&0&1 \end{bmatrix}$	$\begin{bmatrix} 0&2&-2&3 \\ -1&-2&1&-1 \\ 2&-2&-3&0 \\ -1&-2&-4&0 \end{bmatrix}$	
	$b^{[l+1]}=0$	$b^{[l+1]}=0$	

到目前为止,卷积操作是以二维的矩阵或三维的张量(tensor)为例进行描述,实际上,卷积也可以在一维的输入或更高维度的输入上进行操作,因此适用于具有网格(grid)结构的数据集上。上面的例子中,表 7.1 和表 7.2 分别展示了一个三维卷积核的计算过程,如果增加卷积核的个数,例如采用 4 个三维卷积核,则得到 4 个特征图,对于下一层的操作来说,相当于处理一个 4 通道的输入。对于一维的情形,CNN 可以用于处理时间序列或者具有时序关系的数据,相应地,卷积核也变为 $1*k$ 的形式。

为了方便通过画图的形式分析卷积运算相较于多层感知机模型的特点,下面以一维输入为例总结 CNN 模型的特点。假设模型中第 $l+1$ 层的输入是一维的向量:$a^{[l]}=(a_1^{[l]},a_2^{[l]},a_3^{[l]},a_4^{[l]},a_5^{[l]})^{\mathrm{T}}$,卷积核大小为 1×3:$K^{[l+1]}=(w_1^{[l+1]},w_2^{[l+1]},w_3^{[l+1]})^{\mathrm{T}}$,$l+2$ 层的卷积核为 $K^{[l+2]}=(w_1^{[l+2]},w_2^{[l+2]})^{\mathrm{T}}$,则模型可以如图 7.9 所示。

从图 7.9 中可以看到,第 l 层和第 $l+1$ 层之间的权重只有 3 个,这些权重在这两层之间的连接边上进行了共享,其中,第 $l+1$ 层的第 1 个结点与第 l 层的第 1 个结点,第 $l+1$ 层的第 2 个结点与第 l 层的第 2 个结点、第 $l+1$ 层的第 3 个结点与第 l 层的第 3 个结点共享权重 $w_1^{[l+1]}$;第 $l+1$ 层的第 1 个结点与第 l 层的第 2 个结点、第 $l+1$ 层的第 2 个结点与第 l 层的第 3 个结点、第 $l+1$ 层的第 3 个结点与第 l 层的第 4 个结点共享权重 $w_2^{[l+1]}$;第 $l+1$ 层的第 1 个结点与第 l 层的第 3 个结点、第 $l+1$ 层的第 2 个结点与第 l 层的第 4 个结点、第 $l+1$ 层的第 3 个结点与第 l 层的第 5 个结点共享权重 $w_3^{[l+1]}$。同理,第 $l+1$ 层和第

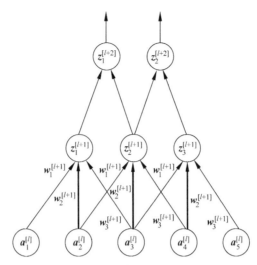

图 7.9　稀疏连接和参数共享示例

$l+2$ 层之间的权重只有 2 个，分别在两条边上共享。这是卷积神经网络的特点之一，称为**参数共享**（parameter sharing）。这个特点可以显著降低存储空间。与多层感知机中的权重设计相比，多层感知机的全连接层中每条边上的权重都是不同的，以图 7.9 中第 l 层和第 $l+1$ 层为例，如果第 $l+1$ 层为全连接层，则不同的权重个数为 $3 \times 5 = 15$ 个，这些权重在网络的前向运算中只被利用一次。而卷积神经网络模型中，每个权重都会重复用于每个滑动窗口的相同位置，有效减少了参数的个数。

卷积神经网络的卷积层与全连接层的第二个不同之处在于，上一层的结点只与下一层的部分结点相连，这是受有关猫的视觉神经细胞的"感受野"的性质而启发设计的。即上一层的结点只接受下一层的部分结点的输入，如图 7.9 所示，第 $l+1$ 层的第 1 个结点只接受第 l 层的第 1 个、第 2 个及第 3 个结点的输出作为其输入，其他结点同理。这种特性称为**稀疏连接**（sparse connectivity）。其根本在于每个卷积核的大小远小于输入数据的大小。这有利于提取图像局部区域的一些小的特征。这种特性可以有效地降低权重个数，以图 7.9 为例，第 $l+1$ 层的每个结点只与第 l 层的 $k=3$ 个结点相连，而不是所有 5 个结点。只要 k 的大小远远小于输入数据的数量，就可以显著降低权重个数，这不仅节省存储空间，也大大提高计算效率。

7.2.2　池化

在卷积神经网络模型中，卷积层经常和池化层一起使用，利用池化层可以使模型简化，加快计算速度，同时有利于实现对输入变化的输出近似不变性（invariant）。下面首先说明池化（pooling）操作的具体含义。

池化操作需要指定的超参数包括：滑动窗口的大小、滑动步长、填充 0 的个数（即 padding 的类型）以及池化的类型。池化的类型包括最大化池化（max pooling）、平均池化（average pooling）及 L2 范数池化等，其中最大化池化是使用最多的池化类型。池化操作中大多数情况下不填充，即相当于 valid 类型的 padding。池化是对每个特征图或输入都单独进行，且不需要学习参数。具体操作时，如同卷积过程，将滑动窗口在输入数据上滑动，窗口内的数据求最大值就是最大化池化,求平均就是平均池化,求各个元素的平方和即 L2 范数池化。然后以给定步长为步幅向右或向下滑动窗口。以图 7.10(a)中的输入数据为例,假设滑动窗口的大小为 2×2,步长为 2,池化操作的过程显示在图 7.10(a)~图 7.10(d)中,最大化池化的结果显示于图 7.10(e)中。这种池化的滑动窗口没有重叠,称为不重叠池化。如果将步长改为 1,则窗口出现重叠,如图 7.11(a)所示。最大化池化结果如图 7.11(b)所示。

$$\begin{bmatrix} -1 & -2 & -2 & 0 \\ -1 & -4 & 1 & 1 \\ 0 & -4 & -1 & 1 \\ -4 & 0 & -1 & 1 \end{bmatrix}$$

(a) 第1个窗口

$$\begin{bmatrix} -1 & -2 & -2 & 0 \\ -1 & -4 & 1 & 1 \\ 0 & -4 & -1 & 1 \\ -4 & 0 & -1 & 1 \end{bmatrix}$$

(b) 第2个窗口

$$\begin{bmatrix} -1 & -2 & -2 & 0 \\ -1 & -4 & 1 & 1 \\ 0 & -4 & -1 & -2 \\ -4 & 0 & -1 & 1 \end{bmatrix}$$

(c) 第3个窗口

$$\begin{bmatrix} -1 & -2 & -2 & 0 \\ -1 & -4 & 1 & 1 \\ 0 & -4 & -1 & -2 \\ -4 & 0 & -1 & 1 \end{bmatrix}$$

(d) 第4个窗口

$$\begin{pmatrix} -1 & 1 \\ 0 & 1 \end{pmatrix}$$

(e) 最大化池化结果

图 7.10　步长为 2 的最大池化示例

$$\begin{bmatrix} -1 & -2 & -2 & 0 \\ -1 & -4 & 1 & 1 \\ 0 & -4 & -1 & -2 \\ -4 & 0 & -1 & 1 \end{bmatrix}$$

(a) 步长为1时的滑动窗口

$$\begin{bmatrix} -1 & 1 & 1 \\ 0 & 1 & 1 \\ 0 & 0 & 1 \end{bmatrix}$$

(b) 最大化池化结果

图 7.11　步长为 1 的最大化池化示例

如果将图 7.11(a)中的矩阵向右平移一列,变为如图 7.12(a)所示的输入矩阵,两个矩阵相同位置处取值相同的情况只有两处,即 87.5% 的值是不同的,但是最大池化后的结果如图 7.12(b)所示,3×3 的矩阵中有 6 个位置,即 2/3 的取值都相同。可以说最大化池化使得当输入进行少量平移时输出中多数值保持不变,即局部平移的不变性。

$$\begin{bmatrix} 1 & -1 & -2 & 2 \\ -2 & -1 & -4 & 1 \\ 1 & 0 & -4 & -1 \\ -3 & -4 & 0 & -4 \end{bmatrix}$$

(a) 步长为1时的滑动窗口

$$\begin{bmatrix} 1 & -1 & 1 \\ 0 & 0 & 1 \\ 0 & 0 & 0 \end{bmatrix}$$

(b) 最大化池化结果

图 7.12　最大化池化保持平移的不变性

7.2.3　经典的卷积神经网络模型结构

卷积神经网络模型最早用于计算机视觉领域,有着许多成功的应用。本节列举几个典型的卷积神经网络模型,包括 LeNet-5、AlexNet 以及 VGG 等。

LeNet-5 是 Yann LeCun 于 1998 年在标题为 *Gradient-based learning applied to document recognition* 的文章中提出的卷积神经网络模型，被成功应用于银行支票上手写字符的识别，对卷积神经网络模型的发展有很大影响。

LeNet-5 模型的基本结构如图 7.13 所示。

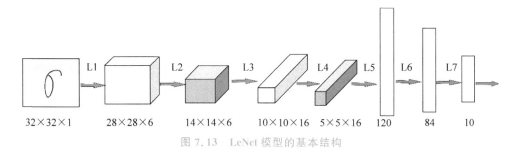

图 7.13　LeNet 模型的基本结构

输入是 32×32 的黑白图片，如手写数字图片。第 1 层（L1）是卷积层，卷积核为 5×5，共 6 个，步长为 1，得到 6 个特征图，每个特征图的大小为 28×28。需要学习的权重个数为 (5×5+1)×6=156。

第 2 层（L2）是池化层，滑动窗口大小为 2×2，步长为 2，得到 6 个特征图，每个特征图的大小为 14×14。池化的类型为平均池化。

第 3 层（L3）是卷积层，卷积核为 5×5，共 16 个，步长为 1，得到 16 个特征图，每个特征图的大小为 10×10。与 L1 不同的是，这层每个结点与 L2 输出的多个特征图相连，如表 7.3 所示。

表 7.3　LeNet 第二个卷积层的结构

	1	2	3	4	5	6	7	8	9	10	11	12	13	14	15	16
1	X				X	X	X			X	X	X	X		X	X
2	X	X				X	X	X			X	X	X	X		X
3	X	X	X				X	X	X			X		X	X	X
4		X	X	X			X	X	X	X			X		X	X
5			X	X	X			X	X	X	X		X	X		X
6				X	X	X			X	X	X	X		X	X	X

以表 7.3 中标题为 1 的列为例，L3 输出的第一个特征图的卷积核相当于 5×5×3，即每个输出结点只与前 3 个输入特征图相连，参数为(5×5×3+1)=76。这样的卷积核有 6 个，生成 6 个特征图，对应表 7.3 中的前 6 种情况，故参数共为(5×5×3+1)×6=456。接下来是每相邻的 4 个输入特征图卷积得到一个输出特征图，即共 6 个 5×5×4 的卷积核，参数个数共为(5×5×4+1)×6=606。然后是不相邻的 4 个特征图卷积之后得到一个特征图，共 3 种情况，参数个数共为(5×5×4+1)×3=303。最后是所有的 6 个特征图卷积得到一个输出特征图，参数个数为(5×5×6+1)×1=151。故 L3 的参数总个数为(5×5×3+1)×6+(5×5×4+1)×6+(5×5×4+1)×3+(5×5×6+1)×1=1516。

L4 仍然是平均池化层，滑动窗口大小为 2×2，步长为 2，得到 16 个特征图，每个特征图的大小为 5×5。

L5 是全连接层，有 120 个结点，L4 的 16 个特征图展开后变成一个 400 维的向量作为

L5 的输入,连接边共有(400+1)×120＝48 120 个,对应的权重个数也为 48 120 个。

L6 是全连接层,有 84 个结点,连接边共有(120+1)×84＝10 164 个,对应的权重个数也为 10 164 个。

最后一层 L7 也是全连接层,有 10 个结点,对应要识别的 10 个数字。如果采用 softmax 作为激励函数,则权重个数为(84+1)×10＝850。最早提出该模型时在此层采用径向基函数,即第 $j \in \{0,1,\cdots,9\}$ 个输出结点的值的计算采用公式(7.46),$a_j^{[7]}$ 值越接近 0,识别的数字越接近 j。

$$a_j^{[7]} = \sum_{i=1}^{84} (a_i^{[6]} - w_{ji}^{[7]}) \tag{7.46}$$

2012 年,Alex Krizhevsky 等学者提出了 AlexNet 卷积神经网络模型,对 LeNet 进行了改进。该模型参加了 ILSVRC(large scale visual recognition challenge)2012 竞赛,获得了冠军。该竞赛基于 ImageNet 图像数据集,该数据集包含一千万的图片信息,竞赛利用其中的 120 万个图像作为训练集,有 1000 个类别。该模型用于为测试集(15 万个图像)中的每个图像生成前 5 个类别。AlexNet 模型的基本结构如图 7.14 所示。

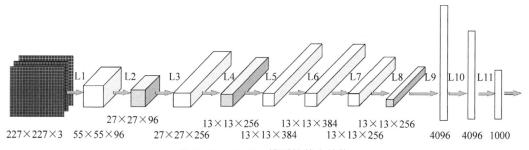

图 7.14　AlexNet 模型的基本结构

L1 是卷积层,有 96 个卷积核,两个 GPU 分别处理 48 个卷积核,每个卷积核大小为 11×11,步长为 4,生成 96 个特征图,每个特征图为 55×55。

L2 是池化层,最大化池化层,滑动窗口大小为 3×3,步长为 2,得到 96 个 27×27 的特征图。

L3 是卷积层,有 256 个卷积核,每个卷积核大小为 5×5,两个 GPU 分别处理 128 个卷积核,步长为 1,pad＝2,生成 256 个特征图,每个特征图的大小为 27×27。

L4 是池化层,最大化池化层,滑动窗口大小为 3×3,步长为 2,得到 256 个 13×13 的特征图。

L5 是卷积层,有 384 个卷积核,每个卷积核大小为 3×3,步长为 1,pad＝1,生成 384 个特征图,每个特征图的大小为 13×13。

L6 是卷积层,有 384 个卷积核,每个卷积核大小为 3×3,步长为 1,pad＝1,生成 384 个特征图,每个特征图的大小为 13×13。

L7 是卷积层,有 256 个卷积核,每个卷积核大小为 3×3,步长为 1,pad＝1,生成 256 个特征图,每个特征图的大小为 13×13。

L8 是池化层,最大化池化层,滑动窗口大小为 3×3,步长为 2,得到 256 个 6×6 的特征图,将其展开得到 9216 个输出,作为下一个全连接层的输入。

L9、L10 和 L11 都是全连接层，L9 和 L10 分别有 4096 个结点，采用的激励函数是 ReLU，并采用 dropout。L11 是输出层，因为是实现 1000 个类别的分类问题，所以结点个数是 1000，采用 softmax 激励函数。这些都是与 LeNet-5 不同的地方。

第三个经典的卷积神经网络模型是 VGG，由 Simonyan 和 Zisserman 在 2014 年题目为 *Very Deep Convolutional Networks for Large-Scale Image Recognition* 的文章中提出。该模型在 ILSVRC 2014 竞赛中取得优异成绩。该模型以作者所在牛津大学的研究组的名称（Visual Geometry Group）命名。VGG-16 模型有 13 个卷积层，卷积核大小均为 3×3，padding 类型都是 same，步长都为 1；5 个最大化池化层，滑动窗口大小均为 2×2，步长为 2，即让输入的特征图缩小一半；最后是 3 个全连接层，卷积层和全连接层共 16 层，如图 7.15 所示。各层的信息汇总于表 7.4 中。

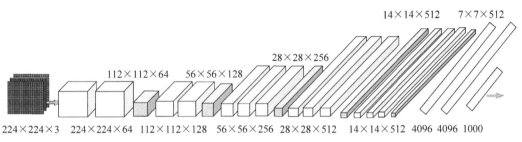

图 7.15　VGG-16 模型的基本结构

表 7.4　VGG-16 各层信息

层数	类　型	卷积核大小	步长	padding 类型	输　入	输　出
1	卷积层	3×3	1	same	$224\times224\times3$	$224\times224\times64$
2	卷积层	3×3	1	same	$224\times224\times64$	$224\times224\times64$
	最大化池化层	2×2	2	valid	$224\times224\times64$	$112\times112\times64$
3	卷积层	3×3	1	same	$112\times112\times64$	$112\times112\times128$
4	卷积层	3×3	1	same	$112\times112\times128$	$112\times112\times128$
	最大化池化层	2×2	2	valid	$112\times112\times128$	$56\times56\times128$
5	卷积层	3×3	1	same	$56\times56\times128$	$56\times56\times256$
6	卷积层	3×3	1	same	$56\times56\times256$	$56\times56\times256$
7	卷积层	3×3	1	same	$56\times56\times256$	$56\times56\times256$
	最大化池化层	2×2	2	valid	$56\times56\times256$	$28\times28\times256$
8	卷积层	3×3	1	same	$28\times28\times256$	$28\times28\times512$
9	卷积层	3×3	1	same	$28\times28\times512$	$28\times28\times512$
10	卷积层	3×3	1	same	$28\times28\times512$	$28\times28\times512$
	最大化池化层	2×2	2	valid	$28\times28\times512$	$14\times14\times512$
11	卷积层	3×3	1	same	$14\times14\times512$	$14\times14\times512$
12	卷积层	3×3	1	same	$14\times14\times512$	$14\times14\times512$
13	卷积层	3×3	1	same	$14\times14\times512$	$14\times14\times512$
	最大化池化层	2×2	2	valid	$14\times14\times512$	$7\times7\times512$
14	全连接层				25 088	4096
15	全连接层				4096	4096
16	全连接层				4096	1000

除了这些模型,还有很多表现优异的卷积神经网络模型,如 Inception 和 ResNet。Inception V1 是 ILSVRC 2014 竞赛中同样表现优异的神经网络模型,在题目为 *Going Deeper with Convolutions* 的文章中进行介绍。此后该模型又推出了多个新版本。ResNet 称为深度残差网络模型,在 ILSVRC 2015 竞赛的图像分类任务中夺冠,其主要特点在题目为 *Deep Residual Learning for Image Recognition* 的文章介绍过。其后的很多卷积神经网络模型都基于该模型。

7.3 循环神经网络

循环神经网络(recurrent neural network,RNN)模型用于处理具有序列关系的数据,如语音、文本等,在语音识别、自然语言处理等领域有很多应用。与多层感知机和卷积神经网络模型不同,循环神经网络模型引入循环结构,在序列不同位置的元素之间建立连接,捕获它们之间的依赖关系。本节介绍几种常用的循环神经网络模型,包括基本模型、长短期记忆网络模型(long short-term memory,LSTM)以及门控循环单元模型(gated recurrent unit,GRU)。

7.3.1 循环神经网络基本模型

循环神经网络的基本结构如图 7.16 所示,这里假设只有一个隐藏层。图中底层代表输入层,x 代表一个样本的序列,表示为 $x=(x^{<1>},x^{<2>},\cdots,$
$x^{<t>},\cdots,x^{<T>})$,其中上标$<t>$代表序列中元素所在的位置,简称为时刻 t。T 为序列的长度。与多层感知机不同的是,因为要处理序列数据,因此,在隐藏层部分,每个结点的输出不仅输入到下一层的结点,而且也会输入到下一时刻的隐藏层的结点,所以隐藏层结点之间存在连接。顶层是输出层,$\hat{y}=(\hat{y}^{<1>},\hat{y}^{<2>},\cdots,\hat{y}^{<T>})$。权重分为三部分:输入层和隐藏层之间是全连接,每个权重表示为 w_{ih},其中 i 是输入层结点的序号,h 是隐藏层结点的序号。隐藏层和隐藏层之间是全连接,每个权重表示为 $w_{h'h}$,其中 h' 是$(t-1)$时刻隐藏层结点的序号,h 是 t 时刻隐藏层结点的序号。输入层和输

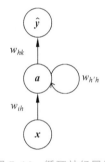

图 7.16　循环神经网络的基本结构

出层之间是全连接,每个权重表示为 w_{hk},其中 h 是隐藏层结点的序号,k 是输出层结点的序号。这三组权重在不同的时刻 t 是共享的。

为了便于理解,将图 7.16 中的模型展开,假设输入 $x=(x^{<1>},x^{<2>},\cdots,x^{<6>})$,即序列长度为 6,如图 7.17 所示,其中 $a^{<t>}$ 代表 t 时刻隐藏层的输出。$a^{<0>}$ 通常初始化为 0 向量。为了描述的简洁,在只有一个上标的情况下,表示时刻 t 的上标只用 t 表示,省略$<>$。

以其中任意相邻的两个时刻为例,如图 7.18 所示,假设输入层有 I 个结点,隐藏层有 H 个结点,t 时刻的计算过程如下:

$$z_h^t = \sum_{i=1}^{I} w_{ih}x_i^t + \sum_{h'=1}^{H} w_{h'h}a_{h'}^{t-1} + b_h \tag{7.47}$$

$$a_h^t = \theta_h(z_h^t) \tag{7.48}$$

输出层　　　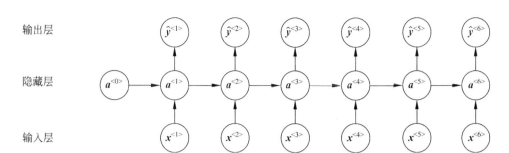

隐藏层

输入层

图 7.17　循环神经网络示例

$$z_k^t = \sum_{h=1}^{H} w_{hk} a_h^t + b_k \tag{7.49}$$

$$\hat{y}_k^t = g(z_k^t) \tag{7.50}$$

其中,θ 和 g 分别为隐藏层和输出层的激励函数,a_h^t 称为隐藏层结点的隐状态。从公式(7.47)可以看到,t 时刻每个隐藏层结点的输入不仅包括 t 时刻的原始输入 x^t,还包括上一时刻隐藏层所有结点的输出 a^{t-1}。循环神经网络模型的计算图如图 7.19 所示。

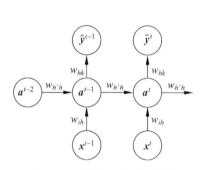

图 7.18　循环神经网络示例

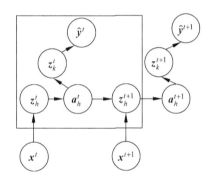

图 7.19　循环神经网络模型的计算图

该模型在时刻 t 的损失函数记为 $L(\hat{y}^{<t>}, y^{<t>})$,其中 $y^{<t>}$ 为时刻 t 的真实值。总的损失函数记为 $L(\hat{y}, y)$,是对各时刻损失函数的加和。

$$L(\hat{y}, y) = \sum_{t=1}^{6} L(\hat{y}^{<t>}, y^{<t>})$$

令 $\delta_k^t = \dfrac{\partial L}{\partial z_k^t}$,其计算公式为:

$$\delta_k^t = \frac{\partial L}{\partial z_k^t} = \frac{\partial L}{\partial \hat{y}_k^t} g'(z_k^t) \tag{7.51}$$

隐藏层和输出层之间的权重和偏置项的梯度计算比较简单,如同多层感知机模型中的权重的梯度计算:

$$\frac{\partial L}{\partial w_{hk}} = \sum_{t=1}^{T} \frac{\partial L}{\partial z_k^t} \frac{\partial z_k^t}{\partial w_{hk}} = \sum_{t=1}^{T} \delta_k^t a_h^t \tag{7.52}$$

$$\frac{\partial L}{\partial b_k} = \sum_{t=1}^{T} \frac{\partial L}{\partial z_k^t} \frac{\partial z_k^t}{\partial b_k} = \sum_{t=1}^{T} \delta_k^t \tag{7.53}$$

公式(7.52)和公式(7.53)所示的梯度在模型的前向计算过程就可以计算出来的。

令 $\delta_h^t = \dfrac{\partial L}{\partial z_h^t}$，其计算过程为：

$$\delta_h^t = \frac{\partial L}{\partial z_h^t} = \frac{\partial a_h^t}{\partial z_h^t}\frac{\partial L}{\partial a_h^t} = \theta'(z_h^t)\left(\sum_{k=1}^{K}\frac{\partial L}{\partial z_k^t}\frac{\partial z_k^t}{\partial a_h^t} + \sum_{h'=1}^{H}\frac{\partial L}{\partial z_{h'}^{t+1}}\frac{\partial z_h^{t+1}}{\partial a_h^t}\right)$$

$$= \theta'(z_h^t)\left(\sum_{k=1}^{K}\delta_k^t w_{hk} + \sum_{h'=1}^{H}\delta_{h'}^{t+1} w_{hh'}\right)$$

$$\delta_h^T = \frac{\partial L}{\partial z_h^T} = \frac{\partial a_h^T}{\partial z_h^T}\frac{\partial L}{\partial a_h^T} = \theta'(z_h^T)\left(\sum_{k=1}^{K}\frac{\partial L}{\partial z_k^T}\frac{\partial z_k^T}{\partial a_h^T}\right) = \theta'(z_h^T)\sum_{k=1}^{K}\delta_k^T w_{hk} \qquad (7.54)$$

其中，K 为输出层结点个数。以此为基础，输入层与隐藏层之间的权重的梯度计算为：

$$\frac{\partial L}{\partial w_{ih}} = \sum_{t=1}^{T}\frac{\partial L}{\partial z_h^t}\frac{\partial z_h^t}{\partial w_{ih}} = \sum_{t=1}^{T}\delta_h^t x_i^t \qquad (7.55)$$

隐藏层与隐藏层之间的权重和偏置项的梯度计算为：

$$\frac{\partial L}{\partial w_{h'h}} = \sum_{t=1}^{T}\frac{\partial L}{\partial z_h^t}\frac{\partial z_h^t}{\partial w_{h'h}} = \sum_{t=1}^{T}\delta_h^t a_{h'}^{t-1} \qquad (7.56)$$

$$\frac{\partial L}{\partial b_h} = \sum_{t=1}^{T}\frac{\partial L}{\partial z_h^t}\frac{\partial z_h^t}{\partial b_h} = \sum_{t=1}^{T}\delta_h^t \qquad (7.57)$$

从公式(7.54)～公式(7.57)可以看到，前向计算结束之后，隐藏层和输出层之间的权重和偏置项的梯度就得到了，接着在反向计算的过程中，就可以依次计算 $\delta_h^t (t = T, T-1, \cdots, 1)$ 和 w_{ih}、$w_{h'h}$、b_h 的梯度了。这种计算梯度的方法称为基于时间的反向传播算法（back propagation trough time，BPTT）。

图 7.17 所示的这种模型结构可以解决很多实际问题，例如，给定文本，识别每个句子中的命名实体（name entity）。在此应用中，每个时刻的输出的真实值是 1 或 0，1 表示是命名实体，0 则不是。在模型中输出层的激励函数采用 sigmoid。句子中词构成输入数据序列，每个词采用 one-hot 表示。首先将文本集合中的不同词抽取处理，组成词典，按一定顺序排序，例如按拼音的字母顺序排序，作为词汇表（vocabulary），$V = (t_1, t_2, t_3, \cdots, t_{|V|})$。则句子中的每个词都表示为一个 V 维的向量，其中该词对应的元素取值为 1，其余为 0。假设时刻 t 的词是 t_3，则该时刻的输入矢量 $\boldsymbol{x}^t$ 为：

$$\text{词汇表：}\quad t_1 \quad t_2 \quad t_3 \quad \cdots \quad t_{|V|}$$
$$\boldsymbol{x}^t = (\quad 0 \quad 0 \quad 1 \quad \cdots \quad 0 \quad)$$

在该应用中，每个时刻 t 的损失函数可以定义为：

$$L(\hat{y}^{<t>}, y^{<t>}) = -y^{<t>}\log\hat{y}^{<t>} - (1 - y^{<t>})\log(1 - \hat{y}^{<t>})$$

图 7.17 所示的模型中，每个时刻 t 的输入 $\boldsymbol{x}^t$ 都对应有输出 $\hat{y}^t$，这种情况称为多对多的循环神经网络模型。实际应用中，还存在其他类型的模型结构，包括多对一、一对多及其他形式的多对多等，分别如图 7.20～图 7.22 所示。对文本进行情感类别的判断属于多对一的例子，给定音乐的风格生成一段音乐属于一对多的例子，机器翻译属于多对多的例子。

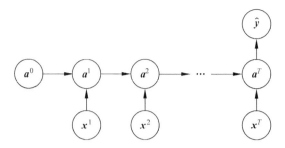

图 7.20　多对一循环神经网络示例

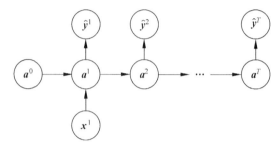

图 7.21　一对多循环神经网络示例

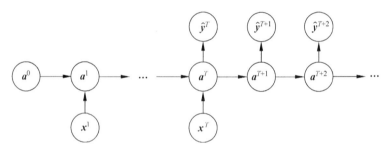

图 7.22　多对多循环神经网络示例

7.3.2　长短期记忆网络模型

　　循环神经网络的基本模型具有一些缺点，例如，随着序列的增长，梯度值可能越来越大，也可能越来越小。前者称为梯度爆炸，后者则称为梯度消失，这些对模型的训练过程都有影响。另外，序列中不同时刻的依赖，特别是间隔较长时刻的依赖难以捕获。为了解决这些问题，学者 Hochreiter 和 Schmidhuber 于 1997 年提出了长短期记忆网络（long short-term memory，LSTM）模型。LSTM 模型对循环记忆网络模型隐藏层结点的数据处理过程进行了修改，引入了三个门：更新门 i_h^t、遗忘门 f_h^t 和输出门 o_h^t。同时，每个时刻往下一时刻传递的信息除了隐状态矢量 a^t，多了一个记忆状态矢量，记为 c^t。

　　首先基于当前时刻的输入和前一时刻的隐状态输出，计算候选的记忆状态 $\tilde{c}_h^t$，根据公式(7.58)进行计算。然后计算更新门 i_h^t、遗忘门 f_h^t 和输出门 o_h^t 的取值，分别如公式(7.59)～公式(7.61)所示。更新门的取值决定对记忆状态的更新程度，遗忘门用于决定对前一时刻记忆状态的遗忘程度，如公式(7.62)所示。输出门则决定在多大程度上基于当前记忆状态得到当前时刻隐状态的取值,如公式(7.63)所示。为计算更新门 i_h^t、遗忘门 f_h^t 和输出门 o_h^t 的取值,引入了三组权重和偏置项参数:(u,b^i)、(v,b^f) 和 (s,b^o)。

$$\tilde{c}_h^t = \tanh\left(\sum_{i=1}^{I} w_{ih}x_i^t + \sum_{h'=1}^{H} w_{h'h}a_{h'}^{t-1} + b_h\right) \tag{7.58}$$

$$i_h^t = \mathrm{sigmoid}\left(\sum_{i=1}^{I} u_{ih}x_i^t + \sum_{h'=1}^{H} u_{h'h}a_{h'}^{t-1} + b_h^i\right) \tag{7.59}$$

$$f_h^t = \mathrm{sigmoid}\left(\sum_{i=1}^{I} v_{ih}x_i^t + \sum_{h'=1}^{H} v_{h'h}a_{h'}^{t-1} + b_h^f\right) \tag{7.60}$$

$$o_h^t = \mathrm{sigmoid}\left(\sum_{i=1}^{I} s_{ih}x_i^t + \sum_{h'=1}^{H} s_{h'h}a_{h'}^{t-1} + b_h^o\right) \tag{7.61}$$

$$c_h^t = i_h^t \tilde{c}_h^t + f_h^t c_h^{t-1} \tag{7.62}$$

$$a_h^t = o_h^t \times \tanh(c_h^t) \tag{7.63}$$

令 $\boldsymbol{a}^t = (a_1^t, a_2^t, \cdots, a_H^t)$, $\boldsymbol{c}^t = (c_1^t, c_2^t, \cdots, c_H^t)$, $\tilde{\boldsymbol{c}}^t = (\tilde{c}_1^t, \tilde{c}_2^t, \cdots, \tilde{c}_H^t)$, $\boldsymbol{i}^t = (i_1^t, i_2^t \cdots, i_H^t)$, $\boldsymbol{f}^t = (f_1^t, f_2^t, \cdots, f_H^t)$, $\boldsymbol{o}^t = (o_1^t, o_2^t, \cdots, o_H^t)$, 上述计算过程总结于图 7.23 中。输出层的激励函数 sigmoid 可以依据应用的不同用其他函数替换,如用 softmax 等。图中符号 $\odot$ 代表矢量的对应元素相乘,$\oplus$ 代表矢量相加。

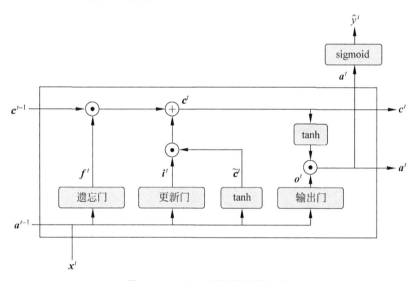

图 7.23　LSTM 模型的计算过程

7.3.3　门控循环单元模型

门控循环单元(gated recurrent unit,GRU)模型在 LSTM 模型的基础上进行了简化,由三个门改为两个门:更新门 i_h^t 和重置门(reset gate)r_h^t。

更新门的计算同 LSTM,如公式(7.64)所示。重置门 r_h^t 的计算如公式(7.65)所示。$\tilde{c}_h^t$ 是 t 时刻的候选记忆状态,根据当前的输入 x_i^t、上一时刻的记忆状态以及重置门的取值进行计算,如公式(7.66)所示。从中可以看到,r_h^t 的值越小,上一时刻的记忆状态对当前时刻的候选状态的取值贡献越小。更新门决定了 t 时刻的记忆状态 c_h^t 的取值,如公式(7.67)所示，更新门 i_h^t 的值越大，上一时刻的状态被保留得越多。

$$i_h^t = \text{sigmoid}\Big(\sum_{i=1}^{I} u_{ih}x_i^t + \sum_{h'=1}^{H} u_{h'h}c_{h'}^{t-1} + b_h^i \Big) \tag{7.64}$$

$$r_h^t = \text{sigmoid}\Big(\sum_{i=1}^{I} v_{ih}x_i^t + \sum_{h'=1}^{H} v_{h'h}c_{h'}^{t-1} + b_h^r \Big) \tag{7.65}$$

$$\tilde{c}_h^t = \tanh\Big(\sum_{i=1}^{I} w_{ih}x_i^t + \sum_{h'=1}^{H} w_{h'h}r_h^t \times c_{h'}^{t-1} + b_h \Big) \tag{7.66}$$

$$c_h^t = i_h^t c_h^{t-1} + (1 - i_h^t)\tilde{c}_h^t \tag{7.67}$$

令 $\boldsymbol{c}^t = (c_1^t, c_2^t, \cdots, c_H^t), \tilde{\boldsymbol{c}}^t = (\tilde{c}_1^t, \tilde{c}_2^t, \cdots, \tilde{c}_H^t), \boldsymbol{i}^t = (i_1^t, i_2^t, \cdots, i_H^t), \boldsymbol{r}^t = (r_1^t, r_2^t, \cdots, r_H^t)$，
上述计算过程总结于图 7.24 中。同样，输出层的激励函数 sigmoid 可以依据应用的不同用其他函数替换。图中符号 $\odot$ 代表矢量的对应元素相乘，$\oplus$ 代表矢量相加。模型中的记忆状态相当于基本 RNN 模型中的隐藏层的隐状态。

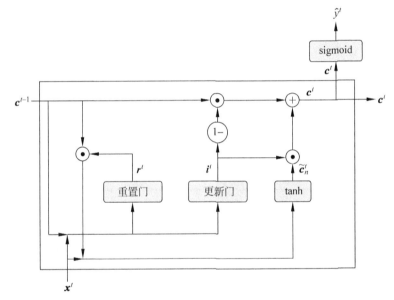

图 7.24　GRU 模型的计算过程

7.4　深度神经网络模型的优化

本章介绍的几类神经网络模型的学习最终都转换为一个最优化问题：寻找一组模型参数，即权重和偏置项的取值，使得模型的损失函数最小。由于样本的潜在分布未知，因此损失函数通常定义在训练集的样本上，采用最小化经验风险的方法寻找损失函数的最优解。梯度下降是经常使用的解决最优化问题的方法，针对神经网络模型的优化问题的特点，本节介绍对梯度下降优化算法的一些改进及其相关方法。

7.4.1　小批量随机梯度

为了学习神经网络模型的参数，如权重和偏置项，损失函数一般定义为 m 个样本损失

函数的均值：

$$\mathcal{L}(w,b) = \frac{1}{m}\sum_{i=1}^{m}\mathcal{L}^{(i)}(\pmb{y}^{(i)},\hat{\pmb{y}}^{(i)})$$

利用梯度下降寻找使该损失函数最低的过程中，需要将所有样本都经过前向的计算过程得到每个样本的预测输出，然后在后向传播的过程中计算梯度，并更新参数的取值。这种梯度下降的方法称为批量梯度（batch gradient）或确定性梯度（deterministic gradient）下降算法。另一种极端的做法是，针对每个样本调整一次参数，这种方法称为随机梯度（stochastic gradient）下降算法。神经网络模型的优化方法通常介于两者之间，采用小批量随机梯度（mini-batch stochastic）方法。

假设训练集共有 m 个样本，用矩阵 $\pmb{X}=\begin{bmatrix}\pmb{x}^{(1)} & \pmb{x}^{(2)} & \cdots & \pmb{x}^{(m)}\end{bmatrix}$ 表示，相应地，这些样本的真实输出为 $\pmb{Y}=\begin{bmatrix}\pmb{y}^{(1)} & \pmb{y}^{(2)} & \cdots & \pmb{y}^{(m)}\end{bmatrix}$。采用小批量随机梯度时，将 m 个样本分成 M 个大小相同的子集，子集包含的样本个数称为批量的大小（batch size），用 s 表示，从 $\pmb{X}$ 中随机抽取 s 个样本组成每个小批量，用 $\pmb{X}^{\langle t\rangle}$ 代表第 t 个小批量，对应的输出为 $\pmb{Y}^{\langle t\rangle}$，整个数据集表示为 $D=\{(\pmb{X}^{\langle t\rangle},\pmb{Y}^{\langle t\rangle})\,|\,t=1,2,\cdots,M\}$。批量的大小通常取 2 的幂次方，如 64、128、256、512等。可以根据 CPU 或 GPU 内存的大小，使 $\pmb{X}^{\langle t\rangle}$ 能够在内存容纳下来设置批量的大小。以7.1.2 节介绍的多层感知机模型的参数训练算法为例，改用小批量梯度下降后的算法，如算法 7.3 所示。

算法 7.3：多层感知机模型的训练算法（小批量梯度下降）

输入：训练集 D、模型的结构、激励函数以及学习率 η、训练次数 N

输出：权重及偏置项

主要步骤：

(1) randomly initialize every weight and bias

(2) for iteration i in range$(0,N)$

(3)　　for minibatch t in range$(0,M)$

(4)　　　　for layer l in range$(1,L+1)$

(5)　　　　　　if $(l==1)$ $\pmb{A}^{[0]}=\pmb{X}^{\langle t\rangle}$

(6)　　　　　　$\pmb{Z}^{[l]}=\pmb{W}^{[l]\mathrm{T}}\pmb{A}^{[l-1]}+\pmb{b}^{[l]}$

(7)　　　　　　$\pmb{A}^{[l]}=\pmb{f}^{[l]}(\pmb{Z}^{[l]})$

(8)　　　　compute $\dfrac{\partial\mathcal{L}}{\partial\pmb{A}^{[L]}}$

(9)　　　　for layer l in range$(L,0,-1)$

(10)　　　　　　$\dfrac{\partial\mathcal{L}}{\partial\pmb{Z}^{[l]}}=\dfrac{\partial\mathcal{L}}{\partial\pmb{A}^{[l]}}\odot\dfrac{\partial\pmb{f}^{[l]}(\pmb{Z}^{[l]})}{\partial\pmb{Z}^{[l]}}$

(11)　　　　　　$\dfrac{\partial\mathcal{L}}{\partial\pmb{W}^{[l]}}=\dfrac{1}{s}\dfrac{\partial\mathcal{L}}{\partial\pmb{Z}^{[l]}}\pmb{A}^{[l-1]\mathrm{T}}$

(12)　　　　　　$\dfrac{\partial\mathcal{L}}{\partial\pmb{b}^{[l]}}=\dfrac{1}{s}\mathrm{sum}\left(\dfrac{\partial\mathcal{L}}{\partial\pmb{Z}^{[l]}}\right)$

$$(13) \quad \frac{\partial \mathcal{L}}{\partial \boldsymbol{A}^{[l-1]}} = \boldsymbol{W}^{[l]\mathrm{T}} \frac{\partial \mathcal{L}}{\partial \boldsymbol{Z}^{[l]}}$$

$$(14) \quad \boldsymbol{W}^{[l]} = \boldsymbol{W}^{[l]} - \eta \frac{\partial \mathcal{L}}{\partial \boldsymbol{W}^{[l]}}$$

$$(15) \quad \boldsymbol{b}^{[l]} = \boldsymbol{b}^{[l]} - \eta \frac{\partial \mathcal{L}}{\partial \boldsymbol{b}^{[l]}}$$

7.4.2 动量梯度下降

动量梯度下降（gradient descent with momentum）在标准梯度下降算法的基础上，将历史的梯度信息加以考虑，对历史梯度求指数加权平均，可以改善参数的学习效率。

以多层感知机模型的训练算法为例，算法7.4给出了梯度下降改为动量梯度下降后的训练算法。

算法 7.4：多层感知机模型的训练算法（动量梯度下降）

输入：训练集 D、模型的结构、激励函数以及学习率 η、训练次数 N、参数 α

输出：权重及偏置项

主要步骤：

(1) randomly initialize every weight and bias

(2) initialize each matrix $\boldsymbol{v}_w^{[l]}, l \in [1, L]$ and $\boldsymbol{v}_b$ as zero matrices

(3) for iteration i in range$(0, N)$

(4)　　for minibatch t in range$(0, M)$

(5)　　　　for layer l in range$(1, L+1)$

(6)　　　　　　if $(l == 1)$ $\boldsymbol{A}^{[0]} = \boldsymbol{X}^{\{t\}}$

(7)　　　　　　$\boldsymbol{Z}^{[l]} = \boldsymbol{W}^{[l]\mathrm{T}} \boldsymbol{A}^{[l-1]} + \boldsymbol{b}^{[l]}$

(8)　　　　　　$\boldsymbol{A}^{[l]} = \boldsymbol{f}^{[l]}(\boldsymbol{Z}^{[l]})$

(9)　　　　compute $\dfrac{\partial \mathcal{L}}{\partial \boldsymbol{A}^{[L]}}$

(10)　　　　for layer l in range$(L, 0, -1)$

(11)　　　　　　$\dfrac{\partial \mathcal{L}}{\partial \boldsymbol{Z}^{[l]}} = \dfrac{\partial \mathcal{L}}{\partial \boldsymbol{A}^{[l]}} \odot \dfrac{\partial \boldsymbol{f}^{[l]}(\boldsymbol{Z}^{[l]})}{\partial \boldsymbol{Z}^{[l]}}$

(12)　　　　　　$\dfrac{\partial \mathcal{L}}{\partial \boldsymbol{W}^{[l]}} = \dfrac{1}{s} \dfrac{\partial \mathcal{L}}{\partial \boldsymbol{Z}^{[l]}} \boldsymbol{A}^{[l-1]\mathrm{T}}$

(13)　　　　　　$\dfrac{\partial \mathcal{L}}{\partial \boldsymbol{b}^{[l]}} = \dfrac{1}{s} \mathrm{sum}\left(\dfrac{\partial \mathcal{L}}{\partial \boldsymbol{Z}^{[l]}}\right)$

(14)　　　　　　$\dfrac{\partial \mathcal{L}}{\partial \boldsymbol{A}^{[l-1]}} = \boldsymbol{W}^{[l]\mathrm{T}} \dfrac{\partial \mathcal{L}}{\partial \boldsymbol{Z}^{[l]}}$

(15)　　　　　　$\boldsymbol{v}_w^{[l]} = \alpha \times \boldsymbol{v}_w^{[l]} + (1-\alpha) \times \dfrac{\partial \mathcal{L}}{\partial \boldsymbol{W}^{[l]}}$

$$(16) \qquad \boldsymbol{v}_b^{[l]} = \alpha \times \boldsymbol{v}_b^{[l]} + (1-\alpha) \times \frac{\partial \mathcal{L}}{\partial \boldsymbol{b}^{[l]}}$$

$$(17) \qquad \boldsymbol{W}^{[l]} = \boldsymbol{W}^{[l]} - \eta \times \boldsymbol{v}_w^{[l]}$$

$$(18) \qquad \boldsymbol{b}^{[l]} = \boldsymbol{b}^{[l]} - \eta \times \boldsymbol{v}_b^{[l]}$$

对比算法 7.4 和算法 7.3 可以发现,新算法增加了求梯度平均的步骤(第(15)和(16)步),引入了变量 $\boldsymbol{v}_w^{[l]}$ 和 $\boldsymbol{v}_b^{[l]}$($\boldsymbol{v}_b$ 的第 l 列),$l \in [1, L]$。$\boldsymbol{v}_w^{[l]}$ 用于存储第 l 层权重的梯度的指数加权平均,计算方法为:

$$\boldsymbol{v}_w^{[l]} = \alpha \boldsymbol{v}_w^{[l]} + (1-\alpha) \frac{\partial \mathcal{L}}{\partial \boldsymbol{W}^{[l]}}$$

其中,$\alpha \in [0,1]$,是指数加权平均的参数,等号右边的 $\boldsymbol{v}_w^{[l]}$ 代表上一次迭代得到的结果,等号左边的 $\boldsymbol{v}_w^{[l]}$ 是当前迭代中的取值。可以看到,$\boldsymbol{v}_w^{[l]}$ 是对已有梯度平均值 $\boldsymbol{v}_w^{[l]}$ 和当前梯度 $\frac{\partial \mathcal{L}}{\partial \boldsymbol{W}^{[l]}}$ 的加权平均。同理,$\boldsymbol{v}_b^{[l]}$ 用于存储第 l 层偏置项的梯度的指数加权平均,计算方法为:

$$\boldsymbol{v}_b^{[l]} = \alpha \boldsymbol{v}_b^{[l]} + (1-\alpha) \frac{\partial \mathcal{L}}{\partial \boldsymbol{b}^{[l]}}$$

为了便于理解指数加权平均的含义,假设某一个权重的梯度在每次循环 i 中的值记为 $d_w(i)$,其指数加权平均值记为 $v_w(i)$,则:

$$\begin{aligned}
v_w(i) &= \alpha v_w(i-1) + (1-\alpha) d_w(i) \\
&= \alpha [\alpha v_w(i-2) + (1-\alpha) d_w(i-1)] + (1-\alpha) d_w(i) \\
&= \alpha^2 v_w(i-2) + \alpha(1-\alpha) d_w(i-1) + (1-\alpha) d_w(i) \\
&= (1-\alpha) d_w(i) + \alpha(1-\alpha) d_w(i-1) + \alpha^2 (1-\alpha) d_w(i-2) + \cdots
\end{aligned}$$

因此,$v_w(i)$ 是当前梯度 $d_w(i)$ 及其历史梯度的指数加权平均。

7.4.3 AdaGrad

AdaGrad 是 2011 年提出的方法,它将历史的梯度平方和进行累积,用于调整参数的更新步长。以多层感知机模型的训练算法为例,算法 7.5 给出了采用 AdaGrad 梯度下降的训练算法。

算法 7.5:多层感知机模型的训练算法(AdaGrad 梯度下降)
输入:训练集 D、模型的结构、激励函数、学习率 η、训练次数 N、常数 ε
输出:权重及偏置项
主要步骤:
(1) randomly initialize every weight and bias
(2) initialize each matrix $\boldsymbol{s}_w^{[l]}, l \in [1, L]$ and $\boldsymbol{s}_b$ as zero matrices
(3) for iteration i in range(0, N)
(4)   for minibatch t in range(0, M)
(5)   for layer l in range(1, $L+1$)

(6)   if $(l==1) \boldsymbol{A}^{[0]}=\boldsymbol{X}^{(t)}$

(7) $\boldsymbol{Z}^{[l]}=\boldsymbol{W}^{[l]\mathrm{T}}\boldsymbol{A}^{[l-1]}+\boldsymbol{b}^{[l]}$

(8) $\boldsymbol{A}^{[l]}=\boldsymbol{f}^{[l]}(\boldsymbol{Z}^{[l]})$

(9)   compute $\dfrac{\partial \mathcal{L}}{\partial \boldsymbol{A}^{[L]}}$

(10)   for layer l in range$(L,0,-1)$

(11) $\dfrac{\partial \mathcal{L}}{\partial \boldsymbol{Z}^{[l]}}=\dfrac{\partial \mathcal{L}}{\partial \boldsymbol{A}^{[l]}}\odot\dfrac{\partial \boldsymbol{f}^{[l]}(\boldsymbol{Z}^{[l]})}{\partial \boldsymbol{Z}^{[l]}}$

(12) $\dfrac{\partial \mathcal{L}}{\partial \boldsymbol{W}^{[l]}}=\dfrac{1}{s}\dfrac{\partial \mathcal{L}}{\partial \boldsymbol{Z}^{[l]}}\boldsymbol{A}^{[l-1]\mathrm{T}}$

(13) $\dfrac{\partial \mathcal{L}}{\partial \boldsymbol{b}^{[l]}}=\dfrac{1}{s}\mathrm{sum}\left(\dfrac{\partial \mathcal{L}}{\partial \boldsymbol{Z}^{[l]}}\right)$

(14) $\dfrac{\partial \mathcal{L}}{\partial \boldsymbol{A}^{[l-1]}}=\boldsymbol{W}^{[l]\mathrm{T}}\dfrac{\partial \mathcal{L}}{\partial \boldsymbol{Z}^{[l]}}$

(15) $\boldsymbol{s}_w^{[l]}=\boldsymbol{s}_w^{[l]}+\dfrac{\partial \mathcal{L}}{\partial \boldsymbol{W}^{[l]}}\odot\dfrac{\partial \mathcal{L}}{\partial \boldsymbol{W}^{[l]}}$

(16) $\boldsymbol{s}_b^{[l]}=\boldsymbol{s}_b^{[l]}+\dfrac{\partial \mathcal{L}}{\partial \boldsymbol{b}^{[l]}}\odot\dfrac{\partial \mathcal{L}}{\partial \boldsymbol{b}^{[l]}}$

(17) $\boldsymbol{W}^{[l]}=\boldsymbol{W}^{[l]}-\dfrac{\eta}{\varepsilon+\sqrt{\boldsymbol{s}_w^{[l]}}}\odot\dfrac{\partial \mathcal{L}}{\partial \boldsymbol{W}^{[l]}}$

(18) $\boldsymbol{b}^{[l]}=\boldsymbol{b}^{[l]}-\dfrac{\eta}{\varepsilon+\sqrt{\boldsymbol{s}_b^{[l]}}}\odot\dfrac{\partial \mathcal{L}}{\partial \boldsymbol{b}^{[l]}}$

算法 7.5 中引入变量 $\boldsymbol{s}_w^{[l]}$ 和 $\boldsymbol{s}_b^{[l]}$ ($\boldsymbol{s}_b$ 的第 l 列)，$l\in[1,L]$。$\boldsymbol{s}_w^{[l]}$ 用于存储第 l 层权重的梯度平方和，$\boldsymbol{s}_b^{[l]}$ 用于存储第 l 层偏置项的梯度平方和，计算方法如算法中的第(15)和第(16)步，其中 $\odot$ 代表矩阵或矢量的对应元素相乘操作，即 Hadamard 积。在第(17)和第(18)步中，当前梯度利用历史梯度和的平方根($\sqrt{\boldsymbol{s}_w^{[l]}}$)进行缩放，其中 ε 是个小常数，如 10^{-6}。

7.4.4 RMSProp

RMSProp(root mean square propagation)是 2012 年提出的一种梯度下降的方法，是常用的训练神经网络模型的算法。与动量梯度下降不同的是，它基于梯度平方的指数加权平均对当前梯度进行修正。

以多层感知机模型的训练算法为例，算法 7.6 给出了 RMSProp 梯度下降的训练算法。

算法 7.6：多层感知机模型的训练算法(RMSProp 梯度下降)

输入：训练集 D、模型的结构、激励函数以及学习率 η、训练次数 N、参数 β、常数 ε

输出：权重及偏置项

主要步骤：

(1) randomly initialize every weight and bias

(2) initialize each matrix $\boldsymbol{s}_w^{[l]}, l \in [1, L]$ and $\boldsymbol{s}_b$ as zero matrices

(3) for iteration i in range$(0, N)$

(4)   for minibatch t in range$(0, M)$

(5)   for layer l in range$(1, L+1)$

(6)   if$(l == 1)$ $\boldsymbol{A}^{[0]} = \boldsymbol{X}^{(t)}$

(7) $\boldsymbol{Z}^{[l]} = \boldsymbol{W}^{[l] \mathrm{T}} \boldsymbol{A}^{[l-1]} + \boldsymbol{b}^{[l]}$

(8) $\boldsymbol{A}^{[l]} = \boldsymbol{f}^{[l]}(\boldsymbol{Z}^{[l]})$

(9)   compute $\dfrac{\partial \mathcal{L}}{\partial \boldsymbol{A}^{[L]}}$

(10)   for layer l in range$(L, 0, -1)$

(11) $\dfrac{\partial \mathcal{L}}{\partial \boldsymbol{Z}^{[l]}} = \dfrac{\partial \mathcal{L}}{\partial \boldsymbol{A}^{[l]}} \odot \dfrac{\partial \boldsymbol{f}^{[l]}(\boldsymbol{Z}^{[l]})}{\partial \boldsymbol{Z}^{[l]}}$

(12) $\dfrac{\partial \mathcal{L}}{\partial \boldsymbol{W}^{[l]}} = \dfrac{1}{s} \dfrac{\partial \mathcal{L}}{\partial \boldsymbol{Z}^{[l]}} \boldsymbol{A}^{[l-1] \mathrm{T}}$

(13) $\dfrac{\partial \mathcal{L}}{\partial \boldsymbol{b}^{[l]}} = \dfrac{1}{s} \mathrm{sum}\left(\dfrac{\partial \mathcal{L}}{\partial \boldsymbol{Z}^{[l]}} \right)$

(14) $\dfrac{\partial \mathcal{L}}{\partial \boldsymbol{A}^{[l-1]}} = \boldsymbol{W}^{[l] \mathrm{T}} \dfrac{\partial \mathcal{L}}{\partial \boldsymbol{Z}^{[l]}}$

(15) $\boldsymbol{s}_w^{[l]} = \beta \boldsymbol{s}_w^{[l]} + (1 - \beta) \dfrac{\partial \mathcal{L}}{\partial \boldsymbol{W}^{[l]}} \odot \dfrac{\partial \mathcal{L}}{\partial \boldsymbol{W}^{[l]}}$

(16) $\boldsymbol{s}_b^{[l]} = \beta \boldsymbol{s}_b^{[l]} + (1 - \beta) \dfrac{\partial \mathcal{L}}{\partial \boldsymbol{b}^{[l]}} \odot \dfrac{\partial \mathcal{L}}{\partial \boldsymbol{b}^{[l]}}$

(17) $\boldsymbol{W}^{[l]} = \boldsymbol{W}^{[l]} - \eta \dfrac{\dfrac{\partial \mathcal{L}}{\partial \boldsymbol{W}^{[l]}}}{\sqrt{\boldsymbol{s}_w^{[l]} + \varepsilon}}$

(18) $\boldsymbol{b}^{[l]} = \boldsymbol{b}^{[l]} - \eta \dfrac{\dfrac{\partial \mathcal{L}}{\partial \boldsymbol{b}^{[l]}}}{\sqrt{\boldsymbol{s}_b^{[l]} + \varepsilon}}$

算法 7.6 中引入变量 $\boldsymbol{s}_w^{[l]}$ 和 $\boldsymbol{s}_b^{[l]}$（$\boldsymbol{s}_b$ 的第 l 列），$l \in [1, L]$。$\boldsymbol{s}_w^{[l]}$ 用于存储第 l 层权重的梯度平方的指数加权平均，$\boldsymbol{s}_b^{[l]}$ 用于存储第 l 层偏置项的梯度平方的指数加权平均，计算方法如算法中的第（15）和第（16）步，其中 $\odot$ 代表矩阵或矢量的对应元素相乘操作，即 Hadamard 积。在第（17）和第（18）步中，当前梯度与其历史梯度的指数加权均方根（$\sqrt{\boldsymbol{s}_w^{[l]}}$）相除指的是对应元素相除，其中 ε 是个小常数，如 10^{-6}。$\beta \in [0, 1]$，是指数加权平均的参数。

7.4.5　Adam

Adam（adaptive momentum）是 2014 年提出的用于训练神经网络模型的梯度下降优化

方法，是另一种常用的方法。它同时对梯度及梯度的平方求指数加权平均，以多层感知机模型的训练为例的算法如算法 7.7 所示。

算法 7.7：多层感知机模型的训练算法（Adam 梯度下降）

输入：训练集 D、模型的结构、激励函数以及学习率 η、训练次数 N、参数 β_1、β_2，常数 ε

输出：权重及偏置项

主要步骤：

(1) randomly initialize every weight and bias

(2) initialize each matrix $\boldsymbol{s}_w^{[l]}$, $\boldsymbol{v}_w^{[l]}$, $l \in [1,L]$ $\boldsymbol{s}_b$ and $\boldsymbol{v}_b$ as zero matrices

(3) for iteration i in range$(0, N)$

(4)   for minibatch t in range$(0, M)$

(5)   for layer l in range$(1, L+1)$

(6)   if $(l == 1)$ $\boldsymbol{A}^{[0]} = \boldsymbol{X}^{(t)}$

(7) $\boldsymbol{Z}^{[l]} = \boldsymbol{W}^{[l]\mathrm{T}} \boldsymbol{A}^{[l-1]} + \boldsymbol{b}^{[l]}$

(8) $\boldsymbol{A}^{[l]} = \boldsymbol{f}^{[l]}(\boldsymbol{Z}^{[l]})$

(9)   compute $\dfrac{\partial \mathcal{L}}{\partial \boldsymbol{A}^{[L]}}$

(10)   for layer l in range$(L, 0, -1)$

(11) $\dfrac{\partial \mathcal{L}}{\partial \boldsymbol{Z}^{[l]}} = \dfrac{\partial \mathcal{L}}{\partial \boldsymbol{A}^{[l]}} \odot \dfrac{\partial \boldsymbol{f}^{[l]}(\boldsymbol{Z}^{[l]})}{\partial \boldsymbol{Z}^{[l]}}$

(12) $\dfrac{\partial \mathcal{L}}{\partial \boldsymbol{W}^{[l]}} = \dfrac{1}{s} \dfrac{\partial \mathcal{L}}{\partial \boldsymbol{Z}^{[l]}} \boldsymbol{A}^{[l-1]\mathrm{T}}$

(13) $\dfrac{\partial \mathcal{L}}{\partial \boldsymbol{b}^{[l]}} = \dfrac{1}{s} \mathrm{sum}\left(\dfrac{\partial \mathcal{L}}{\partial \boldsymbol{Z}^{[l]}}\right)$

(14) $\dfrac{\partial \mathcal{L}}{\partial \boldsymbol{A}^{[l-1]}} = \boldsymbol{W}^{[l]\mathrm{T}} \dfrac{\partial \mathcal{L}}{\partial \boldsymbol{Z}^{[l]}}$

(15) $\boldsymbol{v}_w^{[l]} = \beta_1 \boldsymbol{v}_w^{[l]} + (1-\beta_1) \dfrac{\partial \mathcal{L}}{\partial \boldsymbol{W}^{[l]}}$

(16) $\boldsymbol{v}_b^{[l]} = \beta_1 \boldsymbol{v}_b^{[l]} + (1-\beta_1) \dfrac{\partial \mathcal{L}}{\partial \boldsymbol{b}^{[l]}}$

(17) $\boldsymbol{s}_w^{[l]} = \beta_2 \boldsymbol{s}_w^{[l]} + (1-\beta_2) \dfrac{\partial \mathcal{L}}{\partial \boldsymbol{W}^{[l]}} \odot \dfrac{\partial \mathcal{L}}{\partial \boldsymbol{W}^{[l]}}$

(18) $\boldsymbol{s}_b^{[l]} = \beta_2 \boldsymbol{s}_b^{[l]} + (1-\beta_2) \dfrac{\partial \mathcal{L}}{\partial \boldsymbol{b}^{[l]}} \odot \dfrac{\partial \mathcal{L}}{\partial \boldsymbol{b}^{[l]}}$

(19) $\boldsymbol{v}_w^{[l]} = \dfrac{\boldsymbol{v}_w^{[l]}}{1-\beta_1^{(i \times M + t)}}$ $\boldsymbol{v}_b^{[l]} = \dfrac{\boldsymbol{v}_b^{[l]}}{1-\beta_1^{(i \times M + t)}}$

(20) $\boldsymbol{s}_w^{[l]} = \dfrac{\boldsymbol{s}_w^{[l]}}{1-\beta_2^{(i \times M + t)}}$ $\boldsymbol{s}_b^{[l]} = \dfrac{\boldsymbol{s}_b^{[l]}}{1-\beta_2^{(i \times M + t)}}$

$$(21) \qquad \boldsymbol{W}^{[l]} = \boldsymbol{W}^{[l]} - \eta \, \frac{s_w^{[l]}}{\varepsilon + \sqrt{v_w^{[l]}}}$$

$$(22) \qquad \boldsymbol{b}^{[l]} = \boldsymbol{b}^{[l]} - \eta \, \frac{s_b^{[l]}}{\varepsilon + \sqrt{v_b^{[l]}}}$$

算法 7.7 中,第(15)～(18)步,分别通过变量 $s_w^{[l]}$、$s_b^{[l]}$、$v_w^{[l]}$ 和 $v_b^{[l]}$ 存储第 l 层权重和偏置项的梯度和梯度平方的指数加权平均,在第(19)和(20)步中,对它们进行修正,其中,$(i \times M + t)$ 计算的是当前已经完成的迭代次数,矩阵和矢量之间的除法都是对应元素相除。其中,β_1、$\beta_2 \in [0,1]$,是指数加权平均的参数;ε 是个小常数,如 10^{-6}。

7.4.6 学习率衰减

在神经网络模型的训练过程中,学习率的设置至关重要。值太大,学习速度加快,容易在最优解附近震荡;值太小,易于找到最优解,但是学习速度慢。因此,结合两者的优点,模型在训练阶段的早期可以相对设置较大的学习率,后期则变小。为此提出了各种学习率的衰减方法。

常用的衰减方法是指数衰减方法,假设 η^i 为模型训练时第 i 次迭代时的学习率,其计算公式为:

$$\eta^i = \eta^0 \times \gamma^{\frac{i}{\text{decay\_steps}}}$$

其中,η^0 是设置的初始学习率;$\gamma \in [0,1]$ 是衰减率(decay rate);decay_steps 是衰减周期,例如,若设置 decay_steps=100,则每隔 100 次,循环学习率衰减一次。

衰减方法也可以采用称为自然指数衰减的方法:

$$\eta^i = \eta^0 \times \mathrm{e}^{-\gamma \frac{i}{\text{decay\_steps}}}$$

除此之外,还有许多其他形式的衰减方法,如倒数衰减方法:

$$\eta^i = \eta^0 \times \frac{1}{1 + \gamma \dfrac{i}{\text{decay\_steps}}}$$

练习题 7

1. 给定 Iris 数据集,其中 80％作为训练集,20％作为测试集,请编写程序实现一个针对该数据集利用多层感知机实现分类的模型,多层感知机模型共有 3 层,其中有 2 个隐藏层和 1 个输出层。第 1 个隐藏层有 4 个结点,第 2 个隐藏层有 3 个结点,隐藏层采用 ReLU 激励函数,输出层采用 softmax 激励函数,采用标准的梯度下降优化算法。计算该模型的参数的总个数。

2. 给定训练集 $D = \{(\boldsymbol{x}^{(i)}, \boldsymbol{y}^{(i)}) \mid i = 1, 2, \cdots, m\}$,其中每个样本都是一个长度为 4 的数据序列,$\boldsymbol{x}^{(i)} = (\boldsymbol{x}^{(i)<1>}, \boldsymbol{x}^{(i)<2>}, \boldsymbol{x}^{(i)<3>}, \boldsymbol{x}^{(i)<4>})$,$\boldsymbol{x}^{(i)<t>} = \begin{bmatrix} x_1^{(i)<t>} \\ x_2^{(i)<t>} \\ x_3^{(i)<t>} \end{bmatrix}$,$\boldsymbol{y}^{(i)} = (y^{(i)<1>},$

$y^{(i)<2>}, y^{(i)<3>}, y^{(i)<4>}$），其中 $y^{(i)<t>} \in \{0,1\}$。循环神经网络的隐藏层有 3 个结点，输出层有 1 个结点，隐藏层采用 tanh 激励函数，输出层采用 sigmoid 激励函数，假设模型训练过程中，参数的调整是针对 m 个样本调整一次，请列出参数调整一次的模型前向计算过程和后向梯度计算的完整过程。变量沿用 7.3 节的命名方法。

3. 请计算 7.2.3 节中介绍的 AlexNet 模型每一层需要学习的参数个数。

4. 给定一个 4×4 大小的图片，步长为 2，卷积核大小为 2×2，padding 类型为 same 时，上、下、左、右分别填补零的个数是多少？

5. 给定一个 5×5 大小的图片，如图 7.25(a)所示，第 1 个卷积层步长为 1，有 2 个卷积核，大小都为 3×3，如图 7.25(b)所示，padding 类型为 invalid。

（1）若第 2 层是卷积层，卷积核大小为 $2 \times 2 \times 2$，如图 7.25(c)所示，步长为 1，padding 类型为 invalid。两个卷积层中的偏置项都为 1，请计算两个卷积层的输出。

$$
\begin{bmatrix} 1 & 2 & 3 & 4 & 5 \\ 2 & 1 & 2 & 2 & 0 \\ 3 & 2 & 1 & 1 & 0 \\ 4 & 0 & 1 & 0 & 1 \\ 5 & 4 & 3 & 2 & 1 \end{bmatrix}
\qquad
\begin{bmatrix} 1 & 0 & 1 \\ 0 & 1 & 0 \\ 1 & 1 & 0 \end{bmatrix}
\begin{bmatrix} -1 & 0 & 1 \\ 1 & 0 & -1 \\ 0 & -1 & 1 \end{bmatrix}
\qquad
\begin{bmatrix} 1 & 2 \\ -1 & 1 \end{bmatrix}
\begin{bmatrix} 1 & 1 \\ -1 & -1 \end{bmatrix}
$$

（a）5×5 大小的图片 　　（b）卷积核 1 　　（c）卷积核 2

图 7.25　习题 5 图

（2）若第 2 层是最大化池化层，步长为 1，滑动窗口大小为 2×2，padding 类型为 invalid，请给出池化结果。

6. 给定一个视频的集合，每个视频都由若干帧的 100×100 像素大小的图像构成，每个视频都有一个类别：唱歌、跳舞或其他。请设计一个神经网络模型，用于判断一段视频的类别。

7. 从网页 http://jmcauley.ucsd.edu/data/amazon/上下载一个在线评论数据集，利用每条评论的文本作为输入，分别构建模型完成以下预测任务：

（1）将用户的打分转换成情感类别，大于或等于 3 为正向类别，小于 3 为负向类别，模型用于预测类别。

（2）预测每条评论的实际打分。

第三部分

商务智能基础技术

第8章

数据预处理

所谓"错进，错出"(garbage in, garbage out)指的是在计算机处理中如果输入的是错误的数据，则输出的也是错误结果。为了避免这一问题的发生，在商务智能应用中需要花费大量的时间在数据的预处理上，即在运用各种技术对数据进行分析之前对数据的预先处理。本章介绍数据预处理需要解决的问题和常用的技术。

8.1 数据预处理的原因和任务

数据在收集时由于各种原因可能存在缺失、错误、不一致等问题，这些将影响数据的分析结果。另外，用于描述对象的数据有可能不能很好地反映潜在的模式，因此需要进行有效属性的提取以及构造。描述对象的属性可能很多，针对某一类分析问题，有些属性是无用的或者冗余的，正确识别出无用、冗余的属性不仅可以提升分析效果，发现更有意义的、更便于理解的知识，同时也可以节省分析时间，提高算法的运行效率。为此，数据预处理是商务智能应用中的一个重要环节，通常占用大量的时间。下面总结四类主要的数据预处理任务。

(1) 数据离散化(discretization)。

有些知识发现技术只能处理离散化属性，因此需要将连续取值的属性进行离散化，这同时也可以缩减数据量。

(2) 数据规范化(normalization)。

数据规范化是将描述同一对象的多个属性的取值范围进行规范，统一到相同的范围，避免某些属性的作用大于其他属性。

(3) 数据清洗(data cleaning)。

数据清洗的主要目的是将数据集中存在的缺失和噪声进行处理，降低其对后续数据分析处理的影响。

(4) 特征提取与特征选择。

在本章中描述对象的属性又称为特征、维度。特征提取和特征选择又称为属性归约(dimension reduction)，主要目的是用一组数量少的属性代替原来的属性，以便提高知识发现的效率和效果。

下面主要介绍实现这些预处理任务的常用方法。

8.2 数据规范化

数据规范化又称标准化(standardization)，通过将属性的取值范围进行统一，避免不同的属性在数据分析的过程中具有不平等的地位。例如，在利用欧氏距离计算对象的相异度时，如果描述对象的属性包括年龄和收入（以元为单位），则"收入"在计算距离时起到关键的作用，掩盖了年龄的作用。如果将二者均规范化到同样的区间，如[0,1]，则可以避免此问题。常用的规范化方法包括最小-最大法（min-max normalization）和 z-score 等。

最小-最大法是最常用的一种规范化方法。使用此方法时需要指定需要映射的目标区间，假设此区间为[L,R]，原来的取值范围为[l,r]，则根据等比例映射的原理，一个值 x 映射到新区间后的值 v 的计算方法如下：

$$v = \frac{x-l}{r-l}(R-L)+L \tag{8.1}$$

例如，对于描述客户的属性"年收入/万元"，如果原来的取值范围为[3,200]，新的取值范围为[0,1]，则若某客户的年收入为 60 万元，规范化后为 (60−3)/(200−3)＝0.29。

z-score 又称零均值规范化（zero-mean normalization）。给定一个属性 A，设其取值的均值为 μ_A，标准差为 σ_A，A 的某个取值 x 规范化后的值 v 计算如下：

$$v = \frac{x-\mu_A}{\sigma_A} \tag{8.2}$$

其中，均值为 μ_A 和标准差为 σ_A 通过已有样本的属性值进行计算。规范化后的属性 A 的均值为零。

例如，年收入属性的均值为 82，标准差为 39，则年收入 60 万元规范化后为 −0.31。

8.3　数据离散化

连续类型的属性用某些算法无法处理，例如，关联规则的挖掘算法只能处理离散类型的取值。为此，离散化是某些知识发现过程的必要步骤。方法分为两类：无监督离散化和有监督离散化。无监督离散化最常用的方法是分箱法（binning），有监督离散化常用的方法有基于熵的方法和基于卡方统计量的方法 ChiMerge。

8.3.1　分箱离散化

离散化是将连续取值转换为区间取值的方法。分箱离散化是一种无监督离散化方法，利用这种方法为一个属性离散化时，不需要考虑其他属性的取值。分箱离散化方法分为两类：一类是等距离（equal-distance）分箱；另一类是等频率（equal-frequency）分箱。

等距离分箱又称为等宽度分箱（equal-width binning），是将每个取值映射到等大小的区间的方法。给定属性 A 的最小值和最大值分别为 min 和 max，若区间个数为 k，则每个区间的间距为 I＝(max−min)/k，区间分别为[min,min＋I)，[min＋I,min＋2I)，…，[min＋(k−1)I,min＋kI]。

等频率分箱又称为等深度分箱（equal-depth binning）。它将每个取值映射到一个区间，每个区间内包含的取值个数大致相同。

假设 14 个客户的属性"年收入"的取值按顺序为 20,40,50,58,65,80,80,82,86,90,96,105,120,200。利用等距离分箱，区间的个数为 4，则区间间距为 (200−20)/4＝45，则 4 个箱的区间分别为[20,65)，[65,110)，[110,155)，[155,200]。根据此区间将原来的每个取值映射到的区间为[20,40,50]，[58,65,80,80,82,86,90]，[96,105,120]，[200]。等距

离分箱可能导致属于某些的取值非常多,而某些又非常少。等频率分箱方法则能够解决此问题。

利用等频率分箱,每箱 3 个值,则 4 个箱分别为$[20,40,50]$、$[58,65,80,80]$、$[82,86,90]$、$[96,105,120,200]$。映射到区间之后,属于一个区间的每个属性值都可以用区间代替,或者用一个整数代替。例如,属性值 20、40、50 可以用$[20,65)$代替,或者若 4 个区间分别对应整数 1、2、3 和 4,则这 3 个取值均用 1 代替。

8.3.2 基于熵的离散化

分箱离散化由于是一种无监督离散化方法,离散化时属性的取值可能不利于有意义模式的发现。例如,采用此方法对属性"年收入"离散化时,将取值 20、40、50 均映射到一个区间中,而实际上,"年收入小于或等于 40 万元的客户,其类别是否购买过豪华车=否"可能是个潜在的模式,而离散化后使得该模式更难以发现了。因此,对于分类问题,采用有监督的离散化是一种更好的选择。采用有监督的离散化,可以参照分类属性的取值进行连续属性的离散化,使得映射到一个区间的对象的类别尽量统一。基于熵的离散化方法是常用的有监督的离散化方法之一。

在第 4 章介绍决策树分类方法时曾经介绍过信息熵的计算方法,熵可以用于度量分类属性取值的纯度,因而可以用于衡量一个区间的优劣,映射到一个区间的对象的类别纯度越高,其离散化的结果越好。

给定一个数据集 D 及分类属性的取值,即类别集合 $C=\{c_1,c_2,\cdots,c_k\}$,数据集 D 的信息熵 $entropy(D)$ 的计算公式如下:

$$entropy(D) = -\sum_{i=1}^{k} p(c_i) \mathrm{lb} p(c_i) \tag{8.3}$$

其中,$p(c_i)=count(c_i)/|D|$,$count(c_i)$ 表示类别 c_i 在 D 中出现的次数,$|D|$ 表示 D 中的数据行数,即对象个数。信息熵的取值越小,类别分布越纯,反之越不纯。

为了解释此方法,假设要离散化的属性为"年收入",分类属性为"是否购买过豪华车",数据如表 8.1 所示。

表 8.1 离散化数据集

年收入/万元	是否购买过豪华车	年收入/万元	是否购买过豪华车
20	否	58	是
40	否	65	否
50	是		

表 8.1 中数据的信息熵,$entropy(D)=-3/5\mathrm{lb}(3/5)-2/5\mathrm{lg}(2/5)=0.97$。

数据集 D 中的属性 A 需要离散化时,每次对其取值进行一次分割,因此,首先将 D 中的行按照属性 A 的取值进行排序,如表 8.1 中的行按照年收入升序排序。对此属性的取值进行分割的方法是利用条件 $A \leqslant v$,即取值小于或等于 v 的属于一个区间,大于 v 的属于另一个区间,v 是 A 的一个取值。相应地,数据集 D 也按照此条件分裂为两个子数据集,假设分别为 D_1、D_2,则综合这两个子数据集的信息熵就可以作为衡量这种分割优劣的度量,记为 $entropy(D,v)$,其计算公式如下:

$$\text{entropy}(D,v) = \frac{|D_1|}{|D|}\text{entropy}(D_1) + \frac{|D_2|}{|D|}\text{entropy}(D_2) \tag{8.4}$$

一个数据集 D 按 $A \leqslant v$ 分裂前后信息熵的差值称为信息增益,记为 $\text{gain}(D,v)$,其计算公式如下:

$$\text{gain}(D,v) = \text{entropy}(D) - \text{entropy}(D,v) \tag{8.5}$$

因此,选择区间的分割方法时可以以信息增益作为选择标准,选取值最大的分割方法实现一次分割。接着可以对每个区间进一步进行分割,直至达到需要的区间个数为止,或者信息增益小于某个阈值为止。

在比较不同的分割条件 $A \leqslant v$ 的信息增益时,不必对 A 的每个取值均进行计算,已经证明只需要在类别发生变化的取值处进行计算即可。例如,对于表 8.1 中的数据,只需要比较"年收入 $\leqslant 40$"和"年收入 $\leqslant 58$"两种情况。其信息增益计算如下:

$\text{entropy}(D,40) = -2/5 \times (2/2 \text{lb}(2/2) - 3/5 \times (2/3 \text{lb}(2/3) + 1/3 \text{lb}(1/3)) = 0.52$

$\text{entropy}(D,58) = -4/5 \times (1/2 \text{lb}(1/2) + 1/2 \text{lb}(1/2)) - 1/5 \times \text{lb}1 = 0.8$

$\text{gain}(D,40) = 0.97 - 0.52 = 0.45$

$\text{gain}(D,58) = 0.97 - 0.8 = 0.17$

显然,将年收入的取值分为大于或等于 40 万元和小于 40 万元两个更好。接着,可以对这两个区间继续分裂。

8.3.3 离散化方法 ChiMerge

ChiMerge 方法是另一种有监督离散化方法。如果基于熵的方法可以看作是自顶向下的分裂方法,则 ChiMerge 属于自底向上的合并方法。基于熵的方法是从一个大区间开始,不断分裂成小的区间,而 ChiMerge 则是从每个值都是一个小区间开始,不断合并相邻区间成为大的区间,它是基于统计量卡方检验实现的。卡方检验可以验证属性之间的独立性,用在离散化时,可以衡量相邻两个区间与分类属性的独立性,如果是独立的,则说明两个区间对于类别的取值没有显著差异,因此可以合并。

以表 8.1 中数据为例,在将待离散化属性"年收入"的取值排序之后,先生成只含有单个取值的区间,以相邻两个值的中点为分界,初始区间为 $[0,30)$、$[30,45)$、$[45,54)$、$[54,61.5)$、$[61.5,+\infty)$。对两个相邻区间构建列联表,表 8.2 给出的是区间 $[0,30)$ 和 $[30,45)$ 的列联表,其中的数值反映的是属性取值落入相应区间的对象属于每种类型的对象个数,为了方便描述,用变量 N_{ij} 代表相应的对象个数,$i = 1,2$,$j = 1,2,\cdots k$,k 为类别的个数,此例中 $k=2$。C_j 代表第 j 列的汇总,R_i 代表第 i 行的汇总。

表 8.2 列联表

	是否购买过豪华车＝是	是否购买过豪华车＝否	合　计
$[0,30)$	$0(N_{11})$	$1(N_{12})$	$1(R_1)$
$[30,45)$	$0(N_{21})$	$1(N_{21})$	$1(R_2)$
合计	$0(C_1)$	$2(C_2)$	2

给定一个列联表,其卡方值的计算公式如下:

$$\chi^2 = \sum_{i=1}^{2}\sum_{j=1}^{k}\frac{(N_{ij} - E_{ij})^2}{E_{ij}} \tag{8.6}$$

其中

$$E_{ij} = \frac{R_i C_j}{R_1 + R_2} \qquad (8.7)$$

公式(8.7)中若 R_i 或 C_j 等于零时，设 E_{ij} 为一个很小的数，如 0.1，以防公式(8.6)中分母为零。自由度 $=(r-1)(c-1)$，其中 r 为行的个数，即区间个数，c 为列的个数，即类别个数。设定显著性水平 α，根据自由度查卡方分布表得到阈值 β，若计算所得卡方值小于此值，则合并这两个区间。继续此过程，直至相邻区间不满足合并要求，或区间个数满足要求。

对于表8.2，可以计算得 $\chi^2 = 0.2$，查卡方分布表，$\alpha = 0.1$ 时，$\beta = 2.706$。因为，$0.2 < 2.706$，因此合并这两个区间为 $[0, 45)$。

8.4 数据清洗

数据清洗的主要任务是数据缺失的处理、噪声数据的处理以及数据不一致的识别和处理，本节重点介绍最基本的填补数据缺失值的方法以及平滑噪声的方法。

产生数据缺失的原因很多，有的是因为隐私问题，有的本身就是空值，即不存在值。例如，表8.3中存在两个缺失值，第4个客户的年收入和第8个客户的年龄。在收集客户信息时，如果属性设计不合适，也可能造成数据的缺失。例如，若将"婚姻状况"属性改为"已婚否"，则对于离异的客户，此属性的值可能为空。

表8.3 含有缺失值的数据集

客户编号	年龄/岁	性别	年收入/万元	婚姻状况	是否购买过豪华车
1	<30	女	86	已婚	否
2	<30	男	65	单身	否
3	<30	男	90	离异	否
4	<30	女		已婚	否
5	30~50	女	82	已婚	是
6	30~50	男	91	已婚	是
7	30~50	女	200	离异	是
8		女	40	单身	否
9	30~50	男	20	离异	否
10	>50	女	96	离异	否
11	>50	女	80	单身	否
12	>50	男	50	单身	是
13	>50	女	80	离异	否
14	>50	男	92	离异	是

如果简单地将含有缺失值的对象的信息删除，则可能损失很多有用的信息；如果将缺失值(missing value)用同一个值替代，则可能使此值左右分析结果。

如果数据集含有分类属性，则一种简单的填补缺失值的方法为：将属于同一类的对象的该属性值的均值赋予此缺失值，例如表8.3中，第4个客户的"年收入"由类型为"否"的客户的年收入的均值 $(86+65+90+40+20+96+80+80)/8 = 58$ 来填补。对于离散属性或定性属性,用众数代替均值。例如第 8 个顾客的年龄段可以填补为"＜30"。

当然,这种简单填补的方法得到的结果并不准确。用更复杂的方法,可以将其转换为分类问题或数值预测问题。例如,要预测第 4 个客户的年收入,将年收入作为目标属性,利用其他对象构建预测模型。

噪声的处理方法可以分为两类:一类是识别出噪声,将其去除;另一类是利用其他非噪声数据降低噪声的影响,起到平滑(smoothing)的作用。孤立点的识别属于第一类方法,第 6 章中介绍聚类算法 DBSCAN 时提到过,最终不属于任一个簇的点可以看作噪声。分箱方法可以用于平滑噪声。例如,将年收入的缺失值填补之后,将其取值利用分箱法平滑噪声。首先将取值进行排序:20,40,50,58,65,80,80,82,86,90,91,92,96,200。利用等频率分箱,每箱 3 个值,则 4 个箱分别为[20,40,50],[58,65,80,80],[82,86,90],[91,92,96,200]。然后,每个箱中的值可以用均值或者中位数代替,若用中位数代替,则变为[40,40,40],[73,73,73,73],[86,86,86],[94,94,94,94]。

8.5 特征选择与特征提取

描述对象的属性不一定反映潜在的规律或模式。对属性进行重新组合,获得一组反映事物本质的、少量的、新的、属性的过程称为特征提取(feature extraction)。从属性集合中选择那些重要的、与分析任务相关的子集的过程称为特征选择(feature selection)。

8.5.1 特征选择

本节介绍面向分类的特征选择方法。有效的特征选择不仅降低数据量,提高分类模型的构建效率,有时还可以提高分类准确率。

特征选择的方法很多,总结它们的共同特点,其过程可以分为以下几步:

(1) 根据一定的方法选择一个属性子集;

(2) 衡量子集的相关性;

(3) 判断是否需要更新属性子集,若是,则转第(1)步继续,否则进入下一步;

(4) 输出最终选取的属性子集。

不同的特征选择方法在第(1)步和第(2)步中所采用的具体方法不同。第(1)步中,选择属性子集的方法有多种。如果要得到一个最优的属性子集,则需要将所有可能的属性组合进行检查,这通常是不可行的,m 个属性的不同子集的个数是 2^m-1 个,是指数级的。因此,一般采用一定的启发式方法,只检验部分可能性比较大的子集,这样可以快速完成属性的选择,但也有可能发现的不是最优的。常用的方法包括逐步增加法(stepwise forward selection)、逐步递减法(stepwise backward elimination)、随机选取。逐步增加法从所有属性中选择一个最优的属性开始,每次增加一个属性,直至达到目标要求。逐步递减法则从所有属性作为一个候选集合开始,每次去掉一个最差的属性,直至达到要求。

第(2)步中,通常采用两类不同的方法:一类称为 filter 方法,利用距离、信息熵以及相关度检验等方法直接衡量属性子集与类别的关联;另一类称为 wrapper 方法,利用分类模型来衡量属性子集的效果,通常效率很低。本节介绍一种利用距离进行属性选择的 filter 类的方法——Relief,该方法适用于两个类别的分类问题。

给定数据集 D,属性集 $A = \{A_1, A_2, \cdots, A_m, \text{class}\}$,权重阈值为 β,样本个数为 N。Relief 特征选择方法的主要步骤如下。

算法 8.1:Relief

(1) 初始化每个属性 A_i 的权重 $w_i = 0$,$j = 0$,数值属性规范化到 $[0, 1]$。

(2) 从 D 中随机抽取一个对象作为样本 x,从与 x 类别相同的对象中选取一个距离与 x 最近的样本 h,h 称为 x 的 near-hit;从与 x 类别不同的对象中选取一个距离与 x 最近的样本 s,s 称为 x 的 near-miss。

(3) 对于每个属性 A_i,调整其权重如下:

$$w_i = w_i - d(x.A_i, h.A_i) + d(x.A_i, s.A_i) \tag{8.8}$$

其中,$x.A_i$ 代表对象 x 属性 A_i 的取值;$d(x.A_i, h.A_i)$ 代表对象 x 和 h 在属性 A_i 的取值的相异性。若属性 A_i 为数值属性,$d(x.A_i, h.A_i) = |x.A_i - h.A_i|$;若为标称属性,则取值相同时 $d(x.A_i, h.A_i) = 0$,取值不同时则 $d(x.A_i, h.A_i) = 1$;若为序数属性,有 p 个不同取值,按照顺序映射为整数 $0 \sim (p-1)$,$d(x.A_i, h.A_i) = |x.A_i - h.A_i|/(p-1)$。实际上,权值的调整只需要对取值不同的属性进行。

(4) $j = j + 1$;如果 $j < N$,则转至步骤(2),否则,输出那些权重大于阈值 β 的属性。

例如,对于表 8.4 中的数据,如果选取的对象是第 3 个,则找到的 near-hit 是第 1 个对象,near-miss 是第 7 个对象。

表 8.4　特征选择示例数据集

对象编号	A	B	C	D	E	F	class
1	0	0	0	0	0	1	0
2	0	0	0	1	1	1	0
3	0	0	1	0	0	1	0
4	0	0	1	1	0	0	1
5	0	1	0	0	0	1	0
6	0	1	0	1	1	1	0
7	1	0	1	0	0	1	1
8	0	1	1	1	0	0	1
9	1	0	1	1	0	0	1
10	1	1	0	0	0	0	1

初始时各属性权值均为 0,此时第一个对象与第 3 个对象只有在属性 C 上的取值不同,因为它们的类别相同,因此,属性 C 对类别的影响不大,权重减少:$w_C = 0 - 1 = -1$。第 7 个对象与第 3 个对象只有在属性 A 上的取值不同,它们的类别不同,说明属性 A 对于其类别的不同起到关键的作用,因此权重增加:$w_C = 0 + 1 = 1$。这是选择了一个样本的结果,如此进行多次调整之后,选取权重大于阈值的属性为最终属性。

Relief 算法对噪声不敏感,但只适用于两类情况。

8.5.2 特征提取

主成分分析（principle component analysis，PCA）最早由 Karl Pearson 于 1901 年提出，后经 Harold Hotelling 发展，是一种经典的统计方法。它通过对原有变量（属性、特征）进行线性变换，提取反映事物本质的新的变量，同时去除冗余、降低噪声，达到降维的目的。

给定数据集 D，包括 n 个对象的数据，每个对象由 m 个属性 $A_1, A_2, \cdots, A_m$ 描述。每个对象可以看作 m 维空间中的一个点。运用 PCA 进行特征提取的主要步骤如下。

（1）中心化数据集，使得每个变换后的属性的均值为零。将数据集 D 中每个属性的取值减去该属性的均值，即 $x_{ij} = x_{ij} - \overline{A}_j$，其中 $\overline{A}_j$ 是属性 A_j 的均值。中心化后的数据用 $n \times m$ 维矩阵 X 表示，其中元素 x_{ij} 代表第 i 个对象第 j 个属性的中心化后的取值。

（2）计算协方差矩阵 C，元素 C_{ij} 是属性 A_i 和 A_j 之间的协方差，即 $C_{ij} = \text{cov}(A_i, A_j)$ $= \sum\limits_{k=1}^{n}(x_{ki} - \overline{A}_i)(x_{kj} - \overline{A}_j)$。

（3）计算协方差矩阵 C 的特征根和主成分矩阵，保留前 $q(q < m)$ 个最大的特征根及对应的特征向量，其中，最大特征根对应的特征向量称为第一主成分，第二大特征根对应的特征向量称为第二主成分，以此类推。构造**主成分矩阵** P，其中其列向量 p_i 是第 i 个主成分。

假设降序排列的特征根为 $\lambda_1 \geqslant \lambda_2 \geqslant \cdots \geqslant \lambda_m \geqslant 0$，第 i 个主成分的贡献率的计算如下：

$$\frac{\lambda_i}{\sum\limits_{k=1}^{m} \lambda_k} \quad i = 1, 2, \cdots, m \tag{8.9}$$

前 q 个主成分的贡献率的计算如下：

$$\frac{\sum\limits_{i=1}^{q} \lambda_i}{\sum\limits_{k=1}^{m} \lambda_k} \tag{8.10}$$

通常，取累计贡献率达到 85%～95% 的前 q 个特征值对应的特征向量为 q 个主成分。

（4）计算最终降维后的数据集 Y，$Y = XP$，其中 P 是主成分矩阵，X 是步骤（1）中得到的矩阵。

协方差矩阵中对角线上的元素是各个属性的方差，非对角线上的元素是任意两个属性之间的协方差。为了去除冗余和降低噪声，希望将协方差矩阵中的非对角线元素变为 0，即将协方差矩阵对角化。对角化后的矩阵对角线上的元素为协方差矩阵的特征根，也是转换后新特征的方差，方差大的特征具有更多的信息，如果一个特征（属性）的取值之间变化很小，即方差很小，那么它含有的信息量就很小，以分类问题为例，这样的特征对于区分不同的类别是没有价值的，可以舍弃。因此，最终选那些大的方差，即大的特征根对应的特征向量作为主成分，按照这些正交的主成分（即互相独立的）对原来的特征进行变换，每个新的特征是原有特征的线性组合。这样，既抓住了主要变量，又降低了维度，去除了噪声和冗余，为数据的进一步分析奠定了良好的基础。

对于分类问题，通过将训练数据集进行 PCA 降维提取主成分之后，利用降维后的数据集进行分类器的构建。对于测试集，也需要用主成分矩阵 P 进行转换，然后利用分类器进行类别的预测。

以 UCI 机器学习数据库中鸢尾花数据集为例,数据集有 5 个属性,其中前 4 个属性(sepal_length、sepal_width、petal_width、petal_length)分别用于描述花的外形(萼片和花瓣)大小,第 5 个属性是花的类别,在运行 PCA 时可以忽略。表 8.5 是其中的一个子集。完整数据集包含 150 个样本。

表 8.5 鸢尾花数据集子集

sepal_length	sepal_width	petal_length	petal_width	type
5.7	2.9	4.2	1.3	Iris-versicolor
6.2	2.9	4.3	1.3	Iris-versicolor
5.7	2.8	4.1	1.3	Iris-versicolor
6.3	3.3	6.0	2.5	Iris-virginica
5.8	2.7	5.1	1.9	Iris-virginica
7.1	3.0	5.9	2.1	Iris-virginica
5.1	3.8	1.6	0.2	Iris-setosa
4.6	3.2	1.4	0.2	Iris-setosa
5.3	3.7	1.5	0.2	Iris-setosa

该数据集的协方差矩阵如下:

$$C = \begin{bmatrix} 0.69 & -0.04 & 1.27 & 0.52 \\ -0.04 & 0.19 & -0.32 & -0.12 \\ 1.27 & -0.32 & 3.11 & 1.3 \\ 0.52 & -0.12 & 1.3 & 0.58 \end{bmatrix}$$

特征根、贡献率及累计贡献率如表 8.6 所示。

表 8.6 特征根、贡献率及累计贡献率

特征根	贡献率	累计贡献率
4.224 84	0.924 62	0.924 62
0.242 24	0.053 02	0.977 63
0.078 52	0.017 19	0.994 82
0.023 68	0.005 18	1

从表 8.6 中可以看出前两个特征根已经达到 97% 的贡献率,因此可以选择这两个特征根对应的特征向量:$p_1 = (0.362, -0.08, 0.857, 0.359)^T$,$p_2 = (-0.657, -0.73, 0.176, 0.075)^T$,构成主成分矩阵 P,如下所示。

$$P = \begin{bmatrix} 0.362 & -0.657 \\ -0.082 & -0.73 \\ 0.857 & 0.176 \\ 0.359 & 0.075 \end{bmatrix}$$

新的特征是原有属性的线性组合,设新的特征为 y_1 和 y_2,则:

$$y_1 = 0.857 petallength + 0.362 sepallength + 0.359 petalwidth - 0.082 sepalwidth$$

129

$y_2 = -0.73\text{sepalwidth} - 0.657\text{sepallength} + 0.176\text{petallength} + 0.075\text{petalwidth}$

练习题 8

1. 简述数据预处理的必要性和主要任务。
2. 请将表 8.7 中数据进行规范化，规范化到区间[0，1]。

表 8.7 习题 2

身高/m	体重/kg	身高/m	体重/kg
1.62	55	1.68	62
1.65	57	1.75	60
1.60	45	1.80	90
1.72	65	1.76	70
1.73	70	1.82	75

3. 将表 8.8 中的数据分别用分箱法、基于熵的方法以及 ChiMerge 方法离散化属性"年收入"为 3 个区间。其中属性"车型"为分类属性。

表 8.8 习题 3 数据集

年龄/岁	性别	年收入/万元	婚姻	车型
25	男	10	单身	普通
27	女	25	单身	普通
30	男	30	单身	高级
45	女	60	单身	高级
28	男	40	已婚	中档
32	男	20	离异	普通
52	男	50	已婚	中档
35	女	30	离异	普通
55	男	100	已婚	高级
48	女	120	离异	高级

4. CPU 数据集是加州大学欧文分校机器学习数据库（UC irvine machine learning repository，网址为 http://archive.ics.uci.edu/ml/）中的一个，名为 computer hardware，或者 CPU performance，缩写为 CPU。该数据完整版包括 209 个样本，每个样本有 10 个属性，选择其中的 6 个数值属性，如表 8.9 所示，这是该数据集的一个子集。

表 8.9 数据集 CPU 的子集

MYCT	MMIN	MMAX	CACH	CHMIN	CHMAX
125	256	6000	256	16	128
29	8000	32 000	32	8	32
29	8000	32 000	32	8	32
29	8000	32 000	32	8	32
26	8000	32 000	64	8	32
23	16 000	32 000	64	16	32

MYCT	MMIN	MMAX	CACH	CHMIN	CHMAX
23	16 000	32 000	64	16	32
23	16 000	64 000	64	16	32
23	32 000	64 000	128	32	64
400	512	3500	4	1	6

　　对该数据集利用开源数据挖掘软件 Weka 中的 PrincipleComponent 属性选择方法,为此包含 6 个数值属性 209 个样本的数据集进行属性提取,累计贡献率选择 90%。Weka 的使用方法参见第 12 章。

第9章

文本数据处理

9.1 词向量模型

文本数据属于非结构化数据,对文本中的每个词进行建模是很多文本分析任务的基础,有很多相关的研究,包括早期的统计方法以及近些年提出的基于神经网络模型的方法。最简单的词向量表示方法是一种称为 one-hot 的方法。假设文本中出现的词来自一个词典 V,V 可以看成一个按一定顺序排列的词的列表,包含 $|V|$ 个不同的词。对任意一个词,假设它是 V 中的第 k 个词,则该词可以用一个 $|V|$ 大小的二值向量表示,其中第 k 个元素是 1,其余都是 0。该方法有两个不足,它忽略了不同词之间的语义关系,例如语义相似的词对应的向量之间的余弦相似度为 0,任意两个不同词之间的欧氏距离都相同。同时,这通常是一个非常高维的向量,带来维数灾难问题(curse of dimensionality)。因此,如何将词嵌入到低维的空间中,用一个连续向量表示,刻画词的语义信息成为一个值得研究的问题,这个问题也称为词嵌入(word embedding)问题,至今仍然是研究和应用的热点。其中,Bengio 等研究者于 2013 年在题为 *Efficient Estimation of Word Representations in Vector Space* 的文章中提出的神经网络模型是一种经典的学习词向量的模型,是很多后续模型的基础,本节重点介绍该模型。

Bengio 等研究者提出的词向量模型有两个基本模型:CBOW(continuous bag-of-words)和 Skip-gram。这两个模型都是利用句子中一个词的邻居,即相邻的词来学习该词的表达。CBOW 是根据邻居预测中心词,而 Skip-gram 则是根据中心词预测邻居。下面首先介绍 CBOW 模型。

从神经网络模型的角度,可以把 CBOW 模型看作由一个隐藏层和一个输出层构成的多层感知机模型。该模型的输入层是 $|V|$ 个结点,每个结点对应词表中的一个词。输出层也是 $|V|$ 个结点,每个结点对应词表中的一个词。以英文语料为例,假设英文词表的第一个词是 abandon,第二个词是 ability,最后一个词是 zulu,词向量的维度为 n,则模型的结构如图 9.1 所示。如果是处理中文语料,则输入改为中文词表中的词,即将语料中的每篇文档先通过分词工具将句子分割为词,用语料中的词构造词表,按一定顺序排序。

在该模型中,每个词对应有两个结点,一个在输入层,另一个在输出层,分别对应一组权重。以词 abandon 为例,输入层的该结点对应的权重用如下矢量表示:

$$\boldsymbol{u}^1 = \begin{bmatrix} w_{11}^{[1]} \\ w_{21}^{[1]} \\ \vdots \\ w_{n1}^{[1]} \end{bmatrix}$$

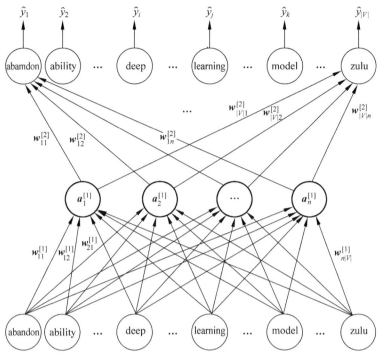

图 9.1 CBOW 模型的结构

因此,对于词表中的第 i 个词,其第一组权重矢量为:

$$\boldsymbol{u}^i = \begin{bmatrix} w_{1i}^{[1]} \\ w_{2i}^{[1]} \\ \vdots \\ w_{ni}^{[1]} \end{bmatrix}$$

同理,输出层的每个结点也对应一组权重,仍以 abandon 为例,这组权重表示为:

$$\boldsymbol{v}^1 = \begin{bmatrix} w_{11}^{[2]} \\ w_{12}^{[2]} \\ \vdots \\ w_{1n}^{[2]} \end{bmatrix}$$

因此,对于词表中的第 i 个词,其第二组权重矢量为:

$$\boldsymbol{v}^i = \begin{bmatrix} w_{i1}^{[2]} \\ w_{i2}^{[2]} \\ \vdots \\ w_{in}^{[2]} \end{bmatrix}$$

该神经网络模型经过训练学习了这些权重参数之后,每个词的这两组权重矢量都可以用来作为该词的词向量,或者取二者的平均作为词向量。为了方便描述,每个词的第一组权重对应的词向量称为**输入词向量**,第二组称为**输出词向量**。模型的训练任务是,给定一个语料,即一个文档的集合,设定滑动窗口大小 c 和词向量维度 n,将滑动窗口在每个文档的每个句子上进行滑动,步长为一个词。对于每个滑动窗口,将除中心词之外的词作为模型的输入,预测中心词是词表中的哪个词。

假设文档中的一句话为 deep learning model is powerful model,设定窗口大小为 1（即 $c=1$）,则在该句子上的第一个滑动窗口将覆盖前 3 个词 deep leaning model,其中 learning 是中心词,其左、右分别有 deep 和 model,这两个词是模型的输入,称为上下文（context）,用来预测中心词,真实的中心词为 learning。输入可以看成一个 $|V|$ 维的矢量 $x = \begin{bmatrix} x_1 \\ x_2 \\ \vdots \\ x_{|V|} \end{bmatrix}$,上下文词对应的元素为 1,其余为 0,相当于每个上下文词的 one-hot 矢量的加和。在此例子中,输入是 deep 和 model 的 one-hot 矢量之和,即 deep 和 model 对应的两个矢量元素为 1,其余都为 0,如图 9.2 所示。

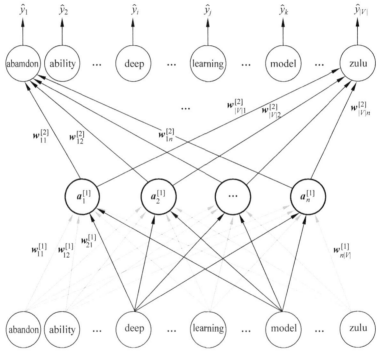

图 9.2   图 9.1 所示 CBOW 模型的示例

隐藏层结点只进行线性处理,即加权求和,不经过激励函数的作用。对于隐藏层的第 j 个结点,其输出 $a_j^{[1]}$ 的计算公式为:

$$a_j^{[1]} = \frac{1}{2c} \sum_{i=1}^{|V|} x_i w_{ji}^{[1]}$$

隐藏层所有结点的输出组成一个矢量 $a^{[1]} = \begin{bmatrix} a_1^{[1]} \\ a_2^{[1]} \\ \vdots \\ a_n^{[1]} \end{bmatrix}$,可以通过矢量计算得到:

$$a^{[1]} = \frac{1}{2c} \sum_{i=1}^{|V|} x_i \boldsymbol{u}^i$$

对于 deep leaning model 这个滑动窗口来说,假设 deep 和 model 分别对应词表中的第 i 和第 k 个词,则隐藏层输出为:

$$a^{[1]} = \frac{1}{2}(\boldsymbol{u}^i + \boldsymbol{u}^k)$$

模型的输出层要预测中心词为词表中的哪个词,因此采用 softmax 函数,第 j 个结点的输出为:

$$\hat{y}_j = \mathrm{softmax}(z_j^{[2]}) = \frac{\exp(z_j^{[2]})}{\sum\limits_{k=1}^{|V|} \exp(z_k^{[2]})} \tag{9.1}$$

$$z_j^{[2]} = \sum_{i=1}^{n} w_{ji}^{[2]} a_i^{[1]}$$

输出层的真实输出为真实词的 one-hot 矢量,在此例中真实词为 learning,假设 learning 为词表中的第 j 个词,则其 one-hot 矢量为 $|V|$ 维矢量,第 j 个元素为 1,其余为 0,即 $y_j = 1$。模型的损失函数采用交叉熵:

$$L(y, \hat{y}) = -\sum_{i=1}^{|V|} y_i \log \hat{y}_i$$

这是针对一个窗口的损失函数,最终的损失函数为所有窗口损失函数的平均值。采用随机梯度下降方法,学习权重的取值。

Skip-gram 模型的结构与 CBOW 相同,只是输入和输出不同,仍以 deep leaning model 这个滑动窗口为例,Skip-gram 模型的输入是每个滑动窗口中的中心词,输出是预测中心词左右两边分别 c 个上下文词是哪些。因此,本例中,输入的是 learning 的 one-hot 矢量,输出将预测其左边一个词和右边一个词,真实输出分别为 deep 和 model,对应的真实输出矢量是这两个词对应的值为 1,其余为 0,如图 9.3 所示。

假设 learning 是词表中的第 j 个词,则隐藏层的输出矢量为:

$$a^{[1]} = \boldsymbol{u}^j$$

输出层仍然采用 softmax 函数,计算词表中每个词是上下文词的概率,例如,对于词表中的第 i 个词,其输出概率为:

$$\hat{y}_i = \frac{\exp(z_i^{[2]})}{\sum\limits_{k=1}^{|V|} \exp(z_k^{[2]})} = \frac{\exp\left(\sum\limits_{m=1}^{n} w_{im}^{[2]} a_m^{[1]}\right)}{\sum\limits_{k=1}^{|V|} \exp\left(\sum\limits_{m=1}^{n} w_{km}^{[2]} a_m^{[1]}\right)} = \frac{\exp((\boldsymbol{v}^i)^{\mathrm{T}} \boldsymbol{u}^j)}{\sum\limits_{k=1}^{|V|} \exp((\boldsymbol{v}^k)^{\mathrm{T}} \boldsymbol{u}^j)}$$

损失函数与 CBOW 相同。假设大小为 c 的窗口内的词表示为 $(t^{j-c} \cdots t^{j-1} t^j t^{j+1} \cdots t^{j+c})$,其中 t^j 是中心词,其余词为上下文词,则针对这个滑动窗口的损失函数为:

$$L(y, \hat{y}) = -\sum_{i=1}^{|V|} y_i \log \hat{y}_i = -\sum_{i=0, i \neq c}^{2c} \log p(t^{j-c+i} \mid t^j)$$

$$= -\sum_{i=0, i \neq c}^{2c} \log \frac{\exp((\boldsymbol{v}^{(j-c+i)})^{\mathrm{T}} \boldsymbol{u}^{(j)})}{\sum\limits_{k=1}^{|V|} \exp((\boldsymbol{v}^k)^{\mathrm{T}} \boldsymbol{u}^{(j)})} \tag{9.2}$$

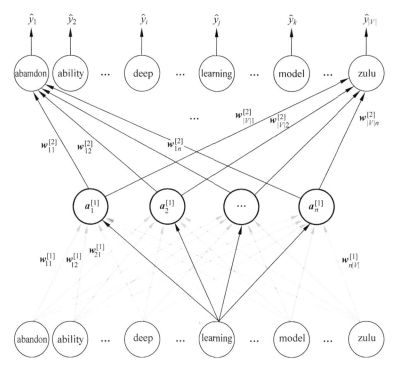

图 9.3　Skip-gram 模型的示例

公式(9.2)中 $\boldsymbol{v}^{(j-c+i)}$ 代表词 t^{j-c+i} 的输出词向量，$\boldsymbol{u}^{(j)}$ 为词 t^j 的输入词向量。

在计算这两个模型的损失函数时，从公式(9.1)和公式(9.2)可以看到，存在一个对词表中每个词都需要计算两个矢量相乘的运算，而词表通常很大，少则几十万，多则上千万的词，因此该运算会非常耗时。为了解决此问题，提出了两种解决方法：一种是 hierarchical softmax 的方法，将一个多标签分类问题转化为多个二分类问题；另一种是负采样（negative sampling），此方法应用更为广泛，因此，下面将详细介绍该方法。

仍以大小为 c 的窗口内的词 $(t^{j-c}\cdots t^{j-1}t^j t^{j+1}\cdots t^{j+c})$ 为例，中心词 t^j 与每个上下文词都组成一个词对 (t^j, t^{j-c+i})，$i=0,1,\cdots,2c$，$i\neq c$，称为正例词对。这个词对出现在语料中的概率利用 sigmoid 函数进行计算：

$$P((t^j, t^{j-c+i})=1) = \frac{1}{1+\exp(-(\boldsymbol{v}^{(j-c+i)})^{\mathrm{T}}\boldsymbol{u}^{(j)})}$$

为了避免对输出层的每个词的权重进行更新，负采样在整个词表中随机采用 K 个词，每个词 t^k 与中心词构成词对 (t^j, t^k)，称为负例词对，这些词对不出现在语料中的概率为：

$$P((t^j, t^k)=0) = 1 - P((t^j, t^k)=1) = \frac{1}{1+\exp((\boldsymbol{v}^{(k)})^{\mathrm{T}}\boldsymbol{u}^{(j)})}$$

所以对于一个正例词对 (t^j, t^{j-c+i}) 和 K 个负例词对，其损失函数为：

$$L(t^j, t^{j-c+i}) = -\log P((t^j, t^{j-c+i})=1) + \sum_{t^k}\log P((t^j, t^k)=0)$$

负例词对 (t^j, t^k) 中词 t^k 按照词在语料 D 中出现的概率进行采样，概率的计算方法为：

$$P(t^k) = \frac{\text{count}(t^k)^{\frac{3}{4}}}{\sum_{t \in D} \text{count}(t)^{\frac{3}{4}}}$$

实际上,CBOW 和 Skip-gram 模型提出之前,2003 年,Bengio 等研究者在题为 *A neural probabilistic language model* 的文章中就提出一种神经网络模型,该模型是将一个词的前面几个词作为该词的上下文,利用上下文词预测一个词的出现概率,模型结构与图 9.1 相同。CBOW 和 Skip-gram 模型对其进行了改进,改变了上下文的定义,同时提高了模型的训练效率,成为具有里程碑意义的模型。

通过 CBOW 和 Skip-gram 模型在大规模语料上训练得到的词向量,能够反映词的一定语义信息,也便于不同词之间的相似性。通过余弦相似度,给定一个词,可以找到与其最相似的前 k 个词,例如,给定"中国",与其最相似的前几个词都是国家。另外,利用词向量还能做一些类比推理,例如,给定(中国,北京),能够找到对于美国,其对应的是华盛顿,对于(兄,妹),与其类比的是(孙子,孙女)等,从中可以看到词向量模型从一定程度上反映了词与词之间的某些语义或语法关系。

9.2 主题模型

主题模型(topic model)是用于对文档进行建模的一种模型,利用此类模型可以分析一篇文档的主题,主题可以作为文档的特征用于其他分析任务,如分类和聚类等。然而,主题是隐含的,不能直接观测,因此,研究者提出了各种不同的模型用于提取一篇文档的主题,其中 Blei 等研究者于 2003 年在题为 *Latent dirichlet allocation* 一文中提出的隐狄利克雷分配(latent dirichlet allocation,LDA)模型简洁且具有良好性能,应用广泛。本节重点介绍该模型。

LDA 模型是一种文档生成模型,它认为一篇文档是词的集合,每个词属于某个主题。通常一篇文档反映多个主题,而每个主题可以用多个词表达,其中主题是隐含的,文档和词是可观测的。如果已知主题的个数,以及每个主题的词分布,那么一篇文档的生成过程为:首先确定文档的主题分布,对于文档中的每个词,根据文档的主题分布确定该词属于的主题,再基于此主题的词分布采样一个词,如此下去,直到生成该文档的所有词。

假设一个语料包含 D 篇文档,每篇文档 $d_i \in D$ 由 N 个词组成,即长度为 N。语料中不同的词构成了词典 V,共包含 v 个不同的词。假设语料中共有 K 个不同的主题。那么每篇文档的生成过程可以用抽取骰子和投掷骰子来类比,具体步骤见文档生成过程 1。

文档生成过程 1

(1) 假设有两个盒子,第一个盒子中装有若干 K 个面的不同骰子,每个面代表一个主题。第二个盒子里有若干具有 v 个面的不同骰子,每个面代表一个词典中的一个词。这些骰子的每个面的大小不一。

(2) 从第二个盒子里随机抽取 K 个骰子,分别用数字 $1 \sim K$ 进行标记,其中每个骰子 k 代表了一个主题的词分布,记为 φ_k。

(3) 对于 D 中的每个文档 d_i,从第一个盒子里随机抽取一个骰子,记为 θ_{d_i},该骰子代表了文档 d_i 的主题分布。对于该文档的每个词 w_j,按照如下步骤生成:

① 投掷骰子 θ_{d_i}，朝上的那个面代表 w_j 所属的主题，记为 $z_j \in \{1,2,\cdots,K\}$。

② 从第（2）步中得到的骰子中找到标记为 z_j 的骰子，投掷该骰子，朝上的那个面对应的就是要生成的词 w_j。

上述的第（2）步中，从第二个盒子里抽取 K 个骰子，得到每个骰子的过程可以看作得到每个主题的词分布的过程，用狄利克雷分布描述，即 $p(w_j | z_j) \sim \mathrm{Dir}(\boldsymbol{\beta})$，$\boldsymbol{\beta} = (\beta_1, \beta_2, \cdots, \beta_v)^\mathrm{T}$ 是超参，通常在 LDA 中这 v 个值设为相同取值，统一记为 β。第（3）步中抽取骰子的过程是为一个文档确定主题分布的过程，同样用狄利克雷分布描述，即 $p(z_j | d_i) \sim \mathrm{Dir}(\boldsymbol{\alpha})$，其中 $\boldsymbol{\alpha} = (\alpha_1, \alpha_2, \cdots, \alpha_K)^\mathrm{T}$。同样，$\boldsymbol{\alpha}$ 矢量的各元素通常取相同的值，记为 α。

狄利克雷分布 $\mathrm{Dir}(\boldsymbol{\alpha})$ 的概率密度函数为：

$$\mathrm{Dir}(p_1, p_2, \cdots, p_K; \boldsymbol{\alpha}) = \frac{\Gamma\left(\sum_{k=1}^{K} \alpha_k\right)}{\prod_{k=1}^{K} \Gamma(\alpha_k)} \prod_{k=1}^{K} p_k^{\alpha_k - 1} = \frac{1}{\Delta(\boldsymbol{\alpha})} \prod_{k=1}^{K} p_k^{\alpha_k - 1} \tag{9.3}$$

其中，$p_1, p_2, \cdots, p_K$ 对应 K 个主题的概率分布，$\Gamma(\alpha_k)$ 是伽马函数（gamma function），其函数形式如下：

$$\Gamma(x) = \int_0^{+\infty} t^{x-1} \mathrm{e}^{-t} \mathrm{d}t \tag{9.4}$$

伽马函数具有递归性：

$$\Gamma(x+1) = x\Gamma(x) \tag{9.5}$$

根据狄利克雷分布 $\mathrm{Dir}(p_1, p_2, \cdots, p_K; \boldsymbol{\alpha})$，文档 d_i 得到的主题概率分布（简称主题分布）表示为 θ_{d_i}。同理，狄利克雷分布 $\mathrm{Dir}(\boldsymbol{\beta})$ 的概率密度函数为：

$$\mathrm{Dir}(p_1, p_2, \cdots, p_v; \boldsymbol{\beta}) = \frac{\Gamma\left(\sum_{j=1}^{v} \beta_j\right)}{\prod_{j=1}^{v} \Gamma(\beta_j)} \prod_{j=1}^{v} p_j^{\beta_j - 1} = \frac{1}{\Delta(\boldsymbol{\beta})} \prod_{j=1}^{v} p_j^{\beta_j - 1} \tag{9.6}$$

其中，$p_1, p_2, \cdots, p_v$ 对应 v 个词的概率分布。根据狄利克雷分布 $\mathrm{Dir}(p_1, p_2, \cdots, p_v; \boldsymbol{\beta})$ 为主题 k 得到的词分布，记为 φ_k。

在①步中，投掷骰子的过程可以用多项分布描述，记为 $z_j \sim \mathrm{Multi}(\theta_{d_i})$，即文档的所有词在②步中；投掷骰子的过程也可以用多项分布描述，即 $w_j \sim \mathrm{Multi}(\varphi_{z_j})$。

假设属于主题 k 的词的个数为 m_k，$\sum_{k=1}^{K} m_k = N$，投掷出主题 k 的概率是 p_k，则文档的主题多项分布的概率密度函数为：

$$\mathrm{Multi}(m_1, m_2, \cdots, m_k; \theta_{d_i}) = \frac{N!}{m_1! \ m_2! \cdots m_K!} \prod_{k=1}^{K} p_k^{m_k} \tag{9.7}$$

狄利克雷分布是多项分布的共轭分布。同理，假设投掷 z_j 的骰子时，朝上的面上写的词是词表中的第 i 个词的次数 n_i，$\sum_{i=1}^{v} m_i = N$，投掷出第 i 个词的概率是 p_i，则主题的词多项分布的概率密度函数为：

$$\mathrm{Multi}(n_1, \cdots, n_v; \varphi_{z_i}) = \frac{N!}{n_1! \cdots n_v!} \prod_{i=1}^{v} p_i^{m_i} \tag{9.8}$$

该概率图模型可以用图 9.4 表示。

图 9.4 中圆圈代表随机变量,带阴影的代表可以观测变量,不带阴影的代表隐变量。箭头改变变量间的依赖关系,矩形框代表重复,重复次数在框的右下角表示。

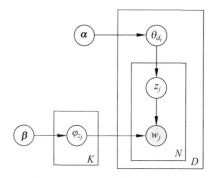

图 9.4 LDA 模型的图形表示

根据图 9.4 所示的模型,假设 W 代表语料中所有文档包含的所有词(word token)的向量,其中第 i 个元素是语料中第 i 个词(把所有文档的词按一定顺序拼接在一起)对应词典中的序号,Z 是 W 中每个词所属的主题构成的主题向量,每个元素是相应词的主题编号。θ 是所有文档的主题分布,φ 是所有主题的词分布,可以得到其联合分布的表达为:

$$p(\theta,\varphi,Z,W \mid \alpha,\beta) = \prod_{k=1}^{K} p(\varphi_k \mid \beta) \prod_{i=1}^{D} p(\theta_{d_i} \mid \alpha)\left(\prod_{j=1}^{N} p(z_j \mid \theta_{d_i}) p(w_j \mid z_j,\varphi_{z_j})\right)$$

(9.9)

根据这个模型,文档的生成过程正式定义如下。

LDA:文档生成过程

(1) For each topic $z_k, k \in [1,K]$

• Generate a topic distribution over vocabulary $\varphi_k \sim \mathrm{Dir}(\beta)$

(2) For each document d_i

• Generate a document distribution over topics $\theta_{d_i} \sim \mathrm{Dir}(\alpha)$

• For each word w_j of d_i

   - Generate a topic $z_j \sim \mathrm{Multi}(\theta_{d_i})$

   - Generate a word $w_j \sim \mathrm{Multi}(\varphi_{z_j})$

除了超参 K、α、β 是人为给定外,隐变量 z_i、文档的主题分布 θ_{d_i} 和主题的词分布 φ_{z_i} 都是未知的,因此,与 LDA 模型的生成过程相反,实际使用该模型时,需要根据语料反推出这些参数。推导这些参数的方法有多种,常用的包括变分推导(variational inference)和吉布斯采样(gibbs sampling)。下面以吉布斯采样为例说明 LDA 模型参数的学习方法。

如果已知每个文档中的每个词 w_j 所属的主题 z_j,则据此可以得到文档的主题分布 θ_{d_i} 和主题的词分布 φ_{z_j}。为此,利用吉布斯采样的方法为每个词采样其所属主题。吉布斯采样的基本原理是,对于一个多变量的联合分布,如果难以直接依据此分布进行采样,利用单个变量的条件概率,在已知其他变量取值的情况下,依据该条件概率对该变量进行采样,得到该变量的取值后,再依次对其余变量进行采样。对应到 LDA 模型,需要对每个文档的每个词所属主题进行采样,则对文档 d_i 的第 j 个词 w_j 的主题 z_j,已知其他词及其所属主题的条件概率表示为 $p(z_j|z_{-j},W,\alpha,\beta)$,该条件概率可以依据模型的假设进行推导,得到如下公式:

$$p(z_j = k \mid z_{-j},W,\alpha,\beta) \propto \frac{n_{d_i,k}^{-j} + \alpha}{\sum_{l=1}^{K} n_{d_i,l} + K\alpha - 1} \frac{n_{k,w_j}^{-j} + \beta}{\sum_{i=1}^{v} n_{k,v_i}^{-j} + v\beta}$$

$$\propto \left(n_{d_i,k}^{-j} + \alpha \right) \frac{n_{k,w_j}^{-j} + \beta}{\sum_{i=1}^{v} n_{k,v_i}^{-j} + v\beta} \tag{9.10}$$

式中，z_{-j} 代表除了文档 d_i 的第 j 个词 w_j 的主题之外，其他所有词的主题已知；W 代表语料中所有文档的所有词；$n_{d_i,k}^{-j}$ 代表除当前词 w_j 之外，文档 d_i 中的词被分配到主题 k 的次数；n_{k,w_j}^{-j} 代表除当前词 w_j 之外，语料中被分配到主题 k 的与 w_j 代表的词相同的词的个数；$n_{d_i,l}$ 为文档 d_i 中的词被分配到主题 l 的次数，n_{k,v_i}^{-j} 中的 v_i 代表是词典中的每个词 v_i。

根据这个采样过程的结果，可以估计文档的主题分布和主题的词分布参数如下：

$$\theta_{d_i,k} = \frac{n_{d_i,k} + \alpha}{\sum_{l=1}^{K} n_{d_i,l} + K\alpha} \tag{9.11}$$

$$\varphi_{k,w_j} = \frac{n_{k,w_j} + \beta}{\sum_{l=1}^{v} n_{k,v_j} + v\beta} \tag{9.12}$$

其中，$\theta_{d_i,k}$ 指的是给定文档 d_i 主题 k 的概率，即 $p(z_j = k \mid d_i)$，φ_{k,w_j} 是给定主题 k 词 w_j 出现的概率，即 $p(w_j \mid z_j)$。利用吉布斯采样对语料中的每个词的主题进行采样的过程以估计文档的主题分布和主题的词分布参数的算法如 9.1 所示。

算法 9.1：LDA 模型参数学习

输入：文档的集合，超参 $\pmb{\alpha}$、$\pmb{\beta}$ 和主题个数 K

输出：z, θ, φ

(1)　for each word w, topic k and document d

(2)　　　initialize $n_{d,k} = 0$ and $n_{k,w} = 0$

(3)　do

(4)　　　for each document d

(5)　　　　for each word w denoted by word token j

(6)　　　　　$n_{d,z_j} = n_{d,z_j} - 1; n_{z_j,w} = n_{z_j,w} - 1;$

(7)　　　　　$k = \underset{k}{\arg\max} p(z_j = k \mid z_{-j}, W, \pmb{\alpha}, \pmb{\beta})$

(8)　　　　　$n_{d,k} = n_{d,k} + 1; n_{k,w} = n_{k,w} + 1;$

(9)　while (not converge)

(10)　estimate θ, φ according to equations (9.11) and (9.12) respectively.

练习题 9 ✎

1. 以公式（9.2）为依据，列出 Skip-gram 模型的考虑所有样本的损失函数，给出其参数的梯度推导过程。

2. 对于 LDA 模型，给出式公式（9.10）的推导过程。

3. 给定一个有关某产品的在线评论的文档集合,评论文档的情感极性分为积极和消极两类,设计模型,将词向量模型的结果加以利用,以判断一篇评论文档的极性。

4. 给定一个有关某产品的在线评论的文档集合,评论文档的情感极性分为积极和消极两类,利用 LDA 模型分析该语料,并设计一个分类模型,将 LDA 的分析结果用于该模型,以判断一篇评论文档的极性。

5. 给定一个有关某产品的在线评论的文档集合,如果要对文档进行聚类分析,说明是否可以利用词向量模型或者 LDA 模型,如何利用。

第10章
数据仓库

要利用各种知识发现技术发现隐藏在大量数据背后的知识,从而发现企业业务运营的规律、异常,就需要一个反映全方位信息的综合数据库,它能够将各种业务系统中积累的历史数据进行集成、转换和管理,便于进行数据分析,这正是数据仓库系统的功能所在。本章介绍数据仓库的概念、功能以及设计、开发方法。

10.1 数据仓库的基本概念

辅助企业业务运营的信息系统极大地提高了企业的运营效率,是企业日常运作系统不可分割的组成部分,这些系统通常称为操作型系统(operational system)。然而,面对日益复杂和竞争激烈的商业环境,企业决策、管理人员需要的是能够辅助科学决策的知识,而知识是操作型信息系统无法提供的,需要从各种业务系统积累的大量数据中挖掘。

这些数据存放于各个业务的运营系统。不同系统中的数据存在冗余、不一致的问题,每个系统仅仅反映的是一部分信息,且互不关联,形成信息孤岛。另外,如果直接访问操作型系统获取数据进行分析,势必会干扰操作型系统中事务的高效运行,影响业务运营的效率。鉴于这些原因,一个集成各种不同数据源中的数据、为知识发现技术提供一个统一的完整的数据平台的技术——数据仓库(data warehouse)应运而生。利用数据仓库中的数据便于管理人员制定长期的战略决策,因此数据仓库中的数据又称为战略信息。

数据仓库最早由美国计算机科学家 William H. Inmon 于 1991 年提出,他也因此被称为"数据仓库之父"。他对数据仓库的定义是:"**数据仓库是一个面向主题的**(subject-oriented)、**集成的**(integrated)、**随时间变化的**(time-varying)、**稳定的**(non-volatile)**用于支持组织决策的数据集合。**"通过该定义可以看到数据仓库的四个方面的特点,下面分别加以解释。

面向主题的数据。 主题对应企业中某一宏观分析领域所涉及的分析对象,例如,对于保险公司,客户、保单、索赔、产品、销售等都可以作为一个主题。面向主题的数据需要将与一个主题有关的各方面的数据进行集成,提供有关该主题的一个完整的、统一的数据及其之间联系的描述。

以客户主题为例,面向客户的数据需要集成公司内部各个业务部门关于客户的各方面信息,包括各种保险类型的保单信息、财务信息以及索赔信息等。操作型系统中数据库内的数据是面向业务操作的,是为完成业务操作而设计的。例如,人寿保险系统中的客户信息和汽车保险系统中的客户信息是不同的。

集成的数据。 为了提供有关一个主题的完整信息,数据仓库通常需要从不同的操作型系统中抽取数据,然后综合在一起。例如,有关客户的完整信息可能存在于一个企业各个部门的信息系统中,将这些信息有机地集成在一起才能全面地了解客户。但是,集成并不是一个简单的过程。这些操作型系统可能是异构的、基于不同模型的数据库实现的系统。这些系统之间往往存在重复的数据,同时又存在不一致的数据。例如,一个客户在不同的业务系统中存储的年龄信息可能是不同的,或者格式是不一样的。这些问题在数据集成时需要解决。除了企业内部的信息,有时还需要企业外部的信息,例如,在分析销售主题时,除了销售系统记录的客户的购买记录之外,还需要不同地理区域的人口统计信息。随着Web 2.0技术的应用和社会化媒体的普及,用户通过社会化媒体表达了大量的对企业服务、产品评价等各种观点,通过了解这些在社会化媒体中发表的用户信息内容可以了解客户的需求,这些信息内容通常是非结构化信息。

随时间变化的数据。操作型系统中的数据通常存储的是当前的数据或少量历史数据。如果保存大量历史记录,会影响系统的查询性能。例如,销售系统中每个商品的库存量只需存储当前的库存量即可满足销售业务。然而由于数据仓库中的数据是用于分析的,以便发现其中隐含的模式、异常现象等知识,因此需要通过分析当前以及过去一段时间内的历史数据才能发现规律或趋势。为此,数据仓库中的数据通常都有一个时间维度。操作型系统中的历史数据可以按照一定周期转移到数据仓库中保存。

稳定的数据。由于数据仓库中的数据是用于分析的,而不是用于完成业务处理的,因此数据仓库中的数据不像操作型系统中的数据被频繁更新,例如在销售信息系统中,每个交易的发生都需要更新相应产品的库存量。数据仓库中的数据几乎不被更新,超过一定时间后部分数据会整体从数据仓库中删除。由于数据仓库中的数据通常只是被读取,因此不需要复杂的事务处理。

数据集市(data mart)是一种部门级的数据仓库,它包含的数据量较少,是面向一个部门的分析需求而建立的。通常一个数据集市对应一个星状多维模式(详细概念请参见10.3节)。它可以提供更快速的数据访问,也便于控制信息的访问权限。企业级的数据仓库可以从创建数据集市开始,最终数据仓库是多个数据集市的综合;也可以反过来,先建立面向整个企业的数据仓库,涵盖各个部门的分析需求,然后从数据仓库中抽取部分数据放入数据集市中。

10.2 数据仓库的体系结构

一个数据仓库系统包含的基本组成部分,即其体系结构,如图10.1所示。不同的数据仓库系统的体系结构大致是相同的。下面介绍其主要组成部分。

数据源部分:支持企业日常业务的操作型系统中的数据以及已经存档的数据都是数据仓库的数据来源。在企业外部,竞争对手及行业统计数据、地理区域的人口统计数据等都是数据分析需要的,因而是数据仓库的数据来源。另外,一些企业中个人或者部门拥有的文档中的数据也是数据仓库的数据源。

各种数据源中的数据通过一定的处理才能存储到数据仓库中,处理一般利用ETL工具完成,即**抽取**(extraction)、**转换**(transform)和**加载**(load)过程。从不同的数据源把需要的数据读取出来就是抽取过程。不同的数据源的数据结构可能是不同的,例如,有的来自关系数据库系统,有的来自基于层次数据模型或网络数据模型的老一代数据库系统,也有

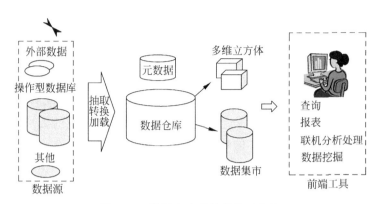

图 10.1　数据仓库系统的体系结构

的来自电子表格或文本文件。因此,需要针对不同的数据源采用不同的抽取工具。常见数据结构的数据抽取可以直接使用商品化的工具。

转换过程主要涉及数据清洗、数据集成和数据汇总等主要功能。数据清洗在第8章介绍过,包括缺失值的填补、数据冗余的识别、不一致数据的处理、噪声数据的处理等。不一致问题包括同名异议、异形同义等情况。数据集成需要解决命名实体的识别以及从不同数据源抽取数据的组合等。数据汇总只是将操作型系统的数据进行一定的汇总,例如将一定时间内每个商品的交易量进行求和。操作型系统中存放的是最细粒度的交易数据。如果分析时用到最细粒度的数据,就需要在转换过程中进行一定的汇总,包括加和、计数、求平均值、求最大值、求最小值等。

加载过程分成两种情况:一种是数据仓库建成之初,需要将各种数据源中的数据大批量、一次性地导入到数据仓库中;另一种是数据仓库正常运作之后,需要将操作型系统的数据更新定期加载到数据仓库中。不同的数据的加载频率可以不同,例如,从销售系统中导入销售信息可能需要每天进行一次,有关商品的基本信息可能一周更新一次,等等。

元数据(meta data)是对数据仓库中数据的描述信息。没有元数据,数据仓库中的数据很难被使用。元数据相当于数据库系统中的数据字典。它主要描述三方面的信息:数据源数据信息、数据抽取与转换方面的信息以及数据仓库中的数据信息。数据源数据方面,元数据记录各个数据源数据的格式,从中抽取数据的属性名、类型、长度等信息。数据抽取与转换方面,元数据主要记录数据的抽取频率、抽取方法以及数据的转换方法,例如,进行的格式变化、汇总方法等。数据仓库中的数据方面,元数据描述面向最终用户的数据的特性,例如,每个属性的别名、最后更新时间等。只有借助元数据,系统开发人员以及系统最终用户才能更好地利用数据仓库。

数据仓库中的数据通常利用关系数据库系统进行存储和管理,也可以采用多维数据库存储和管理。数据仓库中的数据可以根据部门或分析主题的要求导入到数据集市中,或通过多维数据服务器创建立方体数据,这些不同形式的数据可以利用各种不同的前端工具进行分析和展现。例如,通过增强的查询和报表工具,可以根据需要创建即时查询和报表。立方体数据便于进行**联机分析处理**(online analytical processing)。通过**数据挖掘**(data mining)工具可以发现隐藏在大规模数据中的模式或异常。

10.3 多维数据模型

多维数据模型(multidimensional data model)的构成要素度量和维度最早是由通用磨坊(General Mills)公司和美国达特茅斯学院(Dartmouth College)在 20 世纪 60 年代一个联合研究项目中提出。它是一种从业务分析的角度来对数据进行逻辑建模的方法,具有简单、易于理解、方便查询等优点,因而是一种常用的数据仓库建模方法。

数据仓库中的数据用于商业分析,最终用户需要自己构建即兴的查询和报表,而不是像操作型系统中查询和报表都是事先制定好的,不能更改。因此,为数据仓库建模,易用性及易理解性更重要。多维模型能够更好地达到这种目的。

10.3.1 多维数据模型的概念

多维数据模型又称维度数据模型(dimensional data model),由维度表(dimension table)和事实表(fact table)两种类型的表构成。为了了解企业内业务过程的绩效,通常可以通过多种度量指标加以衡量。例如,对于销售业务来说,销售量、销售额等可以作为衡量销售业绩的度量。对于每个度量,可以从多种视角、方位进行分析,例如,可以从产品角度比较销售量和销售额,也可以从时间角度观察销售量的变化。产品、时间是观察度量取值的不同维度。度量通常是定量属性,存放于事实表中。例如,图 10.2 所示是有关销售业务的事实表。

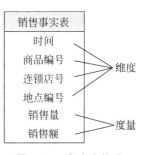

图 10.2 事实表构成

图 10.2 所示的事实表中包括销售量和销售额两个度量,及时间、商品编号、连锁店号和地点编号 4 个维度属性。其中,维度属性综合起来限定了度量的取值粒度。如果时间对应的是一次交易的时间,则该事实表中的度量的粒度是针对发生在某地理位置的某个连锁店内一个商品在一次交易中的销售记录。

度量通常是数值型属性,便于进行汇总计算。度量最好具有可加性(additive)。具有可加性的度量针对事实表中的任一维度都可以做加和。例如,单个交易的销售量可以分别按时间、商品、连锁店以及地理位置汇总。

假设表 10.1 是事实表的取值(先略去了销售额)。销售量若按照时间汇总,可以有多种汇总粒度,如果按照天汇总,则汇总后的事实表如表 10.2 所示。此表中的第一行表示的是位于地点 1 的连锁店 1 中 101 号商品在 2013 年 1 月 1 日的总销售量为 7 个。

表 10.1 事实表

时 间	商品编号	连锁店号	地点编号	销售量
2013-1-1	101	1	1	2
2013-1-1	102	1	1	10
2013-1-1	101	3	3	1
2013-1-1	101	1	1	5
2013-1-2	102	2	2	5

可以将销售量去掉商品维度进行汇总,则汇总后的事实表如表10.3所示。同理,去掉连锁店维度进行汇总的事实表如表10.4所示,去掉地点维度的事实表如表10.5所示。

表10.2　销售量按时间汇总的事实表

时　　间	商品编号	连锁店号	地点编号	销售量
2013-1-1	101	1	1	7
2013-1-1	102	1	1	10
2013-1-1	101	3	3	1
2013-1-2	102	2	2	5

表10.3　跨商品的汇总事实表

时　　间	连锁店号	地点编号	销售量
2013-1-1	1	1	17
2013-1-1	3	3	1
2013-1-2	2	2	5

表10.4　跨连锁店的汇总事实表

时　　间	商品编号	地点编号	销售量
2013-1-1	101	1	7
2013-1-1	102	1	10
2013-1-1	101	3	1
2013-1-2	102	2	5

表10.5　按地点所在区域的汇总事实表

时　　间	商品编号	连锁店编号	销售量
2013-1-1	101	1	7
2013-1-1	102	1	10
2013-1-1	101	3	1
2013-1-2	102	2	5

有些度量具有半可加性,即对于部分维度具有可加性,对于另外一些维度不具有可加性。例如表10.6中所示的度量"账户余额",去掉账号,得到的每个支行每个特定日期的账户余额总数是有意义的,但是如果去掉日期维度,则得到的按账户和支行汇总的账户余额是没有意义的。因此,该度量具有半可加性。在此例中,可以求按账户和支行计算的账户余额的平均值。

表10.6　账户事实表

日　　期	账号	支行号	账户余额/万元
2003-2-28	10001	1	2000
2003-3-31	10001	1	1000
2003-2-28	10002	1	10 000
2003-3-31	10002	1	5000
2003-2-28	10003	2	1000
2003-3-31	10003	2	5000

有些度量不具有可加性,即对于事实表中的任一维度都不能加和汇总。例如,表10.7中所示的度量"利润率",无论跨哪个维度对利润率加和都是无意义的,因此不具有可加性。

表10.7 事实表

时 间	商品编号	商店号	利润率
2013-1-1	101	1	10%
2013-1-1	102	1	20%
2013-1-1	101	3	12%
2013-1-2	102	2	15%

在事实表中的维度通常只用一个属性表示,其详细信息在对应的维度表中。例如,对于图10.1所示的事实表,商品维度对应的维度表如图10.3所示,其中,"商品编号"属性是该表的主键(primary key)。主键属性用于唯一地标识表中的每一个元组。此例中,每个商品都有一个唯一的商品编号。该属性在事实表中是**外键**(foreign key)。

维度表中每个属性都是对相应维度的描述信息,通常为定性属性,这些属性使得度量的含义更容易理解,用于表达查询条件、分组条件以及制作报表。因此,每个维度表中的属性通常很多,几十个甚至上百个都比较常见。与操作型数据库中的属性不同,维度表中的属性名通常不缩写,而是采用便于最终用户理解的名字,这样方便用户按照需求自己创建查询

商品维度表
商品编号{PK}
描述
SKU号
品牌
类别
包装类型
包装大小
重量

图10.3 商品维度对应的表

和报表。如果属性取值中包含多个隐含的含义,例如,如果商品编号隐含商品的类别,则将隐含的信息抽取,单独作为属性。维度表中的属性虽然较多,但通常含有的行数较少。因此,维度表允许有一定程度的冗余存在,这与操作型系统中高度规范化的表结构是不同的。冗余换来的是查询效率的提高以及查询表达更加容易。

将维度表和事实表组合在一起就构成了多维数据模型。根据结构的不同,又细分为**星状模式**(star schema)、**雪片模式**(snowflake schema)及**事实星座**(fact constellation)。其中,星状模式是最简单、最常见的模型。图10.4所示的是星状模式的一个示例。

在星状模式中只有一个事实表,若干个维度表与事实表相连。该模型简洁、易于理解,表达查询很方便。例如,如果要查"2013年8月北京市所有连锁店的总销售额",则表达此查询时,只需说明时间维度表中"年=2013、月=8",地点维度表中属性"市"为"北京市",然后对事实表表中的"销售额"求和(sum)即可。

星状模式的缺点是有些维度表是非规范化的。例如,地点维度表中,城市相同的地点的属性省、地区、国家都相同,因此存在很多冗余。要消除此问题,需要对该表进行规范化。这样,一个维度对应了多个表,形成的模式称为雪片模式。图10.5是该模式的一个示例。在此模式中,地点维度表由原来的一个表变为两个。如果要完全规范化,城市维度表还可以继续分解,有关规范化方面的知识读者可以参考数据库方面的书籍。

一个数据仓库中的数据设计多个主题,或者多个业务过程,不同的事实表可以共享维度表,构成事实星座模式。如图10.6所示,库存事实表和销售事表共享时间、商品和地点维

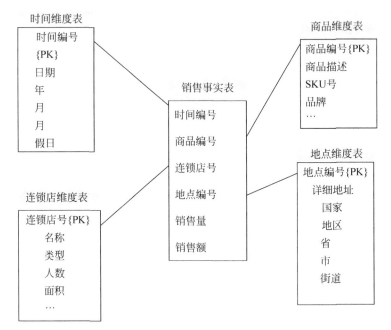

图 10.4　星状模式示例

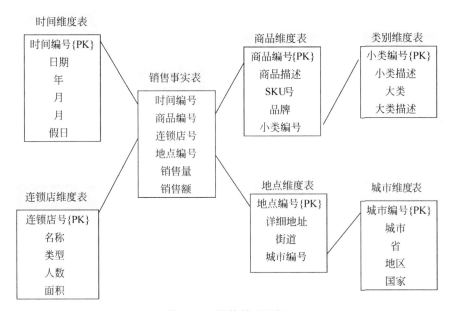

图 10.5　雪片模式示例

度表。

10.3.2　多维数据模型的构建方法

多维数据模型的构建过程分为以下四个步骤。

步骤一：选择业务过程或主题。选择标准有两个：一个是该业务过程或主题存在需要

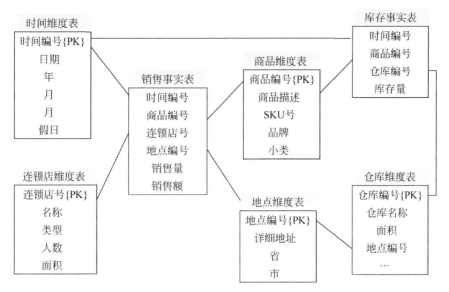

图 10.6　事实星座模式示例

迫切解决的问题,问题的解决有助于提升业务;第二个是该业务过程积累了一定的数据,可以作为数据仓库的来源。典型的业务过程包括销售、采购、库存和物流等。

步骤二:选择事实表中每行取值的粒度。粒度反映了度量取值的粗细程度,可分为三种类型:交易事实表(transaction fact tables)、周期快照事实表(periodic snapshot fact table)和累积快照事实表(accumulating snapshot fact table)。三种类型的粒度由细到粗。

交易事实表是最细粒度的事实表,它的每一行记录了一个瞬间发生的事件的相关信息。例如,一件商品被顾客购买了,在销售事实表中将增加一行,记录与这个销售事件相关的时间、顾客、商品、地点以及购买数量、金额等。

周期快照事实表比交易事实表的粒度粗,它按照一定的周期,记录每个周期末的状态。例如,设定周期为天,则库存事实表中的每一行对应的是每天结束后每个产品在每个仓库的库存量。对于银行账户事实表,设定月为周期,每一行记录每月最后一天每个账户的余额。这类事实表的数据便于分析业务过程的周期性累积效果。

累积快照事实表是最粗粒度的事实表,它记录的是与事物或客户相关的整个生命周期内的主要事件的相关信息。例如,有关订单的事实表,表中的一行可以记录一个产品从下单到生产制造、库存、货运等各个环节的主要信息,包括各个环节的发生日期、订单数量、生产数量、合格数量、库存数量、销售数量、商品编号、客户编号、订单号、货运编号等。

步骤三:确定事实表中的一行涉及的维度有哪些。通常,粒度确定之后,维度基本确定。粒度越细,维度越多。维度通常涵盖事件发生的时间、地点、主体(事物或人)、原因以及如何发生等方面的角度。例如,交易型的销售事实表涉及的维度包括时间、地点、商品、顾客、促销类型等维度。

步骤四:确定度量。度量是用于衡量业务性能的指标,通常业务人员对此非常熟悉。例如,衡量销售业绩的指标是销售量、销售额等。属于一个事实表中的各个度量的粒度必须相同。

下面举例说明多维模型的构建方法。某国际零售连锁集团在世界各地几十个国家设有零售连锁店,在中国设有上百家零售超市,与千余家供应商有供货关系。为了更好地进行业务决策,集团决定构建数据仓库,在采购、销售、物流等业务过程中经过分析,确定销售是当前最迫切需要进行数据分析的业务过程,近期商品在定价方面屡遭顾客投诉,影响了销售业绩。为此针对这一主题先构建多维数据模型。

销售过程有大量的数据记录,顾客购买的每一件商品都通过 POS 系统记录下来。特别地,很多顾客持有会员卡。分析这一业务过程,目的在于分析商品在什么地理区域、在什么促销手段下、在什么时间、被什么样的顾客购买。

选定业务过程之后,需要选择事实表粒度。为了提供更大的灵活性,粒度选择交易事实表类型。这样,可以提供更丰富的维度信息,也为数据分析提供更大的灵活性。因此,在本例中,顾客每次购物小票上的每个商品记录对应事实表中的一行。

维度的确定取决于事实表的粒度,同时还取决于分析的目标。前面提到构建此模型的目的在于分析商品在什么地理区域、在什么促销手段下、在什么时间、被什么样的顾客购买,因此维度包括商品、时间、连锁店、顾客、促销五个方面。

最好使用具有可加性的度量,因此,度量方面可以包含商品个数、总价、成本、利润等,单价可通过商品总价除以商品总个数得到,利润率可通过汇总的利润除以汇总的总价得到,这样可以避免直接设置单价和利润率而造成的不可加性。这样得到的多维模型如图 10.7 所示。

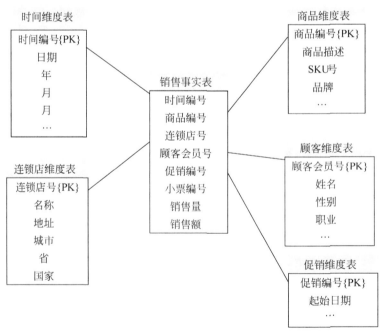

图 10.7　连锁店销售主题星状模式

图 10.7 中,事实表中除了五个维度表对应的维度属性外,还有一个维度"小票编号",但它没有对应的维度表,这样的维度称为**退化维**(degenerate dimension)。由于事实表中的一行对应小票中的一个商品,如果没有小票编号,则无法记录哪些商品是一次购买行为所包

含的。利用小票编号可以分析一次购物的整体信息。

每个维度表的属性尽量包含丰富的信息,例如,时间维度表除了包含年、月、日之外,还可以包含星期、是否周末、是否节假日、季节、是否有重大事件、财政年度等。其他维度也如此。

事实表中的一行应该与每个维度表中的一行相对应。例如,图 10.7 中事实表中的一行对应的是在某个顾客某个时间在某个连锁店购买一个商品的行为信息,但是对应的促销手段可能不止一个,常见的促销手段包括降价、店内广告、海报、优惠券、赠送、堆头、折扣区等。通常一次促销涉及多个手段并用。为了反映这种情况,促销维度表包含的属性包括促销编号、促销起始日期、促销终止日期、降价、优惠券、店内广告、海报、赠送、堆头、折扣区等。

10.4 数据仓库项目的开发

国际数据公司 IDC 曾做的调查显示,数据仓库的平均投资回报率在 401%。但这并不意味着每个创建数据仓库的企业都能得到高额的回报,也有部分企业在数据仓库的项目建设中是失败的。因此,如何科学地进行数据仓库的设计和开发是很重要的。

10.4.1 数据仓库开发模式

数据仓库系统的开发方法主要分为两类:自顶向下和自底向上。自顶向下的方法是先构建企业范围内的数据仓库,然后根据各个业务过程的分析要求,将数据仓库内的数据调入数据集市进行分析。自底向上的方法则相反,先根据各个业务过程的分析需求,按照紧迫程度先后构建各个数据集市,然后集成数据集市中的数据最终构成数据仓库。

这两类方法各有利弊。自顶向下的方法因为从企业整体出发,考虑到各个主要业务过程的分析需求,能够对数据进行有效的集成,避免冗余,提供统一的数据访问。其缺点是,由于涉及的范围广,需要花费的时间、人力、财力都相对更多,风险高,短期内不容易看到效果。自底向上的方法则从单个的业务过程出发,快速构建数据集市,能够很快看到实施的效果,成功率高,花费少,风险小。但是由于其从局部出发,没有纵观企业全局,可能导致每个不同的数据集市中的数据存在不一致性和冗余。这两种方法如图 10.8 和图 10.9 所示。

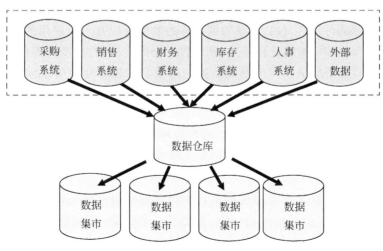

图 10.8 自顶向下的构建方法

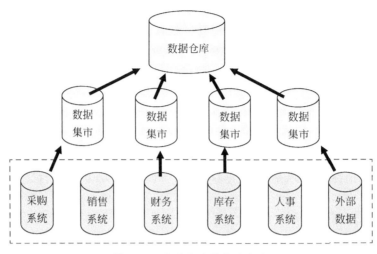

图 10.9　自底向上的构建方法

一种折中的方法是前期需求分析和设计时从企业整体出发,构建基于全局的数据仓库的体系结构,将数据源中的数据进行统一的格式、类型及语义的定义;然后根据需求以及对企业的重要程度,依次构建数据集市,每个数据集市中相同的数据采用相同的类型、格式、命名等,避免不一致性。这样,通过几个数据集市的构建逐步涵盖企业整体范围内的数据,构成数据仓库的内容。

10.4.2　数据仓库开发过程

数据仓库系统是个软件系统,如同其他软件系统的开发一样,需要科学的方法论的指导。本节介绍数据仓库系统开发的主要步骤和关键要素。

数据仓库项目的开发可以分为六个阶段:项目规划、需求分析、概念设计、ETL 设计、逻辑和物理设计、实现与培训。

项目规划阶段主要了解总体需求,界定项目实施的范围,评估项目的必要性和可行性,撰写数据仓库项目的规划文档。数据仓库的构建要面向业务需求,因此要与业务人员密切沟通,了解现在存在的急需解决的问题,以及解决这些问题可能给企业带来的回报。初步调查解决这些问题的可行性,包括构建数据仓库的数据源以及可以利用的系统资源等。将业务需求按照重要性和可行性进行排序,界定数据仓库实施的边界,即哪些可以实现,哪些暂时不实现。只有能够解决实际问题的数据仓库项目才能给企业带来效益。将需求和可行性分析以及数据仓库的构建建议总结到规划文档中,与业务人员和管理人员进行沟通,取得管理人员的认同。

需求分析阶段进一步详细了解需求,确定分析主题以及相关的维度和度量,了解已有信息系统的功能、结构和模型,确定数据仓库中应该包含的数据,以及相关的数据来源,撰写需求分析说明书。

概念设计阶段利用概念模型描述数据仓库包含的主题及其关系。常用的概念模型是**信息包图**(information package diagram)。它包括三个要素:度量、维度和层次。维度和度量都已经介绍过了,层次指的是描述每个维度的属性之间的层次关系,例如时间维度中,年、月、日之间存在层次关系,即日属于月,月属于年。销售主题的信息包图如图 10.10 所示。

主题: 销售

时间	商品	连锁店	顾客
时间编号{PK}	商品编号{PK}	连锁店号{PK}	顾客会员号{PK}
日期	商品描述	名称	姓名
年	SKU号	国家	性别
月	品牌	省	职业
日	大类	城市	…
星期	小类	街道	
…	…	…	

度量: 销售量, 销售额, 利润, 利润率

图 10.10 销售主题的信息包图

ETL 设计包括数据抽取、转换和加载设计三部分。数据抽取设计包括抽取接口设计和抽取策略设计。不同的数据源对应的抽取接口也不相同,例如,针对关系数据库、Excel 文件及文本文件,采用的数据抽取接口是不同的。抽取策略设计包括抽取时机、抽取周期以及抽取方式的设计。抽取时机一般选取与业务系统繁忙时段不同的时间,抽取周期根据源数据的更新频率指定,更新频繁的抽取周期短,反之则长。抽取方式包括增量抽取和完全抽取。增量抽取只抽取自上次抽取以来更新了的部分,而完全抽取通常直接读取整个表或文件的内容。数据转换设计主要设计从数据源抽取的数据进行转换的方法和转换的时机。转换的时机常用的包括在抽取过程中转换和在加载过程中转换。数据加载主要涉及加载策略的制定,包括直接追加和覆盖等方式。直接追加效率最高,指的是将抽取的数据直接加到数据仓库相应的数据中,不更新已有数据。覆盖加载指的是新抽取的数据完全把已有数据取代。

逻辑和物理设计阶段设计数据仓库的逻辑模型和物理模型。逻辑模型常用的是多维数据模型,前面已经介绍过。物理模型主要涉及数据的存储结构和索引技术的选择。存储结构可以选择 RAID(redundant array of inexpensive disk)中的不同级别。索引技术可以提高数据仓库中数据的存取效率,常用的索引技术包括 B+树索引、位图索引和广义索引。可以针对不同的数据采用不同的索引技术。

实现与培训阶段包括数据仓库系统的实现和用户使用的培训。系统实现主要是构建数据仓库,加载数据,配置系统参数,获得用户反馈,根据反馈进行一定的修改。培训很重要。建成的数据仓库如果不被用户使用则不可能带来效益。使用的难度往往会阻碍用户使用的热情。因此,培训最终用户如何使用数据仓库及相应的分析工具非常必要。另外,制订系统进一步完善的计划以及基于数据仓库开发应用的计划。

数据仓库交付用户使用之后,还需要对系统的运行进行监控和维护,进行系统参数的配置调整,必要时进行修改,调整系统的安全设置等。

一个成功的数据仓库项目通常具备这样的特点:得到高层管理人员的支持,解决实际的业务问题,目标明确,业务和技术人员密切合作,从小范围的实现做起,良好的培训和持

续的系统完善。

练习题 10

1. 简述数据仓库的特点。为什么需要创建数据仓库？
2. 构建多维数据模型的主要步骤包括哪些？
3. 构建数据仓库系统的主要阶段有哪些？
4. 简要说明数据仓库和数据集市的区别和联系。
5. 某电信公司提供电话服务，每个用户可有一个或多个号码的电话。一个电话号码只由一个用户拥有。开户时公司登记用户的基本信息：编号、姓名、职业、住址以及电话号码和开户时间等开户信息。公司的程控交换机可以生成每个用户每次拨打电话的原始话单：话单编号、主叫号码、被叫区号、被叫号码、开始时间、结束时间。电话费率根据被叫区号和被叫号码决定，分国际长途、国内长途和本地电话。电话费每月结算一次，营业厅为每个用户的每个电话打印一个账单：列出所打各类种电话（国际、本地长途、本地）相应的费用，营业厅记录每个用户每个月的交费情况：是否交费、交费时间。

现在有两种不同的分析需求：

（1）分析客户的电话费付费模式。

（2）分析客户打电话的习惯、模式、交换机网络的繁忙情况以及容量分析。

针对不同需求为要创建的数据仓库分别创建多维模型。

6. 对于图 10.7 所示的连锁店销售主题星状模式，回答如下问题：

（1）还可以增加哪些维度以丰富数据仓库中的信息？

（2）如果要记录顾客每次购物的具体时间，应该如何修改此模型？

（3）如果要使得构建的数据仓库中可以查到那些促销活动中未被顾客购买过的商品，应该如何修改此模型？

（4）为了便于进行销售业务的分析，还可以收集哪些外部信息？

7. 某银行在全国各个城市有多个支行，每个支行都有唯一的名字，银行监控每个支行的资产。银行的客户可以在银行有账户。银行存放每个客户的身份证号、姓名、居住所在街道和城市、工作类别等。银行存有支行每个职员的信息，如工作证号、姓名、电话号码等。银行提供两类账户：储蓄账户和支票账户。一个客户可以有多个账户。每个账户有唯一的账号，银行记录每个账号的余额以及客户每次存、取的金额、时间、操作员等。储蓄账户有不同的类别，对应不同的利率，每个支票账户有透支额。如果要分析银行储蓄账户业务部分账号余额随时间、地点的变化情况，请依据以下情况设计多维数据模型。

（1）一个账号只对应一个客户。

（2）一个账号可以对应多个客户。

8. 某在线评论网站提供一个用户评论各种餐馆的平台，用户注册后可以发表对餐馆的评论。操作型系统中存放了用户的基本信息，餐馆的基本信息包括地址、电话、标签、人均消费额、点评总数、星的个数及口味、服务和环境的平均分。对于用户发表的每条评论，记录用户名，星的个数以及口味、服务和环境的打分，等待时间，推荐菜及评论文本。分析评论次数和各种打分的情况，完成如下问题：

（1）构建信息包图。

（2）构建交易型事实表多维数据模型。

（3）构建周期快照型事实表多维数据模型。

（4）比较这两种不同的多维模型对应的数据仓库有什么不同。

（5）如果通过对评论文本的意见挖掘，可以抽取评论的特性以及情感倾向（正面评价或反面评价），例如，从评论"最好吃的是东坡肉，好吃不腻。总体环境不怎么样。"中可以抽取特性和情感倾向："东坡肉：正面""环境：负面"，在此情况下，面向评论主题的交易型粒度的多维模型应该如何设计？

第11章

联机分析处理

数据仓库中的数据除了可以进行灵活的查询和报表制作,利用知识发现技术进行分析之外,联机分析处理是另一种分析方式,它使得管理人员以及分析人员可以交互式对业务数据的各个维度以及各种层次进行探查,发现业务运营规律及异常。

11.1 联机分析处理简介

联机分析处理(online analytical processing,OLAP)由 E. F. Codd 于 1993 年提出,是针对特定问题的在线数据访问和分析,通过对信息的多种可能的观察形式进行快速的存取,允许管理决策人员对数据进行深入的、多方面的探查。它使在企业信息系统内积累的数据不断增多,查询要求越来越复杂,分析需求越来越多。操作型信息系统中的查询和报表功能已不能满足要求的背景下产生的。

OLAP 理事会(OLAP council,网址为 http://www.olapcouncil.org/index.html)旨在宣传、普及 OLAP 技术,支持业界在此方面的研究。OLAP 的定义如下:联机分析处理是一类软件技术,利用它可以使分析人员、管理人员以及主管从多种信息视角通过快速、一致和交互地访问数据,达到对数据的洞察。这些视角是从原始数据转换过来的,反映了企业的真实维度,易于被用户理解。

E. F. Codd 给出了 OLAP 产品的 12 项功能,或用于评价 OLAP 软件的 12 条准则(rules),包括多维概念视图(multidimensional conceptual view)、透明性(transparency)、可存取性(accessibility)、一致的报表性能(consistent reporting performance)、客户-服务器结构(client-server architecture)、维度等同性(generic dimensionality)、动态的稀疏矩阵处理能力(dynamic sparse matrix handling)、多用户支持性(multi-user support)、不受限的跨维度操作(unrestricted cross-dimensional operations)、直观的数据操纵(intuitive data manipulation)、灵活的报表制作(flexible reporting)以及不受限维数和聚集层次(unlimited dimensions and aggregation levels)。

The BI Verdict(前身为 *The OLAP Report*,网址为 http://www.bi-verdict.com/)的编辑、BI survey 系列调研报告的作者 Nigel Pendse 为了定义 OLAP,将其特性概况为五个英文单词:快速(fast)、分析性能(analysis)、共享性(shared)、多维性(multidimensional)和信息性(information),简称 FASMI。

快速指的是系统能够在大约 5s 内应用用户的请求,最长不超过 20s。因为数据量通常很大,这需要结合各种技术实现。

分析性能指的是系统能够以直观的形式提供灵活的统计分析功能,便于用户操作,允许用户自己定义运算方式。它能提供各种分析功能,包括时间序列分析、成本分配、货币兑换、任意的多维结构变化、非过程化建模、异常警告、数据挖掘等。

共享性指的是支持多用户并发访问系统,具有可靠的安全性。用户的访问不仅仅是读,也有可能写,因此应该具有良好的并发控制功能。

多维性是 OLAP 最关键的一个特性。它指的是系统必须提供数据的多维视图以及维度内的层次聚集功能。

信息性指的是系统处理大量数据、提供用户所需信息的能力。

11.2　多维数据模型中的层次设计

前面提到,多维性是 OLAP 的最关键的特性。如果将每个维度看作是观察事实的一个视角,那么 OLAP 系统不仅能够提供给用户观察事实的多个视角,而且还能够在维度的不同层次之间进行不同粒度数据的聚集探查,即进行**上卷**(roll up)和**下钻**(drill down),此分析操作的细节在 11.4 节介绍。为了能够有效进行这类操作,在构建多维模型时要构建每个维度的层次结构。以图 11.1 中所示的星状模式为例,图 11.2 是销售主题中四个维度的层次结构。

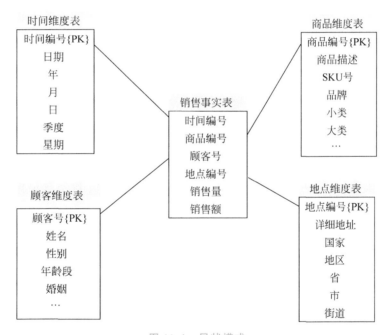

图 11.1　星状模式

在层次结构中,位于下层的属性(称为子属性)和上层属性(称为父属性)之间是一对多的关系,即子属性的一个取值对应父属性的一个取值,父属性的一个取值对应子属性的多个取值。例如,时间维度中,年和季度之间是父属性和子属性的关系,一个年份对应四个季度,某年的一个季度只属于此年份。星期和月之间不存在这样的层次关系,因为一个星期可能同时属于相邻的两个月。不同层次对应的度量的粗细程度是不同的。正确构建层次关系是多维分析的基础。

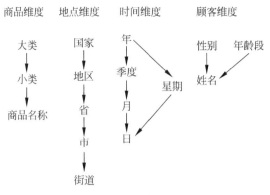

图 11.2　维度的层次结构

11.3　立方体的定义和计算

给定基于多维数据模型构建的数据仓库，OLAP 多维分析就是选择某些维度中的某些层次，交互式地探查某些度量取值的过程。给定一个包含 m 个维度、n 个度量的事实表，从中选择 k 维度、一个度量，每个维度选择一个层次，假设按照选择的维度和度量进行汇总查询得到的表为 $T(A_1, A_2, \cdots, A_k, A_{k+1})$，其中 $A_1, A_2, \cdots, A_k$ 为选中的 k 个层次属性，A_{k+1} 为选中的度量属性。该数据称为一个**立方体**（cube）。

例如，以图 11.1 中所示的星状模式为例，分别从商品、时间和地点三个维度选取层次属性商品大类、年和城市，销售额和销售量通过按照这三个属性分组，汇总后的数据可以用立方体表示，如图 11.3(a) 所示，图中每个小方块代表的是某年某个城市某类商品的总销售额。这种立方体又称为基础立方体，因为可以对该立方体中的数据进行进一步的聚集汇总，得到一系列立方体，这些汇总包括按照两个维度的汇总：（商品，时间）、（商品，地点）和（地点，时间）；按照一个维度的汇总：（商品）、（地点）和（时间）；以及总销售量的汇总。这些汇总后的所有数据如图 11.3(b) 所示。

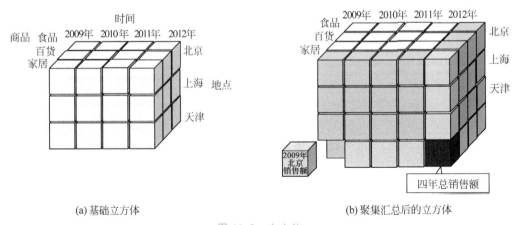

(a) 基础立方体　　　　　　　　　　(b) 聚集汇总后的立方体

图 11.3　立方体

刚才的例子中仅选取了三个维度的三个层次和一个度量，对应的立方体的个数是 8 个，即 $2 \times 2 \times 2$。对于有 m 个维度、n 个度量，假设第 i 个维度的层次数为 L_i，则立方体的总

个数 N 的计算公式如下：

$$N = n \prod_{i=1}^{m} (L_i + 1) \tag{11.1}$$

OLAP 的多维分析正是在对这些立方体的数据进行切换,交互式地探查不同维度组合的业务指标,发现其中存在的问题,具体探查方式见 11.4 节的介绍。但是,为了保证在交互式操作过程中用户能够得到快速的响应,如何快速计算这些立方体中的数据是个具有挑战性的问题,很多研究学者对其进行了研究。物化,即存放计算好的立方体数据于物理存储设备中,是提高响应速度的方法之一。

常用的物化策略有三种：不物化、完全物化和部分物化。不物化策略,在用户提出请求后进行聚集运算,响应速度慢。完全物化,即将所有可能的聚集运算都预先计算好,存储下来,用户请求时读取答案展示给用户,响应速度慢。完全物化的缺点是需要大量的存储空间,物化的立方体可能随时间改变,需要维护成本。部分物化是折中的方案,即选择一部分立方体进行预先计算和存储。

11.4 OLAP 的多维数据分析

OLAP 的多维数据分析的主要分析操作类型包括**切片**(slice)、**切块**(dice)、**上卷**、**下钻**、**旋转**等。综合运用这些分析类型,交互式地从各种角度查看业务数据,便于发现业务运营规律以及其中存在的异常。给定一个包含 m 个维度、n 个度量的多维模型对应的数据仓库,下面详细介绍这些操作的具体含义。

切片操作有两种不同的含义。广义上指的是从 m 个维度中选择一个维度的一个属性,让此属性取其中一个值查看其他维对应的度量取值的过程。狭义上则指的是取两个维属性中的部分或全部取值,固定其他任何维的取值为其中的一个属性取值,得到二维视图的过程。例如,对于图 11.3(a)中的立方体,如果限定地点维度中城市的取值为北京,则相当于在立方体中切下一片,如图 11.4(a)所示。如果原来的立方体由四个维度和一个度量构成,如(商品,时间,地点,顾客,销售额)限定其中地点维度中城市属性的取值为北京,则得到的不是一个数据片,是一个三维立方体,但是,这也是切片操作。

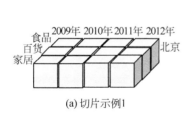
(a) 切片示例1

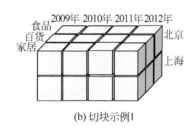
(b) 切块示例1

图 11.4 切片和切块

相应地,切块操作有两种不同的含义。广义上指的是固定某一维的取值为其中的一个属性的某个区间,其他维不变,得到的立方体称为一个切块。狭义上则指的是取三维中的部分或全部类别,固定其他任何维的取值为其中的一个类别后得到三维立方体视图的过程。

例如,对于图 11.3(a)中的立方体,如果限定地点维度中城市的取值为北京和上海两个值,则相当于在立方体中切下一块,如图11.4(b)所示。如果原来的立方体由四个维度和一个度量构成,如(商品,时间,地点,顾客,销售额)限定其中地点维度中城市属性的取值为北京,取其他三个维度的度量构成一个三维立方体,如图11.5所示,这也是切块操作。

旋转有两种含义:一种是调换已有维度的位置,如图11.6所示的立方体是图11.3(a)中的立方体进行旋转得到的;另一种是用其他维度代替其中一个维度,改变观察业务的角度。上卷是对数据的汇总,包括两种情况。一种情况是在给定的立方体数据中将其中一个维度的层次用其上层的属性代替。例如,图11.6所示的立方体可以表示为(城市,大类,年,销售额),可以上卷到(省,大类,年,销售额)。另一种情况是减少一个维度。例如,从(城市,大类,年,销售额)切换到(大类,年,销售额)。这两种情况都是从细粒度汇总为粗粒度的过程。

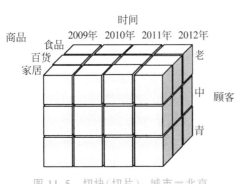

图11.5　切块(切片):城市＝北京

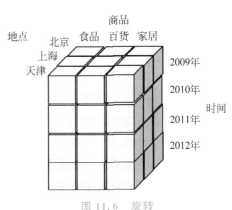

图11.6　旋转

下钻是上卷的逆过程,是不断探查细节的过程,同样包括两种情况。一种情况是在给定的立方体数据中将其中一个维度的层次用其下层的属性代替。例如,图11.6所示的立方体可以表示为(城市,大类,年,销售额),可以上卷到(城市,小类,年,销售额)。另一种情况是增加一个维度。例如,从(城市,大类,年,销售额)切换到(城市,大类,年,年龄,销售额)。这两种情况都是从粗粒度转换为细粒度的过程。

实际上OLAP工具在展示立方体数据时,不是通过立方体的形式,而是通过二维平面利用交叉表格的形式进行展示的。当立方体中仅涉及两维时,显示很容易。例如,(年,城市,销售额)可以如表11.1所示。在这种显示方式下,将行列进行互换也是旋转操作的一种。

表11.1　(年,城市,销售额)的交叉表格

	北京	上海	天津	地点
2009	320	260	180	760
2010	350	270	190	810
2011	340	300	170	810
2012	330	280	160	770
时间	1340	1110	700	3150

多于二维时,可以采用不同的方式,例如,表11.2显示的是(年,城市,性别,销售额)的数据。

表 11.2 （年，城市，销售额）的交叉表格

	北 京		上 海		天 津		地 点	
	男	女	男	女	男	女	男	女
2009	120	200	130	130	80	100	330	430
2010	140	210	130	140	85	105	355	455
2011	110	230	140	160	80	90	330	480
2012	150	180	130	150	70	90	350	420
时间	520	820	530	580	315	385	1365	1785

也可以将性别以另一种方式显示,如表 11.3 所示,当前表中显示的是所有男性顾客的度量,要查看女性顾客的数据,单击向下箭头即可。

表 11.3 （年，城市，销售额）的数据显示

性别：男				↓
	北京	上海	天津	地点
2009	120	130	80	330
2010	140	130	85	355
2011	110	140	80	330
2012	150	130	70	350
时间	520	530	315	1365

对表 11.1 中的数据的时间维度 2012 年向下钻取,可得到表 11.4 所示的细节数据。

表 11.4 （季度，城市，销售额）的交叉表格

	北京	上海	天津	地点
2012　1 季度	90	70	50	210
2012　2 季度	80	60	30	170
2012　3 季度	70	60	40	170
2012　4 季度	90	90	40	220
时间	330	280	160	770

在多维操作的过程中,通过比较每个格中的数据与上、下、左、右邻居的差异,发现异常是解决问题的一种方法。通过肉眼来观察有时不容易发现异常,有些 OLAP 软件提供将异常进行标识的功能,通过一定的方法识别与邻居的显著不同,用可视化的方式进行显示,提示用户注意;也有学者研究如何识别异常。

练习题 11

1. OLAP 有哪些特征?

2. 衡量 OLAP 产品的 12 条准则是什么?

3. 某大学教务系统中记录了近四年每个学生每个学期的选课情况,记录了每个学生选的每门课程、授课教师、时间(学期)以及最终成绩,为了统计每个学生所修课的个数、总学

分、总成绩以及平均成绩等度量，完成如下题目：

（1）请设计度量和每个维度的层次。

（2）假设所有课程的成绩是百分制，试构建星状模式，维度包括学生、教师、时间、课程。

（3）如果某些课程的最终成绩不是具体分数，而是优、良、通过、不通过，则应该如何设计星状模式以体现该信息？

（4）假设四个维度中每个维度均有四个层次，度量的个数为 3，则立方体的个数为多少？

4. 给定图 11.1 所示的多维数据模型和图 11.2 中的层次结构，假设当前正在查看的是（性别，北京市，食品，销售量），要查看（年龄段，华北，食品，2012，销售量），应该经过哪些多维分析操作？

第12章

商务智能可视化

一图胜千言,运用可视化技术用视觉图像表示数据或知识更加清晰、明了,易于让用户发现隐藏在数据背后的重要特点,也使得抽象的知识容易被理解和运用。本章介绍与商务智能有关的各种常用可视化技术或工具。

12.1 商务智能可视化的类型

可视化(visualization)技术是将抽象的数据表示为视觉图像的技术。人类大脑处理图像的能力非常强,能够从复杂的图像中快速抓取主要信息,发现其中的模式。计算机科学的发展为利用可视化技术辅助商务智能的发现提供了基础。通过将数据可视化,便于发现隐藏在数据之间的关系,可以使信息的交流更加清楚、有效,因此,可视化技术被广泛用于商务智能软件中。

可视化技术的分类方法很多,依据该技术在商务智能系统中应用的对象不同,将其分为数据可视化、过程可视化以及结果可视化。

数据可视化是利用可视化技术对要分析的数据进行视觉展示,例如,常用的散点图(scatter plot)、直方图(histogram)等就属于此类技术。雷达图、平行坐标、脸谱图、树映射图、标签云等也属于此类技术。

过程可视化是将创建商务智能应用的过程用可视化的方式表示,使得此过程更加友好,便于用户使用。

结果可视化是将知识发现的结果用各种视觉图像表示,例如,关联规则的表示、决策树的表示、聚类结果的表示等。通过各种各样直观的图像表达抽象的知识,便于用户理解知识,从而更好地评价和利用知识。

可视化也是一种知识发现的手段,通过将数据以合适的形式展现给用户,通过人的视觉处理能力有时可以发现计算机发现不了的模式。

12.2 数据可视化

散点图、折线图(line chart)、条形图(bar chart)、直方图、饼图(pie chart)等是人们在工作或学习过程中经常用到的图形,它们可以使得数据意义的表达直观明了。图12.1中三维条形图和折线图表示的是按年度和产品系列两个维度表示的收入(revenue)数据,其中折线图中横坐标表示的是三个产品线:Outdoor Products、Environmental Line、GO Sport Line以及Products(所有产品),纵坐标是收入,不同线段代表的是不同年份的收入。图12.2是利用开源数据挖掘软件Weka中的可视化技术展现的UCI机器学习数据库中鸢尾花数

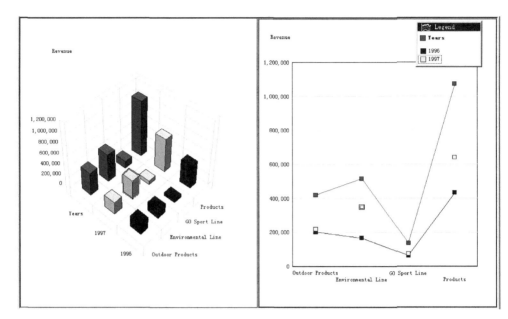

图 12.1　三维条形图和折线图表示多维数据

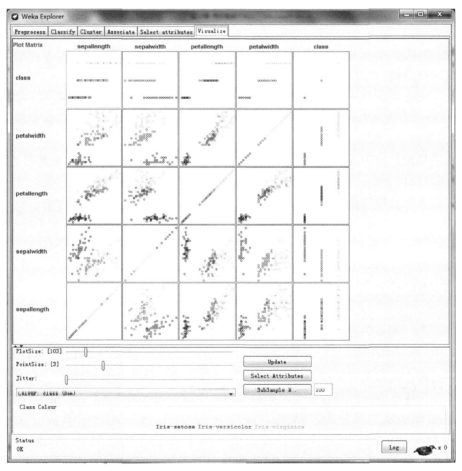

图 12.2　鸢尾花数据集的散点图矩阵

据集的散点图矩阵,对应的是五个属性中两两属性的散点图,不同颜色代表的是不同类别,因此每个图可以表示三个属性的信息。三维散点图则可以表示最多四个维度的信息,如图 12.3 所示。

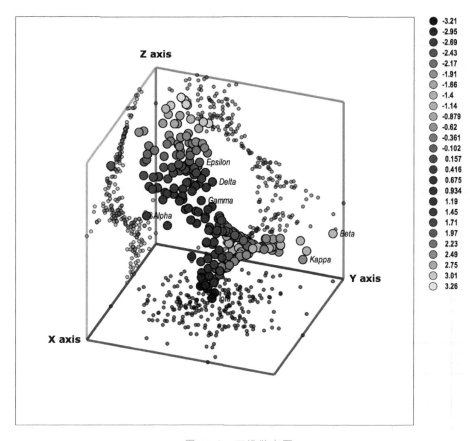

图 12.3　三维散点图

(来源:http://www.doka.ch/Excel3Dscatterplot.htm)

雷达图(radar chart)又称 Kiviat 图(kiviat diagram)、蜘蛛网图(spider chart)、星状图(star chat)等,是一种常用的多维数据的可视化方法。对于三维散点图无法表示的数据可以采用雷达图。图 12.4 所示的是 UCI 机器学习数据库中鸢尾花数据集中三个样本的四个属性的图示,四个属性分别为 sep_length(花萼长度)、sep_width(花萼宽度)、pet_length(花瓣长度)和 pet_width(花瓣宽度),各个属性的取值都规范化到了[0,1]区间。这三个样本中有两个属于同一个类别 versicolor,有一个属于 virginica 类别。可以很明显地看出,同类样本的四个属性取值更相似,不同类的相应属性取值差异较大。

平行坐标(parallel coordinates)也是一种多维数据的可视化表示方法。图 12.5 是鸢尾花数据集的平行坐标图示。从中可以看到,每个样本的四个属性用四个垂直坐标轴表示其取值,然后将各个值连接成一条折线,折线的颜色表示样本所属的不同类别。从中也可以看出,这四个属性对于区分不同类别是有用的,相同类别的样本的属性取值相似。

脸谱图即 Chernoff 脸图(Chernoff face),由统计学家 Herman Chernoff 于 1973 年提出,采用卡通脸表示多维数据。它可以表达至少 18 个属性的取值,每个属性值用面部的一

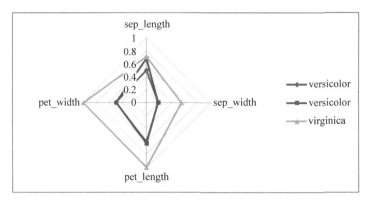

图 12.4　雷达图

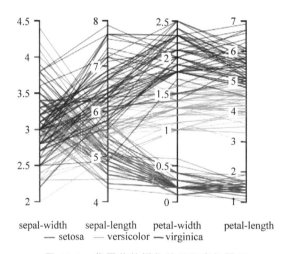

图 12.5　鸢尾花数据集的平行坐标图示

（来源：http://en.wikipedia.org/wiki/Parallel_coordinates）

个特征表示，例如，眼眉的倾斜程度、眼睛大小、瞳孔大小、鼻子长度、鼻子宽度、嘴巴宽度、嘴巴张开长度、嘴巴弯曲程度以及脸部大小等。这种技术主要利用人对脸部特征的观察来发现数据之间的差别。图 12.6 是这样的一个例子。

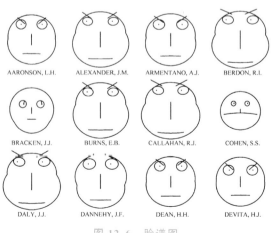

图 12.6　脸谱图

（来源：http://en.wikipedia.org/wiki/Chernoff_face）

树映射图(treemapping)是一种层次关系可视化技术,它利用嵌套的矩形来表示上下层关系。例如,图 12.7 中所示的是苹果公司 iTunes 排名前 100 首歌曲的曲风(genre)的层次关系,最外层的每个矩形框代表一大类曲风,矩形框的大小代表歌曲在排行榜中的位置(chart position),颜色代表位置在 24 小时内的变化,如下降、不变、上升、新出现等。大类下面又细分为子类,嵌套在矩形框内的矩形框与外部矩形框是上下层的关系。

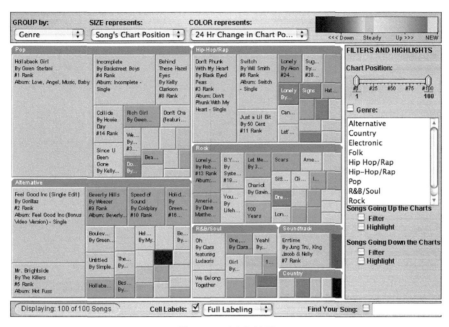

图 12.7　树映射图

(来源:http://www.cs.umd.edu/class/spring2005/cmsc838s/viz4all/viz4all_a.html)

标签云(tag cloud)又称文字云(word cloud),由 Flickr 公司创始人之一巴特菲尔德(Stewart Butterfield)发明,最早用于照片共享网站,反映标签的热门程度,随后被 del.icio.us 等网站采纳。标签云不仅可以用于可视化标签,而且是一种内容可视化技术,可将文本关键字依据其重要程度利用字体大小和颜色进行显示,使人一目了然地了解主要内容。图 12.8 所示的是一种标签页,是有关 2012 年神舟九号发射相关的新闻的关键词对应的文字云,其中字的大小代表关键词的重要程度,字越大表示越重要。

图 12.8　标签云

12.3　过程和结果可视化

商务智能过程可视化是将构建商务智能应用的每个步骤用可视化的形式表示,反映了数据从数据源到预处理到分析等关键步骤的逻辑关系。商务智能结果可视化是将利用各种技术发现的知识通过视觉图像的形式进行展现。下面通过实例说明各种可视化手段在这两方面的应用。

关联规则的可视化方法有多种。图 12.9 是 IBM Intelligent miner（IBM 商务智能软件）中关联规则的可视化输出。

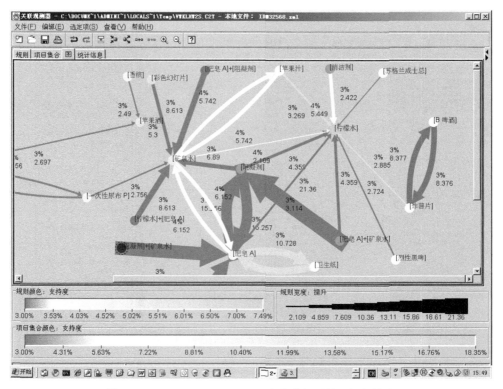

图 12.9　IBM Intelligent miner 中关联规则的可视化输出

从图 12.9 中可以看到，项集是用结点表示的，结点的颜色深浅代表了项集支持度的大小，颜色越浅支持度越大。项集之间的关联关系是通过有向边表示的。边的颜色代表了规则的支持度，颜色越浅支持度越大。边的宽度代表了度量提升（lift）的大小，边越宽提升越大。在此图中，用户可以随意拖曳结点进行观察。

SPSS 中也可以通过网络图表示任意两个项之间的关联性，如图 12.10 所示。其中任一个结点代表一个项（图中为一个商品），结点之间的线段越粗表明两个项之间的相关性越强。

聚类结果的可视化可以将一个簇的特点通过图像的方式直观地展示。图 12.11 和图 12.12 是 IBM Intelligent miner 中聚类结果的可视化输出。

图 12.11 中显示的是五个簇的整体信息，簇按大小排序，背景颜色表示簇的大小。图 12.12 中显示的是一个簇的信息，用各种图形可视化地表示了每个属性的取值与整体数据集相应属性取值的对比。很容易看到这个簇区别于整体数据的显著特点，例如，很明显，这个簇中绝大多数的人是已婚，而整体人群中已婚、离异和单身的比例是差不多的。

决策树是最常用的分类技术，决策树的可视化方法有很多，图 12.13 是 SPSS 中决策树的可视化输出。图中每个结点中显示了 Bad（代表信用差）和 Good（代表信用好）两个

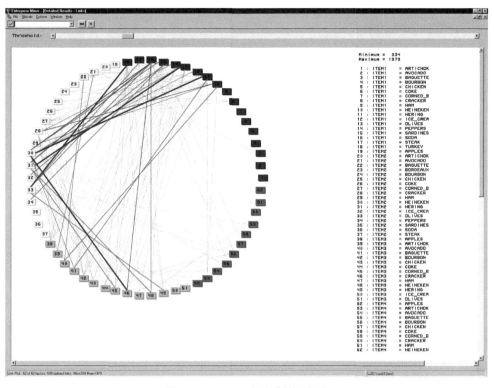

图 12.10　SPSS 中关联性可视化

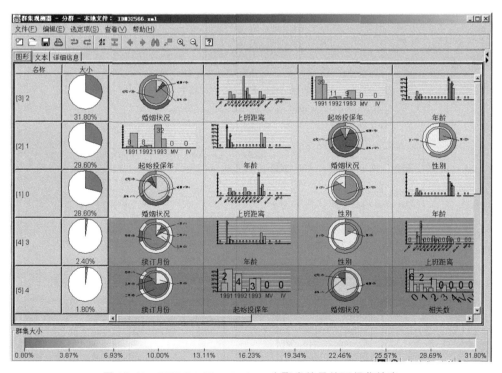

图 12.11　IBM Intelligent miner 中聚类结果的可视化输出

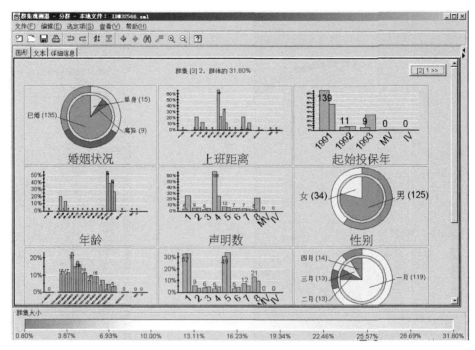

图 12.12　IBM Intelligent miner 中一个簇的特征可视化输出

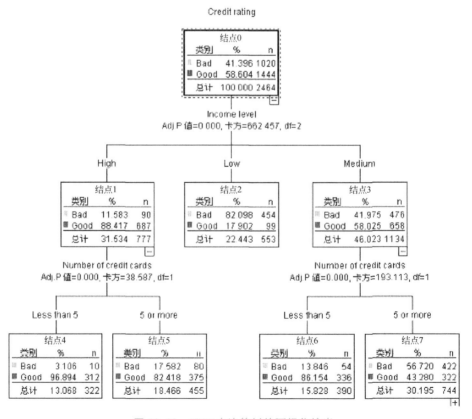

图 12.13　SPSS 中决策树的可视化输出

类别的分布,即各个类别的样本个数及比例,以及属于此结点的样本总个数和占总数据集的比例。图中为每个分裂属性也显示了该属性与类别属性的一些统计数据,如卡方值等。

RapidMiner 通过数据流的形式可视化地定义数据被处理的整个过程,数据流中每个结点代表一种操作,结点间的有向边代表数据的流动方向。图 12.14 是构建决策树模型的过程图。

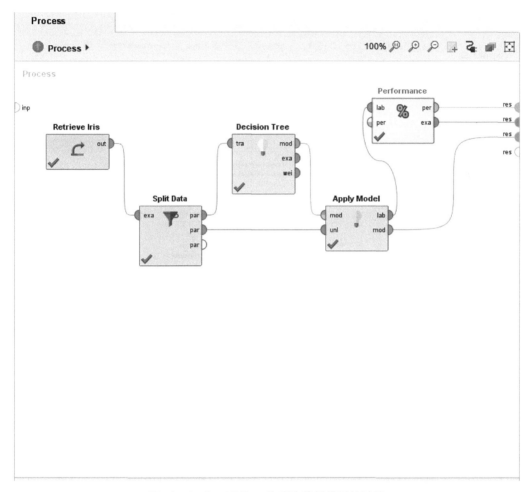

图 12.14 RapidMiner 构建决策树模型的过程

图 12.14 中显示了读取数据源文件 iris(Retrieve Iris)、将源文件中的数据进行分割(Split Data)、构建决策树(Decision Tree)、使用生成的模型(Apply Model)以及模型评估操作(Performance)等,刻画了数据在整个过程中的流动过程。这种可视化技术降低了商务智能的应用创建的难度。

12.4 积分卡和仪表盘

积分卡(scoreboard)和仪表盘(dashboard)是常用的两种展示企业关键业务指标和度量的可视化工具。积分卡用于显示企业的关键性能指标(key performance indicator,KPI)。

仪表盘综合各种类型的图形如热点图、积分卡、量表及各种图形和报表，提供丰富的可视化界面及一个企业在某个时间的业务状态。Oracle 公司的 Oracle Business Intelligence、IBM公司的 Cognos Dashboard、SAP 公司的 Crystal Dashboard 及 Microsoft 公司的PerformancePoint 等都提供仪表盘工具。

积分卡基于企业的一组关键性能指标，每个指标都反映业务运营在某个维度的性能，通过与设定目标相比，用可视化的方式展现进展情况和发展趋势。图 12.15 是一个积分卡的例子。

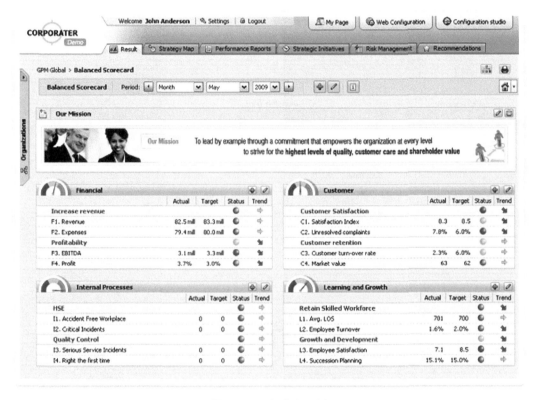

图 12.15　积分卡示例

（来源：http://www.corporater.com/en/products/showcase/balanced-scorecard/）

在积分卡中通常通过一些小的图标(icon)来表示当前的性能指标与计划指标之间的关系，例如，利用红、绿、黄灯表示低于预期、达到或超过预期及值得关注等状态。用箭头表示预测的未来发展趋势：上升、稳定或下降。

仪表盘就像汽车的仪表板一样，将一组相关的反映业务性能的积分卡、图表等要素集成在一起显示，有些仪表盘工具还提供用户交互和分析功能，例如对多维数据的上卷、下钻等操作。图 12.16 是 InetSoft 公司商务智能软件生成的仪表盘报表，从中可以看到利用各种可视化技术展现与销售和库存有关的业务性能指标，也包括 KPI 值，通过这种形式，企业管理人员能够迅速掌握企业运营状况，便于信息共享，监控业务运营状况，改进决策过程。

图 12.17 是 Oracle 商务智能软件中的仪表盘示例。

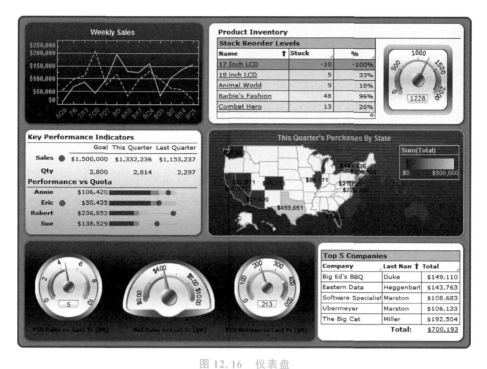

图 12.16 仪表盘

（来源：http://www.inetsoft.com/solutions/sap_dashboard_reports/）

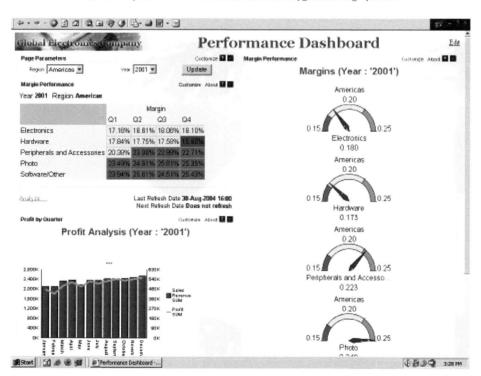

图 12.17 Oracle 商务智能软件中的仪表盘示例

（来源：Oracle）

练习题 12

1. 简述可视化技术与商务智能的关系。

2. 商务智能可视化有什么作用?

3. 比较各种数据可视化技术在多维数据可视化方面的特点。

4. 试分析数据挖掘技术、OLAP 技术与可视化技术的关系,举例说明通过可视化技术可以有利于发现其他数据挖掘技术难以发现的知识。

5. 很多企业通过在线评论了解用户对产品或服务的意见和态度,试设计一个仪表盘界面,通过该界面让管理人员很容易地掌握用户对产品或服务的评价情况。

第四部分

商务智能应用系统

第13章

商务智能应用

商务智能可以为企业增加收入,降低成本,培养良好的客户关系,进行有效的风险管理。商务智能在各个领域有着广泛、深入的应用,为企业带来了可持续的竞争优势。本章介绍典型的商务智能应用、案例及相关技术。

13.1 商务智能应用领域

商务智能通过对大量数据的查询、探查和分析,可以得到隐含于数据中的新颖的知识。基于这些知识可以完善企业的业务流程、制定科学的管理决策、开发新型业务模式,从而达到降低成本、增加收入、提高客户满意度、降低企业运营风险、为企业带来利润的目的,从而在激烈的竞争中获得可持续竞争优势。商务智能经过多年的发展不仅在技术方面不断进步,其应用也深入各行各业,有着广泛的应用领域,如在零售、金融、电信、保险、制造等领域都有很多成功应用的案例,在市场管理、风险管理及生产管理等方面都取得了成功的应用。

不管是哪种行业,客户都是一个企业运营过程的核心因素,一个企业能否获得潜在的有价值的客户进行有效的交叉销售或提升销售,在关键时刻能否挽留住重要的客户,这些都关系到一个企业运营的成败。因此,关系营销(relational marketing)自 20 世纪 90 年代以来得到了广泛的应用和推广,是企业市场管理的有效战略手段。

在风险管理方面,利用商务智能技术可以有效预测用户的流失,这对于金融、保险以及电信行业非常重要。利用商务智能可以进行客户信用等级的评估,预测信用卡的欺诈使用,发现股票市场中的欺诈交易,甄别保险欺诈,预测商品价格等,可以有效降低企业运营风险。

在生产管理方面,利用商务智能可以发现生产过程中的异常情况,优化生产过程,改善产品质量,降低成本,增加收益。这些在许多制造业企业中都得到了成功的应用。

下面将分别介绍商务智能在关系营销和生产管理方面的应用。

13.1.1 关系营销

关系营销是一种用于管理企业与其利益相关者之间的关系,培养和维护一种长期良好关系的战略。利益相关者涉及企业的客户、员工以及合作伙伴等,在关系营销中尤指一个企业的客户。与关系营销相对的是**交易营销**(transactional marketing)。交易营销旨在争取每个交易,提高交易数量。营销活动以交易为中心,而关系营销以关系和客户为中心。很多企业都已经意识到,客户是一个企业重要的资产,可以帮助企业获得可持续的竞争优势。关系营销最早用于金融、电信等行业,后来逐步扩展到了制造业领域。

关系营销旨在培养客户忠诚度,提高客户满意度,维护良好沟通,有效开发客户生命周期内的价值。客户生命周期指的是一个客户从潜在客户变为意向客户、真正客户,最终成为流失客户的整个过程。在客户所处的各个阶段,借助商务智能技术可以进行有效的关系营销活动,以达到客户满意、企业获利的双赢状态。图13.1是客户生命周期以及关系营销活动的一个图示,其中,横轴代表时间,纵轴代表客户给企业带来的累积利润。在整个生命周期期间,客户的价值不是简单的像图13.1中所示总是上升或下降,其中存在反复,图13.1所示的是整体趋势。

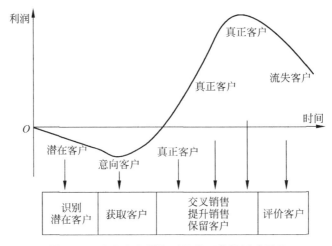

图 13.1　客户生命周期以及关系营销活动图示

为了完成有效关系营销活动,每次活动通常都涉及分析、计划、执行以及评价等一系列环节。针对关系营销的商务智能系统是一个不断循环使用的系统,其系统架构如图13.2所示。

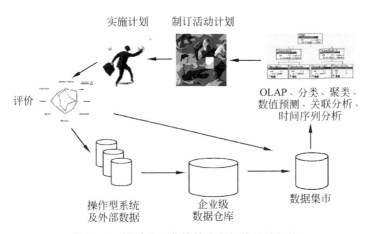

图 13.2　针对关系营销的商务智能系统架构

在该闭环系统中,数据集市包含对客户进行分析所需的多方面数据,包括操作型系统中记载的用户的交易记录、用户的个人信息、以往的营销活动及结果、呼叫中心记载的客户的投诉电话、邮件往来信息,以及销售部分对顾客的接触信息、用户的付款方面的信息等。利用这些信息在客户生命周期的不同阶段,利用不同的商务智能技术进行知识发现。基于发现的知识,制订营销活动计划,实施计划之后,要对结果进行评价。相应的销售活动信息被操作型系统记录,进而被集成到数据仓库中,这些新收集的数据为下一轮的营销活动提供分析的基础。

图 13.1 中给出了用户生命周期中的几个关键的关系营销环节,包括**客户获取**(customer acquisition)、**客户保留**(customer retention)以及**交叉/提升销售**(cross/up sale)。通常认为,客户保留比客户获取更加重要,因为获取一个客户的代价很高,而且新获取的客户在一段时间内不能给企业带来利润,而保留住一个客户往往给企业带来很多利润。

客户获取虽然没有客户保留那样重要,但是也不能忽视。有效的客户获取可以节省和优化营销资源。客户获取的目标是识别那些可能给企业带来高额利润同时有较大可能成为企业客户的用户。通过分析企业现有客户甚至竞争对手客户的各方面数据,例如个人信息、产品或服务的使用信息、与客户的联系信息等,预测一个用户成为企业客户的可能性,然后有针对性地计划和实施想要获取该客户的营销活动。常用的商务智能技术包括分类和聚类。例如,对于汽车行业,某公司为了发起一次营销活动,需要识别出一群用户,他们响应此次汽车营销活动的可能性比较高。该公司拥有现有客户的销售和汽车维修记录以及客户的个人信息,同时还可以得到拥有其他公司车型的用户的相应信息。据此,可以利用商务智能中的分类技术发现潜在用户的特点,有针对性地进行营销。

为了构建分类模型,需要选择相关的描述客户的特征或属性,包括客户的个人信息、拥有车辆的数量、更换车辆的频率、车辆的特征以及车的使用信息、维修信息等;然后选择分类算法(如决策树),构建预测模型。根据此模型,找出那些有可能购买该公司车辆的用户的特征,据此对符合此特征的潜在客户开展营销活动。

客户保留是针对客户流失采取的措施,以便在流失之前挽留住对企业有价值的客户。因此为了进行有效的客户保留,首先要能够事先预测哪些客户可能会流失。客户流失在服务业,如电信、保险、银行,是一个很常见的问题。激烈的竞争通常使得企业采取各种优惠措施,吸引新客户。尤其在电信业,据统计,全球电信用户的每年流失率为 30%～50%,约 90% 的移动电话用户在最近五年内至少换过一家服务商。全球每年由于客户流失造成的损失达 100 亿美元。因此,如何有效地识别可能流失的有价值客户、采用措施挽留住客户是许多企业面临的重要问题。

某移动通信公司欲借助商务智能技术解决此问题,为此收集了 25 万客户一个月内的有关电话打入和打出的信息、使用过的服务信息,以及客户的个人信息等,将这些客户分为流失和不流失两类,经过特征选取等数据预处理,选择了多个分类技术构建分类模型,包括决策树、回归及神经网络等,最后通过甘特图比较各个模型,最终选择决策树模型。根据决策树模型,发现了三个具有高流失率的客户群体,最终选出最有可能流失的客户作为客户保留的目标群体,通过营销手段诱使客户继续留在该公司,达到了预期的目的。

交叉销售和提升销售是通过分析客户数据,发现那些可能购买公司生产或销售的其他产品或其他服务的过程。交叉销售指的是向已有客户推销其他同档次的产品或服务。例如,向储蓄账户的客户推销理财产品、保险产品、信用卡服务等。提升销售则指的是向当前客户推销比该客户已购买产品或服务高一等级的产品或服务。例如,大型零售商场向持有普通会员卡的用户推销银卡或金卡，这样，公司承诺提供更好的服务，同时顾客需要维持更高的消费，如果成功，公司就可以从中获得更多的利润。

交叉销售和提升销售的用户群可以通过分类技术预测客户是否具有接受交叉销售或提升销售的可能。另外，也可以通过关联规则或序列模式发现技术挖掘客户已购产品或服务之间的关联。

推荐系统也是实现交叉销售的一种方法，特别是在电子商务中，用户在购买一种商品的同时，向其推荐另外可能购买的产品的方式已经获得了广泛的应用，也取得了很好的效果。常用的推荐技术在 13.2 节介绍。

13.1.2　生产管理

商务智能除了是各行各业实施关系营销的有力武器外，还可以用于生产企业的生产流程优化和质量控制，提高生产效率，降低生产成本，从而增加企业收入。很多产品的自动化生产过程都设计了数量众多的工艺参数，如电压、电流等，以及环境变量，如温度、湿度、大气压等，这些变量互相影响，与产品质量息息相关。如何发现这些变量与产品质量之间的关系，发现生产过程中的异常，从而及时改进生产流程，提高产品质量，是很多生产型企业都面临的关键问题。

由于生产过程的复杂、多变，靠人工发现问题已变得越来越不切实际。自动化生产过程中通常记录了大量的工艺参数及环境变量信息，这就给利用商务智能技术解决此问题提供了基础。实践证明，商务智能可以有效用于生产流程的优化，控制产品质量，降低成本。下面通过一个案例说明应用方法。

UCI 机器学习数据库中有个名为 Cylinder Bands 的数据集（网址为 http://archive.ics.uci.edu/ml/datasets/Cylinder+Bands），它是利用分类技术有效解决生产质量问题的一个实际应用案例。该数据集由 Bob Evans 创建，是为解决名为 RR Donnelley & Sons Co. 的公司的生产过程问题而创建的。该公司是一家成立于 1864 年的世界 500 强企业，总部位于美国芝加哥，主要业务是印刷业，拥有很多家印刷厂。

Bob Evans 所在的一家从事转轮凹版印刷的印刷厂在生产过程中经常出现非正常停机，每次停机平均需要 1.5 小时，大大影响生产效率。这种停机是由于出现滚筒条纹，即印刷的图像上出现条纹，导致大量的印刷品出现质量问题，浪费大量纸张和油墨，并且浪费生产时间，提高了生产成本，也提高了不能按期完成产品的风险。该问题不止出现在一家印刷厂，是一个普遍存在的问题，因此引起了广泛的关注。

为了找出导致滚筒花纹出现的原因，Bob Evans 等工作人员通过与印刷工人沟通，收集了生产过程的很多变量，如油墨黏度、湿度、温度、纸张型号、纸张重量、溶剂型号、印刷机型号、印刷速度、静电辅助电压、静电辅助电流、通用的静电辅助密度等，并定义了出现条纹和未出现条纹的判断标准。在此基础上，收集了 512 条工作记录，其中 200 条是出现滚筒条纹问题的记录。每条记录包含 40 个变量，其中变量 band 是类别变量，即是否出现滚筒条纹。表 13.1 是该数据集的一个示例。由于属性比较多，因此，将此表进行了旋转，其中第一列是属性名，其余每一列代表一条工作记录。

表 13.1　**Cylinder Band** 数据集示例

timestamp	19910108	19910109	19910104
cylinder	X126	X266	B7
customer	TVGUIDE	TVGUIDE	MODMAT
job number	25503	25503	47201
grain screened	YES	YES	YES
ink color	KEY	KEY	KEY
proof on ctd ink	YES	YES	YES
blade mfg	BENTON	BENTON	BENTON
cylinder division	GALLATIN	GALLATIN	GALLATIN
paper type	UNCOATED	UNCOATED	UNCOATED
ink type	UNCOATED	UNCOATED	COATED
direct steam	NO	NO	NO
solvent type	LINE	LINE	LINE
type on cylinder	YES	YES	YES
press type	Motter94	Motter94	WoodHoe70
press	821	821	815
unit number	2	2	9
cylinder size	TABLOID	TABLOID	CATALOG
paper mill location	NorthUS	NorthUS	NorthUS
plating tank	1911	?	?
proof cut	55	55	62
viscosity：	46	46	40
caliper	0.2	0.3	0.433
ink temperature	17	15	16
humifity	78	80	80
roughness	0.75	0.75	?
blade pressure	20	20	30
varnish pct	13.1	6.6	6.5
press speed	1700	1900	1850
ink pct	50.5	54.9	53.8
solvent pct	36.4	38.5	39.8
ESA Voltage	0	0	0
ESA Amperage	0	0	0
wax：numeric	2.5	2.5	2.8
hardener	1	0.7	0.9
roller durometer	34	34	40
current density	40	40	40
anode space ratio	105	105	103.87
chrome content	100	100	100
band type	band	noband	noband

　　利用决策树分类技术构建模型,经过分析,发现了成功印刷的规律,例如,保持低的油墨温度、保持高的油墨黏度等。将这些规律转变为操作规则告知操作工人之后,滚筒条纹

出现的频率慢慢降低了。利用商务智能实现生产过程的优化,成功地解决了该生产问题,提高了生产效率,降低了成本。

随着网络和信息技术的发展以及 Web 2.0 的普及,在线评论成为用户购物之后对产品质量或服务的一种流行反馈方式。评论中反映了用户对产品或服务各方面特性的意见,有效地提取这些意见,分析意见的情感倾向,不仅可以方便消费者进行购物,更主要的是可以帮助生产厂商发现产品或服务的质量问题,改进产品或服务的设计和生产。有关意见挖掘的详细内容参见 13.3 节。

13.2 推荐系统

当在电子商务网站上搜索商品时,网站在显示匹配商品的同时,通常会显示一些其他商品的信息。例如,在 china-pub 网上书店购买书籍时,在你浏览某一本图书的详细信息时,在屏幕的左侧会显示"购买此商品的人还买了"信息,其中包括推荐的多本其他书籍信息,如图 13.3 所示。

图 13.3　china-pub 网上书店的推荐信息

这些信息是根据用户当前查询或购买过哪些商品及商品本身特性信息,结合其他用户的查询和购买信息而推荐给用户的。如果推荐的信息迎合了用户的喜好和需求,就增加了用户购买这些商品的机会,同时也减轻了用户搜索这些信息的负担,可谓一箭双雕。由于电子商务网站上提供的大量信息带来**信息过载**(information overload)问题,因此个性化推荐是一种解决该问题的方法。由于良好的推荐系统可以给企业带来可观的利润,各种电子商务网站纷纷提供推荐服务,涉及各种产品和服务,例如零售商品、电影、音乐、图书、交友、金融产品推荐等。

然而如何实现精确、实时的推荐并不是一件容易的事情。精确的推荐需要分析大量历史销售或浏览记录,从中发现用户的喜好和购买意向。由于产品和服务种类众多,这些产品和服务的销售和浏览信息虽然数据量庞大,但是却是非常稀疏的数据,即购买同样商品或服务的用户很少。因此,如何从中有效地挖掘用户的偏好是个非常具有挑战性的问题,吸引了很多学术界和工业界的研究和关注,提出了很多推荐方法,开发了许多推荐系统,其中明尼苏达大学双城分校计算机系 GroupLens 实验室开发的一个电影推荐系统MoiveLens,是一个供学术研究的平台。

业界不仅广泛使用了推荐系统,也助推了推荐方法的研究。DVD 在线租赁商 Netflix于 2006 年 10 月 2 日发起一项名为 Netflix Prize 的竞赛。在此竞赛中,参赛者可以利用的信息只有以往用户对电影的评分,没有其他信息,如用户的信息以及电影的信息。竞赛规定,如果参赛者所提出的推荐方法比他们使用的方法的准确率提高 10%,那么在 2011 年 10月 2 日之前第一个达到此要求的人就可以得到 100 万美元的奖金。最终,在 2009 年 9 月,有一个名为 BellKor's Pragmatic Chaos 的参赛队伍取得了准确度提高 10.06%的结果,获得了胜利。类似的竞赛还有许多,例如交友网站的会员推荐,社会网络中关注用户推荐、音乐推荐等。

常用的推荐方法分为协同过滤(collaborative filtering)、基于内容的推荐和组合推荐。组合推荐是综合各种推荐方法的方法,例如将基于内容的推荐结果和协同过滤的推荐结果进行线性组合就是一种简单的组合方法。协同过滤又分为基于用户的协同过滤(user-based collaborative filtering)、基于物品的协同过滤(item-based collaborative filtering)及矩阵分解等模型。随着深度学习理论的发展,近些年来提出了很多深度学习模型用于推荐。下面重点介绍基于用户的协同过滤、基于物品的协同过滤、矩阵分解以及基于内容的推荐方法。

13.2.1 基于用户的协同过滤

基于用户的协同过滤的基本假设是:如果两个用户在共同打分的物品上的打分值相似,则这两个用户具有相似的偏好。因此,他们对其他物品的打分也会相似;相似用户对物品的偏好也会相似。如果要预测一个用户是否会喜欢某物品,该用户和物品称为目标用户和目标物品,首先找出与目标用户相似的用户,然后综合利用相似用户对目标物品的打分来得出一个目标用户对目标物品的打分。打分是用户对物品喜好程度的一种反映,实际应用中可以利用用户是否购买某物品、是否在网站上浏览此物品、用户购买物品后的使用反馈等信息加以量化。另外,物品代表了有形的物品或者无形的服务等用户消费对象。

假设用户数为 m,不同的物品个数为 n,则可以用一个 $m \times n$ 的用户-物品打分矩阵 **R**表示协同过滤方法的输入。矩阵的每个元素代表用户对物品的打分,用 $R_{i,j}$ 表示用户 i 对物品 j 的打分。假设打分的范围为 1~5 的整数,表 13.2 所示是 5 个用户对 6 个物品的打分矩阵。

表 13.2 用户-物品打分矩阵

用　　户	物品 1	物品 2	物品 3	物品 4	物品 5	物品 6
用户 1	**1**	2	**2**		**3**	
用户 2	**2**		**3**	2	**5**	
用户 3	3	4		5	1	2
用户 4	2	3	4		2	1
用户 5	4		5	3		

表中 1 分代表用户对物品的喜好程度最低，5 分代表喜好程度最高。

给定打分矩阵 $\boldsymbol{R}$，协同过滤的目标是预测 $\boldsymbol{R}$ 中那些取值为空的元素的值。例如，在表 13.2 中预测用户 1 对物品 4 的打分，即 $R_{1,4}$。

协同过滤要解决的问题有 3 个：如何衡量用户相似度、如何选择相似用户以及如何综合相似用户的打分。

衡量用户相似度的方法包括余弦相似度和皮尔逊相关系数法等。利用余弦相似度衡量用户 i 和用户 j 间相似性时，假设 I_i 表示用户 i 打过分的物品集合，I_j 表示用户 j 打过分的物品集合，I_{ij} 表示用户 i 和用户 j 共同打过分的物品集合，即 $I_{ij} = I_i \cap I_j$，则每个用户用这些打分构成的矢量表示，用户间的相似度 $\text{sim}(i,j)$ 用矢量夹角余弦衡量，公式如下：

$$\text{sim}(i,j) = \cos(i,j) = \frac{\boldsymbol{i} \cdot \boldsymbol{j}}{|\boldsymbol{i}| \times |\boldsymbol{j}|} = \sum_{c \in I_{ij}} \frac{R_{i,c}}{\sqrt{\sum_{k \in I_{ij}} R_{i,k}^2}} \times \frac{R_{j,c}}{\sqrt{\sum_{k \in I_{ij}} R_{j,k}^2}} \tag{13.1}$$

例如，对于表 13.2 中的用户 1 和 2 之间的余弦相似度的计算如下：

$$\text{sim}(1,2) = \frac{R_{1,1}R_{2,1} + R_{1,3}R_{2,3} + R_{1,5}R_{2,5}}{\sqrt{R_{1,1}^2 + R_{1,3}^2 + R_{1,5}^2} \sqrt{R_{2,1}^2 + R_{2,3}^2 + R_{2,5}^2}}$$

$$= \frac{1 \times 2 + 2 \times 3 + 3 \times 5}{\sqrt{1^2 + 2^2 + 3^2} \sqrt{2^2 + 3^2 + 5^2}} = \frac{23}{\sqrt{14 \times 38}} = 0.997$$

同理，可以计算用户 2 和其他用户之间的相似度，如和用户 4 之间的相似度，有 $\text{sim}(2,4) = 0.86$。

根据皮尔逊相关系数来度量用户 i 和用户 j 之间的相似性，计算公式如下：

$$\text{sim}(i,j) = \frac{\sum_{c \in I_{ij}} (R_{i,c} - \overline{R_i})(R_{j,c} - \overline{R_j})}{\sqrt{\sum_{k \in I_{ij}} (R_{i,k} - \overline{R_i})^2} \sqrt{\sum_{k \in I_{ij}} (R_{j,k} - \overline{R_j})^2}} \tag{13.2}$$

其中，$\overline{R_i}$ 和 $\overline{R_j}$ 分别表示用户 i 和用户 j 对物品的平均评分。

假设根据用户相似度为目标用户 a 选择的相似用户的集合表示为 $N(a)$，现在要预测用户 a 对物品 j 的打分 $R_{a,j}$，则综合 N 中所有给物品 j 打过分的用户 i 的打分信息计算 $R_{a,j}$ 的公式如下：

$$R_{a,j} = \overline{R_a} + \frac{\sum_{i \in N(a)} \text{sim}(a,i)(R_{i,j} - \overline{R_i})}{\sum_{i \in N(a)} \text{sim}(a,i)} \tag{13.3}$$

例如，假设与用户 2 最相似的两个用户是用户 1 和用户 4，则预测用户 2 对物品 2 的打分的计算方法如下：

$$R_{2,2} = \overline{R_2} + \frac{\mathrm{sim}(2,1)(R_{1,2} - \overline{R_1}) + \mathrm{sim}(2,4)(R_{4,2} - \overline{R_4})}{\mathrm{sim}(2,1) + \mathrm{sim}(2,4)}$$

$$= 3 + \frac{0.997 \times (2-2) + 0.86 \times (3-2.4)}{0.997 + 0.86} = 3.27$$

对于如何选择相似用户的方法有多种。简单的方法是通过指定一个整数 k，选出与目标用户最相似的前 k 个用户作为相似用户。或者也可以指定一个相似度的阈值，超过阈值的用户作为相似用户。但这些方法的缺点是计算复杂度高，因为给定一个目标用户 a，需要计算 a 与其他任一个用户的相似度。一种节省时间的方法是通过聚类方法。将用户根据打分信息进行聚类，将用户 a 分配到最近的一个簇中，用簇内用户的打分预测用户 a 的打分。

基于用户的协同过滤进行推荐的缺点有两个：一是"冷启动"(cold start)问题，即一个从来没有给任何物品打过分的新用户无从知道他跟谁相似，因而无法预测；二是用户的爱好是动态变化的，因此，相似度的计算需要频繁进行，这会影响推荐系统的效率。

13.2.2　基于物品的协同过滤

与基于用户的协同过滤不同，基于物品(item-based)的协同过滤的基本假设是：如果大多数用户喜欢物品 i 的同时也喜欢物品 j，若一个用户 a 喜欢物品 i，则他也可能喜欢物品 j。为此，需要计算物品之间的相似度，而不是用户之间的相似度。由于物品之间的相似度相对用户之间的相似度更稳定，因此，物品之间的相似度的更新计算不必像用户之间相似度那样频繁，因而可以提高系统的运行效率。

给定如表 13.2 所示的用户-物品打分矩阵 $\boldsymbol{R}$，衡量物品相似度的方法包括余弦相似度、修正余弦相似度和皮尔逊相关系数法等。利用余弦相似度衡量物品 i 和物品 j 的相似度时，假设 U_i 表示为物品 i 打过分的用户集合，U_j 表示为物品 j 打过分的用户集合，U_{ij} 表示同时为物品 i 和物品 j 打过分的用户集合，即 $U_{ij} = U_i \bigcap U_j$，则每个物品用这些打分构成的矢量表示，物品间的相似度 $\mathrm{sim}(i,j)$ 用矢量夹角余弦衡量，公式如下：

$$\mathrm{sim}(i,j) = \cos(\boldsymbol{i},\boldsymbol{j}) = \frac{\boldsymbol{i} \cdot \boldsymbol{j}}{|\boldsymbol{i}| \times |\boldsymbol{j}|} = \frac{\sum\limits_{u \in U_{ij}} R_{u,i} \times R_{u,j}}{\sqrt{\sum\limits_{u \in U_{ij}} R_{u,i}^2} \times \sqrt{\sum\limits_{u \in U_{ij}} R_{u,j}^2}} \tag{13.4}$$

例如，对于表 13.2 中的物品 1 和 2 之间的余弦相似度的计算如下：

$$\mathrm{sim}(1,2) = \frac{R_{1,1}R_{1,2} + R_{3,1}R_{3,2} + R_{4,1}R_{4,2}}{\sqrt{R_{1,1}^2 + R_{3,1}^2 + R_{4,1}^2}\sqrt{R_{1,2}^2 + R_{3,2}^2 + R_{4,2}^2}}$$

$$= \frac{1 \times 2 + 3 \times 4 + 2 \times 3}{\sqrt{1^2 + 3^2 + 2^2}\sqrt{2^2 + 4^2 + 3^2}} = \frac{20}{\sqrt{14 \times 29}} = 0.99$$

同理，可以计算用户 2 和其他用户之间的相似度，有 $\mathrm{sim}(3,2) = 0.99$，$\mathrm{sim}(4,2) = 0.989$，$\mathrm{sim}(5,2) = 0.79$，$\mathrm{sim}(6,2) = 0.98$。

修正的余弦相似度主要考虑不同用户间的打分差异。有的用户比较严苛，对所有物品的打分普遍较低；有的用户比较宽容，打分则普遍偏高。为了消除这种差异带来的影响，在

计算相似度时将用户的打分减去打分平均值,用这个差值作为矢量的元素进行余弦的计算,具体公式如下:

$$\text{sim}(i,j) = \frac{\sum\limits_{u \in U_{ij}} (R_{u,i} - \overline{R_u})(R_{u,j} - \overline{R_u})}{\sqrt{\sum\limits_{u \in U_{ij}} (R_{u,i} - \overline{R_u})^2} \sqrt{\sum\limits_{u \in U_{ij}} (R_{u,j} - \overline{R_u})^2}} \tag{13.5}$$

其中,$\overline{R_u}$ 表示用户 u 打分的平均值。

根据皮尔逊相关系数来度量物品 i 和物品 j 之间的相似性,计算公式如下:

$$\text{sim}(i,j) = \frac{\sum\limits_{u \in U_{ij}} (R_{u,i} - \overline{R_i})(R_{u,j} - \overline{R_j})}{\sqrt{\sum\limits_{u \in U_{ij}} (R_{u,i} - \overline{R_i})^2} \sqrt{\sum\limits_{u \in U_{ij}} (R_{u,j} - \overline{R_j})^2}} \tag{13.6}$$

其中,$\overline{R_i}$ 和 $\overline{R_j}$ 分别表示物品 i 和物品 j 的平均评分。

现在要预测用户 a 对物品 j 的打分 $R_{a,j}$,假设根据物品相似度为物品 j 选择的相似物品的集合表示为 $N(j)$,则综合用户 a 为 N 中所有给物品的打分,计算 $R_{a,j}$ 的公式如下:

$$R_{a,j} = \frac{\sum\limits_{i \in N(j)} \text{sim}(i,j) R_{a,i}}{\sum\limits_{i \in N(j)} \text{sim}(i,j)} \tag{13.7}$$

例如,表 13.2 中,与物品 2 最相似的两个物品是物品 1 和物品 3,则预测用户 2 对物品 2 的打分的计算方法如下:

$$R_{2,2} = \frac{\text{sim}(1,2) R_{21} + \text{sim}(3,2) R_{2,3}}{\text{sim}(1,2) + \text{sim}(3,2)} = \frac{0.99 \times 2 + 0.99 \times 3}{0.99 + 0.99} = 2.5$$

基于物品的协同过滤也存在冷启动问题。新的用户和新的物品都无法进行推荐。

数据的稀疏性也是导致预测效果不好的一个原因,为了解决此问题,很多研究者对此进行了研究。简单的方法是结合用户的个人信息,利用已有用户的个人信息计算相似度,与打分相似度相结合。奇异值分解(singular value decomposition,SVD)也是一种解决稀疏性的方法,利用该方法可以降低维度。

基于协同过滤的推荐效果的衡量可以采用数值预测中的衡量方法,例如采用平均绝对误差(MAE)来度量预测打分与实际打分之间的误差。

13.2.3 矩阵分解

矩阵分解模型是 2009 年赢得 Netflix Prize 竞赛的团队成员 Koren、Bell 和 Volinsky 在题为 *Matrix Factorization Techniques for Recommender Systems* 的文章中提出的方法,也是他们参赛使用的主要方法。该模型简洁有效,得到了广泛应用。很多推荐模型将矩阵分解与其他模型相结合或进行扩展,解决各种推荐问题。

在矩阵分解模型中,每个用户和物品都用一个低维向量表示,用户对物品的偏好程度由其向量的内积量化。给定用户-物品的打分矩阵,学习这些向量。推荐时依据用户对物品的偏好程度将物品进行排序,将尚未消费的排在前面的物品进行推荐。

具体来说,给定用户的集合 U 和物品的集合 I,每个用户 $i \in U$ 的偏好由一个 k 维的向

量 $p_i \in R^k$ 表示,向量的每一维上的取值代表用户对该维度物品特征的喜好程度。每个物品 $j \in I$ 的特征由一个 k 维的向量 $q_j \in R^k$ 表示,向量的每一维上的取值代表物品在该维度上的特征取值。每个用户 i 对每个物品 j 的感兴趣程度 $r_{i,j}$,可以由下式近似:

$$\hat{r}_{i,j} = \boldsymbol{p}_i^{\mathrm{T}} \boldsymbol{q}_j \tag{13.8}$$

将表示用户偏好的向量放在一起构成一个矩阵 $\boldsymbol{P}$,其中第 i 行是 $\boldsymbol{p}_i^{\mathrm{T}}$。将表示物品特征的向量放在一起构成矩阵 $\boldsymbol{Q}$,其中第 j 列是 $\boldsymbol{q}_j$。给定用户-物品的打分矩阵 $\boldsymbol{R}$,其第 i 行第 j 列的取值为 $r_{i,j}$,即用户 i 为物品 j 的打分。为了得到这两个矩阵,可以将 $\boldsymbol{R}$ 进行分解:$\boldsymbol{R} = \boldsymbol{PQ}$。常用的方法就是奇异值分解,然而,因为打分矩阵 $\boldsymbol{R}$ 是一个非常稀疏的矩阵,为了进行奇异值分解需要先将矩阵填充缺失值,这一定程度上会降低矩阵分解的准确度。因此,在用于推荐的矩阵分解模型中,只对打分矩阵中的已有值利用用户和物品的向量进行拟合,故模型的损失函数为:

$$\min_{\boldsymbol{p}_i, \boldsymbol{q}_j} \sum_{i \in U, j \in I} (r_{i,j} - \boldsymbol{p}_i^{\mathrm{T}} \boldsymbol{q}_j)^2 \tag{13.9}$$

为了避免过拟合问题,引入正则化(regularization)惩罚项:

$$\min_{\boldsymbol{p}_i, \boldsymbol{q}_j} \sum_{i \in U, j \in I} (r_{i,j} - \boldsymbol{p}_i^{\mathrm{T}} \boldsymbol{q}_j)^2 + \lambda (\| \boldsymbol{p}_i \|^2 + \| \boldsymbol{q}_j \|^2) \tag{13.10}$$

该最优化问题可以通过随机梯度下降法求解。

13.2.4　基于内容的推荐方法

基于内容的推荐方法通过物品的内容描述物品,通过用户喜欢的物品的信息(如购买过的、打分的)描述用户的偏好。然后,通过启发式的方法衡量某物品匹配用户偏好的程度,或者利用机器学习、数据挖掘的方法,学习用户的偏好模型,预测用户对物品的偏好程度。

为了利用内容描述物品,使用此类方法进行推荐的物品一般含有文本内容,例如书籍、网页、新闻等。这类物品容易提取其内容信息,通常借鉴信息检索中的词频、文档频率来描述物品。

例如,对于网页推荐系统,每个网页 d_j 可以看作一篇文档,可以表示为一组 n 个关键词对应的矢量 $d_j(w_{1j}, w_{2j}, \cdots, w_{nj})$。其中对应的是关键词 k_i 对于文档 d_j 的权重,可以通过词频和文档频率来计算。词频(term frequency)通常用 tf 表示,代表的是一个词在一个文档中出现的频率。假设一个词 k_i 在文档 d_j 中的出现的次数为 f_{ij},文档 d_j 中的出现次数最多的关键词为 k_l,为了去掉长的文档中词频可能大于短文档带来的影响,词频 tf_{ij} 的计算方法如下:

$$\mathrm{tf}_{ij} = \frac{f_{ij}}{f_{lj}} \tag{13.11}$$

假设文档的个数为 N,词 k_i 在 n_i 文档中出现,则其文档频率(document frequency)df_i 定义为 $\mathrm{df}_i = n_i / N$。由于在很多文档都出现过的词对于区分文档的作用较少,因此,在计算词 k_i 的权重时使用逆文档频率(inverse document frequency),通常用 idf_i 表示,定义如下:

$$\mathrm{idf}_i = \log \frac{N}{n_i} \tag{13.12}$$

综合词频和逆文档频率来计算关键词的权重的方法有多种，其中最简单的方法为两者相乘，即 $w_{ij} = \text{tf}_i \times \text{idf}_i$。

一个用户 u_i 的偏好采用同样的方法表示为关键词的向量 $\boldsymbol{u}_i(w_{1i}, w_{2i}, \cdots, w_{ni})$。然后，利用文档和用户之间相似度来衡量文档对用户的匹配程度，常用的相似度计算方法是余弦相似度。

基于机器学习的方法，通过分类提炼用户喜欢或喜欢的物品的特征，然后利用构建的分类模型，预测一个用户对其未购买过的物品的喜好程度。例如，将物品分为喜欢和不喜欢两个类别，每个物品用其特征描述，如用网页、新闻、书等关键词作为特征描述，构建朴素贝叶斯分类器，利用该分类器根据一个物品的特征可以预测其被用户喜欢或不喜欢的程度。

该方法可以处理新物品问题，这是协同过滤方法不能解决的。一个新的物品未被用户打过分，或者只被少量用户打过分，无法推荐给用户。但是，利用基于内容的推荐方法，只需根据物品的特征信息（内容信息）就可进行推荐。另外，利用分类器可以发现用户喜欢的物品的特征，便于理解用户的喜好。

该方法受制于物品内容信息的获取，难以获取内容信息的物品不方便用此方法。另外，只能推荐与已购商品相似的物品，缺乏多样性。多样性是衡量推荐系统的指标之一。

13.3 意见挖掘

意见挖掘（opinion mining）或者**情感分析**（sentiment analysis）从广义上说是从文本信息中识别、抽取用户对某一对象表达的意见、态度、情绪的技术或应用。态度（sentiment）又称极性（polarity），通常分为正面（positive）、负面（negative）或中立（neutral）。情绪指的是喜、怒、哀、乐等情感。意见挖掘可以用于物品在线评论的分析，也可以用于公众舆论的监控，有着重要的实用价值。

"意见挖掘"这个词最早出现在 Dave、Lawrence 和 Pennock 发表在国际 WWW 会议（International World Wide Web Conference）上的一篇文章中，随后被广泛研究和使用。本节主要介绍有关物品评论的意见挖掘的概念和主要方法。

意见挖掘可用于分析一段评论或一句评论的态度，通常采用人工标注训练集构建分类器的方法实现。更细粒度的分析是面向特征（feature）的意见挖掘，目的是从文本中发现用户评论了物品的哪些特征，在每个特征上表达的态度是什么。这种信息对于商家和消费者都更有价值。商家可以基于这种信息发现物品的哪些方面被用户肯定，哪些方面被用户否定。消费者据此同样可以了解商品的详细信息。

用户评论中涉及的物品特征通常可以分为两类：一类是物品的属性；另一类是物品的组成部分。例如，若评论的物品是相机，则相机的特征一类是相机的属性，如价格、重量等；另一类是相机的组成部分，如电池、屏幕等。

用户对物品某一特征的意见是表达了用户态度的词语。极性则代表了意见所反映出的态度，即正面、负面或中立。面向特征的意见挖掘可以分为三个步骤：特征的抽取、意见的抽取以及极性的判断，下面分别介绍。

13.3.1　特征和意见的抽取

特征和意见的抽取是从评论文字中将评论的特征和意见分别提取出来。例如,如果某用户评论一款手机的文字为"样子很经典,画面清晰,功能多,速度快,只是电池不耐用,价格也有些高",则应抽取的特征和意见对包括(样子,经典),(功能,多),(速度,快),(电池,耐用),(价格,高)。

目前对物品评论的特征抽取的方法分别为有监督(supervised)以及无监督(unsupervised)两种。有监督的方法需要人工标注评论,耗费大量人力。因此下面主要介绍无监督的特征抽取方法。

无监督的特征抽取方法有多种,下面主要介绍的是以伊利诺伊大学芝加哥分校刘兵教授为代表的研究人员提出的一种基于频繁模式的方法。

首先,用户评论的物品特征可以分为两类:频繁特征和非频繁特征。频繁特征是那些在不同用户的评论中经常被提到的特征,非频繁特征则是那些出现频率不高的特征。特征的抽取首先从频繁特征的识别开始,通常特征是用名词或名词短语表达的。因此,评论先经过词性标注(part-of-speech tagging,POS tagging)工具将每句评论进行分词和词性标注,将每个词标记为名词、动词、形容词、副词、代词等。然后,每个句子中的名词组成交易数据库的一行,通过频繁项集的挖掘,找出满足给定最小支持度(如 1%)的所有名词及名词的组合。

频繁的名词组合作为候选特征需要经过筛选,去除那些冗余的或不紧凑的。一个名词的组合如果包含 m 个名词,并且这些名词在包含它们的一个句子中按照出现的先后顺序排列为 $n_1, n_2, \cdots, n_m$,分别对应句子中的位置为 $p_1, p_2, \cdots, p_m$,即 n_i 是该句子的第 p_i 个词,计算相邻的词 n_i 和 n_{i+1} 之间的距离 $d(n_i, n_{i+1}) = p_{i+1} - p_i$,如果此距离不小于给定的阈值,如 3,则称该名词组合在该句子中是紧凑的。一个名词组合至少在两个句子中是紧凑的,才认为有可能是物品的特征。

如果包含一个名词组合但不包含该名词组合的超集的句子的个数不满足一定的阈值,如 3,且候选特征中存在它的超集,则认为该名词组合是冗余的。

经过这两种筛选之后的候选特征称为特征。

意见的抽取则基于已经发现的特征,在包含特征的句子中,出现在特征附近的形容词或副词很有可能是对该特征的意见表达,因此作为意见被抽取。

抽取所有的意见词之后,如果一个句子中不包含已经发现的特征,但是包含意见词,则将意见词附近的名词或名词短语抽出作为非频繁的特征。

除了这种方法之外,还有其他抽取特征和意见的方法。例如,以常用副词集合为出发点,发现副词修饰的形容词作为意见,然后抽取形容词附近的副词来扩充副词集合,依次循环进行抽取,然后根据形容词抽取其修饰(附近)的名词或名词短语作为特征等。

特征抽取之后,还需要进行同义词的合并,以及隐形特征的确定等。不同的用户可能用不同的词表达相同的含义,例如,样子和外观是同义词。有些特征没有显式表达,例如,"这款手机挺好用,也不贵"中,"不贵"并没有显式的特征在附近,但是它隐含的特征是"价格"。

13.3.2 意见极性判断

意见极性的自动判断便于对评论进行汇总，方便商家了解用户对物品的使用反馈，节省阅读评论的时间。下面介绍的是针对特征的极性判断，即对于评论句子中包含的每个特征，判断其意见是正面的还是负面的。

意见的正面与否取决于意见词的语义，由于计算机不能理解语义，因此这是一项很具挑战性的工作。意见词极性判断的方法也可以分为无监督判断方法和有监督判断方法。下面介绍一种基于词典的判断极性的无监督方法。

表达意见的词除了形容词外，有时副词、名词、动词也可以表达主观意见。这些意见词可以分为两类：一类称为上下文无关的意见词，即其极性不依赖于所处上下文，例如，好、漂亮都是正面的意见，无论是用于表述什么对象或什么特征；另一类则是上下文有关的（context-dependent）意见词，例如，"高"有时表达的是正面，如"精度高"；有时表达的是负面，如"价格高"。

基于词典的极性判断方法假设上下文无关的意见词的极性是已知的，并且拥有一个上下文有关的意见词列表和上下文无关的意见词列表。解决的问题有两个：问题1是如何综合一个句子中多个意见词的极性判断所描述特征的整体极性；问题2是如何判断上下文有关的意见词的极性。

问题1的解决主要基于句子内的否定词、转折词来判断单个意见词的极性，然后基于意见词与特征之间的距离，对各个意见词的极性进行加权求和。具体来说，首先，对于一个句子中评论某特征 f_i 的每个意见词 o_j，如果已知其极性（上下文无关的），正面赋值为1，即 $\mathrm{polarity}(o_j)=1$，负面赋值为 -1，即 $\mathrm{polarity}(o_j)=-1$；如果是上下文有关的意见词，$\mathrm{polarity}(o_j)=0$。例如，对于评论"电池不耐用，价格也有些高"，经过这一步，$\mathrm{polarity}(耐用)=1$，$\mathrm{polarity}(高)=0$。

然后处理意见词的否定情况。如果一个意见词前含有否定词，如"不"，则修改其极性为相反的，即原来为1改为 -1，原来为 -1 改为1，这样 $\mathrm{polarity}(耐用)=-1$。

接着处理转折或并列子句。由于"高"是上下文有关的意见词，其极性可以通过一些转折连词或并列连词确定。例如，"电池不耐用，价格也有些高"中后面的句子中有并列连词"也"，由此可以判断"高"的极性和前一个句子中"耐用"的极性相同，因此，$\mathrm{polarity}(高)=-1$。

最后，如果一个特征在一个句子中有多个意见词修饰，则按照公式（13.13）综合其极性：

$$\mathrm{polarity}(f_i) = \sum_{o_j} \frac{\mathrm{polarity}(o_j)}{d(f_i, o_j)} \tag{13.13}$$

其中，o_j 代表的是描述特征 f_i 的每个意见词。$d(f_i, o_j)$ 是特征词 f_i 和意见词 o_j 之间的距离，等于两个词间隔的字数加1。

问题2的解决方法主要根据子句之间或句子之间的关系，例如，并列或转折等，来判断上下文有关的意见词的极性。在前面已经提到，根据前后句的极性来判断依赖于上下文的意见词的极性。有时利用一个句子内的不同意见词也可以进行判断。例如，评论"这款手机的样子挺耐看且电池时间长"中特征"电池"的意见词"长"的极性可以根据同句中"样子耐看"的正面极性来推断,因为没有转折,所以"长"的极性与"耐看"的极性相同。当然,并列、转折的各种表达方式需要事先定义。

练习题 13

1. 商务智能的典型应用领域有哪些?

2. 借助商务智能进行关系营销的主要目的和方法有哪些?

3. 你认为在客户生命周期的哪些阶段可以利用哪些商务智能技术实现关系营销?

4. 就你所熟悉的一个工作领域,描述一下面临的主要运营或管理问题,这些问题可以用商务智能解决吗? 如何解决?

5. 分别利用基于用户的协同过滤和基于物品的协同过滤方法预测表 13.3 中用户 4 对物品 3 的打分,选择最相似的两个用户或两个物品进行预测。

表 13.3　用户-物品打分矩阵

用户	物品 1	物品 2	物品 3	物品 4	物品 5
用户 1	1	2	2		3
用户 2	2		3	2	5
用户 3	3	1		5	5
用户 4	2	3	?	4	2
用户 5	1	3	3	5	3

6. 意见挖掘中的极性判断方法存在什么缺陷? 提出可能的解决方案。

7. 基于频率的特征抽取方法有什么缺点? 如何改进此方法,以克服此缺点?

8. 在线评论中存在虚假的评论,有的是用于抬高自己的物品,有的是有意贬低竞争对手的物品,你认为用什么方法可以自动识别虚假的评论?

9. 给定用户对某类物品的在线评论信息,能否利用此类信息进行物品的推荐? 如何推荐?

10. 给定一个在线评论的文本集合,其中每个句子的极性已知,试设计一个神经网络模型,实现对新的评论文本的每个句子的情感极性进行判断,类别分为正、负和中性。

第14章

商务智能软件系统

商品化的商务智能系统有很多,包括数据仓库、联机分析处理、数据挖掘、文本挖掘等工具以及应用系统等,随着商务智能以及信息技术的发展,商务智能系统提供的功能越来越多,产品的变化也快。同时,供研究使用的开源数据挖掘软件给学术研究和学习带来很多方便。本章首先概述常用的商品化的商务智能系统和开源的商务智能软件,然后着重介绍两种开源软件工具 Weka 和 RapidMiner 的使用方法。

14.1 概述

本节分别介绍常用的商品化的商务智能系统和开源免费的商务智能软件系统的基本情况。

14.1.1 商品化的商务智能系统

商品化的商务智能系统有很多,国际上知名的供应商包括微软(Microsoft)、Tableau、Qlik、Salesforce、Sisense、SAP、赛仕(SAS)、微策略(MicroStrategy)、IBM、甲骨文(Oracle)等。国内的商务智能供应商及其商务智能系统包括阿里云的数加[①]、帆软的 FineBI[②]、永洪科技的 Z-Suite BI 套件[③]、极数科技的数极客[④]、海致的 BDP[⑤]、数观科技的数据观[⑥]、悦视光合的 ElephantBI[⑦] 和奥威软件的 OurwayBI[⑧] 等。

高德纳咨询公司(Gartner group)每年对关键领域的供应商进行定位,在商务智能领域,每年发布一个有关商务智能和数据分析的年度调查报告,称为分析和商务智能的魔力象限(magic quadrant for analytics and business intelligence)。

在魔力象限中分析和商务智能供应商被分配到四个区域中,分别为领导者(leaders)、挑战者(challengers)、有远见者(visionaries)和特定领域者(niche players)。领导者在执行能力与前瞻性方面都非常出色,业务运营良好,未来规划清晰。有远见者明了市场的走向,或者对于市场规则的改变有远见,但其执行力不是很好。挑战者当前有很好的执行力,有

---

① https://data.aliyun.com。
② http://www.finebi.com/。
③ http://www.yonghongtech.com/index.html。
④ https://www.shujike.com/。
⑤ https://me.bdp.cn/home.html。
⑥ http://www.shujuguan.cn。
⑦ https://www.elephantbi.com/。
⑧ http://www.powerbi.com.cn/ourwaybi。

较大的市场份额,但对市场的前瞻性不是很好。挑战者当前有很好的执行力,有着较大的市场份额,但对市场的前瞻性不是很好。特定领域者专注于小的应用领域,或者在执行能力和前瞻性方面尚未超越其他供应商。高德纳咨询公司在选择商务智能系统时有多种标准,包括系统的先进性、影响力、市场状况以及调研的参与度等。目前,尚没有国内的商务智能系统参与评估。

对国外的商务智能系统 2019 年的调研报告中,处于领导者象限的供应商包括微软、Tableau、Qlik 和 ThoughtSpot。处于挑战者象限的供应商是微策略。处于有远见者象限的供应商包括 Salesforce、Sisense、TIBCO Software、赛仕和 SAP。处于特定领域者象限的供应商包括 IBM、甲骨文、Birst、Yellowfin、Looker、Domo、Logi Analytics、Information Builders、Pyramid Analytics、GoodData 和 BOARD International。

高德纳咨询公司在评估每个商务智能系统时重点评估五个方面十五个关键功能[①]。五个方面分别为架构(infrastructure)、数据管理(data management)、分析和内容生成(analysis and content Creation)、发现的共享(sharing of findings)以及平台的整体性能(overall platform)。架构方面包含三个关键功能:商务智能平台的管理、安全和体系结构;云端化;数据源数据的连接和访问。数据管理方面包含四个关键功能:元数据管理;数据的存储和加载;数据准备;可扩展性;数据模型的复杂性。分析和内容生成方面包含五个关键功能:为普通数据分析者提供的高级分析功能;分析仪表盘;可交互的可视化探索;增强数据发现;移动端的数据探索和创作。发现的共享方面包含两个关键功能:分析功能的嵌入性;分析功能的发布、共享与协作。平台的整体性能方面包含一个关键功能:易用性、视觉吸引力和流程的集成性。

14.1.2 开源的商务智能软件

开源的商务智能软件免费,易于扩展,功能丰富。这些软件虽然在处理大批量数据时效率无法与商品化软件相比,但是通常包含的算法更丰富、更多样,对于学习和研究非常有用。

常用的开源数据挖掘或机器学习软件包括 Weka、R、RapidMiner、KNIME、Orange、Tanagra 等。

Weka 是新西兰怀卡托(Waikato)大学开发的系统,是 Waikato environment for knowledge analysis 的缩写。该系统用 Java 语言开发。在 Windows、Linux 以及 Macintosh 操作系统上都可以运行,可以从 http://www.cs.waikato.ac.nz/ml/weka 免费下载。它有四种使用方式:Knowledge Flow、Explorer、Experimenter 和命令行。Explorer 是最容易使用的方式,在图形化界面下以交互式的方式执行所有功能,包括数据的预处理、关联分析、分类、聚类、回归分析以及可视化等。执行每种功能时,通过鼠标选择各种方法、选择或输入参数、单击按钮运行算法即可查看运行结果。Knowledge Flow 方式下,可以定制数据分析的整个过程,从数据源、预处理、挖掘算法到结果的评价和可视化展现,各个组件通过图形化界面进行关联、配置,便于处理大的数据集。Explorer 方式下,数据一经读入都存放在内存,因此,无法处理大批量数据。Experimenter 方式是通过 Java 语言调用各个算法,便于

[①] https://www.gartner.com/en/documents/3900992/magic-quadrant-for-analytics-and-business-intelligence-p。

利用各种算法进行比较分析,适合研究时做实验测试。命令行的方式是通过输入文本命令完成。Weka 提供了文档全面的 Java 函数和类库,便于开发和扩展新的挖掘算法。Explorer 的具体使用方法参见 14.2 节。

R 提供众多的分析功能以及图形绘制功能。数据挖掘功能包括分类、聚类、关联规则、回归分析以及时间序列分析等,另外还提供统计分析功能。该软件可从网站 http://ww.r-project.org/下载。R 的内核是用 C 语言实现的,但是要开发新的挖掘算法使用 R 提供的脚本语言,即 R 语言,开发会更灵活、快速。它的图形化的使用界面也非常友好。R 可以通过命令行界面调用功能,也可以使用图形化界面。

RapidMiner 的早期版本称为 YALE(yet another learning environment),使用 Java 语言开发。2007 年更名为 RapidMiner。RapidMiner 用户遍及世界几十个国家。可以通过图形化界面、命令行方式以及 Java API 的方式使用其丰富的数据处理、分析及可视化功能,使用简单。提供了功能强大的算子(operator),同时具有丰富的扩展程序,如文本处理、Weka 扩展、Keras 扩展、推荐模型扩展等。可以访问众多的数据源,如 Excel、Access、Oracle、IBM DB2、Microsoft SQL Server、Sybase、MySQL、SPSS 及文本文件等。具体使用方法参见 14.3 节。

KNIME(konstanz information miner)可以从网站 http://www.knime.org 下载,在 Windows、Linux 以及 Macintosh 操作系统上都可以运行。用 Java 开发,可以调用 Weka 中的挖掘算法。使用方式类似于 Weka 中的 Knowledge Flow,可以很方便地通过可视化的方式创建数据分析的整个流程。该软件的使用方式也与一些商品化的数据挖掘软件,如 IBM SPSS 和 SAS Enterprise Miner 相似。

Orange 可以从 http://www.ailab.si/orange 下载。与 KNIME 类似,它也是一种基于组件的数据挖掘开源软件,通过各种控件设置挖掘步骤,组成挖掘流程。其底层核心由 C++语言开发,用户可以使用脚本语言 Python 进行扩展开发。在 Windows、Linux 以及 Macintosh 操作系统上都可以运行。提供了一百多个控件(widget),覆盖了绝大多数数据分析功能,使用简单。提供丰富的可视化功能,包括散点图、树、直方图、系统树图、网络以及热点地图(heatmap)等。统计分析功能不强,但数据挖掘功能强大,可视化功能丰富。

Tanagra 可以从网站 http://eric.univ-lyon2.fr/~ricco/tanagra/en/tanagra.html 下载,可运行于 Windows 操作系统。它的前身是 SIPINA,主要实现有监督的学习算法,如决策树。在此之上,Tanagra 增加了无监督的许多学习方法,如聚类、关联分析等。它的统计分析功能很强,提供了很多的统计检验、特征选取与构造以及回归分析、因子分析等功能,但可视化能力较弱。

图 14.1　Weka 的初始启动界面

14.2　Weka

本节主要介绍在 Explorer 方式下使用 Weka 的主要方法。图 14.1 是 Weka 的初始启动界面,单击其中的 Explorer 按钮就可以通过可视化界面对数据进行处理和分析。下面首先介绍可输入的数据格式,然后分别以一种典型方法为例说明 Weka 实现数据预处理、关联分析、分类、聚类、回归分析以及特征提取等主要技术的简要使用方法。

14.2.1　数据文件

在图 14.1 的界面中单击 Explorer 按钮出现如图 14.2 所示的图形界面。此时，尚未打开任何数据集，因此，只有 Preprocess 选项卡是可用的。

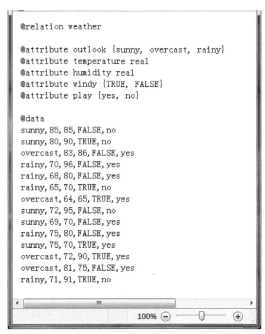

图 14.2　Weka Explorer 的主界面

为了利用 Weka 分析数据，首先需要打开数据文件。Weka 可以识别的文件格式有多种，包括 ARFF、C4.5、CSV 等。其中 ARFF 是其独有的文件格式。Weka 自带了多个 ARFF 格式的数据文件，如 weather、CPU、Iris 等。在写字板中打开 weather 数据集，如图 14.3 所示。

```
@relation weather

@attribute outlook {sunny, overcast, rainy}
@attribute temperature real
@attribute humidity real
@attribute windy {TRUE, FALSE}
@attribute play {yes, no}

@data
sunny, 85, 85, FALSE, no
sunny, 80, 90, TRUE, no
overcast, 83, 86, FALSE, yes
rainy, 70, 96, FALSE, yes
rainy, 68, 80, FALSE, yes
rainy, 65, 70, TRUE, no
overcast, 64, 65, TRUE, yes
sunny, 72, 95, FALSE, no
sunny, 69, 70, FALSE, yes
rainy, 75, 80, FALSE, yes
sunny, 75, 70, TRUE, yes
overcast, 72, 90, TRUE, yes
overcast, 81, 75, FALSE, yes
rainy, 71, 91, TRUE, no
```

图 14.3　在写字板中打开的 weather. arff 文件

该文件可以使用写字板、记事本或 Word 等文本编辑器生成。从中可以看到，文件的主要内容有三部分。@relation 后面跟着的是该数据集的名称。以 @attribute 开头的行定义数据集的所有属性。@attribute 后面紧接着是属性名。属性名后的内容与数据类型有关。主要有两种类型的属性：字符串类型和数值类型。如果是字符串类型，则属性名后在大括号内列出所有可能的取值，取值之间用逗号分隔。例如，属性 outlook 有三个不同的取值，分别为 sunny、overcast 和 rainy，则描述该属性的行为（见图 14.3 的第 2 行）：@attribute outlook {sunny,overcast,rainy}。如果是数值类型，在属性名后直接写 real 或 numeric。@data 后面的每一行代表数据集的一条记录，对应前面定义的各个属性的取值。取值之间以逗号分隔，缺失值用问号代替。除此之外，也支持长文本类型和日期类型。

单击图 14.2 中最左边的 Open 按钮，选择要打开的数据文件之后，界面中会显示该数据集的一些信息。例如，如果打开 weather 数据集，Weka 的界面变为如图 14.4 所示。

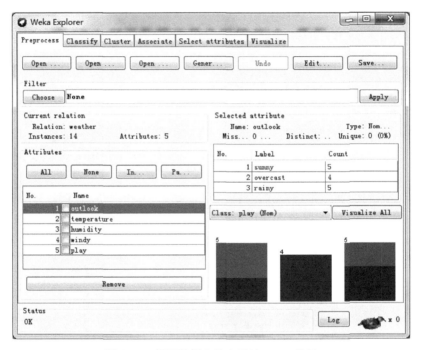

图 14.4　打开数据文件之后的 Weka 界面

在该界面的左下部分显示的是所有属性，如果在后面的分析过程中要去掉某些属性，可以选中（即勾选）相应属性左边的复选框，然后单击 Remove 按钮。屏幕右下部分是相应属性的类别分布图。图 14.4 中显示的是属性 outlook 的三个不同取值及类别分布，数字代表取值出现的次数。单击屏幕上方的 Edit 按钮，显示数据集的内容，如图 14.5 所示。

14.2.2　数据预处理

如果要对 weather 数据集进行关联分析，即发现频繁项集和关联规则，则需要将其中的两个连续类型的属性先进行离散化处理。

要进行无监督离散化，可单击图 14.4 中位于屏幕上半部的 Choose 按钮，在 unsupervised 类型下的 attribute 下选择 Discretize，如图 14.6 所示，单击下方的 Close 按钮回到主界面。

在 Choose 后面的文本框中出现 discretize -B 10 -M -1.0 -R first-last，即将第一个至最

Relation: weather

No.	outlook Nominal	temperature Numeric	humidity Numeric	windy Nominal	play Nominal
1	sunny	85.0	85.0	FALSE	no
2	sunny	80.0	90.0	TRUE	no
3	overcast	83.0	86.0	FALSE	yes
4	rainy	70.0	96.0	FALSE	yes
5	rainy	68.0	80.0	FALSE	yes
6	rainy	65.0	70.0	TRUE	no
7	overcast	64.0	65.0	TRUE	yes
8	sunny	72.0	95.0	FALSE	no
9	sunny	69.0	70.0	FALSE	yes
10	rainy	75.0	80.0	FALSE	yes
11	sunny	75.0	70.0	TRUE	yes
12	overcast	72.0	90.0	TRUE	yes
13	overcast	81.0	75.0	FALSE	yes
14	rainy	71.0	91.0	TRUE	no

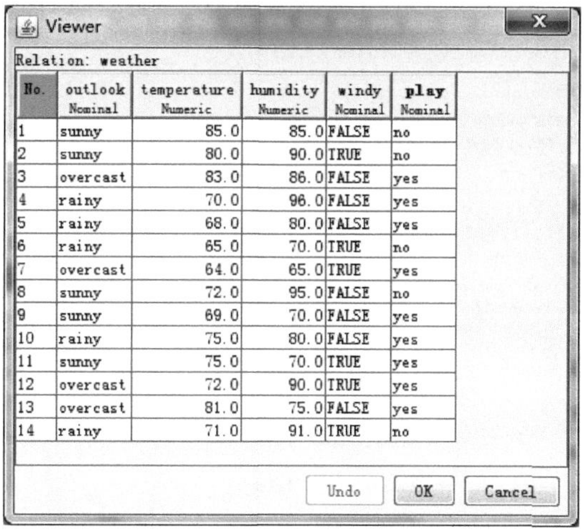

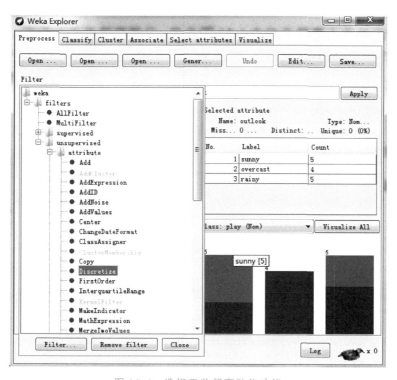

图 14.5　Weka 读入的 weather 数据集

图 14.6　选择无监督离散化功能

后一个属性全部离散化为 10 个间隔，采用等间隔的方法。要改变参数，单击该文本框，出现如图 14.7 所示的对话框。

如果不清楚各个参数的含义及设置方法，单击其中的 More 按钮，出现如图 14.8 所示的对话框。关闭该对话框，在 attributeIndices 后指定要进行离散化的属性的顺序号，其中第一个属性用 first 代表，最后一个属性用 last 代表，其他属性用数字代表。在此例中，要离散化的是第 2、3 两个属性，因此改为“2-3”，或者“2,3”。在 bin 后修改间隔的个数，如 3。

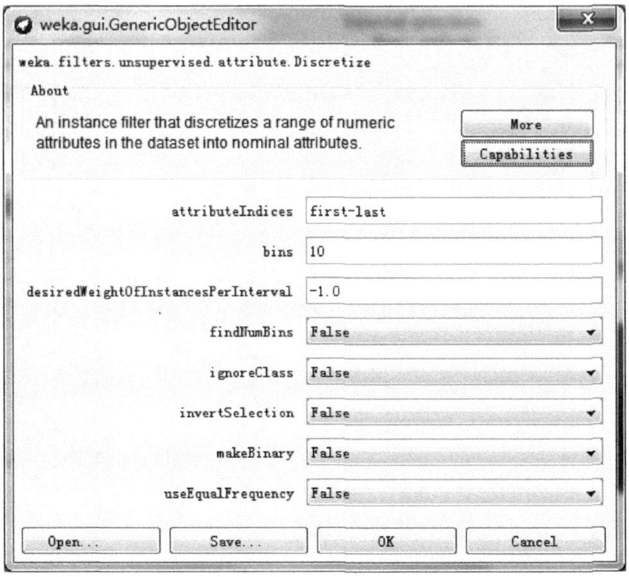

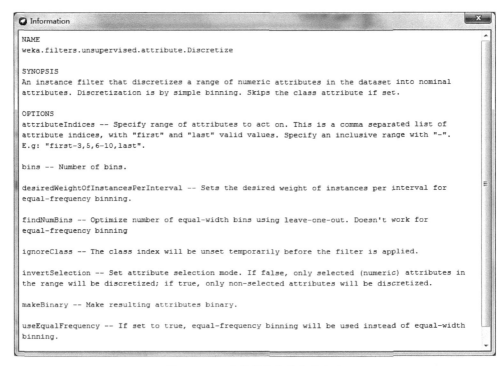

图14.7 离散化参数设置

图14.8 无监督离散化的参数含义

保持 useEqualFrequency 后的选项为 False，即采用等间隔的离散化方法，否则，若改为 True 则变为等频率的方法。设置好参数之后，单击 OK 按钮，回到主界面。单击 Apply 按钮，执行离散化。离散化结束后，单击 Edit 按钮，离散化后的数据如图14.9所示。

单击主界面中的 Save 按钮，将此数据保存为另一个名字的数据文件，如 weather-disc. arff。数据规范化的方法见聚类部分。

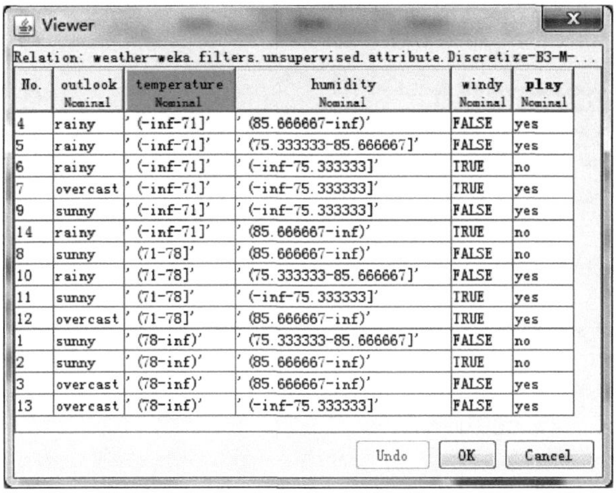

No.	outlook Nominal	temperature Nominal	humidity Nominal	windy Nominal	play Nominal
4	rainy	'(-inf-71]'	'(85.666667-inf)'	FALSE	yes
5	rainy	'(-inf-71]'	'(75.333333-85.666667]'	FALSE	yes
6	rainy	'(-inf-71]'	'(-inf-75.333333]'	TRUE	no
7	overcast	'(-inf-71]'	'(-inf-75.333333]'	TRUE	yes
9	sunny	'(-inf-71]'	'(-inf-75.333333]'	FALSE	yes
14	rainy	'(-inf-71]'	'(85.666667-inf)'	TRUE	no
8	sunny	'(71-78]'	'(85.666667-inf)'	FALSE	no
10	rainy	'(71-78]'	'(75.333333-85.666667]'	FALSE	yes
11	sunny	'(71-78]'	'(-inf-75.333333]'	TRUE	yes
12	overcast	'(71-78]'	'(85.666667-inf)'	TRUE	yes
1	sunny	'(78-inf)'	'(75.333333-85.666667]'	FALSE	no
2	sunny	'(78-inf)'	'(85.666667-inf)'	TRUE	no
3	overcast	'(78-inf)'	'(85.666667-inf)'	FALSE	yes
13	overcast	'(78-inf)'	'(-inf-75.333333]'	FALSE	yes

图 14.9　离散化后的 weather 数据集

14.2.3　关联分析

要发现频繁项集和关联规则，首先打开数据集。下面以离散化后的 weather-disc.arff 数据集为例说明规则右边是类别的关联规则的发现方法，然后介绍交易数据库中关联规则的发现方法。

打开数据集 weather-disc.arff 之后，选择 Associate 选项卡，默认的关联规则发现方法是 Apriori（其他方法可以通过单击 Choose 按钮进行选择）。然后单击 Choose 按钮后面的文本框，出现如图 14.10 所示的参数设置对话框。

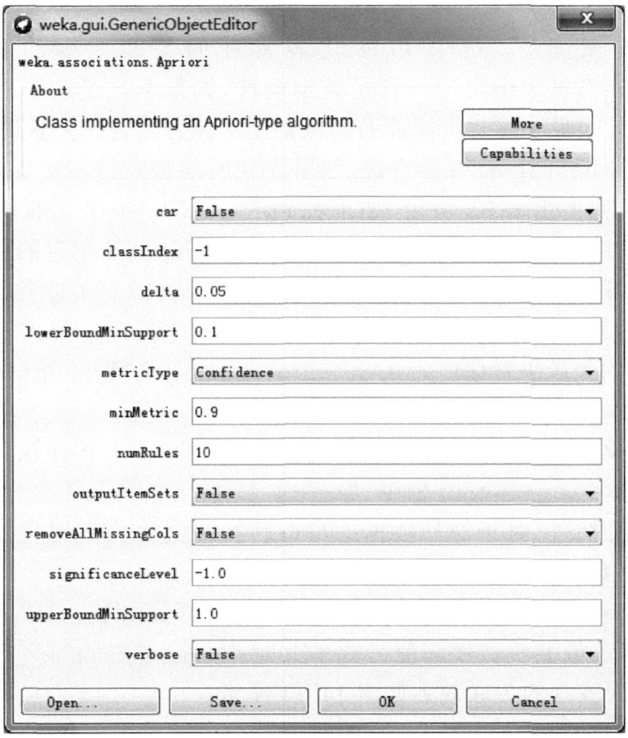

图 14.10　关联规则的参数设置

修改参数的设置，如图 14.11 所示。

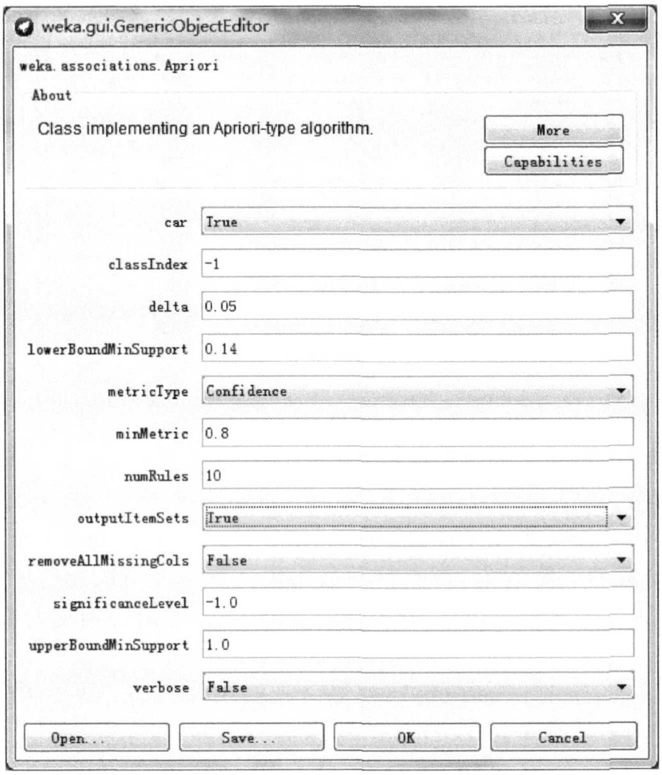

图 14.11　修改参数的设置

主要参数的含义如下。car：True 代表发现的关联规则的右边是类别属性；classIndex：－1 代表数据表中最后一列是类别属性，如果不是最后一列，则用属性的序号指定；delta：0.05 代表最小支持度阈值的递减幅度。该方法查找关联规则时是从满足支持度等于 upperBoundMinSupport 开始查找，如果找到的规则数目不足 numRules 数目，则降低支持度阈值，降低幅度由 delta 决定，如果找到了 numRules 个关联规则，则停止挖掘过程，但是最低的支持度阈值不能低于由 lowerBoundMinSupport 指定的数值。在此例中，从支持度阈值等于 1 开始找，每次降低 0.05，最低不得低于 0.14，关联规则的数目为 10。关联规则的另一个约束由 metricType 指定，如果用置信度，则选择 Confidence。相应地，minMetric：0.8 指的是最小置信度为 0.8。outputItemSets：True 指的是输出满足支持度阈值的频繁项集。

在图 14.11 中单击 OK 按钮回到主界面，单击其中的 Start 按钮执行关联规则的发现。挖掘结果显示在 Associator output 框中，如图 14.12 所示。

在第 3 章曾经介绍过，对于交易数据库可以转换为结构化数据表的形式。例如，对于表 14.1 所示的交易数据库可以转换为表 14.2。

表 14.2 的内容对应的 arff 格式文件在写字板中打开如图 14.13 所示。

设置 car 为 False，最低支持度阈值为 0.4（lowerBoundMinSupport＝0.4），置信度为 0.8（minMetric＝0.8）时发现的关联规则如图 14.14 所示。

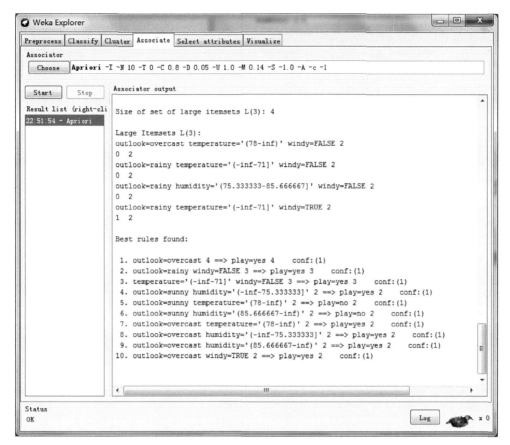

图 14.12　右边为类别的关联规则的部分输出结果

表 14.1　交易数据库示例

交易号（TID）	商品（item）	交易号（TID）	商品（item）
1	beer,diaper,nuts	4	beer,cheese,diaper,nuts
2	beer,biscuit,diaper	5	beer,butter,cheese,nuts
3	bread,butter,cheese		

表 14.2　交易数据库对应的结构化表

beer	diaper	nuts	biscuit	bread	butter	cheese
1	1	1				
1	1		1			
				1	1	1
1	1	1				1
1		1			1	1

　　如果使用 FP-Growth 算法，则每个属性的取值都要改为二值属性，即不能使用缺失值"?"，但可以通过指定每个属性的两个取值中的一个为有效值（positive），从而挖掘时忽略另一个取值。表 14.1 对应的 arff 格式文件如图 14.15 所示。

```
@relation ARTexample

@attribute beer {1}
@attribute diaper {1}
@attribute nuts {1}
@attribute biscuit {1}
@attribute bread {1}
@attribute butter {1}
@attribute cheese {1}

@data
1,1,1,?,?,?,?
1,1,?,1,?,?,?
?,?,?,?,1,1,1
1,1,1,?,?,?,1
1,?,1,?,?,1,1
```

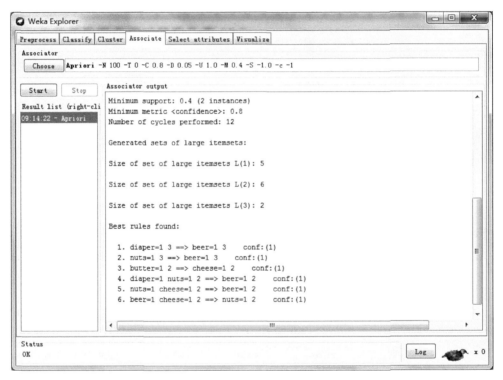

图 14.13　交易数据库对应的 arff 格式文件

图 14.14　关联规则挖掘结果

打开此文件后，在 Associate 选项卡中单击 Choose 按钮，选择其中的 FPGrowth 算法，设置参数为最低支持度阈值，即 0.4，置信度阈值为 0.8，将 positiveIndex 设为 2，即每个属性大括号中列出的取值中第 2 个取值有效，即取值 1 有效，这样取值 0 在挖掘过程中将被忽略；选择参数 findAllRulesForSupportLevel 为 True，则将不采用支持度递减的方式发现一定数目的关联规则，而是发现满足最低支持度阈值和置信度阈值的所有规则。输出结果如图 14.16 所示。

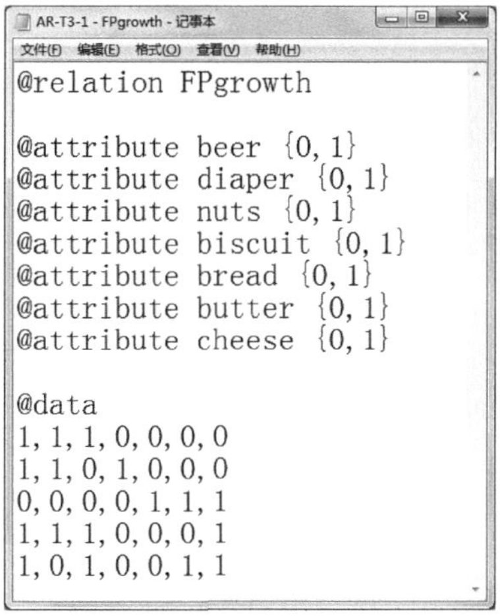

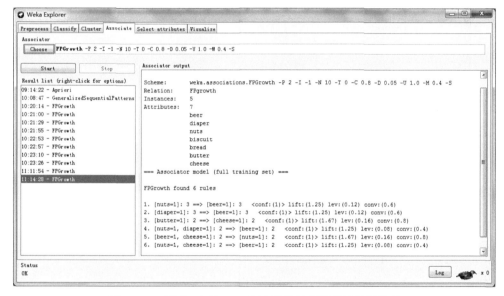

图 14.15　使用 FP-Growth 算法发现关联规则时的数据文件

图 14.16　利用 FP-Growth 算法发现的关联规则输出结果

14.2.4　分类

Weka 实现的分类算法非常多,在主界面的 Classify 选项卡中提供。本节仅以 weather 数据集为例说明决策树分类器的构建过程。

打开 Weka 自带的 weather 数据集之后,选择 Classify 选项卡,然后单击 Choose 按钮, 可以看到其中包含各种算法的类型,包括分类算法以及数值预测算法。单击 trees 类型,在 trees 类型下单击 J48(对应 C4.5 决策树算法),如图 14.17 所示。

单击 Close 按钮回到主界面。在 Test options 下选中 Use training set 单选按钮,即将 此数据集的全部作为训练集使用,同时又作为测试集计算预测的准确度。单击 More options 按钮,选择其中的 Output predictions 选项,则可以看到每个测试样本的类别的预测

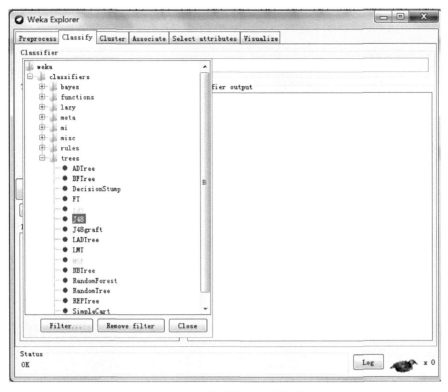

图 14.17　Weka 中提供的分类算法列表

情况。单击 OK 按钮回到主界面，单击 Start 按钮开始决策树的构建过程，结果如图 14.18
所示。

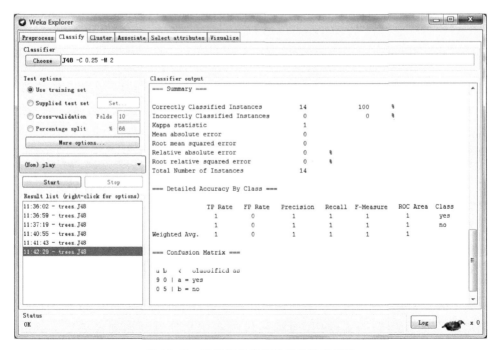

图 14.18　决策树分类器的部分输出结果

其中的准确度数据是针对训练集的。如果有测试集,则单击 Supplied test set 后的 Set 按钮,指定测试集文件。要进行交叉验证,选中 Cross-validation 单选按钮,并输入 Folds (折)的数目,如输入 10 意味着进行十折交叉验证。要查看生成的决策树的可视化结果,右击 Result list 中的结果,在弹出的快捷菜单中选择 Visualize tree,结果如图 14.19 所示。

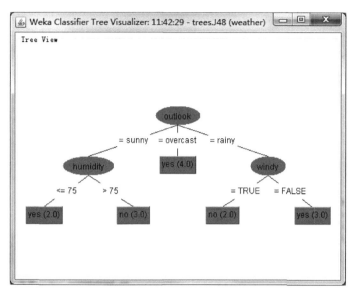

图 14.19　可视化决策树

其他分类方法,如,K-近邻方法对应类别 lazy 下的 IBk,朴素贝叶斯分类对应类别 bays 下的 naiveBayesSimple 和 NaiveBayes。

14.2.5　数据规范化与聚类

以 UCI 机器学习数据库中鸢尾花数据集为例,Weka 安装后 data 目录下也提供此数据集(表 6.5 是该数据集的部分数据),下面介绍 Weka 聚类技术的使用方法。

要使用 K-均值聚类方法,由于相似度采用基于距离的方法进行衡量,所以在进行聚类之前,最好先进行数据的规范化(normalization)。首先打开此数据集,在 Preprocess 选项卡中单击 Choose 按钮,在出现的数据预处理方法列表中选择 Normalize,如图 14.20 所示。

单击 Close 按钮回到主界面,接着单击 Choose 按钮后的文本框,打开参数设置对话框,如图 14.21 所示。当 scale 为 1.0、translation 为 0.0 时,规范化后的范围为[0,1],通过调整这两个变量的取值,可以改变范围。如 scale 为 2.0、translation 为-1.0 时,规范化后的范围为[-1,1]。本例中采用默认设置,即 scale 为 1.0、translation 为 0.0。单击 OK 按钮回到主界面。

单击 Apply 按钮执行规范化,要查看结果,单击 Edit 按钮,规范化后的结果如图 14.22 所示。

可以单击 Save 按钮保存该结果。要使用 K-均值聚类方法,选择 Cluster 选项卡,然后单击 Choose 按钮,在显示的聚类方法列表中选择 SimpleKMeans,如图 14.23 所示,单击 Close 按钮回到主界面。

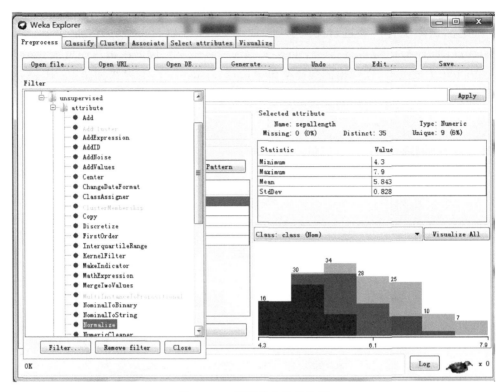

图 14.20 规范化方法的选择

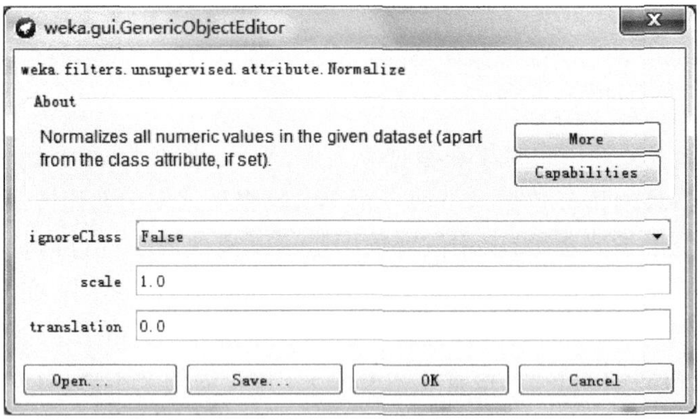

图 14.21 规范化的参数设置

单击 Choose 按钮后的文本框,打开参数设置对话框,将参数 numClusters 改为 3,如图 14.24 所示。

相似度的计算方法默认采用欧氏距离,也可以通过单击 distanceFunction 后的 Choose 按钮选择其他计算方法,如曼哈顿距离(ManhattanDistance)和切比雪夫距离(ChebyshevDistance),其他参数保持不变。单击 OK 按钮回到主界面。在 Cluster mode 下选中 Classes to cluster evaluation 单选按钮,如图 14.25 所示。该选项将聚类结果依据数据集中的类别属性的取值进行结果评估,聚类过程中将不使用类别属性。

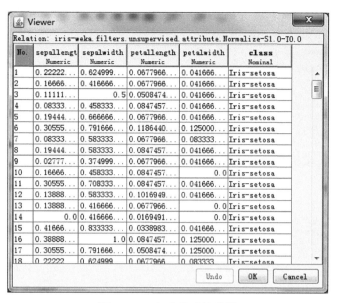

图 14.22　规范化后的结果

图 14.23　Weka 提供的聚类方法列表

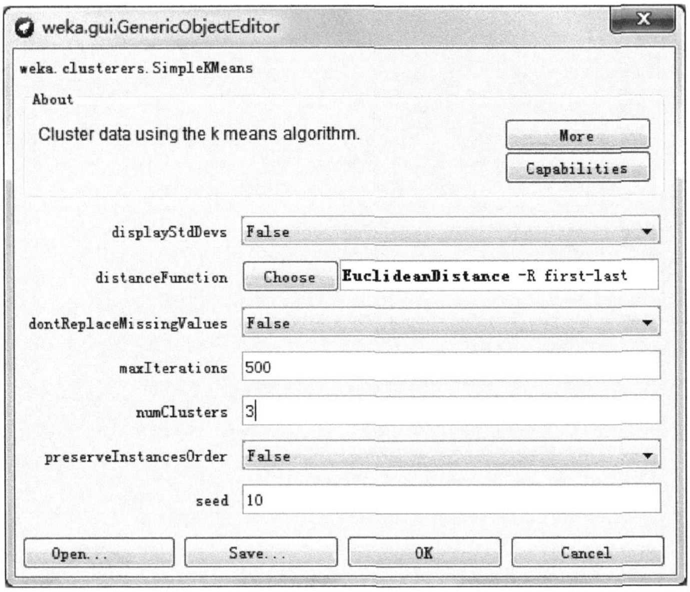

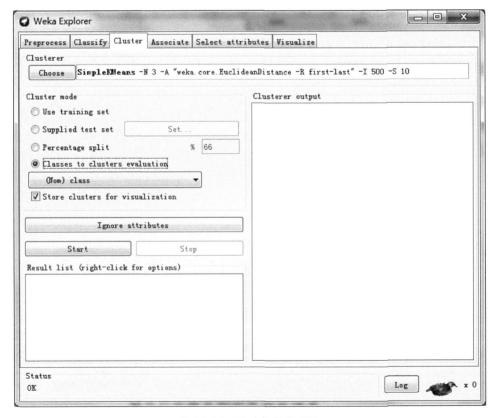

图 14.24　K-均值聚类方法的参数设置

图 14.25　K-均值聚类方法

单击 Start 按钮执行聚类,结果将显示在屏幕右半部分的 Clusterer output 中,如图 14.26 所示。

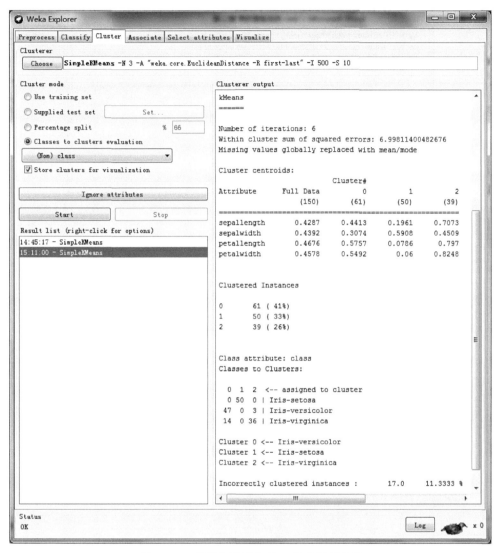

图 14.26　鸢尾花数据集的 K-均值聚类结果

结果中给出了 3 个簇的中心点的各属性取值、每个簇包含的样本比例,以及 3 个类别的样本被分配到 3 个簇中的情况,有 17 个样本分错,错误分配的比例为 11.3333%。

如果要采用基于密度的聚类算法 DBSCAN,则在图 14.23 所示的界面中选择 DBScan,然后调整该算法的两个参数:epsilon(即 6.5 节中介绍的 ξ)和 minPoints(即 6.5 节中介绍的 minPts),其中 epsilon 是半径,minPoints 是半径区域内的点的个数的最小值,即密度阈值。设置这些参数的取值如图 14.27 所示,聚类结果如图 14.28 所示。调整这两个参数的取值将产生不同的聚类结果,包括簇的个数以及样本的分配。

要采用层次聚类方法,在图 14.23 所示的界面中选择 HierarchicalClusterer,其参数设置界面如图 14.29 所示。其中,除了可以选择距离衡量方法外,在 linkType 选项中选择衡

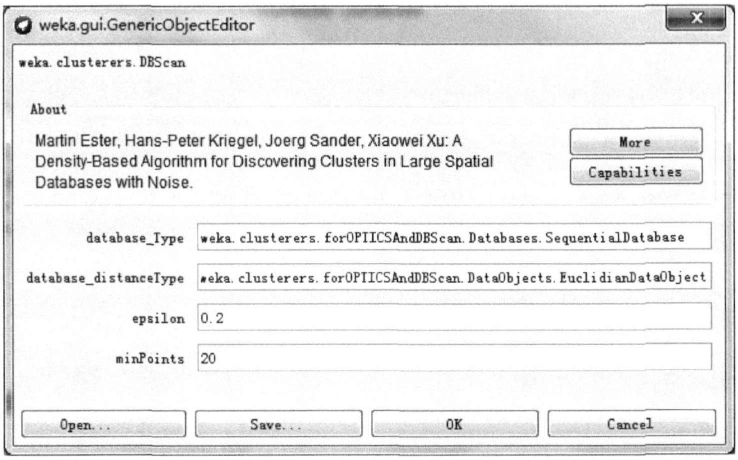

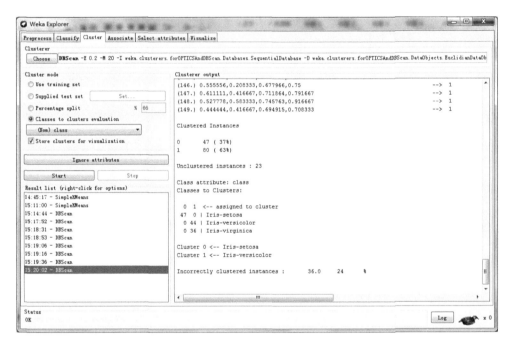

图 14.27 DBSCAN 聚类算法的参数设置

图 14.28 鸢尾花数据集 DBSCAN 聚类的结果

量簇之间相似度的方法，例如 SINGLE，即在 6.4 节介绍的单链接（single link），还有 COMPLETE，即全链接以及 AVERAGE（平均距离）等。此处，如果选择 AVERAGE，则运行结果如图 14.30 所示。

14.2.6 回归分析

回归分析是数值预测的主要方法。下面以 CPU 数据集（此数据集是 UCI 机器学习数据库中的一个，网址为 http://archive.ics.uci.edu/ml/datasets/Computer＋Hardware；Weka 安装后 data 目录下也提供此数据集）为例，说明多元线性回归模型和模型树的构建方

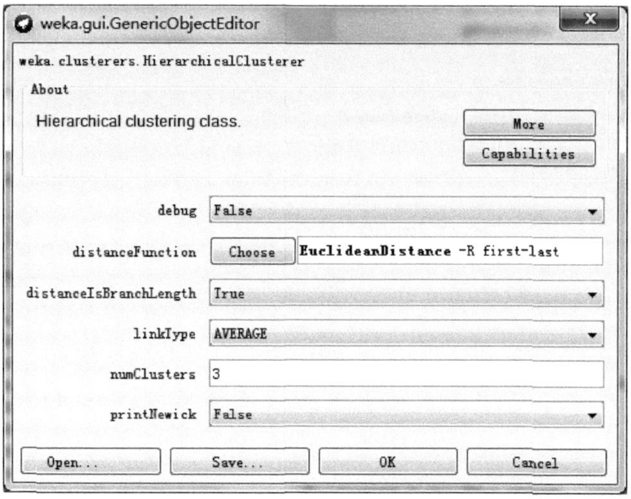

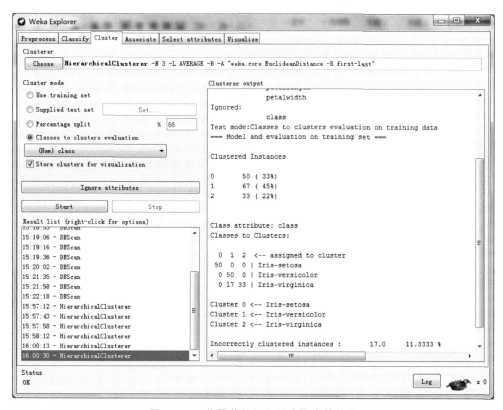

图 14.29　层次聚类的参数

图 14.30　鸢尾花数据集层次聚类的结果

法。该数据集的介绍参见 5.3 节内容。

　　打开 weka 目录下的 data 子目录中的数据集 CPU 之后,选择主界面中的 Classify 选项卡,然后单击 Choose 按钮,在出现的各类算法中选择 Function 下的 SimpleLinearRegression。单击 Start 按钮,构建多元线性回归模型,结果如图 14.31 所示。

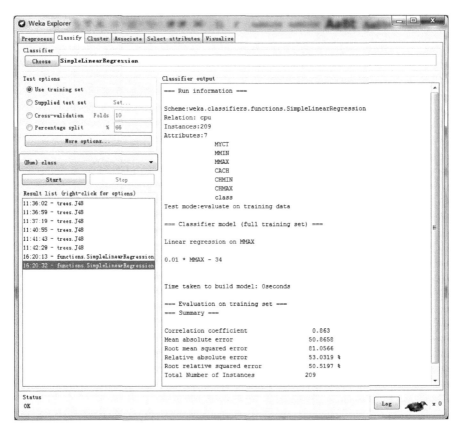

图 14.31　CPU 数据集的多元线性回归(SimpleLinearRegression)结果

　　SimpleLinearRegression 算法只能处理没有缺失值且数值属性的数据集。如果同时含有定性属性,如数据集 cpu. with. vendor 数据集(在 weka 目录下的 data 子目录中),该数据集比 CPU 数据集多了一个名为 vendor 的属性,此时可以选择 LinearRegression 算法,其参数如图 14.32 所示。设置 attributeSelectionMethod 为 No attribute selection,则所有属性都将参与学习,也可以选择 M5 method 或 Greedy method,将对属性进行选择。此处选择 M5 method,输出结果如图 14.33 所示。

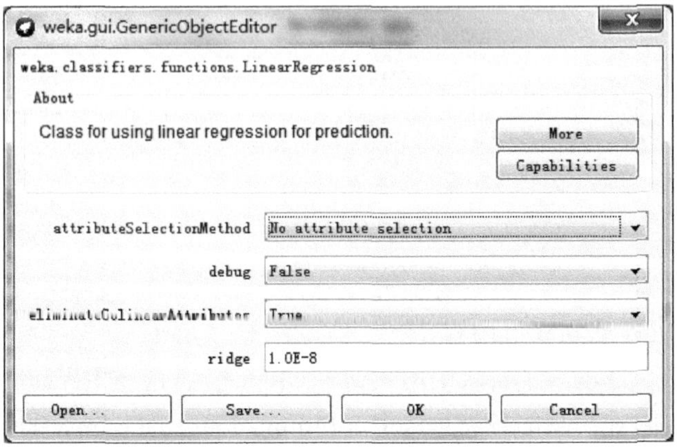

图 14.32　LinearRegression 的参数

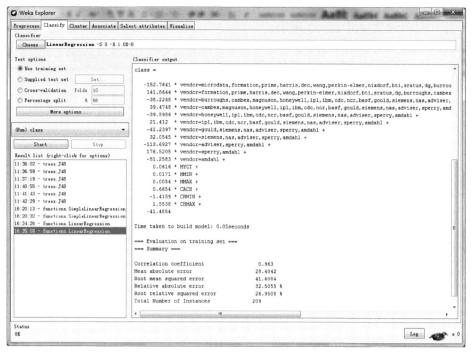

图 14.33　数据集 cpu. with. vendor. arff 利用 LinearRegression 构建的回归模型结果

　　要构建模型树,打开数据集 cpu. with. vendor. arff,选择主界面中的 Classify 选项卡,然后单击 Choose 按钮,在出现的各类算法中选择 trees 下的 M5P。单击 Start 按钮,构建模型树,结果如图 14.34 所示。

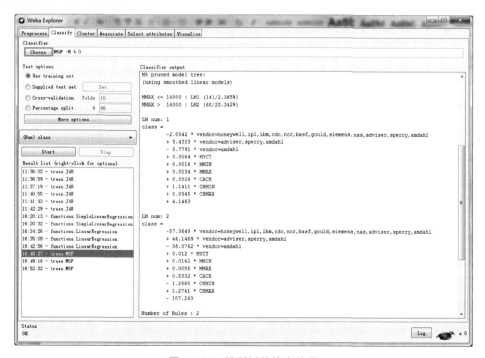

图 14.34　模型树的输出结果

要查看构建的模型树的可视化结果，右击 Result list 中的结果，在弹出的快捷菜单中选择 Visualize tree，结果如图 14.35 所示。

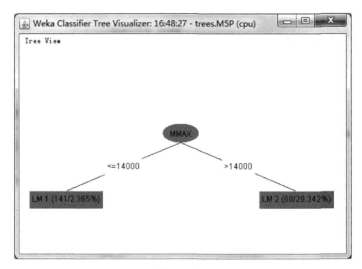

图 14.35　模型树的可视化结果

如果要构建回归树，则在设置参数时，选择 buildRegressionTree 为 True，如图 14.36 所示。

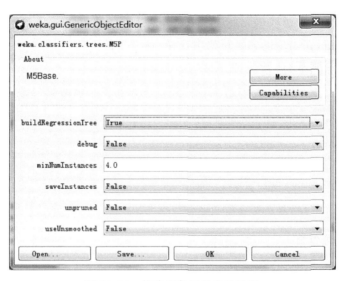

图 14.36　构建回归树的参数设置

14.2.7　特征提取

以 UCI 机器学习数据库中鸢尾化数据集为例，利用 Weka 进行主成分分析方法进行特征提取的方法如下。

打开此数据集后，选择主界面中的 Select attributes 选项卡，单击位于 Attribute Evaluator 下的 Choose 按钮，选择 PrincipalComponents，并单击 Choose 按钮旁的文本框，

修改参数设置,如图 14.37 所示,选择 centerData 为 True,即中心化数据(这样计算的是协方差矩阵),而不是规范化数据。varianceCovered 是最终选择的特征根所应达到的最低贡献率,即累积贡献率的值。

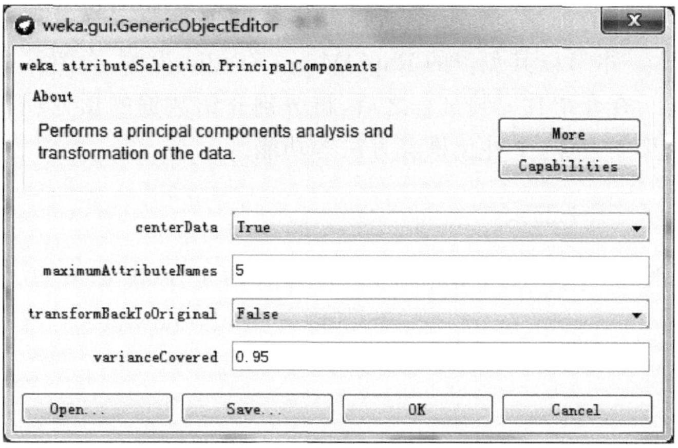

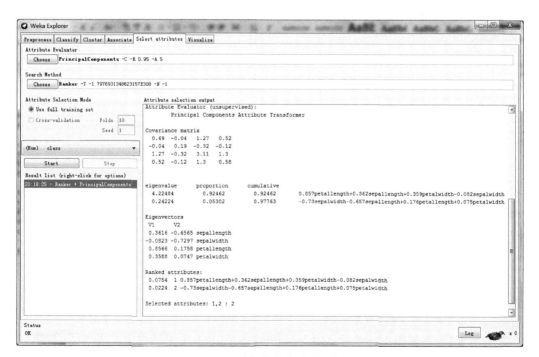

图 14.37　主成分分析的参数设置

与主成分分析对应的 Search Method 应该选择 Ranker,单击 Start 按钮,运行结果如图 14.38 所示。从中可以看到,最终选取了两个特征根,累计贡献率达到 97.763%。最终构造了两个新的特征分别为:

$$0.857\mathrm{petallength} + 0.362\mathrm{sepallength} + 0.359\mathrm{petalwidth} - 0.082\mathrm{sepalwidth}$$
$$- 0.73\mathrm{sepalwidth} - 0.657\mathrm{sepallength} + 0.176\mathrm{petallength} + 0.075\mathrm{petalwidth}$$

图 14.38　Iris 数据集的主成分分析的结果

14.3　RapidMiner

RapidMiner易于使用,功能强大,易于扩展;建模过程可视化,通过简单的拖曳无须编写代码就可以实现数据的加载、清洗、分析以及结果的展示的完整过程。它既有免费开源版本,也有商业版本。本节以其免费的RapidMiner Studio为例,介绍其中的一些主要的数据处理和分析功能。在介绍其安装过程之后,将分别介绍数据的预处理、关联分析、序列模式分析、分类方法、聚类方法、个性化推荐方法等功能。

14.3.1　RapidMiner的安装

要安装RapidMiner,首先到RapidMiner的网站上下载安装包,下载网页地址为https://my.rapidminer.com/nexus/account/index.html#downloads,网页内容如图14.39所示。

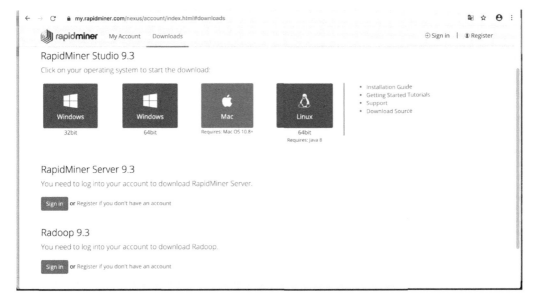

图14.39　Rapidminer下载页面

有RapidMiner Studio、RapidMiner Server和Radoop等多种版本可供选择,其中RapidMiner Studio是免费的,其下又有四种不同的操作系统可供选择,选择适合计算机的一种操作系统,例如,单击64位的Windows操作系统,下载安装文件,出现如图14.40所示的对话框,可以播放介绍RapidMiner Studio的视频,关闭该对话框。

下载完毕,双击该安装文件,出现如图14.41所示的安装向导对话框。

单击Next按钮,出现License Agreement对话框,单击I Agree按钮,出现如图14.42所示的Choose Install Location对话框,单击其中的Browse按钮选择安装的文件夹(目录),然后单击Install按钮,开始安装。

安装结束后,在如图14.43所示的Installation Complete对话框中单击Next按钮。

在如图14.44所示的对话框中单击Finish按钮。

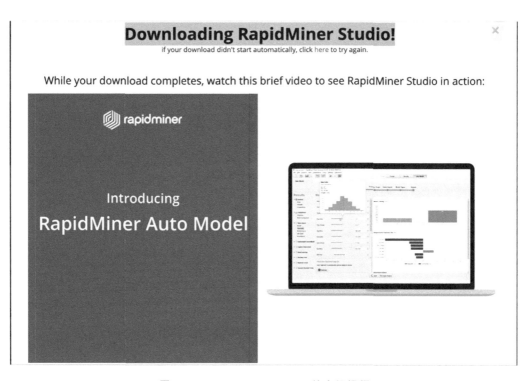

图 14.40　RapidMiner Studio 的介绍视频

图 14.41　RapidMiner Studio 安装向导

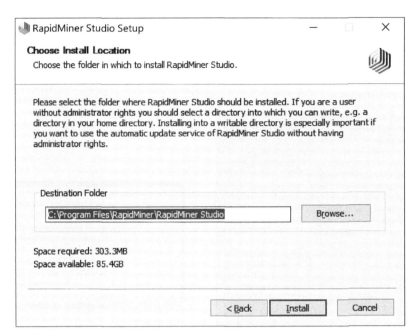

图 14.42　Choose Install Location 对话框

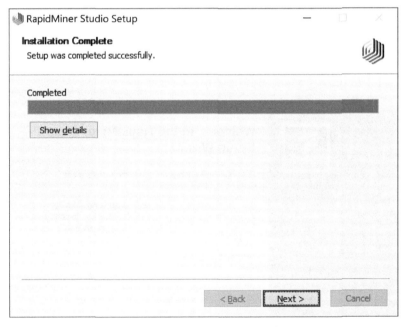

图 14.43　Installation Complete 对话框

　　由于在图 14.44 中选中了 Launch RapidMiner Studio 复选框，因此，单击 Finish 按钮之后，RapidMiner Studio 自动启动，出现如图 14.45 所示的 End User License Agreement 对话框。

　　选中 I have read and understand the terms of the end user license agreement 复选框，然后单击 I Accept 按钮，出现 Create a RapidMiner account 对话框，如图 14.46 所示。

图 14.44　Completing the RapidMiner Studio Setup Wizard 对话框

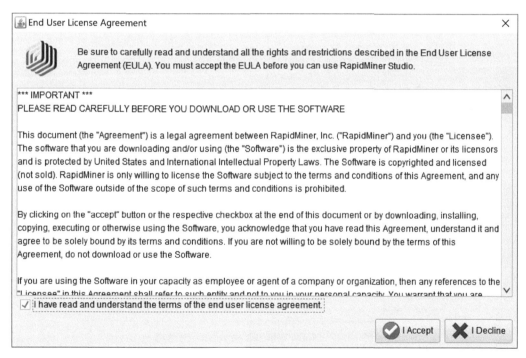

图 14.45　End User License Agreement 对话框

　　在该对话框中，选择 Educational 账户类型，然后输入姓名、email 账号以及密码(拉动滚动条找到 email 和密码)，单击 Create my Account 按钮，出现如图 14.47 所示的 We've sent you an email! 对话框，提示进行邮件确认。

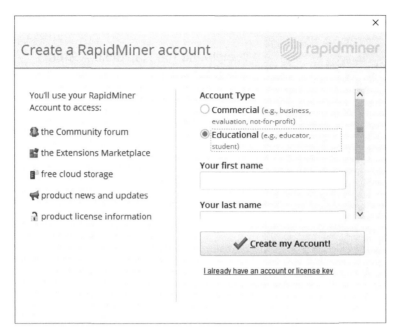

图 14.46　Create a RapidMiner account 对话框

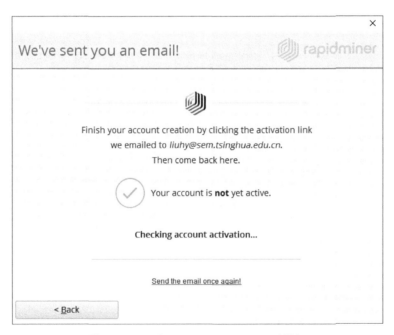

图 14.47　We've sent you an email! 对话框

　　在刚提供的邮箱中找到主题为 Verify Your email 的邮件,单击邮件中的 confirm your email address 超链接,如图 14.48 所示。

　　确认之后系统自动转到 RapidMiner 的主页提示输入邮箱和密码进行登录,如图 14.49 所示。单击 Sign in 按钮,将出现提示账号创建成功以及一些其他的提示信息。免费的 Rapidminer Studio 默认情况下最多处理 10 000 行数据。

图 14.48　确认邮箱的邮件内容

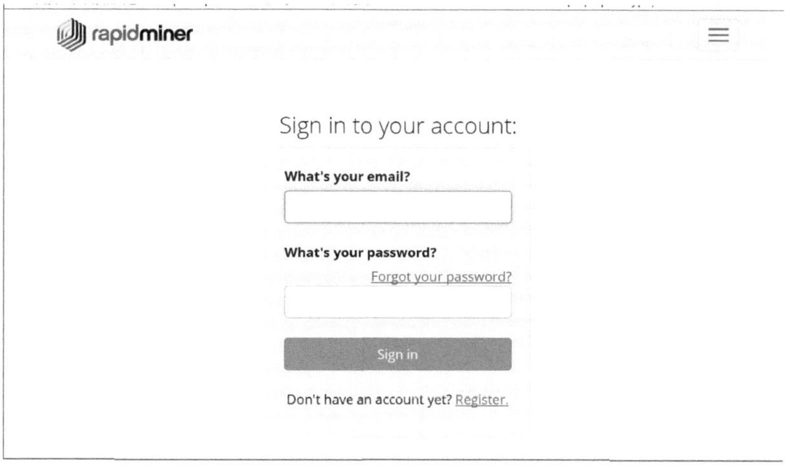

图 14.49　登录窗口

回到图 14.47 所示的对话框,单击 Refresh 按钮,出现 You're all set! 对话框,如图 14.50 所示。

单击 I'm ready! 按钮,启动 RapidMiner Studio,出现如图 14.51 所示的界面。

初次使用 RapidMiner 时,建议根据 Tutorials 进行学习。Tutorials 分成几个不同的层次,单击最左侧 Tutorials 窗格内右上角的 View All 出现如图 14.52 所示的对话框,其中 Basics 和 Data Handling 涵盖了数据预处理的典型功能,而数据分析和挖掘的模型多数在 Modeling,Scoring and Validation 部分介绍。

关闭 Tutorials 窗格之后,RapidMiner 的界面纵向分成三个区域,其中中间是用于创建过程(process)的 Process 窗格,左侧包含 Repository 和 Operators 两个窗格,其中前者窗格内列出的是 RapidMiner 中所有的数据和过程,后者是可供使用的各种算子(operator)。右侧也包含两个窗格,为 Parameters 和 Help,其中前者窗格内列出的是 Process 窗格内用到的各个算子的各种需要设置的参数,后者则提供有关算子的帮助信息。

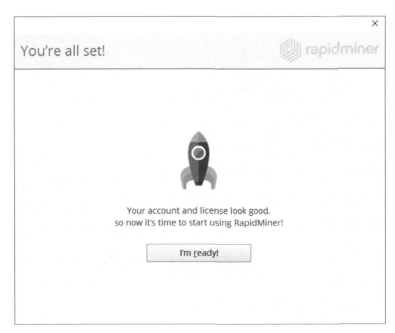

图 14.50 You're all set! 对话框

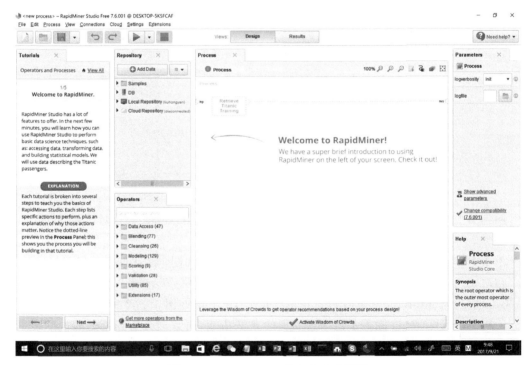

图 14.51 RapidMiner 的初始启动界面

　　创建 process 的过程是个可视化的过程，通过将 Repository 窗格中的数据和 Operators 中的算子拖到中间的 Process 窗格，然后将各个算子进行关联，设置相应的参数即可，后面将对一些常用的数据处理和分析方法对应的 process 的创建过程加以介绍。

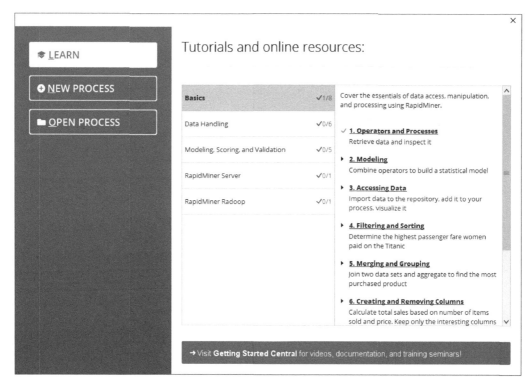

图 14.52　Tutorials 的各种类型

14.3.2　结构化数据预处理

数据通常分为结构化数据和非结构化数据。本节主要介绍结构化数据的预处理的主要方法。14.3.3 节将主要介绍文本这类非结构化数据的预处理过程。数据分析之前通常需要进行一系列的预处理,包括数据的导入、合并、汇总、旋转、规范化(normalization)、离散化(discretization)等,下面分别进行介绍。

安装 RapidMiner 之后,系统自带的一个 Repository 称为 Samples,其下包含 4 个子目录(subfolder):data、processes、Templates 和 Tutorials。其中 data 目录下包含了多个数据集,如 Deals、Golf、Iris 等。双击这些数据集,系统将显示数据集的内容。也可以将数据集拖到 Process 窗格中,例如将 Iris 数据集拖到中间的窗格之后,就变为一个 Retrieve Golf 算子,单击该算子右侧的名为 out 的端口,然后再单击窗格右侧的名为 res 的端口,就把该数据集的内容作为输出了,如图 14.53 所示。

单击窗口上方菜单栏下面的蓝色的箭头按钮,就可以运行当前正在创建的过程,结果显示在 Results 标签页中,如图 14.54 所示。

要回到设计界面,单击 Design 标签页。

要将需要分析的外部数据加载到系统中,单击 Repository 窗格中的 Add Data 按钮,显示 Import Data 向导对话框,其中显示两种获取数据的途径: My Computer 和 Database,分别从本地计算机和从数据库获取数据。

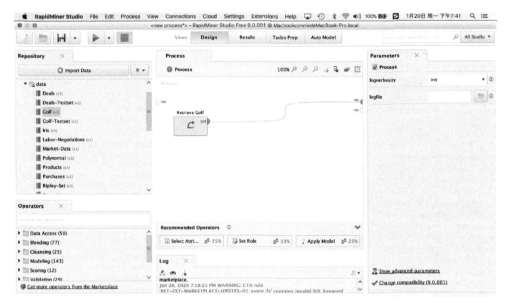

图 14.53　Retrieve Golf 算子

Row No.	Play	Outlook	Temperature	Humidity	Wind
1	no	sunny	85	85	false
2	no	sunny	80	90	true
3	yes	overcast	83	78	false
4	yes	rain	70	96	false
5	yes	rain	68	80	false
6	no	rain	65	70	true
7	yes	overcast	64	65	true
8	no	sunny	72	95	false
9	yes	sunny	69	70	false
10	yes	rain	75	80	false
11	yes	sunny	75	70	true
12	yes	overcast	72	90	true
13	yes	overcast	81	75	false
14	no	rain	71	80	true

图 14.54　Golf 数据集的内容

1. 导入本地文件

单击 My Computer，找到要导入数据所在的文件夹（目录），选择要导入的文件，例如，选择某个 Excel 文件，文件内容将显示在向导对话框中，如图 14.55 所示。

选择要导入数据所在的 Sheet 以及单元格（cell）的范围，如果文件包含标题，则勾选 Define header row 复选框，选择标题所在行的行号。单击 Next 按钮，出现 Format your columns! 对话框，如图 14.56 所示。系统自动识别要导入数据的数据类型，如果类型不正确，则单击所在列名右边的下箭头，在出现的菜单中选择 Change Type，选择合适的数据类

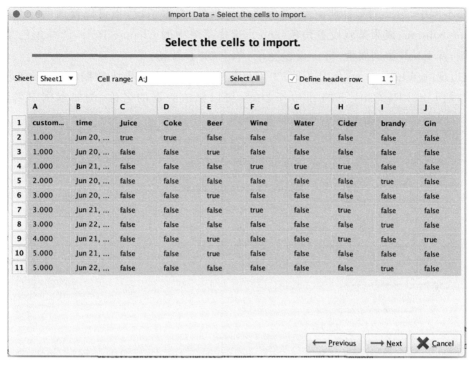

图 14.55　导入 Excel 文件：选择要导入的数据范围

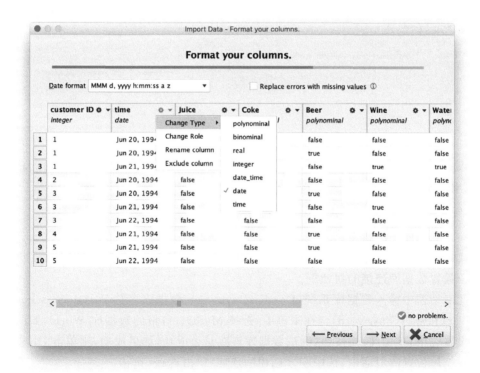

图 14.56　定义导入数据的格式

型，例如本例中，第二列是日期类型，选择 date。当然，根据情况，也可以修改每个列的名字（Rename column）或为某列设置角色（role），选择菜单中的 Change Role，选择角色类型，如 ID（主键）或 label（类别属性）等。设置完毕，单击 Next 按钮。

在出现的 Where to store the data? 对话框中，选择要存放导入数据的 Repository 及其子目录，如 Local Reposity 下的 data 子目录，可以修改数据的名称，例如本例中名称改为 sequential DB，最后单击 Finish 按钮即可，如图 14.57 所示。

图 14.57　导入数据存放的位置和名称

导入完毕，系统自动回到 RapidMiner 的主界面，显示刚导入的数据，单击 Design 标签页，可以看到新导入的数据已经列在 Repository 中了。

2. 导入数据库中的数据

要导入数据库中的数据，如导入 MySQL 数据库中一个表，首先单击 Repository 窗格中的 Add Data 按钮，在显示的 Import Data 向导对话框中单击 Database，出现如图 14.58 所示的用于设置数据库连接的对话框。

在此对话框中输入数据库系统（Database system）、数据库名称（Database scheme）、用户名（User）和密码（Password）。在本例中，选择 MySQL 自带的数据库 World，如图 14.59 所示。设置完毕，单击 Test 按钮，测试数据库连接是否成功，如果成功，则单击 OK 按钮，出现选择数据库位置的对话框，选中刚才创建的连接，单击 Next 按钮。

系统将显示 MySQL 自带的数据库 World 中的所有表，选择要导入的表，如 city 表，单击 Next 按钮，如图 14.60 所示。

图 14.58　设置数据库连接

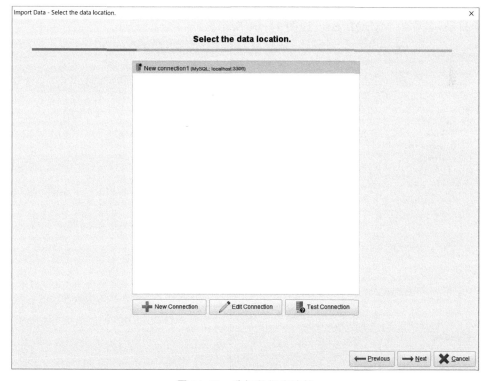

图 14.59　选择数据库连接

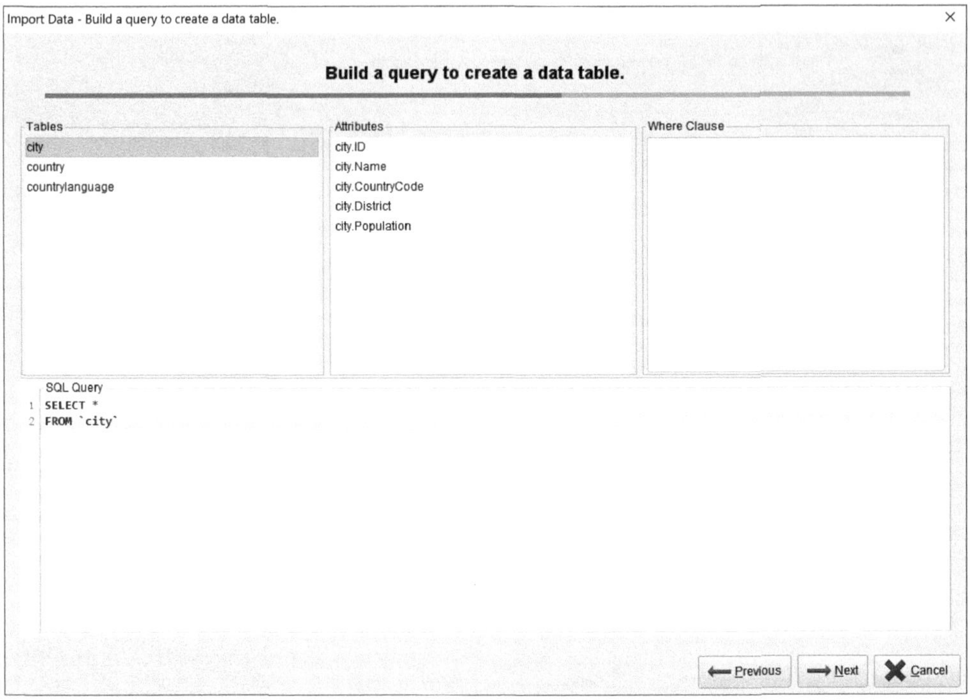

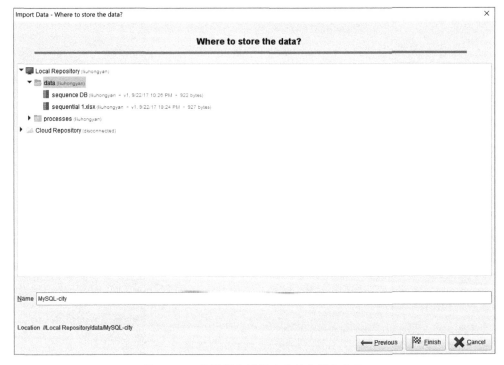

图 14.60　选择数据库中的表

选择导入数据将要存放的 Repository 及子目录，本例中存放于 Local Repository 下的 data 子目录，名称为 MySQL-city，如图 14.61 所示。

图 14.61　设置导入数据存放的位置和名称

单击 Finish 按钮，导入的数据就存到了相应的 Repository 中，如图 14.62 所示。

3. 数据的合并

要进行分析的数据往往来自多个表（或数据集），在分析之前需要将它们合并（merge）。本节以 RapidMiner 自带的 Repository——Samples 中的 Products 和 Transactiosn 两个数据集为例，说明将两者进行合并的过程。这两个表的示例数据分别见图 14.63 和图 14.64。其中，Products 表中的每行描述一个商品的基本信息，包括属性：编号（Product ID）、名称（Product Name）、类别（Product Category）及价格（Price）。Transactions 表的每一行描述的是一个顾客购买一个商品的信息，包括属性：客户编号（Customer ID）、商品编号（Product ID）及购买数量（Amount）。要将这两个表进行合并，需要将两个表

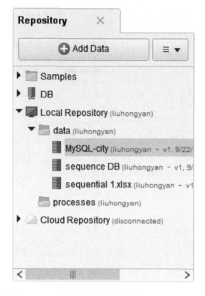

图 14.62　导入的表所在的 Repository

ExampleSet (//Samples/data/Products)

ExampleSet (178 examples, 0 special attributes, 4 regular a...Filter (178 / 178 examples):　all

Row No.	Product ID	Product Na...	Product Ca...	Price
1	1	Repressitol	9	35.540
2	2	Ritalout	10	35.480
3	3	Comanapracil	10	475.370
4	4	Serum 114	8	303.800
5	5	Hypnocil	10	499.130
6	6	Substance D	4	126.700
7	7	Hydronium ...	4	89.580
8	8	Azoth	1	201.030
9	9	Digitalin	5	5.610
10	10	Stim pack	7	268.900
11	11	Damascus R...	5	459.140
12	12	Nepenthe	6	365.700
13	13	Blaccine	6	495.190
14	14	Teamocil	8	398.850
15	15	Metazine	8	460.390
16	16	Chamalla ex...	2	312.360
17	17	Doloxan	3	119.610
18	18	Morpha	1	379.030

图 14.63　Products 表

ExampleSet (//Samples/data/Transactions) ×

ExampleSet (2328 examples, 0 special attributes, 3 regular attributes)

Row No.	Customer ID	Product ID	Amount
1	370	154	3
2	41	40	3
3	109	173	3
4	556	11	4
5	143	72	1
6	18	26	1
7	158	50	4
8	237	98	3
9	456	161	3
10	480	66	3
11	220	1	4
12	326	53	4
13	461	117	2
14	67	176	1
15	406	44	2
16	284	57	5
17	354	12	3
18	458	48	2

图 14.64　Transactions 表

中的行按照商品编号相等的条件进行匹配和组合，例如，Transactions 表中的第 2 行的商品编号为 4，所以与 Products 表中的第 4 行进行匹配，组合成新的一行，包含这两个表的所有属性的取值，这个操作在数据库中属于连接（join）操作。连接操作又分为内连接（inner join）、左外连接（left join）、右外连接（right join）和全外连接（outer join）四种。其中，内连接只输出两个表中相匹配的行，后三种是外连接。

　　假设是 A 表与 B 表连接，左外连接指的是除了两个表中按照连接条件能够匹配的行之外，A 表中不能找到与 B 表相匹配的行的那些行也会输出到连接结果中，B 表的相应属性的取值为空。同理，右外连接则是 B 表中的所有行都将输出在匹配结果中，包括能够匹配的行和无法匹配的行，而如果是全外连接则两个表中不匹配的行都将输出在结果中。

　　这个连接的过程在 RapidMiner 中利用 Join 算子实现，以 Products 表和 Transactions 表的连接为例，将这两个表以及 Join 算子拖到 Process 窗格中并进行关联之后，其 Process 的定义如图 14.65 所示。其中对于 Join 算子参数的设置，去掉复选框 use id attributes as key 的选择。key attribute 指的是连接中需要匹配的属性，单击 Edit List(1) 按钮，输入连接条件，如图 14.66 所示。保存该过程为 products join transactions（位于 Local Repository

下的 Process 子目录中）。

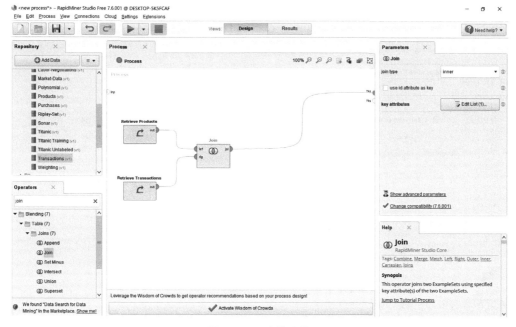

图 14.65 表的连接

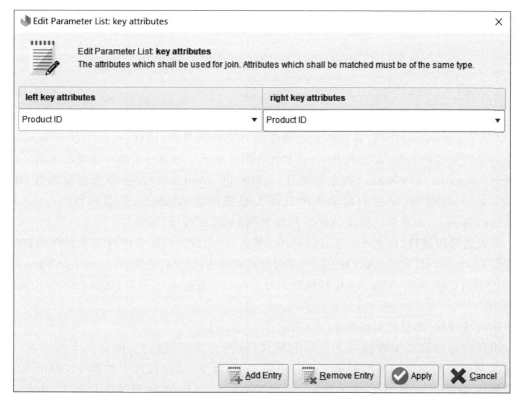

图 14.66 连接属性的设置

如果 join type 选择 inner，则内连接结果如图 14.67 所示。本例中左外连接、右外连接及全外连接的结果与内连接的结果相同，因为 Transactions 表中的每一行都能在表 Products 中找到匹配的行，同时 Products 表中的行也都能在 Transactions 表中找到匹配的行。

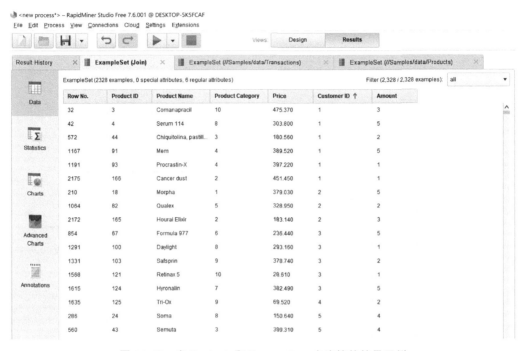

图 14.67　表 Products 和 Transactions 内连接的结果示例

4. 数据的汇总和旋转

利用 RapidMiner 的 Aggregate 算子可以对表中的数据进行分组汇总（aggregation）计算，以表 Transactions 为例，有些顾客一种商品可能购买多次，因此，可以把顾客购买每种商品的总数量进行求和，定义的 Process 如图 14.68 所示。该算子有两个主要的参数：聚集属性（aggregation attributes）和分组属性（group by attributes）。要设置聚集属性，单击 Edit List（0）按钮，在出现的对话框中选择汇总属性为 Amount，汇总函数（aggregation function）为 sum，即求和。单击 Apply 按钮回到 Design（设计）标签页。

要设置分组属性，单击 Select Attributes 按钮，在出现的对话框中将左边属性列表框中的属性 Customer ID 和 Product ID 选中，单击向右的箭头，放到右边的 Selected Attributes 列表框中，如图 14.69 所示，单击 Apply 按钮回到设计窗口。保存该过程为 aggregate transaction amount。

运行该过程，部分结果如图 14.70 所示。

可以将该运算结果转换一下显示的格式，改为交叉表的格式，即对每个顾客在一行中显示所购买的每个商品的数量。此时用到 Pivot 算子，其参数设置如图 14.71 所示，即分组属性为 Customer ID，index attribute 为 Product ID，即产品编号的取值作为每列的标题。

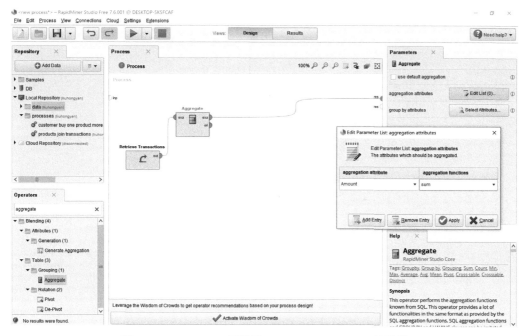

图 14.68　Aggregate 算子及 aggregation attributes 的设置

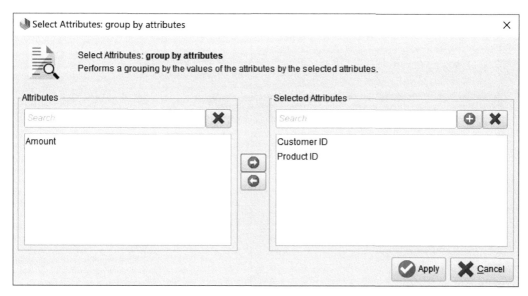

图 14.69　Aggregate 算子的 group by attributes 的设置

运行该过程,部分结果如图 14.72 所示。

从 Pivot 的结果可以看到,产品编号的取值与 sum(Amount)组合在一起作为每列的标题。图中选中的单元格的含义是编号为 3 的顾客购买了编号为 100 的商品一个,问号代表空值,即没有值。

如果希望只以商品的编号作为列标题,可以利用算子 Rename by Replacing,其参数设置如图 14.73 所示。在 replace what 后输入正则表达式(regular expression):sum\

I examples, 0 special attributes, 3 regular attributes)

Customer ID	Product ID	sum(Amount)
1	3	3
1	4	5
1	44	2
1	91	5
1	93	1
1	166	1
2	18	5
2	82	2
2	165	3
3	67	5
3	100	1
3	103	2
3	121	1
3	124	5
4	125	2
5	24	4

图 14.70　Transactions 表的 Amount 属性的汇总结果

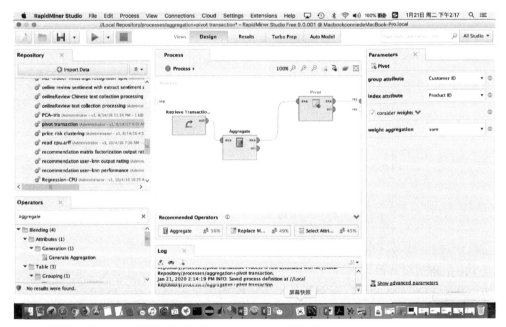

图 14.71　Pivot 算子的设置

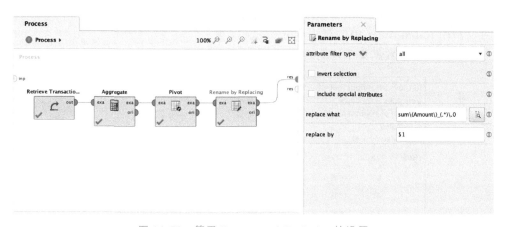

ExampleSet (Pivot)

ExampleSet (587 examples, 0 special attributes, 179 regular attributes)   Filter (587 / 587 examples): all

Row No.	Customer ID	sum(Amount)_1.0	sum(Amount)_10.0	sum(Amount)_100.0	sum(Amount)_101...	sum(Amount)_102.0	su
1	1	?	?	?	?	?	?
2	2	?	?	?	?	?	?
3	3	?	?	1	?	?	2
4	4	?	?	?	?	?	?
5	5	?	?	?	?	?	?
6	6	?	?	?	?	?	?
7	7	?	?	?	?	?	?
8	8	?	?	?	?	?	?

图 14.72 算子 Pivot 的结果

(Amount\)_(. *)\. 0,其中"\"是转义符,"\("表示将左括号转义,"\)"和"\."同理,让 sum 后面的左括号和 Amount 后的右括号匹配字符串中的左右括号。而"(. *)"中的一对小括号则是标记一个子表达式的开始和结束,"."匹配除换行符之外的其他任意单个字符,"*"则指的是匹配前面的子表达式零次或多次,在本例中,其作用就是将下画线后"."符号之前的字符串标记为一个子表达式,即把商品编号抽取出来,由变量 $1 表示,故在 replace by 后输入 $1,即每列的标题或属性名由 $1 中的值替代。替换标题后的结果如图 14.74 所示。

Process

Process ▶   100%

Retrieve Transactio...   Aggregate   Pivot   Rename by Replacing

Parameters

Rename by Replacing

attribute filter type   all

☐ invert selection

☐ include special attributes

replace what   sum\(Amount\)_(.*)\.0

replace by $1

图 14.73 算子 Rename and Replacing 的设置

ExampleSet (Rename by Replacing)

ExampleSet (587 examples, 0 special attributes, 179 regular attributes)   Filter (587 / 587 examples): all

Row No.	Customer ID	1	10	100	101	102	103	104	105
1	1	?	?	?	?	?	?	?	?
2	2	?	?	?	?	?	?	?	?
3	3	?	?	1	?	?	2	?	?
4	4	?	?	?	?	?	?	?	?
5	5	?	?	?	?	?	?	?	?
6	6	?	?	?	?	?	?	?	?
7	7	?	?	?	?	?	?	?	?
8	8	?	?	?	?	?	?	?	?

图 14.74 Pivot 和更改列标题后的结果示例

可以将这个结果保存到 Repository 中以便进行其他的进一步分析，例如关联规则的挖掘，为此，将算子 Store 加到该过程中，将 repository entry 设为 Local Repository 下的 data 子目录，名称为 Transactions_AR，如图 14.75 所示。

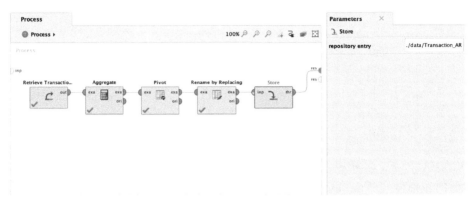

图 14.75　算子 Store

保存该过程为 aggregation＋pivot＋rename。

5. 数据的规范化

数值数据在分析之前通常都需要进行规范化，将各个属性的取值统一到相同的取值范围，或者具有相同的均值和方差。常用的规范化方法有 min-max 方法和 Z-score 等，这两种方法可以利用 RapidMiner 中的算子 Normalize 实现。

以 Samples 中的数据集 Iris 为例，其各个属性的情况如图 14.76 所示。

Retrieve Iris.output (output)
Meta data: Data Table
Number of examples = 150
6 attributes:
Generated by: Retrieve Iris.output

Role	Na...	Type	Range	Missings
	a1	real	=[4.300 − 7.900]	= 0
	a2	real	=[2 − 4.400]	= 0
	a3	real	=[1 − 6.900]	= 0
	a4	real	=[0.100 − 2.500]	= 0
id	id	nominal	≥[id_1, id_10, id_100, id_101, id_102, ...	= 0
label	label	nominal	=[Iris-setosa, Iris-versicolor, Iris-virgini...	= 0

图 14.76　Iris 表的属性信息

Iris 表的四个数值属性 a1、a2、a3、a4 的取值范围各不相同，其均值和方差也不相同，这对于无论是分类还是聚类分析都是不利的。要将这四个属性的取值都统一到相同的范围，如 0～1，创建一个新的 Process，将 Iris 表和 Normalize 算子拖到 Process 窗格中，选中 Normalize 算子，在右侧的 Parameter 窗格中单击 Show advanced parameters，出现 method 下拉列表框，从中选择 range transformation 方法，输入 min 和 max 分别为 0.0 和 1.0，如图 14.77 所示。

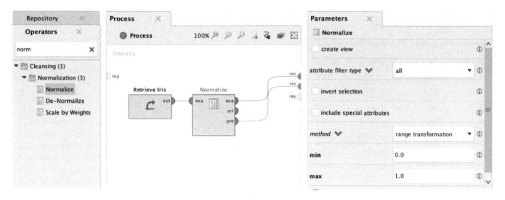

图 14.77　算子 Normalize

保存该过程为 normalize iris by min-max。执行结果中表的 Statistics 信息如图 14.78 所示。

Name		Type	Missing	Statistics	Filter (6 / 6 attributes):	Search for Attribute	
∨	id **id**	Nominal	0	Least id_99 (1)	Most id_1 (1)	Values id_1 (1), id_10 (1)	
∨	label **label**	Nominal	0	Least Iris-virginica (50)	Most Iris-setosa (50)	Values Iris-setosa (50), Ir	
∨	**a1**	Real	0	Min 0	Max 1	Average 0.429	
∨	**a2**	Real	0	Min 0	Max 1	Average 0.439	
∨	**a3**	Real	0	Min 0	Max 1	Average 0.468	
∨	**a4**	Real	0	Min 0	Max 1	Average 0.458	

图 14.78　min-max 规范化结果

将 method 选为 Z-transformation，则将每个属性的取值规范化为均值为 0、方差为 1 的标准正态分布。将修改之后的过程另存为 normalize iris by Z-score，如图 14.79 所示。结果如图 14.80 所示。

图 14.79　Z-Score 规范化

Row No.	id	label	a1	a2	a3	a4
1	id_1	Iris-setosa	-0.898	1.029	~1.337	-1.309
2	id_2	Iris-setosa	-1.139	-0.125	~1.337	-1.309
3	id_3	Iris-setosa	-1.381	0.337	~1.393	-1.309
4	id_4	Iris-setosa	-1.501	0.106	~1.280	-1.309
5	id_5	Iris-setosa	-1.018	1.259	~1.337	-1.309
6	id_6	Iris-setosa	-0.535	1.951	~1.167	-1.047
7	id_7	Iris-setosa	-1.501	0.798	~1.337	-1.178
8	id_8	Iris-setosa	-1.018	0.798	~1.280	-1.309
9	id_9	Iris-setosa	-1.743	-0.355	~1.337	-1.309
10	id_10	Iris-setosa	-1.139	0.106	~1.280	-1.440
11	id_11	Iris-setosa	-0.535	1.490	~1.280	-1.309
12	id_12	Iris-setosa	-1.260	0.798	~1.223	-1.309
13	id_13	Iris-setosa	-1.260	-0.125	~1.337	-1.440
14	id_14	Iris-setosa	-1.864	-0.125	~1.507	-1.440
15	id_15	Iris-setosa	-0.052	2.182	~1.450	-1.309

图 14.80　Z-Score 规范化结果

在本例 normalize 的参数中，attribute filter type 都选的是 all，指的是除了有角色（role）属性之外的所有属性。本例中 Iris 的其他两个属性（Id 和 Label）分别担任 id 和 label 的角色。依据情况的不同，也可以通过其他方式指定要进行规范化的属性，如选择单个属性（single）或一组属性（subset）。

6. 数据的离散化

RapidMiner 有多种离散化方法，本节以算子 Discretize by Binning、Discretize by Frequency 和 Discretize by Entropy 为例说明实现离散化的过程的构建。

Discretize by Binning 指的是 equal-distance 的分箱离散化方法，给定离散化后的间隔的个数（number of bins），系统自动将所选属性的取值划分成等距离的间隔，将属性的每个取值都放到各个间隔中。以 Iris 数据表为例，Process 的设计和 Discretize by Binning 的参数如图 14.81 所示。保存该过程为 iris discretize by binning。

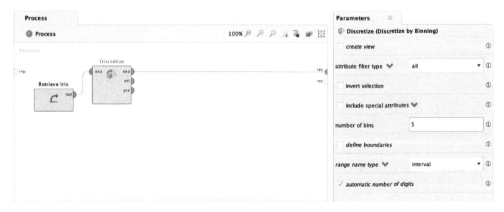

图 14.81　Discretize by Binning

本例中,range name type 选择 interval,这是比较简洁的间隔显示方式,也可以选 long 或 short。运行结果如图 14.82 所示。

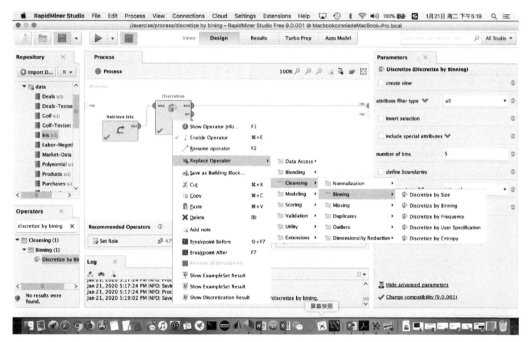

图 14.82　Discretize by Binning 的结果

Discretize by Frequency 是等频率(equal-frequency)的离散化方法,右击图 14.81 中的 Discretize 算子,在弹出的快捷菜单中选择其参数设置,如图 14.83 所示,另存该过程为 iris discretize by frequency。运行结果如图 14.84 所示。

图 14.83　Discretize 算子参数设置

同理,将离散化算子改为 Discretize by Entropy,该方法自动决定最终的 interval 的个数。保存过程为 iris discretize by entropy,如图 14.85 所示,其结果如图 14.86 所示。

ExampleSet (Discretize) ✕   **ExampleSet (//Samples/data/Iris)** ✕

ExampleSet (150 examples, 2 special attributes, 4 regular attributes)   Filter (150 / 150 examples): all ▼

Row No.	id	label	a1	a2	a3	a4
1	id_1	Iris-setosa	[5.0 – 5.7]	[3.5 – ∞]	[–∞ – 1.6]	[–∞ – 0.2]
2	id_2	Iris-setosa	[–∞ – 5.0]	[2.8 – 3.0]	[–∞ – 1.6]	[–∞ – 0.2]
3	id_3	Iris-setosa	[–∞ – 5.0]	[3.2 – 3.5]	[–∞ – 1.6]	[–∞ – 0.2]
4	id_4	Iris-setosa	[–∞ – 5.0]	[3.0 – 3.2]	[–∞ – 1.6]	[–∞ – 0.2]
5	id_5	Iris-setosa	[–∞ – 5.0]	[3.5 – ∞]	[–∞ – 1.6]	[–∞ – 0.2]
6	id_6	Iris-setosa	[5.0 – 5.7]	[3.5 – ∞]	[1.6 – 4.0]	[0.2 – 1.1]
7	id_7	Iris-setosa	[–∞ – 5.0]	[3.2 – 3.5]	[–∞ – 1.6]	[0.2 – 1.1]
8	id_8	Iris-setosa	[–∞ – 5.0]	[3.2 – 3.5]	[–∞ – 1.6]	[–∞ – 0.2]
9	id_9	Iris-setosa	[–∞ – 5.0]	[2.8 – 3.0]	[–∞ – 1.6]	[–∞ – 0.2]
10	id_10	Iris-setosa	[–∞ – 5.0]	[3.0 – 3.2]	[–∞ – 1.6]	[–∞ – 0.2]

图 14.84　Discretize by Frequency 的结果

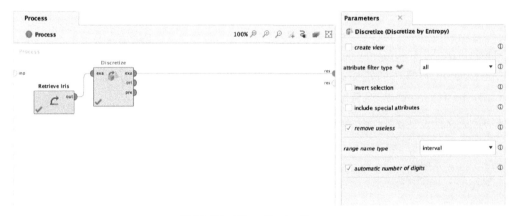

图 14.85　Discretize by Entropy

ExampleSet (Discretize) ✕

ExampleSet (150 examples, 2 special attributes, 4 regular attributes)   Filter (150 / 150 examples): all ▼

Row No.	id	label	a1	a2	a3	a4
1	id_1	Iris-setosa	[–∞ – 5.5]	[3.3 – ∞]	[–∞ – 1.9]	[–∞ – 0.6]
2	id_2	Iris-setosa	[–∞ – 5.5]	[2.9 – 3.3]	[–∞ – 1.9]	[–∞ – 0.6]
3	id_3	Iris-setosa	[–∞ – 5.5]	[2.9 – 3.3]	[–∞ – 1.9]	[–∞ – 0.6]
4	id_4	Iris-setosa	[–∞ – 5.5]	[2.9 – 3.3]	[–∞ – 1.9]	[–∞ – 0.6]
5	id_5	Iris-setosa	[–∞ – 5.5]	[3.3 – ∞]	[–∞ – 1.9]	[–∞ – 0.6]
6	id_6	Iris-setosa	[–∞ – 5.5]	[3.3 – ∞]	[–∞ – 1.9]	[–∞ – 0.6]
7	id_7	Iris-setosa	[–∞ – 5.5]	[3.3 – ∞]	[–∞ – 1.9]	[–∞ – 0.6]
8	id_8	Iris-setosa	[–∞ – 5.5]	[3.3 – ∞]	[–∞ – 1.9]	[–∞ – 0.6]
9	id_9	Iris-setosa	[–∞ – 5.5]	[–∞ – 2.9]	[–∞ – 1.9]	[–∞ – 0.6]
10	id_10	Iris-setosa	[–∞ – 5.5]	[2.9 – 3.3]	[–∞ – 1.9]	[–∞ – 0.6]

图 14.86　Discretize by Entropy 的结果

14.3.3 文本数据预处理

1. 扩展包的安装

要对文本数据进行处理,需要安装文本处理的扩展包 Text Processing。为此,单击菜单 Extensions,选择 Marketplace(Updates and Extensions)命令,出现 RapidMiner Marketplace 对话框,选择 Top Downloads 选项卡,显示下载最多的扩展包,如图 14.87 所示。

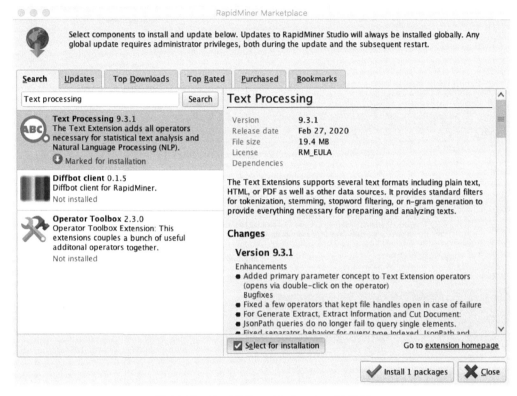

图 14.87 RapidMiner Marketplace 对话框

选择 Text Processing 9.3.1(版本号随时更新),选中底部的 Select for installation 复选框,最后单击 Install 1 packages 按钮,出现 Confirm Licenses 对话框,选中 I accept the terms of all license agreements 复选框即可。

2. 构建文档的矢量空间模型

本节以三个在线评论文档为例,说明为文档构建矢量空间模型的过程。首先,三个评论文档名称分别为 onlineReview-1.txt、onlineReview-2.txt、onlineReview-3.txt,存放在某一目录下。在 RapidMiner 中创建一个空的 Process,双击 Operators 窗格中 Extensions 下 Process Documents from Files 算子,该算子出现在 Process 窗格中,单击窗格底部的 Activate Wisdom of Crowds 按钮,然后在出现的窗口中单击 Activate recommendations 按钮,显示一些推荐的算子信息。接着设置 Process Documents from Files 算子的参数,如图 14.88 所示。

单击 Edit List(1)按钮,选择三个文件所在的目录,如图 14.89 所示,单击 Apply 按钮回到设计界面。

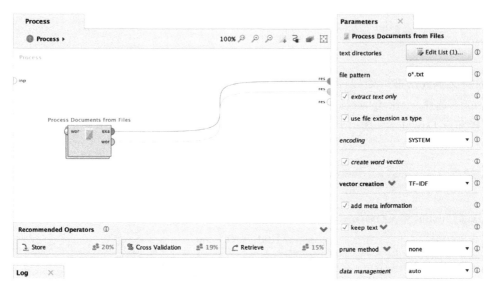

图 14.88　Process Documents from Files 算子

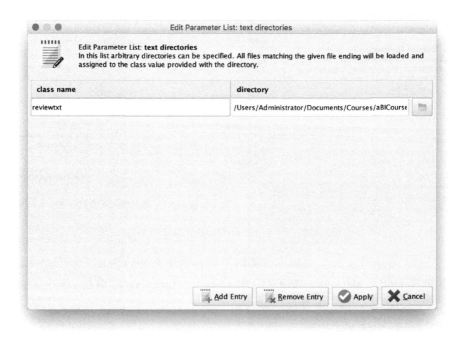

图 14.89　设置文档所在目录

　　双击 Process Documents from Files 算子，进入其内嵌的算子的设置界面，从底部推荐的算子中将 Tokenize、Filter Stopwords(English)、Stem(Porter)、Transform Cases 四个算子通过双击分别放入设计窗口并进行关联，每个算子的参数设置都采用默认即可，如图 14.90所示。单击 Process 窗格上部的蓝色向上箭头回到上一层的设计窗格。

　　保存该过程为 TF-IDF vector of online reviews。执行该过程，结果如图 14.91 所示。如果 Process Documents from Files 算子的 Word 输出端口也输出，则系统将列出每个文档中每个词的出现次数。

图 14.90 Process Documents from Files 算子内嵌的四个算子

| WordList (Process Documents from Files) | × | ExampleSet (Process Documents from Files) | × |

ExampleSet (3 examples, 5 special attributes, 126 regular attributes)   Filter (3 / 3 examples): all

Row No.	label	text	metadata_f...	metadata...	metadata...	account	adjust	alarm	angl	app	appl ↑
2	reviewtxt	This iphone 6s that i h...	onlineRevie...	/Users/Ad...	Aug 14, 2...	0.128	0	0.128	0	0	0
3	reviewtxt	After 2 months of pur...	onlineRevie...	/Users/Ad...	Aug 14, 2...	0	0	0	0	0	0
1	reviewtxt	I have the same Iphon...	onlineRevie...	/Users/Ad...	Aug 14, 2...	0	0.110	0	0.110	0.110	0.219

图 14.91 文档的 TF-IDF 矢量

如果是中文文档,则先利用中文分词软件将文档分词,去除停用词后,每个词之间用逗号分隔,存为文档,如表 14.3 所示。同样使用 Process Documents from Files 算子,在 Windows 操作系统下其 Encoding 参数选择 UTF-8。其内嵌算子只选 Tokenize 就可以。保存该过程为 TF-IDF vector of chinese online reviews。

表 14.3 中文文档

文 件 名	文 档 内 容
ChineseReview1.txt	裤型,相当,棒,就是,棉质,爱起,褶子,颜色,也正,搭配,一起买的,浅灰色,套头衫,正好,美美哒
ChineseReview1.txt	料子,不错,颜色,也好
ChineseReview1.txt	裤型,很,别致,试,上身,有,惊喜,很,显瘦,裤子,料子,还,蛮,飘逸的,适合,阔腿裤,如果,料子,太厚,就,显得,笨重了,这点,倒是,显出了,设计师,匠心,赞

14.3.4 频繁项集和关联规则的挖掘

RapidMiner 中的 FP-Growth 算子可以发现频繁项集,Create Association Rules 算子可以生成关联规则。下面首先介绍两种使用这些算子的方法:一种是直接输入 FP-Growth 可以接受的数据表;另一种是利用 RapidMiner 的算子构造可以接受的数据表。

假设要发现关联规则的交易数据库如表 14.4 所示,首先可以将其转换为表 14.5 所示的结构化表,本例中通过手工输入数据,保存为 Excel 文件 AR.xlsx。首先将该文件通过

Import Data(参见14.3.2节内容)将其内容加载到 Local Repository 的 data 子目录中,名称为 ARdata,导入过程中将属性 TID 通过 Change Role 选择角色类型为 ID。

表 14.4 交易数据库

TID	Item	TID	Item
1	a,b,d,f	3	a,b,c
2	a,b,c,d,e	4	b,d,e

表 14.5 Excel 文件 AR.xlsx

TID	a	b	c	d	e	f
1	true	true	false	true	false	true
2	true	false	true	true	true	false
3	true	true	true	false	false	false
4	false	true	false	true	true	false

将数据表 ARdata 和 FP-Growth 算子拖入设计窗格,设置算子的参数如图 14.92 所示,input format 选择 items in dummy coded columns,即每项在每行中是否出现用 true 或 false 表示,如表 14.5 所示;positive value 设置为 true,min items per itemset 为 1, max items sper itemset 为 0,即对项集的最大长度没有限制,max number of itemsets 为 0,即不限制频繁项集的个数,去掉 find min number of itemsets 复选框的选择,这样只发现大于或等于最小支持度的项集。运行该过程,输出的频繁项集如图 14.93 所示。

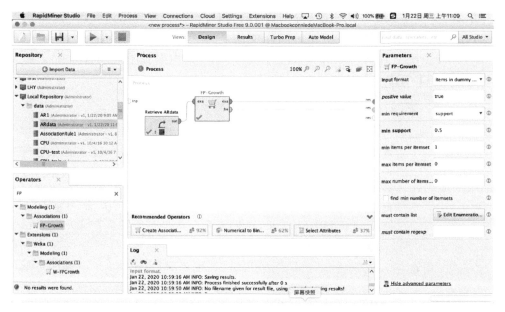

图 14.92 FP-Growth 算子

如果将表 14.4 的内容输入到 Excel 中,存为 AR1columm.xlsx,利用 Import Data 导入到 Local Repository 之后存为 AR-item list in a column,替换图 14.92 中的 ARData,则 input format 选择 items list in a column,item separators 选择逗号即可。

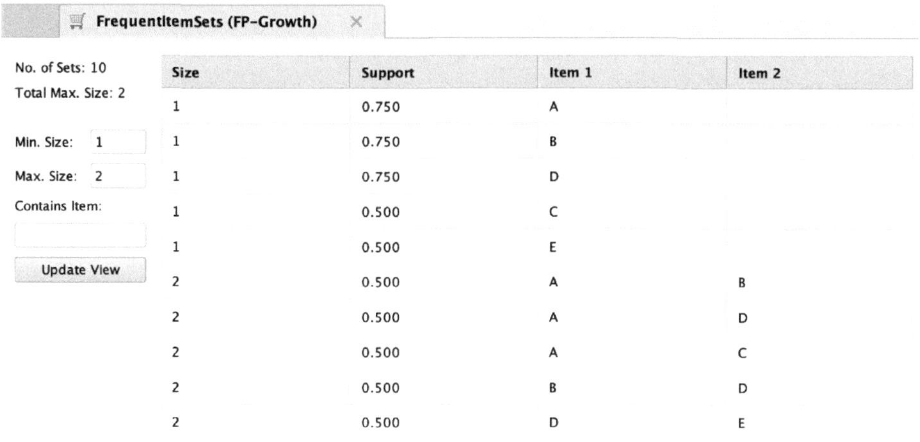

Size	Support	Item 1	Item 2
1	0.750	A	
1	0.750	B	
1	0.750	D	
1	0.500	C	
1	0.500	E	
2	0.500	A	B
2	0.500	A	D
2	0.500	A	C
2	0.500	B	D
2	0.500	D	E

图 14.93 FP-Growth 算子发现的频繁项集

FP-Growth 可以接受的输入文件格式是 items in separate columns，文件的格式如表 14.6 所示。在 Excel 中输入如此格式的数据后，存为文件导入到 Local Repository 中。

表 14.6 items in separate columns 文件格式

TID	Item 1	Item 2	Item 3	Item 4
1	a	b	d	f
2	a	b	d	e
3	a	b	c	
4	b	d	e	

如果选 find min number of itemsets 复选框，则 min support 不起作用，多出两个参数：min number of itemsets 和 max number of retries，系统将从发现满足最高支持度的项集开始，如果发现的项集个数小于 min number of itemsets，则降低支持度的阈值 20%，继续挖掘，直至发现的项集个数不小于 min number of itemsets 或挖掘的次数达到 max number of retries 为止。

要进一步生成关联规则，将 Create Association Rules 算子加入设计窗格，设置参数如图 14.94 所示，设置 criterion 为 confidence，min confidence 为 0.8，保存该过程为 ARdata FP-Growth AR。参数 gain theta 是 criterion 为 gain 时使用，而 laplace k 是 criterion 为 laplace 时使用。

运行该过程，发现的关联规则的描述信息（单击右侧的 Description 标签页）如图 14.95 所示。

14.3.2 节中数据的汇总部分已介绍了将数据集 Transactions 进行汇总和旋转之后生成的交叉表的过程，最终输出的表格存放到 Local Repository 的 data 子目录下，名为 Transactions_AR。表的内容如图 14.96 所示。

如果要发现每个顾客所购买物品之间的关联，需要将此表进行处理，首先将 Customer ID 的角色改为 id，用 Set Role 算子实现，其参数如图 14.97 所示。

然后问号代表的空值需要用一个确定的值填充，这可以利用 Replace Missing Values 算子，其参数如图 14.98 所示，参数 default 选为 zero，指的是将所有的空值用 0 填充。最后

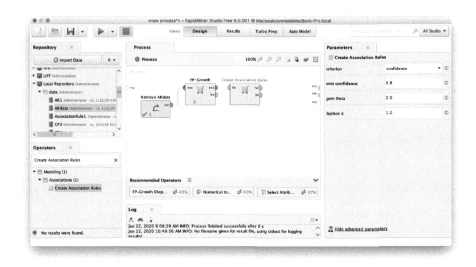

图 14.94　Create Association Rules 算子

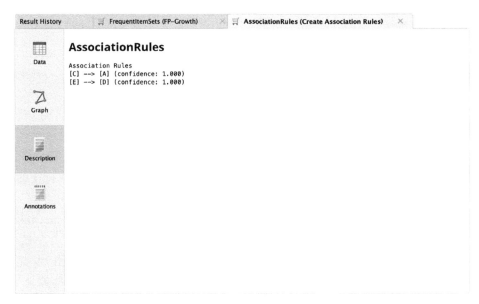

图 14.95　发现的关联规则的描述信息

Row No.	Customer ID	1	10	100	101	102	103	104	105
	ExampleSet (587 examples, 0 special attributes, 179 regular attributes)						Filter (587 / 587 examples):	all	
1	1	?	?	?	?	?	?	?	?
2	2	?	?	?	?	?	?	?	?
3	3	?	?	1	?	?	2	?	?
4	4	?	?	?	?	?	?	?	?
5	5	?	?	?	?	?	?	?	?
6	6	?	?	?	?	?	?	?	?
7	7	?	?	?	?	?	?	?	?
8	8	?	?	?	?	?	?	?	?

图 14.96　Transactions_AR 表

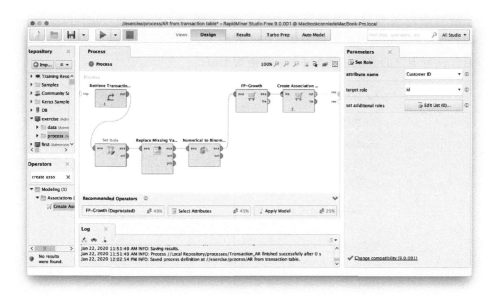

图 14.97 从 Transactions_AR 表中发现关联规则的过程

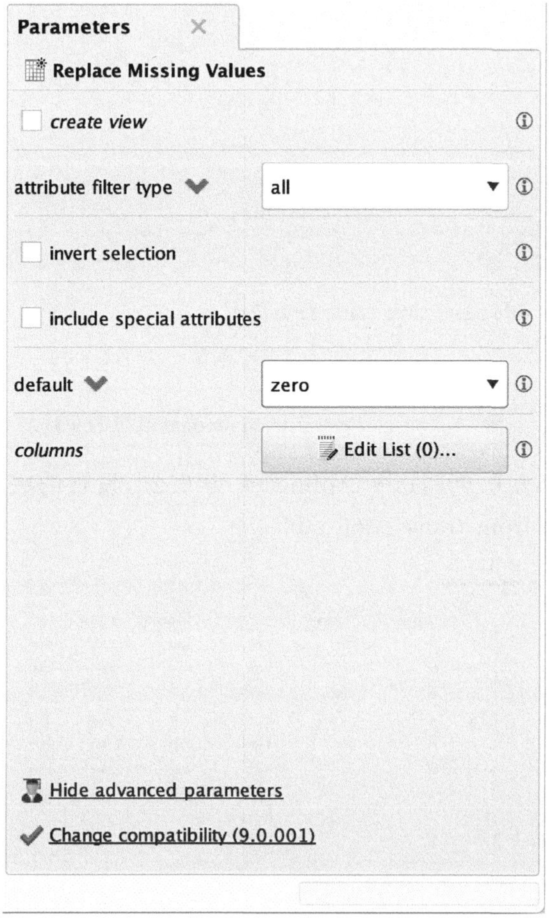

Parameters ✕

▦ **Replace Missing Values**

☐ *create view* ⓘ

attribute filter type ❤ | all ▼ | ⓘ

☐ invert selection ⓘ

☐ include special attributes ⓘ

default ❤ | zero ▼ | ⓘ

columns | 📝 Edit List (0)... | ⓘ

👤 Hide advanced parameters

✔ Change compatibility (9.0.001)

图 14.98 Replace Missing Values 算子的参数

需要表中所有的购买数量由数值类型（numeric）转换为二值类型（binominal），利用算子Numerical to Binominal，其参数设置如图14.99所示，其中 min 和 max 都设置为 0.0，其含义是取值在此范围内的数值转换为 false，其他为 true。

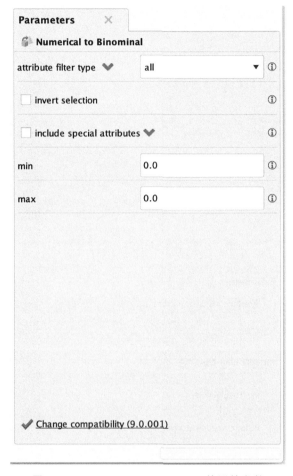

图 14.99　Numerical to Binominal 算子的参数

设置 min support 为 0.005，min confidence 为 0.25，发现的关联规则如图 14.100 所示。保存该过程为 AR from transaction table。

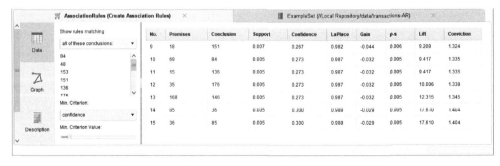

图 14.100　从 Transactions_AR 表中发现的关联规则

14.3.5　序列模式的挖掘

在 14.3.2 节中导入本地文件部分介绍了将一个 Excel 文件内容导入 Repository 的过程,例子中导入的数据表为 sequence DB,其内容如表 14.7 所示。

表 14.7　sequence DB 表

customer ID	time	Juice	Coke	Beer	Wine	Water	Cider	brandy	Gin
1	Jun 20,1994	true	true	false	false	false	false	false	false
1	Jun 20,1994	false	false	true	false	false	false	false	false
1	Jun 21,1994	false	false	false	true	true	true	false	false
2	Jun 20,1994	false	false	false	false	false	true	false	false
3	Jun 20,1994	false	false	true	false	false	false	false	false
3	Jun 21,1994	true	false	false	true	false	true	false	false
3	Jun 22,1994	false	false	false	false	false	true	false	false
4	Jun 21,1994	false	false	true	false	false	false	false	true
5	Jun 21,1994	false	false	true	false	false	false	false	false
5	Jun 22,1994	false	false	false	false	false	false	true	false

以该数据为例,利用 RapidMiner 的 Generalized Sequential Patterns 算子(简称 GSP 算子)可以发现频繁的序列模式,该算子可以分析的数据表的属性构成与表 sequence DB 相同,即包括 customer ID、time 以及各个 items,但是它需要 time 的数据类型为数值型而不是日期型,因此需要增加一个算子 Date to Numerical,将其转换为数值类型。该过程的设置窗格如图 14.101 所示。

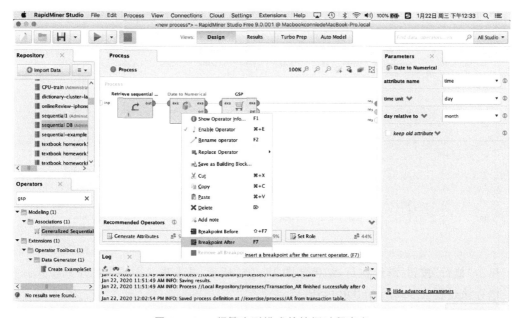

图 14.101　频繁序列模式的挖掘过程定义

算子 Date to Numerical 的参数中,time unit 选择 day,因为数据集中都是 1994 年 6 月的购物信息,因此可以只考虑天数信息;day relative to 参数选 month,即参照月份来得到天数值。如果执行过程中想查看中间算子的结果，例如运行完 Date to Numerical 之后暂停一下，输出其结果，再继续执行，则可右击该算子，在弹出的快捷菜单中选择 Breakpoint After，如图 14.101 所示。

GSP 算子的参数设置如图 14.102 所示。

图 14.102　GSP 算子的参数设置

执行该过程，首先输出转换 time 为数值后的结果，如图 14.103 所示。

Row No.	time	customer ID	Juice	Coke	Beer	Wine	Water	Cider	brandy	Gin
1	20	1	true	true	false	false	false	false	false	false
2	20	1	false	false	true	false	false	false	false	false
3	21	1	false	false	false	true	true	true	false	false
4	20	2	false	false	false	false	false	true	false	false
5	20	3	false	false	true	false	false	false	false	false
6	21	3	false	false	false	true	false	true	false	false
7	22	3	false	false	false	false	false	false	true	false
8	21	4	false	false	true	false	false	true	false	true
9	21	5	false	false	true	false	false	false	false	false
10	22	5	false	false	false	false	false	false	true	false

ExampleSet (10 examples, 2 special attributes, 8 regular attributes)　Filter (10 / 10 examples): all

图 14.103　转换 time 为数值后的数据

单击"执行"按钮，继续执行，结果如图 14.104 所示，共发现 5 个频繁的序列模式。保存该过程为 sequentialDB GSP。

14.3.6　分类

分类模型很多，本节介绍在 RapidMiner 中利用各种分类模型实现模型的训练和测试方法，模型包括决策树、朴素贝叶斯、K 近邻、逻辑回归和支持向量机(SVM)模型性能比较。

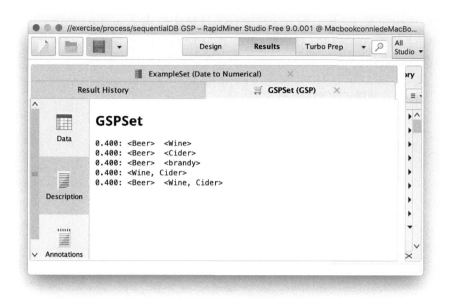

图 14.104　发现的频繁序列模式

1. 决策树

本节以 Samples Repository 中的数据集 Iris 为例(其属性参见图 14.76),描述利用 RapidMiner 训练和测试决策树模型的过程。训练集和测试集的划分采用两种自动分割的方法:一种是按照给定的比例自动分割;另一种是交叉验证的方法。下面先介绍按照给定比例分割的方法。

创建一个新的 Process,将 Iris 数据表和 Split Data 算子拖到 Process 窗格中,将两者连接起来,如图 14.105 所示。

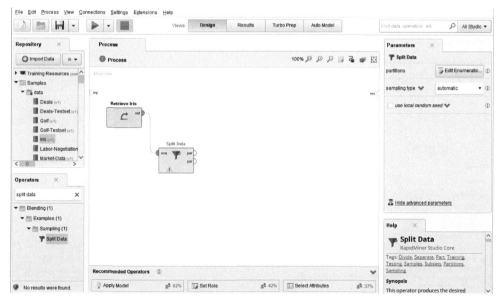

图 14.105　Split Data 算子

选中 Split Data 算子，在右侧的 Parameter 窗格中单击 Edit Enumeration 按钮，出现 Edit Parameter List：partitions 对话框，单击 Add Entry 按钮，输入 0.7，即 70％作为训练集，再次单击该按钮，输入 0.3，即 30％作为测试集，如图 14.106 所示。

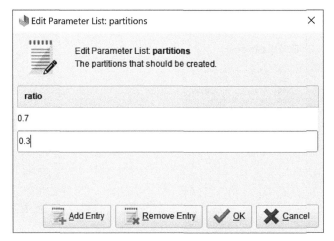

图 14.106　Split Data 算子的参数设置

单击 OK 按钮回到 Edit Parameter List：partitions 对话框，可以在 sampling type 下拉列表框中选择随机采样的类型，默认是 automatic。然后把 Decision Tree 算子放入 Process 窗格中，与 Split Data 算子连接起来，如图 14.107 所示。在右侧 Parameters 窗格中设置参数，分裂结点的选择方法在 criterion 下拉列表框中选取，如 gain_ratio。maximal depth 用于约束构建的决策树的深度，即每条从根结点到叶子结点的路径长度的最大值，输入 -1 代

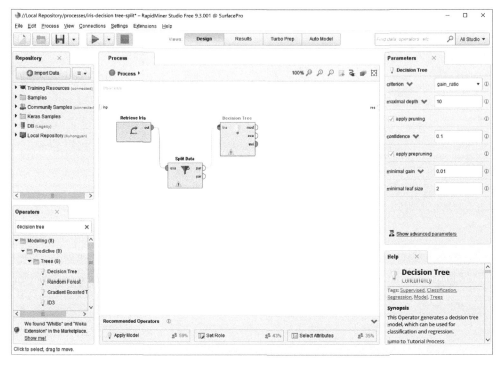

图 14.107　Decision Tree 算子及其参数

表无此约束。选中 apply pruning 复选框进行树的剪枝。confidence 是利用误差估计的剪枝方法中的置信度。如果选中 apply prepruning 复选框,则树的停止构建的条件将根据 minimal gain 和 minimal leaf size 两个参数,前者的含义为一个结点的 information gain 大于其参数值时才进行分裂,后者限制叶子结点包含的样本个数至少为参数值。

为了进行测试集的性能评估,将算子 Apply Model 和 Performance(Classification)加入 Process 窗格,为 Performance 算子设置参数,选中 accuracy 复选框作为性能的度量指标,将算子进行连接,如图 14.108 所示。保存该过程为 iris-decision tree-split。

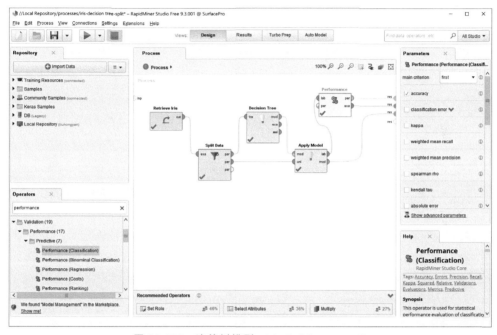

图 14.108　决策树模型:iris-decision tree-split

运行该过程,首先显示的是构建的决策树,如图 14.109 所示。

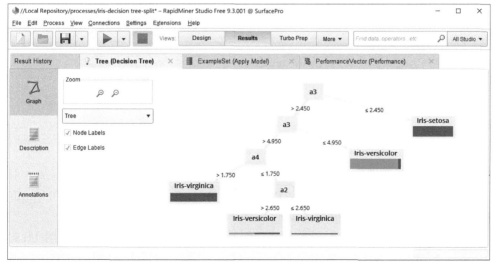

图 14.109　决策树模型

单击 PerformVector(Performance)标签页,显示测试集的性能测试结果,如图 14.110 所示,测试集每个样本的预测结果在 ExampleSet(Apply Model)标签页中,如图 14.111 所示。

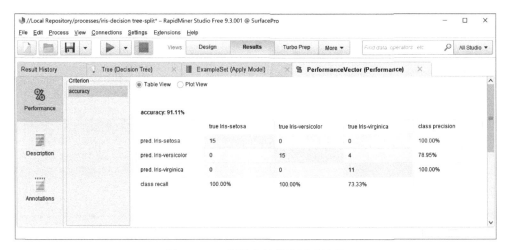

图 14.110　测试集的性能测试结果

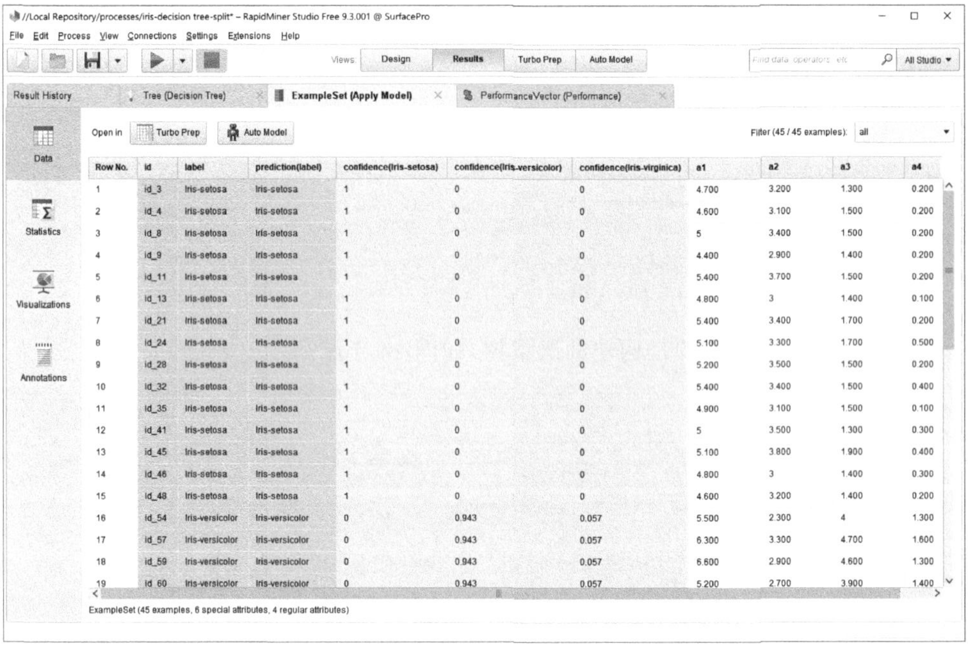

图 14.111　测试集每个样本的预测结果

如果要采用交叉验证的方法进行模型的性能测试,重新创建一个新的过程,加入 Iris 数据集后,将 Cross Validation 算子加入 Process 窗格,在 Parameter 窗格内,在 number of fold 中输入 10,设置参数为十折交叉验证,如图 14.112 所示。

双击 Cross Validation 算子,设置模型和性能测试的细节,Process 窗格如图 14.113 所示。Process 窗格分为两部分,左边为 Training(训练过程),右边为 Testing(测试过程)。

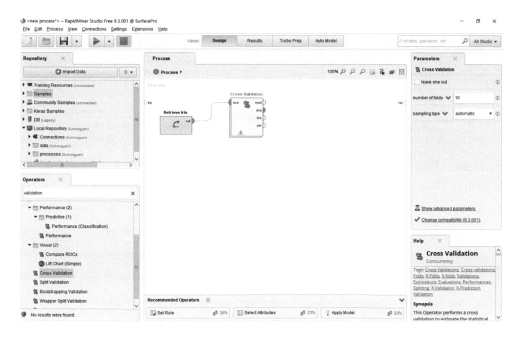

图 14.112　交叉验证算子的参数设置

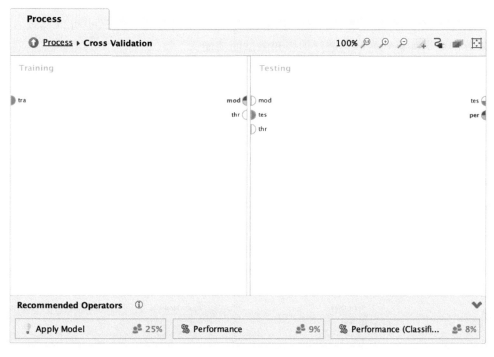

图 14.113　交叉验证的模型和性能测试设置窗格

在左边的窗格中加入 Decision Tree 算子,在右边加入 Apply Model 和 Performance (Classification)两个算子,进行算子间的连接,如图 14.114 所示。单击左边窗格上方的 Process 左边的蓝色上箭头回到 Process 窗格,将 Cross Validation 的输出与输出端口相连,保存该过程为 iris-decision tree-cross validation。

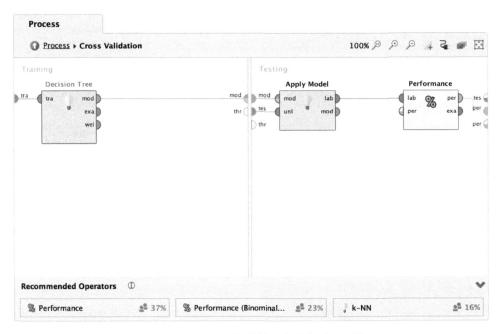

图 14.114　交叉验证的模型和性能测试设置

将上述过程中的 Cross Validation 算子改为 Split Validation 算子，也可以实现自动将数据集分割为训练集和测试集进行训练和测试的功能。

2. 朴素贝叶斯

将图 14.107 中的 Decision Tree 算子改为 Naïve Bayes，如图 14.115 所示，即可为 Iris 数据构建朴素贝叶斯模型。保存该模型为 iris-naive bayes-split。

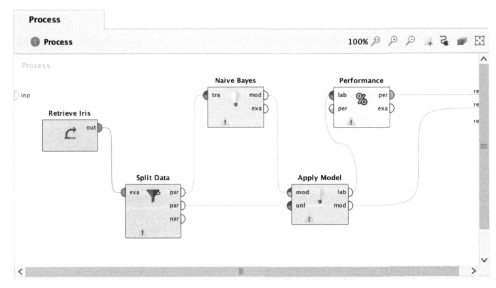

图 14.115　朴素贝叶斯分类模型：iris-naive bayes-split

3. K 近邻

将图 14.107 图中的 Decision Tree 算子改为 k-NN,如图 14.116 所示,即可为 Iris 数据集构建 K 近邻分类模型。在右侧 Parameter 窗格中设置邻居的个数,即 K 的取值,如 3,指定衡量邻居的度量类型(measure types),在本例中数据集的属性都为数值型,故选择NumericaMeasure。选择具体的度量指标(numerical measure),选择一种度量,如CosineSimilarity。保存该模型为 iris-knn-split。

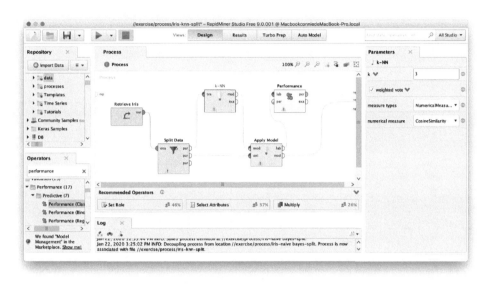

图 14.116　*K* 近邻分类模型：iris-knn-split

4. 逻辑回归

逻辑回归(logistic regression)模型只能处理两个类别的分类问题,因此,对于 Iris 数据集,因为有三个类别,一种简单的处理方法就是每次针对一个类别作为 true 类别,其余类别为 false 类别,这种转换通过 Generate Attributes 算子可以自动实现,因此在创建过程时,先将 Iris 数据集经过该算子的处理,然后再分割和构建模型。在 Generate Attributes 算子的Parameters 窗格中单击 Edit List 按钮,出现如图 14.117 的对话框,在 attribute name 文本框中输入 label 作为分类属性的名称,在文本框中输入这个新的属性值的转换方法：label ==
"Iris-setosa",在这个逻辑表达式中,等号左边是原有数据集中的类别属性名称,等号右边是其中的一个类别,该表达式将原来的类别 Iris-setosa 作为新的属性 label 的一个类别,取值为 true,其他的类别作为 false 类别。单击对话框中的 Apply 按钮回到 Process 窗格中,加入 Split Data 算子、Logistics Regression 算子以及性能评估相关的算子,保存该过程为 iris-logistic regression-split,如图 14.118 所示。

5. 支持向量机

支持向量机也只能处理两个类别的分类问题,可以如同逻辑回归一样处理多类别的分类问题,把 Logistic Regression 算子换为 Suport Vector Machine 算子即可。本节以数据集Golf 为例,说明如果含有非数值属性,对于只能处理数值型属性的模型,如 SVM 和逻辑回

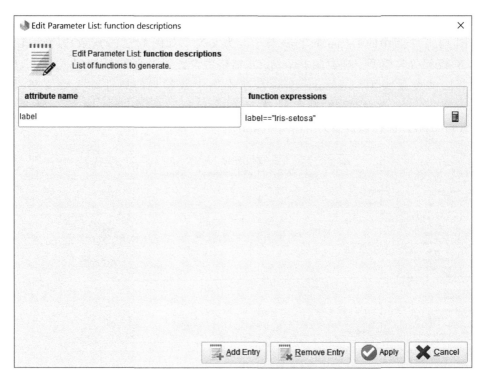

图 14.117　Generate Attribute 的参数设置

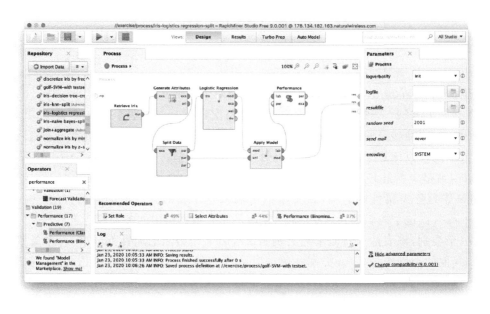

图 14.118　逻辑回归模型的过程：iris-logistic regression-split

归，应该如何处理。

数据集 Golf 是两分类数据集，每行代表某一天的天气情况，由四个属性描述，其中 humidity 和 temperature 属性是数值型的属性，outlook 和 wind 两个属性是非定性属性，类别为是否打高尔夫球,如表 14.8 所示。

表 14.8　Golf 数据集

outlook	temperature	humidity	wind	play
sunny	85.0	85.0	false	no
sunny	80.0	90.0	true	no
overcast	83.0	78.0	false	yes
rain	70.0	96.0	false	yes
rain	68.0	80.0	false	yes
rain	65.0	70.0	true	no
overcast	64.0	65.0	true	yes
sunny	72.0	95.0	false	no
sunny	69.0	70.0	false	yes
rain	75.0	80.0	false	yes
sunny	75.0	70.0	true	yes
overcast	72.0	90.0	true	yes
overcast	81.0	75.0	false	yes
rain	71.0	80.0	true	no

假设已经将训练集和测试集分别对应一个数据集: Golf 和 Golf Testset,将其分别放到 Process 窗格中,然后通过 Nominal to Numeric 算子将定性属性转化为数值型属性,转换的具体形式在 coding type 下拉列表框中选择,如选择 dummy coding,即将定性属性的每个取值都转化为一个属性,取值为 1 或 0。过程如图 14.119 所示,保存该过程为 golf-SVM-with testset。

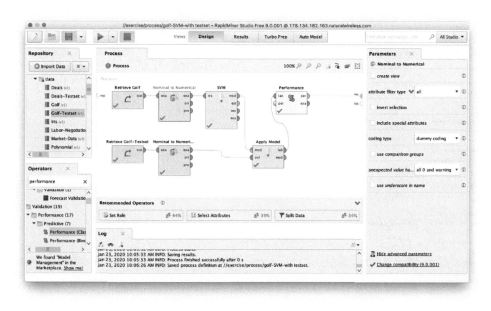

图 14.119　Golf 数据集的 SVM 模型构建: golf-SVM-with testset

运行该过程,模型的性能输出结果如图 14.120 所示。除了准确度(accurary)外,还可以选择查看查全率(precision)和查准率(recall)等性能指标。

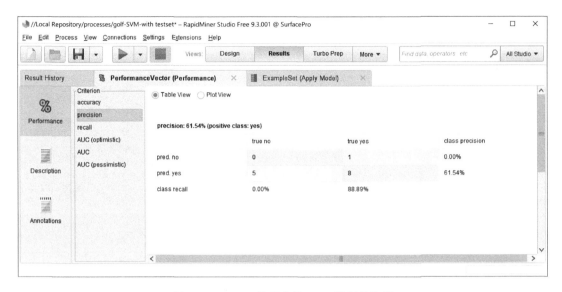

图 14.120　Golf 数据集的 SVM 模型的性能

　　对于多个类别的分类问题，除了利用 Generate Attributes 算子外，另一种方法是利用 Polynominal by Binominal Classification 算子，过程设计如图 14.121 所示。转换方式有四种，从 Parameters 窗格中 classification strategies 下拉列表框中选择，如选择 1 against all，保存过程为 iris-svm-polynominal by binominal classification。运行该过程，构建的模型如图 14.122 所示。

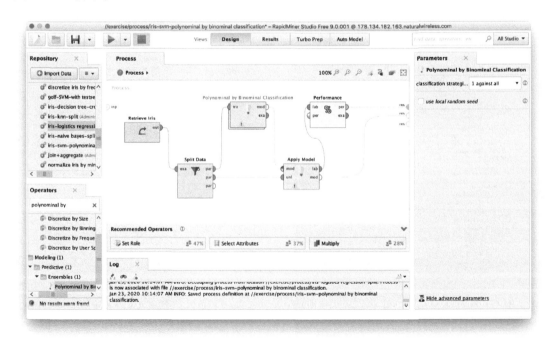

图 14.121　利用 Polynominal by Binominal Classification 算子处理多类别分类

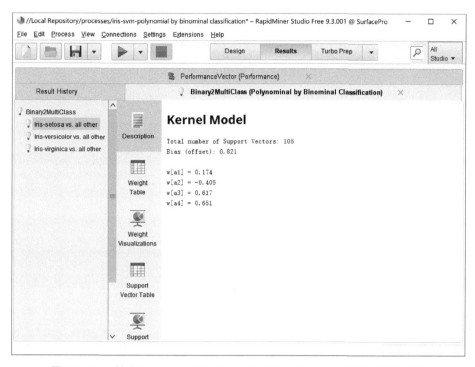

图 14.122　利用 Polynominal by Binominal Classification 构建的 SVM 模型

6. 多模型性能比较

针对同一个数据集,可以利用 ROC 曲线对多个模型的性能进行比较,算子为 Compare ROCs,它将输入的数据集进行交叉验证,在 Parameters 窗格中,在 number of folds 中输入折数,如 10 对应十折交叉验证,如图 14.123 所示。

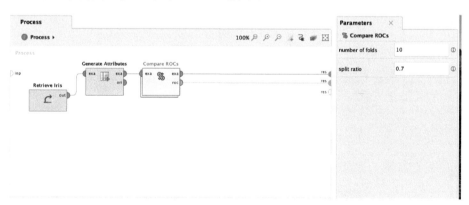

图 14.123　利用 Compare ROCs 算子比较多个模型的性能

如果选择 split ratio 的方式,则在 number of folds 中输入－1,然后在 split ratio 中输入训练集和测试集的分割比列。双击 Compare ROCs 算子,指定比较的分类模型,在本例中将 k-NN、Naive Bayes、Decision Tree 和 SVM 四个算子放到 Process 窗格中,如图 14.124 所示。

保存该过程为 iris-binary classification-compare ROC。执行该过程,将十折的结果进行平均,得到最终的 ROC 曲线,如图 14.125 所示。

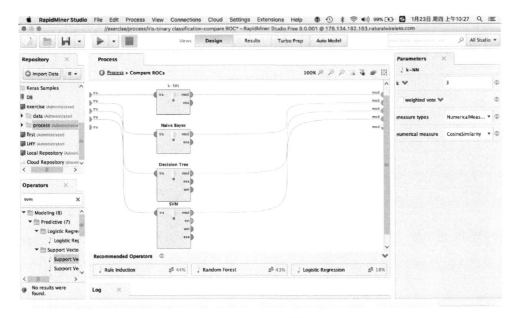

图 14.124　对比模型的设置

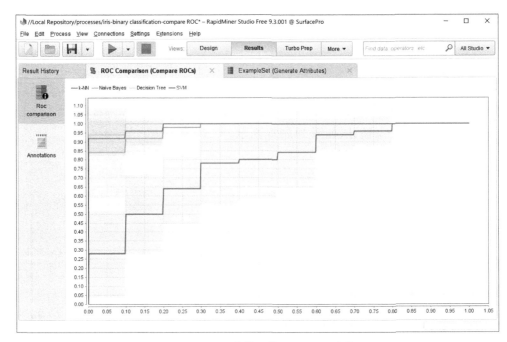

图 14.125　四个模型的 ROC 曲线比较

14.3.7　聚类

　　本节介绍常用的几类聚类模型的构建过程，具体包括 K 均值、层次聚类模型和基于密度的聚类模型 DBSCAN。以 Iris 数据集为例，利用除类别属性之外的四个属性对样本进行聚类。

1. *K* 均值

对 Iris 数据集利用 *K* 均值模型进行聚类，首先对 Iris 数据集利用 Normalize 算子进行规范化(细节请参见 14.3.2 节的内容)，利用的算子为 *K*-Means，如图 14.126 所示。在 Parameters 窗格中 k 文本框中输入簇的个数，本例中输入 3，因为有 3 个类别。在类别个数未知的情况下，可以尝试 *k* 的不同取值。如果选中 add cluster attribute 复选框则将在原数据集的基础上增加一个新的属性：cluster 的取值为簇的编号。保存该过程为 iris-k-means，执行该过程，聚类结果如图 14.127 所示。

图 14.126　*K* 均值聚类模型

Row No.	id	label	cluster	a1	a2	a3	a4
1	id_1	Iris-setosa	cluster_0	0.222	0.625	0.068	0.042
2	id_2	Iris-setosa	cluster_0	0.167	0.417	0.068	0.042
3	id_3	Iris-setosa	cluster_0	0.111	0.500	0.051	0.042
4	id_4	Iris-setosa	cluster_0	0.083	0.458	0.085	0.042
5	id_5	Iris-setosa	cluster_0	0.194	0.667	0.068	0.042
6	id_6	Iris-setosa	cluster_0	0.306	0.792	0.119	0.125
7	id_7	Iris-setosa	cluster_0	0.083	0.583	0.068	0.083
8	id_8	Iris-setosa	cluster_0	0.194	0.583	0.085	0.042
9	id_9	Iris-setosa	cluster_0	0.028	0.375	0.068	0.042
10	id_10	Iris-setosa	cluster_0	0.167	0.458	0.085	0
11	id_11	Iris-setosa	cluster_0	0.306	0.708	0.085	0.042
12	id_12	Iris-setosa	cluster_0	0.139	0.583	0.102	0.042
13	id_13	Iris-setosa	cluster_0	0.139	0.417	0.068	0
14	id_14	Iris-setosa	cluster_0	0	0.417	0.017	0
15	id_15	Iris-setosa	cluster_0	0.417	0.833	0.034	0.042
16	id_16	Iris-setosa	cluster_0	0.389	1	0.085	0.125

ExampleSet (150 examples, 3 special attributes, 4 regular attributes)

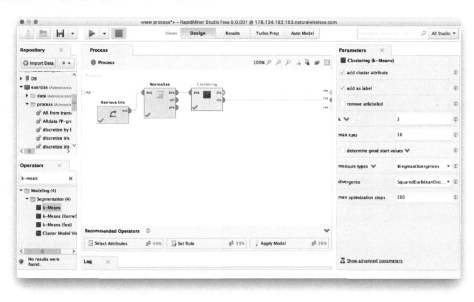

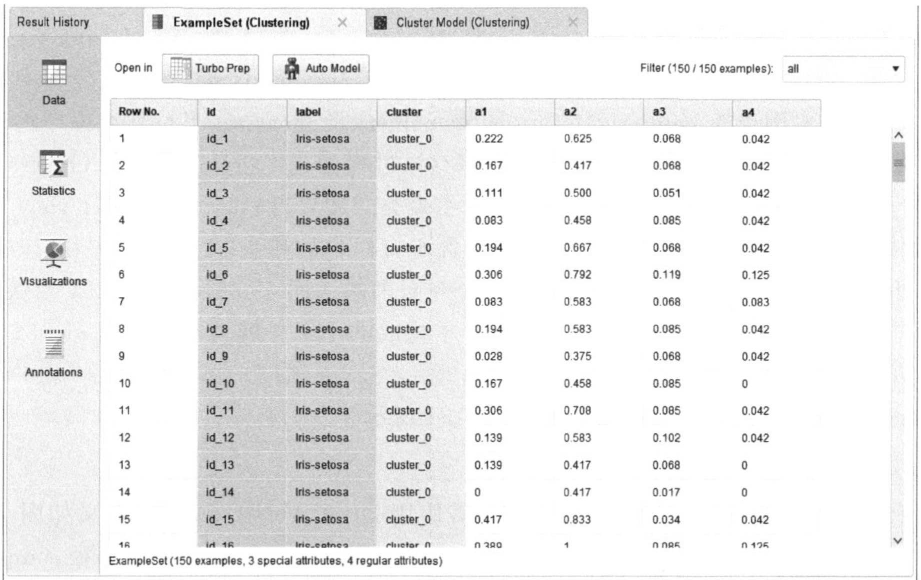

图 14.127　Iris 数据集 *K* 均值的聚类结果

可以可视化聚类的结果，单击图 14.127 左侧的 Visualization，设置横轴和纵轴的显示内容，图表类型为散点图（Scatter），如图 14.128 所示。从中可以看到只有 Iris-setosa 类别的样本被聚在了一类。

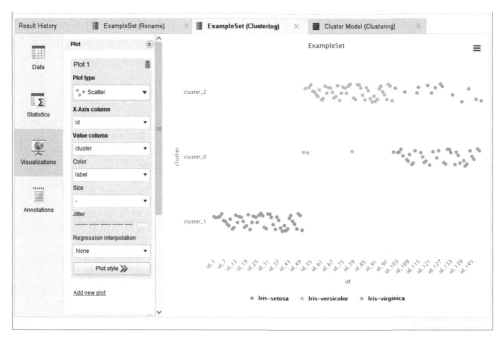

图 14.128　可视化聚类结果

2. 层次聚类模型

凝聚层次聚类是常用的层次聚类模型，对应的是 Agglomerative Clustering 算子，其过程的定义如图 14.129 所示。在右侧的 Parameters 窗格内，首先选择度量簇之间相似度的方法，即在 mode 下拉列表框中选择三种方式之一：单链接（SingleLink）、全链接（CompleteLink）和平均距离（AverageLink）。然后在 measure types 下拉列表框中选择相似度度量类型，本例选择 NumericMeasures，在 nemerical measure 下拉列表框中选取相似度的度量，如欧氏距离（EuclideanDistance），保存该过程为 iris-agglomerative clustering。

执行该过程，可以通过几种不同的方式展示聚类的结果，例如，通过 folder view 的形式显示，如图 14.130 所示。从图中可以看到包含所有样本的簇为 298 号簇，是由 297 号（50 个样本组成）和 296 号簇（100 个样本组成）合并而来的。而 296 号簇是由 295 号簇和 272 号簇合并而来，272 号簇由编号为 id_118 的样本构成的 117 号簇与由编号为 id_132 的 131 号簇合并而来。

Dendrogram 图展示的聚类结果如图 14.131 所示。

3. 基于密度的聚类模型 DBSCAN

要利用基于密度的聚类模型 DBSCAN，需使用 DBSCAN 算子，过程定义如图 14.132 所示。该算子的主要参数包括两个：epsilon 和 min points，epsilon 指的是半径，min points 指的是半径区域内点的个数的最小值，即密度阈值。在本例中，epsilon—0.1，min points＝

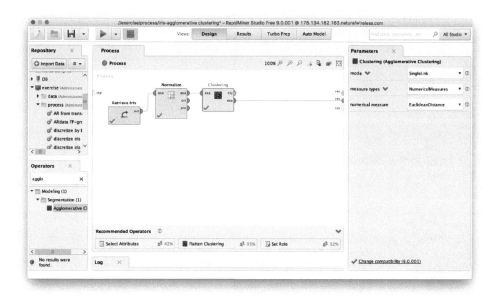

图 14.129　凝聚聚类的过程定义

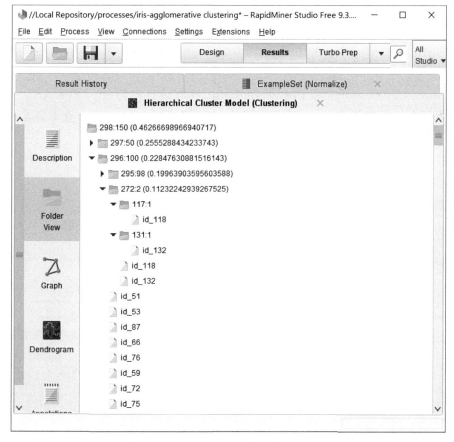

图 14.130　folder view 显示的聚类结果

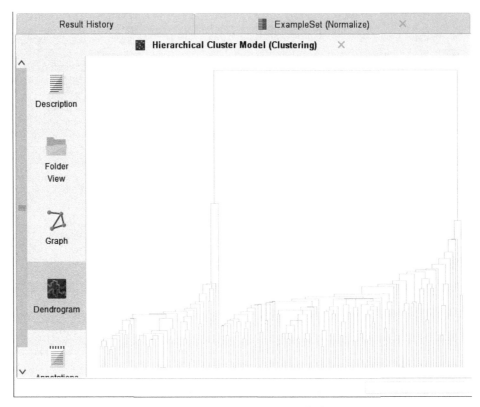

图 14.131　Dendrogram 图展示的聚类结果

20.选择 numerical measures 和 CosineSimilarity,保存该过程为 iris-DBSCAN。执行该过程,可视化聚类结果如图 14.133 所示。同时,也可以通过 folder view 查看各个样本所属的簇。

图 14.132　DBSCAN 模型的过程定义

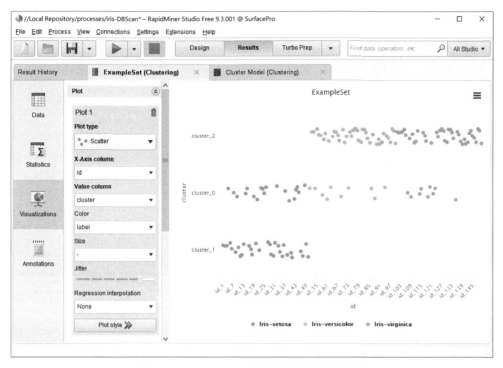

图 14.133　DBSCAN 模型的可视化聚类结果

14.3.8　推荐系统

1. 安装 Recommender Extension

要利用 RapidMiner 实现个性化推荐，需要安装推荐模块扩展包 Recommender Extension。为此，单击 Extensions 菜单，选择 Marketplace(Updates and Extensions)命令，出现 RapidMiner Marketplace 对话框。在搜索文本框中输入 recommender，选择 Recommender Extension 5.1.2，选中 Select for installation 复选框，如图 14.134 所示。单击 Install 1 packages 按钮，出现 Confirm License 对话框，选中 I accept the terms of all license agreements 复选框，如图 14.135 所示，再次单击 Install 1 packages 按钮，安装完毕，按照提示重新启动 RapidMiner 即可。

以基于显式反馈的推荐任务为例，给定用户对物品的打分矩阵，将其分为两部分：一部分用于训练模型，存储在文件 user-item-rating table.xlsx 中。如表 14.9 所示；另一部分作为测试，存储在 user-item-rating test.xlsx 文件中，结构与表 14.9 相同。

通过 Import Data 将文件 user-item-rating table.xlsx 导入 RapidMiner，导入过程中，单击属性 user 右边的向下箭头，选择 Change Role，出现如图 14.136 所示的对话框，输入 user identification，同样将属性 item 的角色设为 item identification，将 rating 的角色改为 label。将其保存到 Local Repository 下的 data 下，名字为 user-item-rating table。按照同样的过程，将文件 user-item-rating test.xlsx 导入 RapidMiner 系统，保存为 user-item-rating test，作为测试集。

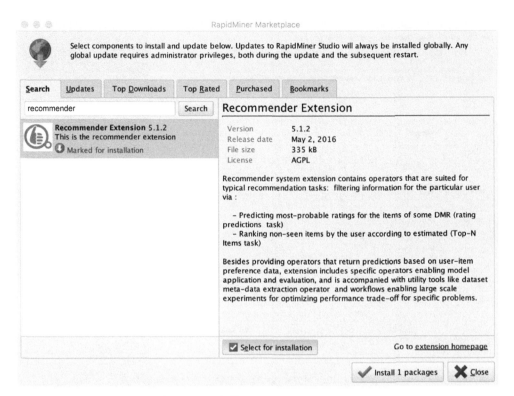

图 14.134　查找 Recommender Extension

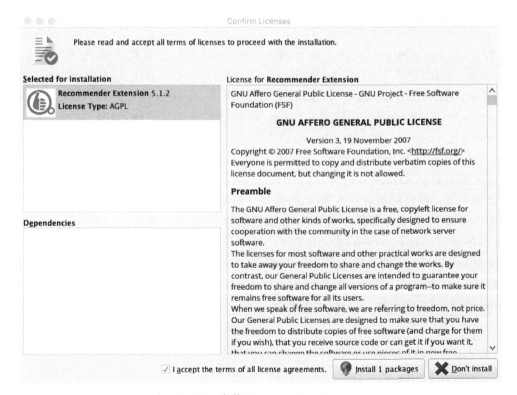

图 14.135　安装 Recommender Extension

表 14.9 user-item-rating table.xlsx

user	item	rating
u1	i1	1
u1	i2	2
u1	i3	2
u1	i5	3
u2	i1	2
u2	i3	3
u2	i4	2
u2	i5	5
u3	i1	3
u3	i2	4
u3	i4	5
u3	i5	1
u3	i6	2
u4	i1	2
u4	i2	3
u4	i3	4
u4	i5	2
u4	i6	1

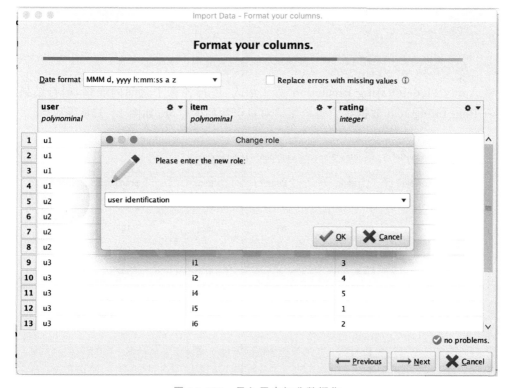

图 14.136 导入用户打分数据集

2．利用基于用户的协同过滤（user based collaborative filtering）进行评分预测

将 user-item-rating table 和 user-item-rating test 拖入过程的设计窗口中，在 Operator 的搜索文本框中输入 user k-NN，将 Collaborative Filtering Rating Prediction 下的 User k-NN 算子拖入设计窗口中，设置参数，如图 14.137 所示，其中，k 是邻居个数，Min Rating 是打分的最小值，Range 是范围，如果打分为 1～5，则最小值为 1，Range 为 4。相似度计算方法 Correlation mode 选择 cosine。保存该过程为 recommendation user CF。

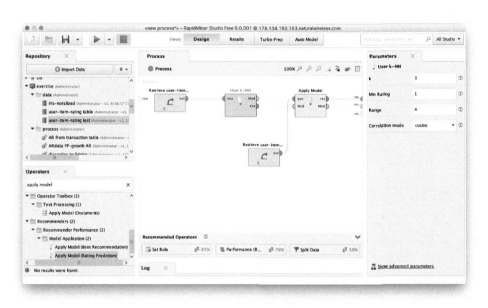

图 14.137　基于用户的协同过滤的过程设计

将 Apply Model(Rating Prediction)算子加入，进行各算子之间的连接，运行结果将给出 user-item-rating test 数据集中每个用户对每个物品的打分，如图 14.138 所示。

ExampleSet (6 examples, 3 special attributes, 1 regular attribute)

Row No.	rating	user	item	prediction
1	1	u1	i4	2.036
2	3	u1	i6	3.198
3	3	u2	i2	3.180
4	3	u2	i6	3.107
5	2	u3	i3	3.456
6	2	u4	i4	1.897

图 14.138　基于用户的协同过滤在测试集上的结果

如果要输出预测的误差指标，在此过程中加入算子 Performance (Rating Prediction)，如图 14.139 所示，保存该过程为 recommendation user CF performance。运行结果如

图 14.140 所示。其中 NMAE 为规范化的 MAE(normalized mean absolute error)，等于 MAE 再除以打分值的最大和最小之差，即 $\text{NMAE} - = \text{MAE}/[\max(\text{rating}) - \min(\text{rating})]$。

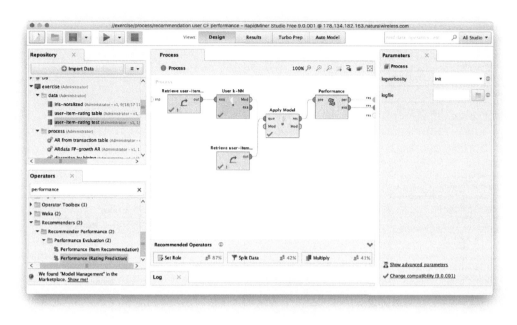

图 14.139　包含性能测试的基于用户的协同过滤的过程设计

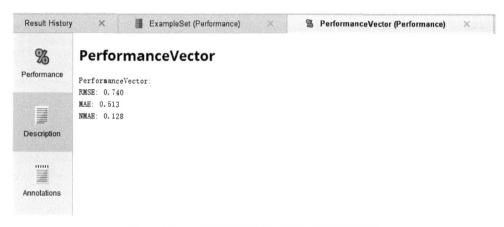

图 14.140　基于用户的协同过滤的性能测试结果

3. 利用基于物品的协同过滤进行打分预测

利用基于物品的协同过滤模型进行打分预测的过程创建过程，与利用用户的协同过滤的方法相同，只需要将 User k-NN 算子改为 Collaborative Filtering Rating Prediction 下的 Item k-NN 即可，最终的过程如图 14.141 所示。

4. 利用矩阵分解进行打分预测

将 User k-NN 算子改为 Collaborative Filtering Rating Prediction 下的 Matrix Factorization 算子就可以利用矩阵分解模型进行打分预测，最终的过程如图 14.142 所示。

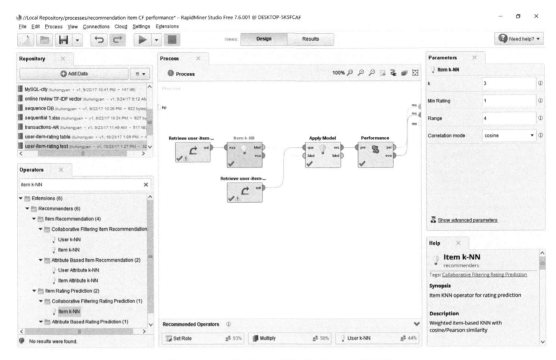

图 14.141 基于物品的协同过滤的过程设计

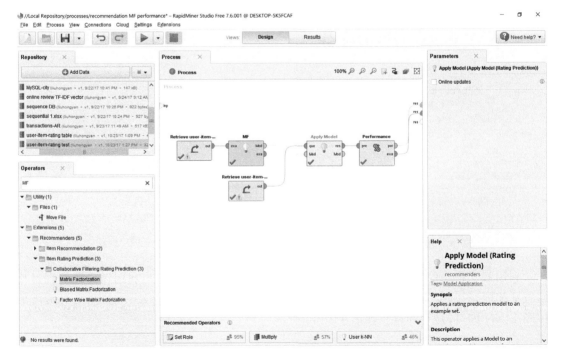

图 14.142 基于矩阵分解进行打分预测的过程设计

练习题 14

1. 常用的开源数据挖掘软件有哪些？
2. Weka 有哪几种使用方式？
3. 知名的商务智能供应商有哪些？
4. 选择一个 UCI 数据集，将其导入 RapidMiner 中，查看数据集的信息。

第五部分

商务智能深度应用与发展

第15章
复杂数据的商务智能分析方法

商务智能不仅能够分析结构化数据和文本数据,还能够处理其他复杂类型的数据,例如,序列数据、复杂网络、数据流以及多关系数据等。本章介绍针对这些复杂数据的主要分析方法。

15.1 序列模式挖掘

关联规则发现的是一次购物中所购物品之间的关联,序列模式则是分析购物序列中物品之间的关联。例如,"买了计算机后一段时间内顾客会购买打印机",这表达了先后两次购买的物品之间的关联。

序列模式挖掘算法主要有 AprioriAll、AprioriSome、GSP、SPADE、LAPIN-SPAM、FreeSpan 和 PrefixSpan 等。另外,还有用来发现频繁闭合序列的算法,如 CloSpan。下面首先介绍序列模式的相关概念以及挖掘任务,然后介绍挖掘算法 SPADE。

15.1.1 序列模式的定义

序列模式是从序列数据库中挖掘出的一种有序模式,在给出序列模式的定义之前,先定义序列及序列数据库等概念。

定义 15.1 一个**序列**(Sequence) s 是若干个项集的有序列表,表示为 $s=\langle s_1 s_2 \cdots s_j \cdots s_n \rangle$,其中 s_j 是一个项集。s_j 又称为序列 s 的一个元素(element),表示为 $(x_1 x_2 \cdots x_j \cdots x_m)$,其中 x_j 是一个项。当一个元素只包含一个项时,小括号可省略。一个序列中所包含的所有项的个数称为序列的长度,含有 k 个项的序列称为 k-序列。

为了便于描述,对 s 中的每个元素按顺序进行编号,元素的编号称为**元素号**(element ID,EID)。若序列 s 的一个元素包含某项集,则称该项集出现在这个元素中。一个项在序列的一个元素中只能出现一次,但可以出现在序列的多个元素中。不失一般性,如果每个项都用字母表示,一个元素中的项按照字典顺序排列。

定义 15.2 已知序列 $s_a=\langle a_1 a_2 \cdots a_n \rangle$,序列 $s_b=\langle b_1 b_2 \cdots b_m \rangle$,$m \geqslant n$,若存在整数 $i_1 < i_2 < \cdots < i_n$ 使得 $a_1 \subseteq b_{i1}, a_2 \subseteq b_{i2}, \cdots, a_n \subseteq b_{in}$,则称 s_b 包含 s_a,或 s_a 被 s_b 包含,记为 $s_a \subseteq s_b$(若 $s_a \neq s_b$,记为 $s_a \subset s_b$),称 s_a 为 s_b 的**子序列**,s_b 称为 s_a 的**超序列**。

例如,$<a(ac)(ad)e>$ 是一个 6-序列。$\langle a \rangle$、$\langle ac \rangle$ 都是序列 $\langle a(ac)(ad)e \rangle$ 的子序列,但 $\langle a(cd) \rangle$ 不是。

定义 15.3 已知序列 $s_a=\langle a_1 a_2 \cdots a_n \rangle$,序列 $s_b=\langle b_1 b_2 \cdots b_m \rangle$,$n \leqslant m$。$s_a$ 称为 s_b 的前缀序列(或简称前缀),当且仅当:(1)S_a 的前 $n-1$ 个元素分别与 S_a 的前 $n-1$ 个元素对应相等,即对于任意 $i \leqslant n-1$,都有 $a_i=b_i$;(2)$a_n \subseteq b_n$;(3)按字母顺序,集合 (b_n-a_n) 中的所

有项都在 a_n 中的所有项之后。若 s_a 是 s_b 的前缀，则 $\beta=\langle b_n' b_{n+1} \cdots b_m\rangle$ 称为 s_b 相对于前缀 s_a 的后缀序列（或简称后缀），其中 $b_n' = b_n - a_n$。

例如，$\langle a\rangle$、$\langle aa\rangle$、$\langle a(ac)\rangle$ 都是序列 $\langle a(ac)(ad)e\rangle$ 的前缀，但 $\langle ac\rangle$ 和 $\langle a(ad)\rangle$ 则不是。$\langle (ad)e\rangle$ 是序列 $\langle a(ac)(ad)e\rangle$ 相对于前缀 $\langle a(ac)\rangle$ 的后缀，$\langle (\_c)(ad)e\rangle$ 是序列 $\langle a(ac)(ad)e\rangle$ 相对于前缀 $\langle aa\rangle$ 的后缀，其中"_"表示 c 和前缀 $\langle aa\rangle$ 的最后一个项 a 处在序列 $\langle a(ac)(ad)e\rangle$ 的同一个元素中。

定义 15.4　一个**序列数据库** SD 由若干个序列构成，每个序列有一个唯一的**序列号** SID(sequence ID)。给定一个序列模式 α，如果它是序列数据库 SD 中某序列 s 的子序列，则称 α 出现在 s 中。

定义 15.5　给定序列数据库 SD，一个序列 α（又称序列模式）的支持度，记为 $\sup(\alpha)$，是指 SD 中所有包含 α 的序列的个数。若 α 的支持度不小于用户指定的最小支持度，则称 α 是一个**频繁序列**(frequent sequence)。若 SD 中不存在任何与 α 有相同支持度的 α 的超序列，则称 α 是一个**闭合序列**(closed sequence)。若 α 既是频繁序列也是闭合序列，则称 α 为一个**频繁闭合序列**。

给定序列数据库 SD 以及最小支持度 minsup，序列模式挖掘问题就是要找到 SD 中的所有满足最小支持度的频繁序列。

已知一个序列数据库 SD，如表 15.1 所示。SD 由 3 个序列构成，SD 中共有 5 个项，为 a、b、c、d 和 e。第 1 个序列有 4 个元素，分别为 (a)、(bc)、(b) 和 (dc)，EID 分别为 $1\sim4$。设最小支持度 minsup $=2$。

表 15.1　序列数据库的例子

SID	序　　列	SID	序　　列
1	$\langle a(bc)b(cd)\rangle$	3	$\langle (cd)eac\rangle$
2	$\langle a(bcd)b\rangle$		

序列 $\langle a(bc)\rangle$ 出现在第 1 个和第 2 个序列中，则 $\sup(\langle a(bc)\rangle)=2$，满足 minsup，所以该序列模式是频繁的。但由于在第 1 个和第 2 个序列中，还包含序列模式 $\langle a(bc)b\rangle$，它是 $\langle a(bc)\rangle$ 的超序列，且支持度也是 2，因此序列模式 $\langle a(bc)\rangle$ 不是一个闭合序列。

序列数据库可以应用于各种背景。应用于零售行业时，数据库中的一个序列对应一个顾客在一段时间内的多次购物信息，每次购物所购物品构成一个序列的一个元素。例如，表 15.2 是一个交易数据库，记录的是部分顾客在一周内所购酒水的信息。其中第一列是顾客的姓名，根据此数据库内容，可以将其转换为表 15.3 所示的序列数据库，其中，c 代表可乐，j 代表果汁，b 代表啤酒，m 代表矿泉水，w 代表葡萄酒，d 代表白酒。

表 15.2　顾客购物交易数据库

刘斌	2012.7.12,9:12 am	可乐,果汁
	2012.7.18,10:45 am	啤酒
	2012.7.23,9:22 am	矿泉水,葡萄酒
张静	2012.7.20,11:22 am	白酒

王乐	2012.7.17,12:32 pm	啤酒
	2012.7.20,5:10 pm	葡萄酒,可乐
	2012.7.26,5:03 pm	白酒
李国庆	2012.7.21,4:16 pm	啤酒,果汁,矿泉水
赵丽	2012.7.22,5:37 pm	啤酒
	2012.7.25,11:34 am	白酒,果汁

表 15.3　购物序列数据库

SID	序　列	SID	序　列
1	$\langle(cj)b(mw)\rangle$	4	$\langle(bjm)\rangle$
2	$\langle d\rangle$	5	$\langle b(dj)\rangle$
3	$\langle b(cw)d\rangle$		

15.1.2　序列模式挖掘算法

序列模式挖掘算法 SPADE 由 Mohammed J. Zaki 于 2001 年提出。与许多频繁项集的挖掘算法一样,它利用了支持度的反单调特性,即一个频繁序列模式的任意一个子序列也一定是频繁的,或者反过来说,一个非频繁序列模式的任意一个超序列一定是非频繁的。

SPADE 算法将序列数据库中的序列进行变换,改为用序列号和元素号来表示每个项,这种表达方式称为**纵向 ID 列表**。对于表 15.1 中的序列数据库,对应的纵向 ID 列表如表 15.4 所示。采用这种表示方式便于对这些 ID 列表进行简单的顺序连接(temporal join),以组合成序列。它还通过格理论(lattice theory)的方法,将搜索空间不断缩小,加快挖掘速度。下面以表 15.4 为例,说明利用该算法通过 4 个步骤发现序列模式的过程。

表 15.4　纵向 ID 列表

a (SID,EID)	b (SID,EID)	c (SID,EID)	d (SID,EID)	e (SID,EID)
1,1	1,2	1,2	1,4	3,2
2,1	**1,3**	1,4	2,2	
3,3	2,2	2,2	3,1	
	2,3	3,1		
		3,4		

该算法的第 1 步是将序列数据库 SD 转化为纵向 ID 列表,如表 15.4 所示。在该表中,每个项各对应一个 ID 列表,ID 列表中每一行的内容为(SID,EID),SID 是序列号,EID 是元素号,表示该项出现在编号为 SID 的数据序列的编号为 EID 的元素中。例如,表 15.4 中第(1,3)表示项 b 出现在第 1 个数据序列的第 3 个元素中。每个项的 ID 列表中取值不同的序列号的个数就是该项的支持度,因此通过遍历一遍纵向 ID 列表就可以找到所有的频繁1-序列。假设 minsup=2,则除了项 e 外,其他项均为频繁 1-序列。

第 2 步的目的是找到所有的频繁 2-序列。如果直接对第 1 步找到的频繁 1-序列进行配对组合,假设频繁 1-序列的个数为 N,那么需要计算 N^2 种组合,为了避免这种低效率的方式,SPADE 采取的做法是把每个频繁项的 ID 列表扫描进内存,然后对其进行纵向到横向的转换(如表 15.5 所示),使得只有当两个项拥有相同的 SID 时才会被配对组合。在此例中可以得到的候选 2-序列包括 $\langle ab \rangle$、$\langle ac \rangle$、$\langle ad \rangle$、$\langle bb \rangle$、$\langle bd \rangle$、$\langle cb \rangle$、$\langle cd \rangle$、$\langle cc \rangle$、$\langle ca \rangle$、$\langle db \rangle$、$\langle (bc) \rangle$、$\langle (cd) \rangle$、$\langle (bd) \rangle$。通过对数据库遍历,计算这些候选 2-序列的支持度后,就得到了所有的频繁 2-序列:$\langle ab \rangle$、$\langle ac \rangle$、$\langle ad \rangle$、$\langle bb \rangle$、$\langle cc \rangle$、$\langle cb \rangle$、$\langle (bc) \rangle$、$\langle (cd) \rangle$。以 $\langle ab \rangle$ 为例,其 ID 列表为 $(1,2)$、$(1,3)$、$(2,2)$、$(2,3)$,其中每对编号表示的是序列中最后一个项的在序列数据库中的位置,如 $(1,2)$ 表示项 b 出现在序列 1 中的第 2 个元素的位置。

表 15.5　纵向到横向转换

SID	（项，EID）
1	$(a,1)$ $(b,2)$ $(b,3)$ $(c,2)$ $(c,4)$ $(d,4)$
2	$(a,1)$ $(b,2)$ $(b,3)$ $(c,2)$ $(d,2)$
3	$(a,3)$ $(c,1)$ $(c,4)$ $(d,1)$

第 3 步是分解。把所有的频繁 2-序列,根据其长度为 1 的前缀序列,前缀序列相同的序列作为一类,这样分解为不同的类,在本例中是 3 类:前缀为 $\langle a \rangle$ 的一类包括 $\langle ab \rangle$、$\langle ac \rangle$、$\langle ad \rangle$;前缀为 $\langle b \rangle$ 的一类包括 $\langle bb \rangle$ 和 $\langle (bc) \rangle$;前缀为 $\langle c \rangle$ 的一类包括 $\langle cc \rangle$、$\langle cb \rangle$ 和 $\langle (cd) \rangle$。

第 4 步是对每个类中的频繁序列的组合进行穷举。对于每两个拥有相同的长度为 $(k-1)$ 的前缀的频繁 k-序列(包括自己与自己),进行顺序连接。每次顺序连接最多可产生 3 类 $(k+1)$-序列以及这些序列的 ID 列表。如图 15.1 所示,序列 $\langle ab \rangle$ 和 $\langle ac \rangle$ 的顺序连接产生了 3 个候选的 3-序列:$\langle abc \rangle$、$\langle acb \rangle$、$\langle a(bc) \rangle$,其中 $\langle abc \rangle$ 非频繁。序列 $\langle ab \rangle$ 和 $\langle ab \rangle$ 的顺序连接产生的是 $\langle abb \rangle$,其 ID 列表包括 $(1,3)$ 和 $(2,3)$。

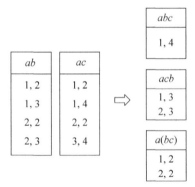

图 15.1　对 $\langle ab \rangle$ 和 $\langle ac \rangle$ 进行顺序连接

在计算完这些 $(k+1)$-序列的支持度后,拥有相同的长度为 k 的前缀的频繁 $(k+1)$-序列构成新的子类,这些子类会进一步被穷举,这一递归过程一直持续,直到所有的频繁序列都被穷举出来。

SPADE 与其他算法相比,具有以下优势:① 对 ID 列表进行顺序连接比较简单快捷,而且随着频繁序列的长度增长,ID 列表的规模会减小;② 通过分解操作,产生候选序列这一代价较大的过程被限制在较小的子类中;③ 由于只有 3 次对数据库的遍历,输入输出的代价较低。尽管如此,SPADE 仍然需要产生相当数量的候选序列,尤其是在序列数据库规模很大、序列模式可能很长的情况下。

15.2　社会网络分析

人类社会中个人或组织之间存在各种各样的社会关系,由个人或组织及其之间的关系构成的网络称为社会网络(social network)。社会网络分析(social network analysis)是对社会网络的结构和属性进行分析,以发现其中的局部或全局特点、有影响力的个人或组织以及网络的动态变化规律等。随着计算机网络、Web的发展以及近年来社会媒体的流行，社会网络分析自20世纪90年代以来得到了广泛的关注、研究和发展。

社会网络分析是一个多学科交叉研究领域，涉及社会学、计算机、心理学、经济、数学等多种学科。不同学科从不同角度对社会网络进行分析。本节重点介绍中心度分析以及链接分析技术，子群分析、结点相似性分析以及结构等价性分析等也都属于社会网络分析范畴。

15.2.1　中心度分析

社会网络中结点中心性或影响力的度量具有重要的作用，中心度分析可以用于识别网络中重要的个体或组织。社会网络中心度度量有很多，典型的包括基于度中心度（degree centrality）度量、中间中心度（betweenness centrality）、接近中心度（closeness centrality）以及特征向量中心度（eigenvector centrality）等。

社会网络通常利用图$G(V,E)$表示，其中V是结点的集合，每个结点代表一个用户，可以是个体或组织；E是边的集合，每条连接两个结点的边，表达了两个用户之间的某种关系，例如关注关系、亲属关系、合作关系等。

图15.2是一个社会网络有向图的示例，图中结点代表用户，边代表用户之间的关注关系，其中$V=\{v_a,v_b,v_c,v_d,v_e\}$，$E=\{(v_a,v_b),(v_a,v_d),(v_b,v_c),(v_b,v_d),(v_b,v_e),(v_e,v_c)\}$。

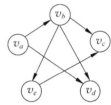

度中心度度量根据结点的度来衡量结点的重要性，一个结点如果与很多其他结点有关系，某种程度上说明它重要。无向图中一个结点k的度中心度记为$\mathrm{DC}(k)$，等于一个结点的度，即$\mathrm{DC}(k)=\deg(k)$；有向图中一个结点k的度中心度，可以定义为入度中心度和出度中心度，例如，图15.2中，结点v_b的入度中心度为1，出度中心度为3。

图15.2　社会网络有向图示例

中间中心度衡量一个用户在一个网络中对于最大化信息传播的重要性。中间中心度高的用户往往起到信息传播桥梁的作用。一个结点k的中间中心度记为$\mathrm{BC}(k)$，计算公式如下：

$$\mathrm{BC}(k)=\sum_{i\in V}\sum_{j\in V}\frac{\rho(i,k,j)}{\rho(i,j)},\quad i\neq j\neq k \tag{15.1}$$

其中，i和j是图中不同于结点k的任意两个结点；$\rho(i,k,j)$指的是从结点i到结点j的最短路径中经过结点k的路径个数，而$\rho(i,j)$指的是从结点i到结点j的最短路径个数。两者的比例反映了信息从i到j的传播过程中k的重要性，遍历所有不同的结点对将此比例加和即为一个结点的中间中心度。例如，图15.2中，计算结点v_b的中间中心度时，任意两点之间的最短路径包括v_av_b、v_av_d、$v_av_bv_c$、$v_av_bv_e$、v_bv_c、v_bv_d、v_bv_e、v_ev_c。因此，$\rho(v_a,v_c)=1$、$\rho(v_a,v_b,v_c)=1$、$\rho(v_a,v_d)=1$、$\rho(v_a,v_b,v_d)=0$、$\rho(v_a,v_e)=1$、$\rho(v_a,v_b,v_e)=1$、$\rho(v_e,v_c)=1$、$\rho(v_e,v_b,v_c)=0$。所以$\mathrm{BC}(v_b)=2$。

接近中心度度量的是一个结点与图中其他结点的联系紧密程度，衡量的是信息从一个结点向其他结点的传播速度。它是通过最短路径的长度来衡量的，一个接近中心度高的结点与其他结点最短路径的长度较短。一个结点k的接近中心度记为$\mathrm{CC}(k)$，对于无向图其计算公式如下：

$$CC(k) = \frac{n-1}{\sum\limits_{\forall j \in V, j \neq k} d(k,j)} \tag{15.2}$$

其中，j 是图中不同于结点 k 的任结点，$n = |V|$，是图中结点个数；$d(k,j)$ 指的是从结点 k 到结点 j 的最短路径的长度（即路径中边的个数）。例如，从 v_b 到 v_c 的最短路径是 $v_b v_c$，长度为1。

对于有向图，一个结点到另一个结点之间可能不存在最短路径，此时可以采用公式 $CC(k) = \sum\limits_{j \in V, j \neq k} 2^{-d(k,j)}$ 计算，当结点 k 到结点 j 不可达时，$d(k,j) = \infty$。图 15.2 中，$CC(v_b) = 1.5$。

特征向量中心度 与前几个度量不同，特征向量中心度将一个结点的邻居的重要性考虑在内。它将图的邻接矩阵的最大特征根对应的特征向量中的每个值作为对应结点的重要性度量，即存在一个非零向量 x 使得

$$\begin{array}{c}
\quad\quad v_a\ v_b\ v_c\ v_d\ v_e \\
\begin{array}{c} v_a \\ v_b \\ v_c \\ v_d \\ v_e \end{array}
\left[\begin{array}{ccccc}
0 & 1 & 0 & 1 & 0 \\
0 & 0 & 1 & 1 & 1 \\
0 & 0 & 0 & 0 & 0 \\
0 & 0 & 0 & 0 & 0 \\
0 & 0 & 1 & 0 & 0
\end{array} \right]
\end{array}$$

图 15.3　邻接矩阵

$$Ax = \lambda x \tag{15.3}$$

其中，A 是图 G 的邻接矩阵（如图 15.3 所示），λ 是 A 的特征根。为了使特征向量中心度的值非负，选取最大的特征根对应的向量中的值作为相应结点的中心度度量。

15.2.2　链接分析

PageRank 可以看作是特征向量中心度的一个变体，它由 Google 公司创始人 Sergey Brin 和 Lawrence Page 提出，用于衡量 Web 页面的权威性，改进基于内容的信息搜索技术。它也可以用于分析社会网络中个体或组织的重要性。它基于以下 3 点假设：

（1）如果一个页面被很多其他页面所指向，则这个页面可能是重要的。

（2）如果一个页面被重要的页面所指向，则这个页面可能是重要的。

（3）一个页面的重要性均分传播到它指向的页面中。

给定图 $G(V,E)$，$|V| = n$，设 M 是该图转移矩阵 T 的转置矩阵，M_{kj} 即 M 中第 k 行第 j 列的元素的取值分为两种情况：若结点 j 和 k 之间存在 j 指向 k 的边，则 $M_{kj} = 1/|O(j)|$，其中 $|O(j)|$ 代表结点 j 的出度；若两个结点之间不存在这种边，则 $M_{kj} = 0$。$R(j)$ 代表结点 j 的权威度。根据这 3 点假设，任一个点的权威度可以如下计算：

$$R(j) = \sum_{k \in I(j)} \frac{R(k)}{|O(k)|} \tag{15.4}$$

从上式中可以看到，权威度的定义是递归的，因此可以进行迭代计算，计算公式如下：

$$R_i(j) = \sum_{k \in I(j)} \frac{R_{i-1}(k)}{|O(k)|} \tag{15.5}$$

初始情况下，每个结点的权威度为 $1/n$，即 $R_0(j) = 1/n$。

相应地，设 R 代表权威度列矢量，可以利用矩阵运算如下：

$$R_i = M \times R_{i-1} \tag{15.6}$$

以图 15.4 中所示的图为例，其转移矩阵如图 15.5 所示。

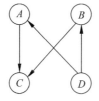

$$\boldsymbol{M} = \begin{array}{c} \\ A \\ B \\ C \\ D \end{array} \begin{bmatrix} A & B & C & D \\ 0 & 0 & 0 & \frac{1}{2} \\ 0 & 0 & 0 & \frac{1}{2} \\ 1 & 1 & 0 & 0 \\ 0 & 0 & 0 & 0 \end{bmatrix}$$

图 15.4　图 G 示例　　　　　图 15.5　图 G 的转移矩阵 $\boldsymbol{M}$

为了使此迭代计算收敛，矩阵 $\boldsymbol{M}$ 必须满足非周期(aperiodic)、不可约(irreducible)两个性质。其中非周期是可以满足的，不可约要求 G 是一个强连通图，即任意两点之间都是可达的，这对于 Web 链接构成的图来说是不满足的。为此，为每个结点增加 n 条边，指向图中每个结点，包括它自己，此图称为 G^*。这样，对于 $\boldsymbol{M}$ 矩阵中的任一列 j，若结点 j 原来没有指向任何结点，即没有出边，则此列中的每个元素变为 $1/n$；否则，对于结点 j 指向的任一个结点 k，原来的值 $1/|O(j)|$ 变为 $c \times 1/|O(j)| + (1-c) \times 1/n$，其中 c 的取值为 $0 \sim 1$ 的实数。改变后的矩阵由 $\boldsymbol{M}^*$ 代表，则计算公式如下：

$$\boldsymbol{R}_i = \boldsymbol{M}^* \times \boldsymbol{R}_{i-1} \tag{15.7}$$

以图 15.4 中所示的图为例，假设 $c = 0.8$，其调整后的转移矩阵 $\boldsymbol{M}^*$ 如图 15.6 所示。

$\boldsymbol{M}$ 由 $\boldsymbol{M}^*$ 代替后，计算是收敛的。$\boldsymbol{M}$ 和 $\boldsymbol{M}^*$ 都是 $n \times n$ 的方阵。假设 $\boldsymbol{Z}$ 和 $\boldsymbol{U}$ 是 $n \times n$ 的方阵，其中，对于 $\boldsymbol{Z}$ 的第 j 列，若结点 j 在 G 中没有指向任何结点，即没有出边，则此列中的每个元素为 $1/n$；否则，此列中的任何值为 0。矩阵 $\boldsymbol{U}$ 中任何一个元素的值均为 $1/n$。以图 15.4 为例，矩阵 $\boldsymbol{Z}$ 和 $\boldsymbol{U}$ 如图 15.7 所示。

$$\boldsymbol{M}^* = \begin{array}{c} A \\ B \\ C \\ D \end{array} \begin{bmatrix} A & B & C & D \\ 0.05 & 0.05 & 0.25 & 0.45 \\ 0.05 & 0.05 & 0.25 & 0.45 \\ 0.85 & 0.85 & 0.25 & 0.05 \\ 0.05 & 0.05 & 0.25 & 0.05 \end{bmatrix}$$

$$\boldsymbol{Z} = \begin{bmatrix} 0 & 0 & 0.25 & 0 \\ 0 & 0 & 0.25 & 0 \\ 0 & 0 & 0.25 & 0 \\ 0 & 0 & 0.25 & 0 \end{bmatrix} \quad \boldsymbol{U} = \begin{bmatrix} 0.25 & 0.25 & 0.25 & 0.25 \\ 0.25 & 0.25 & 0.25 & 0.25 \\ 0.25 & 0.25 & 0.25 & 0.25 \\ 0.25 & 0.25 & 0.25 & 0.25 \end{bmatrix}$$

图 15.6　图 G 的调整后转移矩阵 $\boldsymbol{M}^*$　　　　　图 15.7　矩阵 $\boldsymbol{Z}$ 和 $\boldsymbol{U}$

根据矩阵 $\boldsymbol{Z}$ 和 $\boldsymbol{U}$ 可以如下计算得到 $\boldsymbol{M}^*$：

$$\boldsymbol{M}^* = c(\boldsymbol{M} + \boldsymbol{Z}) + (1-c)\boldsymbol{U} \tag{15.8}$$

相应地，公式(15.7)可以改为如下：

$$\boldsymbol{R}_i = c(\boldsymbol{M} + \boldsymbol{Z})\boldsymbol{R}_{i-1} + (1-c)\boldsymbol{U}\boldsymbol{R}_{i-1} = c(\boldsymbol{M} + \boldsymbol{Z})\boldsymbol{R}_{i-1} + (1-c)\boldsymbol{U} \tag{15.9}$$

注意，向量 $\boldsymbol{R}$ 中所有元素之和为 1。更新后的计算可以用随机游走模型解释如下：一个随机游走者在图中的任一个结点 j，如果该结点没有出边，那么他下一步走到任一个结点的概率为 $1/n$；如果该结点有出边，则沿着任一条出边移动的概率为 $c \times 1/|O(j)|$，或者以 $(1-c) \times 1/n$ 的概率向任一个结点移动。

以图 15.4 为例，设 $c = 0.8$，$R_0 = (0.25, 0.25, 0.25, 0.25)^{\mathrm{T}}$，按照公式(15.7)迭代计算 20 次后得到的权威度列矢量 $\boldsymbol{R} = (0.176, 0.176, 0.332, 0.316)^{\mathrm{T}}$。

15.3 数据流数据挖掘

传统数据挖掘处理的数据集是相对有限的、静态的。挖掘方法总是基于数据集中的数据被存放在存储设备上，可以对其进行多次读取。而实际应用中，有些数据是实时、动态产生的，每个数据项到达的顺序未知，长度可能是无限的。例如，提交给搜索引擎的查询，每时每刻都有查询不断产生，查询的内容未知，不同查询的个数也未知，因此，可以将查询看作数据流。网上音乐的下载也可以看作数据流，用户下载的每首音乐都是数据流中的一个数据项，它是动态产生、不断变化的。另外，股票交易、电信记录、自动取款机交易记录、零售商品交易记录也属于数据流。由于速度快、数量大，现有存储设备通常无法保存数据流的所有历史信息，如果要实时发现隐藏在数据流中的某些知识，则需要设计高效的挖掘算法，以便对数据流读取一次或几次就发现所需的知识。由此可见，传统数据挖掘技术很难直接应用于数据流挖掘。

出于实际应用的需要，数据流挖掘方法引起了广泛的关注和研究，利用数据流挖掘方法可以从大量存在的数据流信息中获取感兴趣的知识。目前这方面的研究内容包括差别分析（differences）、分位数估算（approximate quantiles）、直方图（histograms）、关联聚集挖掘（correlated aggregate queries）、元素分类（element classification）、聚类、频繁项（frequent elements）挖掘等。

下面以数据流中频繁项的挖掘为例介绍数据流挖掘的方法。

设 S 表示输入数据流，从开始监控时刻起至当前的数据流包含 N 个元素：$S=\langle e_1, e_2, \cdots, e_N \rangle$，称 S 为长度为 N 的数据流。设 I 表示数据流中不同数据项的集合，$I=\{a_1, a_2, \cdots, a_n\}$，即 $e_i \in I$。当 n 很大时，内存中无法记录这 n 个不同项的出现次数，即频率。因此通常采用近似方法来记录每个数据项出现的频率。设 F_i 表示集合 I 中项 a_i 在 S 中的真实出现频率，f_i 表示采用一定方法记录的 a_i 的近似频率。

从数据流 S 中挖掘频繁项的任务为，设 S 的当前长度为 N，给定相对频率阈值 $\varphi \in (0, 1)$，要求输出 S 中所有出现频率不小于 φN 的数据项。

由于数据流的特点，无法记录每个数据项出现的真实频繁，因此实际应用中通常不能得到准确的频繁项。因此，通常采用近似模型，给定相对频率阈值 $\varphi \in (0, 1)$ 和错误率 $\varepsilon \in (0, \varphi)$，在数据流 S 停止之前的任意时刻，输出的数据项满足如下两个条件：

（1）所有输出数据项都要满足 $F_i \leqslant f_i \leqslant F_i + \varepsilon N$；

（2）所有输出数据项都要满足 $F_i \geqslant (\varphi - \varepsilon)N$，并且所有 $F_i \geqslant \varphi N$ 的数据项都被输出。

满足这两个条件的数据项称为 ε 缺陷（ε-deficient）频繁项。

上述条件中，条件（1）保证了输出数据项的估计频率不会偏离真实频率太多，而条件（2）保证了输出数据项在允许的错误范围内都是频繁的，并且真正频繁的数据项不会被漏掉。

解决此问题的方法有许多，其中 Agrawal 和 Abbadi 提出的 Space Saving 算法具有良好的性能。给定错误率 $\varepsilon \in (0, \varphi)$，该算法设置 m 个计数器（counter），且 $m = 1/\varepsilon$，每个计数器的内容为 (e, f, d)，其中 e 是数据项，f 为 e 的近似频率，d 为近似频率 f 与真实频率 F 之间的最大差值，即误差。然后对于数据流 S 中出现的每个元素 e 按照如下过程记录每个数据项的出现频率。

（1）如果当前计数器中存在 e 的计数器，则将该计数器的 f 值增 1；

（2）如果当前计数器中不存在 e 的计数器，但是当前的计数器个数小于 m，则新增计数器，令其取值为 $(e,1,0)$；

（3）如果当前计数器中不存在 e 的计数器，且当前的计数器个数等于 m，则找到 f 值最小的计数器，设该计数器记录的信息为 (e_m,f_m,d_m) 将其改为记录当前数据项 e，令计数器取值为 (e,f_m+1,f_m)，其中 f_m 和 d_m 是这个计数器原来记录的数据项的相应的近似频率和误差。

当用户发出查询满足 φ 的频繁的数据项时，输出计数器记录的满足 $f>\varphi N$ 的所有数据项。

假设当前数据流 $S=\langle A,B,A,C,B,A,D,B,C,B\rangle$，共有 3 个计数器，其监控各个元素出现频率的过程如下。

（1）前 6 个元素出现之后，计数器的内容如表 15.6 所示。

表 15.6　数据流计数器 1

元素	A	B	C
近似频率 f	3	2	1
误差 d	0	0	0

（2）第 7 个元素 D 出现之后，由于已经没有空余的计数器来监控它，因此需要从已有的计数器中找出一个来监控 D，选择近似频率最低的计数器，即当前监控元素 C 的计数器，修改其 3 部分内容的取值，使其误差等于近似频率，近似频率增加 1，此时计数器的内容如表 15.7 所示。

表 15.7　数据流计数器 2

元素	A	B	C
近似频率 f	3	2	2
误差 d	0	0	1

（3）第 8 个元素 B 出现之后，B 正被监控，只需将其近似频率增加 1，如表 15.8 所示。

表 15.8　数据流计数器 3

元素	A	B	C
近似频率 f	3	3	2
误差 d	0	0	1

（4）第 9 个元素 C 出现之后，由于当前的计数器没有监控它，因此需要从已有的计数器中找出一个来监控它，选择近似频率最低的计数器，即当前监控元素 D 的计数器，修改其 3 部分内容的取值后如表 15.9 所示。

表 15.9　数据流计数器 4

元素	A	B	C
近似频率 f	3	3	3
误差 d	0	0	2

（5）第 8 个元素 B 出现之后，B 正被监控，只需将其近似频率增加 1，如表 15.10 所示。

表 15.10　数据流计数器 5

元素	A	B	C
近似频率 f	4	3	3
误差 d	0	0	2

该算法具有如下性质，设 min 为计数器中当前监控的最小近似频率值。

性质 1： 所有计数器的监控频率总和等于数据流的长度 N。

性质 2： min 不会大于 $\lfloor N/m \rfloor$，并且任何一个计数器的最大可能误差都不大于 min。

性质 3： 数据项的近似频率总是不小于其真实频率。

性质 4： 真实频率大于 min 的项一定正在被监控。

性质 5： 给定错误率 ε，只要令 $m \geqslant \min(|I|, 1/\varepsilon)$，就能够保证真实频率大于 εN 的项都被监控，并且任意一项的最大可能误差都不大于 εN，其中 $|I|$ 表示数据流中不同数据项的个数。

15.4　多关系数据挖掘

企业运营过程中收集、积累的数据绝大多数存储在信息系统的数据库中。最常用的数据库是关系数据库，由多个关系构成。每个关系对应一个表。数据仓库中的数据也多数是由关系数据库管理系统进行存储和管理的，因此，商务智能的实际应用中需要进行分析的数据通常存储在多个表中。这种存储方式可以使得数据的冗余低，避免数据的不一致性。例如，图 15.8 中显示了某银行的金融数据库中包含的 8 个表的属性信息以及表之间的主、外键关系。

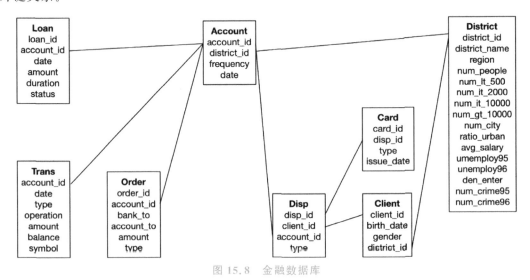

图 15.8　金融数据库

（来源：PKDD CUP 1999，http://lisp.vse.cz/pkdd99/Challenge/chall.htm）

此数据库中存放了客户的账户信息（account 表）、客户信息（client 表）、账户开户所在地的人口统计信息（district 表）、与账户关联的信用卡信息（card 表）、贷款信息（loan 表）以及与账户有关的交易信息(trans 表和 order 表)。表 disp 表达了表 account 和表 client 之间的联系。

然而商务智能的数据分析技术通常假设数据是保存在一个文件中的,无法直接用于处理存放在多个表中的数据。如果将多个表中的数据连接在一起,形成一个大表,则首先该表中的数据存在大量冗余,数据量大大增加,延长数据分析的时间。另外,该连接后的表中的数据的统计特性发生变化,不能反映原来的特点,导致分析结果的不准确。因此,有必要研究能够直接处理多表中数据的数据挖掘方法,这就是多关系数据挖掘产生的原因。为此,很多研究者研究如何将传统的分类、聚类、关联规则等挖掘技术扩展到多关系数据环境下。

以图 15.8 所示的金融数据库为例,表 loan 中存放的是每笔贷款的信息,其中属性 status 记录了当前每笔贷款的还贷状态,分为"良好"和"不良"两种情况。如果希望根据以往贷款的还贷情况来预测一笔新的贷款的可能还贷情况,这就是一个多关系分类问题。在此例中,目标属性为 status,目标数据表为 loan。由于一个账户的还贷情况不仅与贷款本身信息有关,而且与账户、客户以及其他相关的信息,如信用卡、交易信息等都有关系,因此,需要根据此数据库中的所有表内的信息进行分类器的构造。

虽然多关系数据挖掘过程中避免将多个表同时进行连接,但是,为了利用多个关系中的数据,仍然需要将两个表进行连接操作,而该操作是非常耗时的一个数据库操作,因此,如何提高此操作的效率是个很重要的问题。为此,伊利诺伊大学香槟分校的 Xiaoxin Yin 等研究者提出了一种元组号传播的方法(tuple ID propagation),该方法通过虚拟连接目标数据表(分类属性所在表)和其他数据表,建立其他表中的元组到目标属性之间的对应关系,快速、有效地完成信息的统计。

通过元组号传播的方法对数据表进行虚拟连接,会在每个非目标数据表中添加两列属性,分别是目标表行号和类别。目标表行号属性存储当前表的每一行在目标表中所对应的行号,而类别属性存储与目标表相对应的行的类别标识。通过添加这两个属性,此方法建立了非目标表与目标表之间的对应关系,利用较少的存储空间,避免了表之间的物理连接。

以表 15.11 和表 15.12 表为例。表 15.11 所示的表 loan 为目标表,该表中的每一行对应一笔贷款的信息。其中属性 status 是类别属性,属性 Loan_ID 起到元组号的作用。表 15.12 中所示的是表 account,每行对应一个账号,通过 Account_ID 需要与目标表进行虚拟连接。表 15.13 是实现元组号传播后的表 account。其中,Status 属性一列中,每个类别取值前的数字代表此行与目标表中的多少个类别对应。

表 15.11　loan 表

Loan_ID	Account_ID	Amount	Duration	Status
1	101	1000	12	p
2	101	5000	12	p
3	56	10 000	24	n
4	215	12 000	36	n
5	215	6000	24	p

表 15.12　account 表

Account_ID	Frequency	Open date	District ID
101	monthly	02/27/95	61810
56	weekly	09/23/96	61810
215	monthly	12/09/95	61802
167	weekly	01/01/94	61820

表 15.13　经过元组号传播处理后的表 loan

Account_ID	Frequency	Open date	District ID	Loan_ID	Status
101	monthly	02/27/95	61810	1,2	2p,0n
56	weekly	09/23/96	61810	3	0p,1n
215	monthly	12/09/95	61802	4,5	1p,1n
167	weekly	01/01/94	61820		0p,0n

下面介绍如何将一个基于规则的分类算法 FOIL 扩展为处理多关系数据，FOIL 属于归纳逻辑编程（inductive logic programming，ILP）领域的技术。扩展后的算法称为 CrossMine。其主要步骤如下。

（1）初始化规则集合 R 为空集；

（2）生成规则 r；

（3）将 r 加入集合 R；

（4）删除目标表中符合规则 r 的所有正例元组；

（5）如果目标表中剩余的正例元组占总正例元组的 10% 以上，转至步骤（2）；否则，结束，返回集合 R。

其中步骤（2）生成规则的过程是一个从目标表开始，不断寻找最好谓词的过程。其主要过程如下：

（2.1）将目标表设为活跃表，规则 r 为空；

（2.2）从活跃表及与活跃表有连接关系的表中搜索最好的谓词 p。

（2.3）若 foil_gain(p)>α，添加到当前规则 r 中，将所选谓词涉及的表设置为活跃表；否则结束，返回 r。

（2.4）若规则中包含的谓词的个数小于阈值 β，转至步骤（2.2）；否则结束，返回 r。

上述过程中，步骤（2.3）中需要计算每个谓词的 foil_gain 值，根据该值进行谓词的选择，该值越大越好。其计算公式如下。

$$\text{foil\_gain}(p) = P(r+p) \times \left[-\log \frac{P(r)}{P(r)+N(r)} + \log \frac{P(r+p)}{P(r+p)+N(r+p)} \right]$$

(15.10)

其中，$P(r)$ 代表的是满足规则 r 的正例个数，$N(r)$ 代表的是满足 r 的负例的个数。

例如，在目标表和 account 表中搜索最好谓词时，需要计算谓词 loan(L;A;?;?;?)，account(A；monthly；?;?)的 foil_gain 值，其中，loan(L;A;?;?;?)代表的是表 loan 中第一个属性 Load_ID 的取值为 L，第二个属性 Account_ID 的取值为 A 的那些行；account(A；monthly；?;?)代表的是满足 account 表中第一个属性（即 Account_ID）的取值为 A，第二个

属性的取值为 monthly 的行。这时规则 r 为 loan(L；p)：− Loan(L；?；?；?；?)；规则 $r+p$ 为 loan(L；p)：−loan(L；A；?；?；?)，account(A；monthly；?；?)。与谓词 loan(L；A；?；?；?)组合在一起表达的是 frequency＝monthly 且与表 loan 通过 Account_ID 可以进行连接的那些行。

这时 $P(r)$ 为目标表中类别取值为 p 的个数，即 3；$N(r)$ 则为目标表中类别取值为 n 的个数，即 2。$P(r+p)$ 为 account 表中 frequency 取值为 monthly 且与目标表中行可以连接的行中的正例个数，即 account 表中 Account_ID 为 101 和 215 的两行，与目标表中 Loan_ID 为 1、2、4、5 的行对应，产生 3 个正例和 1 个负例。

$$\text{foil\_gain}(r+p) = 3 \times [-\log(3/5) + \log(3/4)] \approx 0.9658$$

在寻找最好谓词的过程中，需要计算所有活跃表中符合当前规则的所有行中每个属性取值对应的谓词，选择 foil_gain 值最大的作为最好谓词。

练习题 15

1. 给定序列数据库如表 15.14 所示，设最小支持度为 2，找出其中所有满足条件的频繁序列模式。

表 15.14　习题 1

SID	序　　列	SID	序　　列
10	$\langle a(abc)(ac)d \rangle$	30	$\langle (ef)(ab)(df)c \rangle$
20	$\langle (ad)c(bc) \rangle$	40	$\langle eg(af)cb \rangle$

2. 给定社会网络图如图 15.9 所示，请利用各种中心度度量找出其中最重要的前两个结点。

3. 给定若干只股票每天的开盘价和收盘价，如果要发现股票之间涨跌的序列模式，例如，发现在一周内形如〈(A 涨 B 涨)C 跌〉的序列模式，应该如何构造序列数据库？

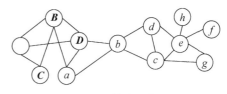

图 15.9　社会网络图

4. 给定当前数据流为 $S = \langle a, b, a, c, b, a, d, e, a, b \rangle$，设有两个计数器，请利用 Space Saving 算法输出当前最频繁的前两个元素。

5. 表 15.15 和表 15.16 通过属性"教师号"建立联系。请利用元组号传播方法，将教师表中的教师号和类别属性"教授"传播到文章表中。

表 15.15　教师表

教师号	性别	年龄	大学编号	教授
r1	女	48	u1	是
r2	男	51	u2	否
r3	男	62	u3	是
r4	女	36	u4	否
r5	女	30	u2	？

表 15.16 文章表

文章号	类型	层次	教师号
p1	conference	1	r1
p2	conference	2	r2
p3	conference	3	r3
p4	journal	1	r1
p5	journal	1	r4
p6	journal	2	r2

6. 请设计一种将朴素贝叶斯分类用于多关系分类的方法。以表 15.11 和表 15.12 中数据为例加以说明。

第16章

商务智能的社会影响与发展

商务智能经过多年的发展已经被越来越多的企业采纳，为企业降低运营成本、改善客户管理、优化业务流程起到了重要作用。商务智能在人们的日常生活中也无处不在，方便了人们的工作和生活。通常，商务智能由于需要从大量数据中发现其中隐含的知识，因此存在隐私保护的问题。随着商务智能的进一步发展以及计算机、网络等相关领域的发展，商务智能也呈现出一些新的发展趋势。本章重点介绍商务智能中的隐私保护问题以及新的发展趋势，包括移动商务智能和云计算商务智能。

16.1 商务智能中的隐私保护

商务智能通过收集、分析大量数据发现其中隐含的知识，为企业决策提供支持。例如，通过收集客户的行为数据，可以发现用户的兴趣偏好，为其提供个性化服务，提高客户满意度，增加企业利润。这本是一件双赢的事情，对客户和商家都有利。但是，这些数据被善意利用的同时，也有可能泄露用户的隐私。

隐私泄露的事件已经多次发生。例如，2006 年美国在线（AOL）的一个实验室发布了一个搜索日志数据集，该数据集包含了 65 万个 AOL 用户的 2000 万个查询，是这些用户在 2006 年 3 个月中的搜索记录，包括提交了什么查询、点击了哪些页面等。通过分析搜索日志可以发现用户的搜索意图，进行搜索推荐、准确的广告投放等，对学术界具有重要的研究意义，促进学术研究的发展。然而，数据集被公布之后不久，就出现了一个隐私保护的问题，编号为 4417749 的用户的真实身份被发现。该用户在 3 个月期间提交了许多有关自身患病症状以及所养宠物的查询。通过这些查询不难发现她的真实身份，也同时泄露了她的隐私。因此发布该数据集的网站被很快关闭。

类似的事件也发生在 DVD 在线租赁商 Netflix 于 2006 年 10 月 2 日发起的一项名为 Netflix Prized 的竞赛中。通过将此竞赛发布数据集与公开数据集 IMDB 进行链接，可以进行一些用户的映射。另外，谷歌推出的流感趋势（http://www.google.org/flutrends/），通过用户有关流感的查询预测流感的发生，也曾被质疑有关用户隐私问题。

现在，越来越多的用户在网上查询、浏览、购物、交友、分享信息。几乎用户的一举一动都被记录下来，其中包含了用户的很多隐私信息。另外，由于 GPS 技术的使用，用户的位置、移动信息也被记录下来。这些数据如果不加以正确处理，隐私泄露确实是一个严重的问题。因此隐私保护一直以来颇受关注，学术界也一直在进行这方面的研究。

实现隐私保护，一方面需要业界的行业规范和相应法律法规的制定，另一方面也可以研究如何对数据进行处理，屏蔽用户的真实信息，在不泄露用户隐私信息的基础上合理使用数据。对数据处理的方法包括加密、添加噪声或扰动等。在数据挖掘领域，隐私保护也是一个研究领域。针对关联规则、分类、聚类等分析技术，研究如何在保护隐私信息的情况下,最大限度地保证挖掘结果的有效性。k-匿名(k-anonymity)是一种被广泛认可的一种保护隐私的方法,它由 Samarati 和 Sweeney 于 1998 年提出。下面简单加以介绍。

假设包含用户隐私信息的数据存放于表 $T(A_1, A_2, \cdots, A_n)$ 中,其中 $A_i(i=1,2,\cdots,n)$ 是该表的第 i 个属性。例如,公司拥有客户的个人信息,为了隐私保护的考虑,这些信息不包括名字、社会保障号码(social security number)等能够直接标识个人的属性,但是含有性别、生日、邮政编码等信息,以及隐私信息,如收入,见表 16.1。

表 16.1　客户信息

性别	生日	邮编	收入
男	72.2.7	11001	高
男	72.8.10	11002	中
女	68.1.2	21021	中
女	68.10.3	21032	中
女	65.6.8	61801	高
女	65.9.6	61802	低

如果只有这一张表的信息,是不容易将其中的每个元组表示的信息映射到具体某个人的。但是,一些公开发布的信息中通常包含有个人的标识信息。例如,在美国,选民登记数据或者人口调查数据等含有个人的姓名、性别、生日及邮编等方面的信息,如表 16.2 所示。

表 16.2　美国公开的选民信息

姓名	性别	生日	邮编
Tony	男	72.2.7	11001
John	男	72.8.10	11002
Peter	男	68.1.2	11002
Emily	女	68.10.3	21021
Lily	女	65.6.8	21032
Laura	女	65.9.6	61801
Connie	女	72.2.7	61802

如果将表 16.1 和表 16.2 中的元组按照共有的属性——性别、生日和邮编进行连接,得到的连接后的表如表 16.3 所示。从该表中可以看出,收入信息已经与具体个人对应起来,因此很多客户的隐私信息通过这种连接操作就被泄露了。为了避免这种情况的发生,可以采用 k-匿名方法。

表 16.3　客户和选民信息连接后的表

姓名	性别	生日	邮编	收入
Tony	男	72.2.7	11001	高
John	男	72.8.10	11002	中
Emily	女	68.1.2	61021	中
Lily	女	68.10.3	61032	中
Laura	女	65.6.8	61801	高
Connie	女	65.9.6	61802	低

为了便于描述,称含有隐私信息的表为**隐私表**,公开发布的表为**公共表**。隐私表中的属性分为敏感属性和非敏感属性。如表 16.1 中收入为敏感属性,其他属性为非敏感属性。从上面的例子可以看出,隐私泄露是由于这两种表中存在一些相同的属性,如性别、生日和邮编。利用这类属性与公共表连接后可以唯一地识别出至少一个人的属性组称为**准标识符**(quasi-identifier)。例如,在上例中,属性组{性别,生日,邮编}是一个准标识符。一个隐私表的准标识符可能有多个。

为了避免信息的泄露,在发布隐私表信息时可以对数据进行一定的处理。方法 k-匿名的原理是避免将公共表中的每个人与隐私表中的相应个人对应,因此,可以将隐私表中的部分属性进行概括或隐匿,以便使具有相同准标识符取值的人数多于 1 个,达到 $k(k>1)$ 个。

正式的描述如下。给定包含 n 个属性 $A=\{A_1,A_2,\cdots,A_n\}$ 的隐私表 T,由 m 行元组构成,即 $T=\{t_1,t_2,\cdots,t_m\}$,其中 t_i 是第 i 个元组,即表的第 i 行。设 $t_i[A_j]$ 代表元组 t_i 中属性 A_j 的取值。例如,表 16.1 中,$t_1[邮编]=11001$。如果表 T 中任一个元组 $t \in T$,对于任意一个准标识符 $Q=\{B_1,B_2,\cdots,B_l\} \subset A$,都存在另外 $(k-1)$ 个元组 $\{s_1,s_2,\cdots,s_{k-1}\} \subset T$,满足 $t[B_i]=s_j[B_i]$,其中 $i=1,2,\cdots,l,j=1,2,\cdots,k-1$。此时该表 T 称为 **k-匿名表**。

表 16.4 是经过匿名处理后的 2-匿名客户表,从中可以看出,对于准标识符{性别,生日,邮编},表中任意一行都有另外一行在性别、生日和邮编属性上的取值完全相同。例如,$t_1[性别]=t_2[性别]$,$t_1[生日]=t_2[生日]$,$t_1[邮编]=t_2[邮编]$。

表 16.4   2-匿名客户表

性别	生日	邮编	收入
男	72. *	110 *	高
男	72. *	110 *	中
女	68. *	610 *	中
女	68. *	610 *	中
女	65. *	618 *	高
女	65. *	618 *	低

经过 k-匿名处理的表与公共表连接时,隐私表中的任一个元组会与至少 k 个公共表中的元组对应,从而使得 k 个元组不可区分,一定程度上保护了个人的敏感信息。

表 16.4 中的生日和邮编进行了泛化或概括化(generalization)处理,可以看到,生日属于同一年的概括为同一个取值,邮编的前 3 位相同的也变为一个值。利用这种泛化处理可以有效地实现 k-匿名,但同时也丢失了信息,降低了数据的可用性,因此,如何在损失信息最小的情况下实现 k-匿名是研究内容之一。

k-匿名表仍然存在一定的隐私泄露可能,例如,对于表 16.4,可以看到,第 3 行和第 4 行虽然都可以与公共表中的 Emily 和 Lily 对应,从而不能区分这两个人,但是,无论是 Emily 还是 Lily,其收入都是中等的信息是可以确定的,因此,敏感信息仍然被泄露了。这是由于准标识符属性取值相同的元组中敏感属性的取值缺乏多样性所致,因此,学者 Machanavajjhala、Gehrke 和 Kifer 进一步提出了 l-多样性(l-diversity)的处理方法。

给定隐私表 $T(A_1,A_2,\cdots,A_n)$ 和任意一个准标识符 $Q=\{B_1,B_2,\cdots,B_l\}$,如果表 T 中任一个元组 $t \in T$,其在准标识符上的取值与另外 $(k-1)$ 个元组 $\{s_1,s_2,\cdots,s_{k-1}\}$ 相同,这 k

个元组通常称为一个元组块。如果这 k 个元组在敏感属性上的不同取值至少有 l 个，此时该表 T 称为 l-**多样性表**。

表 16.5 所示的表是一个 2-多样性表。l-**多样性表**的定义有多种，上面是最简单的一种。对于每个元组块中敏感属性取值的多样性的衡量有多种，例如，基于信息熵的衡量方法等。

表 16.5　2-多样性客户表

性别	生日	邮编	收入
男	＞70	11＊	高
男	＞70	11＊	中
女	≤70	61＊	中
女	≤70	61＊	中
女	≤70	61＊	高
女	≤70	61＊	低

方法 k-匿名和 l-多样性可以应用于其他场合，例如对于用户移动位置的保护，一个用户移动过程中的准确地理位置在向服务提供商寻求个性化推荐服务时容易泄露，一种解决方法就是将用户的准确位置用一个地理区域取代，区域的范围确定要保证区域内至少有 k 个不可区分的用户。

16.2　移动商务智能

近几年移动互联网经历了迅猛的发展，同时，移动终端设备也得到了很大发展，手机、平板电脑等移动终端设备使得人们可以随时随地访问互联网，获取信息。另外，市场竞争日益加剧，商业机会稍纵即逝，企业管理人员以及销售人员需要及时了解业务运营状况，了解竞争对手的情况，以便及时做出正确的决策。因此，移动商务智能成为近几年的热点应用，各大商务智能厂商纷纷提出了移动商务智能战略，发布了移动商务智能产品。在学术界，移动数据的挖掘也是研究热点。

看到了移动商务的商机，各大商务智能供应商，如 IBM、SAS、SAP、Oracle 等都推出了针对移动终端设备的商务智能产品。由于移动终端设备的屏幕大小的限制，移动商务智能软件区别于传统的商务智能软件，在输出界面、用户的交互以及功能的快速响应等方面都要求更高。

随着 GPS 等定位技术的发展和普及，用户的轨迹数据收集得越来越多。出租车、物流等行业收集了大量的车辆轨迹数据，这些数据不仅可以优化运行路线和车辆调度，保障安全性，同时，通过对大量数据的分析，可以发现其中隐含的知识。例如，根据大量出租车的运行轨迹数据可以发现顾客打车的密集地，为出租车司机推荐下一个最容易拉到客人的地点，或者为司机推荐最佳的运行路线。另外，通过这些数据也可以发现一个城市的热点景点和经典的旅游路线，还可以预测突发事件的发生等。

现在利用手机发送微博信息非常流行，用户的签到信息也很丰富。这些信息中记录了个人的移动位置信息，记录了用户的真实活动，反映了用户的兴趣、偏好和生活习惯。对这些数据的有效分析,可以提取用户的偏好和行为模式。基于这些信息,商家可以为用户提供个性化服务。例如,根据用户的兴趣和当前位置与时间,为用户推荐合适的餐馆,或发送用户喜欢的产品的折扣信息,或推荐用户喜欢的旅游景点等。根据用户的移动信息,可以计算用户或地点之间的相似度,进而进行朋友推荐或地点推荐等。现在,婚介系统在介绍约会对象时也将用户的移动信息加以考虑,可以提高配对的成功率。

综合移动商务信息、移动地理信息以及社会网络信息,运用商务智能技术发现其中隐含的知识,可以为移动商务的决策提供支持,为用户提供个性化服务,为设计新的业务运营模式提供支持。越来越多的企业看到了移动商务智能的重要性,专业商务智能供应商也加大了移动商务智能应用的开发,移动商务智能目前已经成为应用和研究的热点。

16.3　云商务智能

企业实施商务智能项目通常是一个耗时、耗力、耗资的大工程。该项目从构建基础设施、购买商务智能软件到应用开发等,需要投入大量资金。项目周期通常需要一年半以上,如果需求分析不确定,还可能导致项目期限无限延长。项目实施期间占用大量 IT 资源,存在各种风险。商务智能系统上线之后,仍需要花费人力、物力进行系统的维护和更新。鉴于这些因素,商务智能项目通常短期内不能得到收益,投资回报率为负数。这些因素制约了中小型企业实施商务智能的需求。

实施商务智能的一种经济有效的可选方法是云计算商务智能,简称云商务智能,它是一种按需商务智能(on-demand business intelligence)。云商务智能是云计算(cloud computing)和商务智能相结合的产物。对商务智能的概念和技术、功能已经介绍了很多,下面简单介绍一下云计算。

维基百科对云计算的定义是:云计算是一种基于互联网的计算方式,通过这种方式,共享的软硬件资源和信息可以按需提供给计算机和其他设备。其名称的由来是因为云计算系统的复杂结构通常用云型符号加以描述。根据美国国家标准和技术研究院(http://csrc.nist.gov/publications/nistpubs/800-145/SP800-145.pdf)的定义,云计算是一种对可配置计算资源(如网络、服务器、存储、应用和服务)无处不在的、方便的、按需网络访问的使用模型,只需极少的管理工作和服务提供商的互动就可以快速提供和释放计算资源。云计算服务应该具有以下五种基本特征。

(1) 按需自助服务(on-demand self-service)。消费者不必与服务提供商互动,可以单方面地自动按需提供计算能力,如服务器时间、网络存储等。

(2) 宽泛的网络访问方式(broad network access)。用户通过基于网络的标准机制访问计算能力,提倡使用各种异构的胖/瘦客户端,例如移动电话、平板电脑、笔记本计算机和个人工作站等。

(3) 资源池(resource pooling)共享。服务提供商的计算资源为多个消费者提供服务,属于多租户模式,依据用户的需求,不同的物理和虚拟资源被动态地分配和再分配。同时还有位置无关的特性,即用户通常不必掌控或者了解计算资源的具体物理位置,不过用户可以在更高层次的抽象层指定位置(如国家、州或者数据中心)。典型的资源包括存储、处理、内存和网络带宽。

（4）快速灵活（rapid elasticity）。计算能力可以被弹性地提供或者释放，以快速匹配用户的需求，有时这种可伸缩的配置是自动完成的。对消费者来说，这种可提供的计算能力显得似乎无限，且可以在任何时候配置任何数量的服务。

（5）可度量的服务（measured service）。通过利用适用于特定服务的计量能力（如存储、处理、带宽和活跃用户账号数），云系统自动控制和优化资源的使用。资源的使用可以被监控、控制和报告，对于服务提供商和服务使用者是透明的。

云计算有三种服务模型：软件即服务、平台即服务和基础设施即服务。

（1）软件即服务（software-as-a-service，SaaS）。服务提供商将应用软件部署在云基础设施（即保证云计算特性的软硬件集合）上，软件使用者（即消费者，如企业）按照自身的需求，获取相应的软件服务，并向软件服务提供商支付一定的费用。软件的服务是通过网络获取的，因此可以实现随时随地地使用所需的软件和服务。重要的是，利用这种服务，消费者无须购买软件及相应的硬件设施，软件的管理和维护也由服务提供商负责。这样对于中小企业来说，降低了使用先进技术（如商务智能技术）的门槛，因为利用软件即服务的云计算服务模式，企业无须购买、构建和维护基础设施及应用程序。采用这种服务模式时，消费者不能控制运行该程序的操作系统硬件或网络基础设施。在线电子邮件服务，如 Gmail，是该种服务模式的一个例子，用户通过客户端的浏览器就可以访问该邮件服务了，只不过它是一种免费服务。

（2）平台即服务（platform-as-a-service，PaaS）。服务提供商将服务器平台或开发环境作为一种服务提供给消费者。用户将开发或购买的应用程序安装到基础设施服务器平台上，开发应用程序时可以使用服务提供商提供的各种工具、语言或程序库。消费者可以控制应用程序及一些环境配置，但不能控制底层的云基础设施，如网络、服务器及操作系统等。微软的 Azure 云计算平台采用了 PaaS 的模式。

（3）基础设施即服务（infrastructure-as-a-service，IaaS）。在这种服务模式下，消费者可以使用基本的计算资源，如处理能力、存储器、网络部件或中间件。可以在这些基础设施上安装和运行任意软件，包括操作系统和应用程序，可以创建个性化的应用。但是消费者不需要管理底层的云基础设施，可以对部分网络组件有一定的控制力。亚马逊弹性计算云（EC2）是此类服务模式的一个代表。

云计算使得计算能力像普通的商品一样，用户可以按需购买，价格相对自己生产产品要低廉许多。这种方式使得商务智能系统不必过多地依赖于企业的 IT 部门和 IT 资源，减轻企业人力、财力的压力，降低管理、维护基础设施和软件的人力成本，降低企业部署商务智能的风险，也有利于商务智能在企业的各个部门的推广使用，促进企业商业模式的变革，提高企业核心竞争力。越来越多的中小企业已经采用这种计算模式。

当然，云商务智能也具有一般云计算系统的缺陷，例如：安全问题，涉及数据的丢失以及敏感数据的泄露等；网络延迟或中断，由于计算资源是通过互联网等网络提供的，比起局域网，网络的延迟肯定存在，如果网络中断，则无法访问服务；对服务提供商的依赖，如果服务提供商停止服务，则无法得到服务；集成问题，服务提供商提供的软件难以与企业的其他系统进行集成等。

练习题 16

1. 列举商务智能应用中可能涉及的隐私保护问题。

2. 分析基于软件即服务使用模式的云商务智能的优缺点有哪些。

3. 如果你现在拥有一个用户签到信息的数据集,其中包含 10 000 个用户在一年内的签到信息,包括签到时间、地理位置的经纬度、地理位置的地址信息以及类型(如餐馆、影院等),针对此信息,你认为可以利用哪些商务智能技术发现何种知识,以辅助企业为用户提供个性化的服务?

4. 表 16.6 中包含用户的疾病信息,假设该表的准标识符为{性别,年龄,婚姻,邮编},请回答如下问题:

表 16.6　习题 4

性别	婚姻	年龄	邮编	疾病
女	已婚	60	100084	心脏病
女	离异	55	100873	糖尿病
女	单身	43	100071	哮喘
女	已婚	62	100632	糖尿病
女	离异	48	100581	心脏病
男	已婚	65	100051	胃癌
男	单身	50	100326	肝癌
男	单身	45	100062	哮喘
男	离异	52	100235	心脏病

(1) 通过泛化或者隐匿(即将某属性的某取值用 * 代替)的方法处理此表,使之满足 3-匿名。

(2) 如果 l-多样性指的是每个元组块中至少含有 l 个不同的敏感属性的取值,你处理后的 3-匿名表是否满足 2-多样性? 若否,则改变 k-匿名的处理方式,使之符合此定义。

(3) 如果 l-多样性的定义改为"熵 l-多样性",即每个元组块满足如下条件:

$$\sum_{c \in C} -\frac{f(c)}{N} \log \frac{f(c)}{N} \geq \log l$$

其中,N 代表一个元组块中的元组个数,C 是此元组块中敏感属性的取值集合,$f(c)$ 是此元组块中敏感属性的一个取值 c 在此元组块中的出现次数,则你生成的 3-匿名表是否满足此定义?

参 考 文 献

［1］ 李东,梁定澎,2009. 决策支持系统与商务智能[M]. 北京:中国人民大学出版社.

［2］ 李一军,闫相斌,邹鹏,2009. 商务智能[M]. 北京:高等教育出版社.

［3］ 马刚,2010. 商务智能[M]. 大连:东北财经大学出版社.

［4］ AGRAWAL R,IMIELINSKI T,SWAMI A,1993. Mining Association Rules Between Sets of Items in Large Databases[C]. Proceedings of the 1993 ACM SIGMOD International Conference Management of Data,207-216.

［5］ AGRAWAL R,SRIKANT R,1995. Mining Sequential Patterns[C]. Proceedings of the 11th International Conference on Data Engineering,3-14.

［6］ ALLISON P,1998. Multiple Regression:A Primer[M]. Newbury Park:Pine Forge Press.

［7］ ANDERSON T W,2003. An Introduction to Multivariate Statistical Analysis[M]. 2nd ed. Somerset:Wiley.

［8］ ANKERST M,BREUNIG M M,KRIEGEL H P,et al,1999. OPTICS:Ordering Points to Identify the Clustering Structure[C]. Proceedings of the 1999 ACM SIGMOD International Conference Management of Data,49-60.

［9］ BAY S D,PAZZANI M,2001. Detecting Group Differences:Mining Contrast Sets[J]. Data Mining and Knowledge Discovery,5(3):213-246.

［10］ BENGIO Y,DUCHARME R,VINCENT P,et al,2003. A Neural Probabilistic Language Model[J]. Journal of Machine Learning Research,3(6):1137-1155.

［11］ LINOFF G S,BERRY M J A,2011. Data Mining Techniques:For Marketing,Sales,and Customer Relationship Management[M]. 3th ed. Somerset:Johe Wiley & Sons.

［12］ BLEI D M,NG A Y,JORDAN M I,2003. Latent Dirichlet Allocation[J]. Journal of Machine Learning Research,3(1):993-1022.

［13］ BLOCKEEL H,DE RAEDT L,RAMON J,1998. Top-down Induction of Logical Decision Trees[C]. Proceedings of the Fifteenth International Conference on Machine Learning (ICML'98),55-63.

［14］ BOSER B E,GUYON I M,VAPNIK V N,1992. A Training Algorithm for Optimal Margin Classifiers[C]. Proceedings of the 5th Annual Workshop on Computational Learning Theory (COLT'92),144-152.

［15］ BRADLEY P S,FAYYAD U M,1998. Refining Initial Points for K-Means Clustering[C]. Proceedings of the 15th International Conference on Machine Learning,Morgan Kaufmann Publishers Inc,91-99.

［16］ BREIMAN L,FRIEDMAN J,OLSHEN S R A,1984. Classification and Regression Trees[M]. New York:Chapman & Hall/CRC.

［17］ BRESLOW L A,AHA D W,1997. Simplifying Decision Trees:A Survey[J]. Knowledge Engineering Review,12(1):1-40.

［18］ BRIN S,MOTWANI R,SILVERSTEIN C,1997. Beyond Market Baskets:Generalizing Association Rules to Correlations[C]. Proceedings of the 1997 ACM SIGMOD International Conference Management of Data,265-276.

［19］ CECI M,APPICE A,MALERBA D,2003. Mr-SBC:A Multi-Relational Naive Bayes Classifier[C]. Proceedings of the 7th Europe Conference on Principle and Practice of Knowledge Discovery in

Databases PKDD 2003, Lecture Notes in Artificial Intelligence, 2838, Springer, Berlin, Germany, 95-106.

[20] CHAUDHURI S, DAYAL U, 1997. An Overview of Data Warehousing and OLAP Technology[J]. ACM SIGMOD Record, 26: 65-74.

[21] CHEN H L, LIU H Y, HAN J W, et al, 2009. Exploring Optimization of Semantic Relationship Graph for Multi-relational Bayesian Classification[J]. Decision Support Systems, 48(1): 112-121.

[22] CHEN G Q, LIU H Y, YU L, et al, 2006. A New Approach to Classification Based on Association Rule Mining[J]. Decision Support System, 42(2): 674-689.

[23] CHERNOFF H, 1973. The Use of Faces to Represent Points in K-Dimensional Space Graphically [J]. Journal of the American Statistical Association, 68 (342): 361-368.

[24] CHEUNG D C, LEE S D, KAO B, 1997. A General Incremental Technique for Maintaining Discovered Association Rules[C]. Proceedings of the 5th International Conference on Database Systems for Advanced Applications, 185-194.

[25] CHUNG J, GULCEHRE C, CHO K, et al, 2014. Empirical Evaluation of Gated Recurrent Neural Networks on Sequence Modeling[C]. Proceedings of NIPS 2014 Deep Learning and Representation Learning Workshop, 1-9.

[26] CLIFTON C, KANTARCIOGLU M, VAIDYA J, 2002. Defining Privacy for data mining[C]. National Science foundation Workshop on Next Generation Data Mining. Baltimore, 126-133.

[27] COOLEY R, TAN P N, SRIVASTAVA J, 2000. Discovery of Interesting Usage Patterns from Web Data[R]. Technical Report TR 99-022, University of Minnesota.

[28] CUI J, LIU H Y, LI P, et al, 2011. TagClus: A Random Walk-Based Method for Tag Clustering[J]. Knowledge and Information Systems, 27(2): 193-225.

[29] CUI J, LIU H Y, YAN J, et al, 2011. A Novel Multi-View Random Walk Algorithm for Search Task Discovery from Click-through Log[C]. Proceedings of the 20th ACM Conference on Information and Knowledge Management (CIKM 2011), 24-28.

[30] DOMINGOS P, HULTEN G, 2000. Mining High-Speed Data Streams[C]. Proceedings of the 6th International Conference on Knowledge Discovery and Data Mining, 71-80.

[31] DONG G, LI J, 1999. Effcient Mining of Emerging Patterns: Discovering Trends and Differences [C]. Proceedings of the 5th International Conference on Knowledge Discovery and Data Mining, 43-52.

[32] DOUGHERTY J, KOHAVI R, SAHAMI M, 1995. Supervised and Unsupervised Discretization of Continuous Features[C]. Proceedings of the 12th International Conference on Machine Learning, 194-202.

[33] DUCHI J C, HAZAN E, SINGER Y, 2011. Adaptive Subgradient Methods for Online Learning and Stochastic Optimization[J]. Journal of Machine Learning Research, 12(2): 2121-2159.

[34] KINGMA D P, BA J, 2015. Adam: A Method for Stochastic Optimization[C]. International Conference on Learning representations, 1-13.

[35] EASLEY D, KLEINBERG J, 2010. Networks, Crowds, and Markets: Reasoning about a Highly Connected World[M]. New York: Cambridge University Press.

[36] ESTER M, KRIEGEL H P, SANDER J, et al, 1996. A Density-Based Algorithm for Discovering Clusters in Large Spatial Databases with Noise[C]. Proceedings of the 2nd International Conference on Knowledge Discovery and Data Mining, 226-231.

[37] EVERITT B S, LANDAU S LEESE M, 2001. Cluster Analysis[M]. 4th ed. London: Arnold Publishers.

[38] FAYYAD U M, GRINSTEIN G, WIERSE A, 2001. Information Visualization in Data Mining and

Knowledge Discovery[M]. Burlington: Morgan Kaufmann.

[39] FAYYAD U M, IRANI K B, 1993. Multi-Interval Discretization of Continuous-Valued Attributes for Classification Learning[C]. Proceedings of the 13th International Joint Conference on Artificial Intelligence, 1022-1027.

[40] FENG L, LU H J, YU J X, et al, 1999. Mining Inter-Transaction Associations with Templates[C]. Proceedings of the 8th International Conference on Information and Knowledge Management, 225-233.

[41] FISHER D, 1996. Iterative Optimization and Simplification of Hierarchical Clustering[J]. Journal of Artificial Intelligence Research, 4: 147-179.

[42] FLACH P, LACHICHE N, 1999. 1BC: A first-order Bayesian classifier[C]. Proceedings of the 9th International Workshop on Inductive Logic Programming, 92-103.

[43] GEHRKE J, RAMAKRISHNAN R, GANTI V, 2000. RainForest—A Framework for Fast Decision Tree Construction of Large Datasets[J]. Data Mining and Knowledge Discovery, 4(2/3): 127-162.

[44] GIANNELLA C, HAN J, PEI J, et al, 2003. Mining Frequent Patterns in Data Streams at Multiple Time Granularities[M]. Cambridge: MIT Press.

[45] GORRY G A, MORTON M S, 1971. A Framework for Management Information Systems[J]. Sloan Management Review, 12(3): 55-70.

[46] GUHA S, MEYERSON A, MISHRA N, et al, 2003. Clustering Data Streams: Theory and Practice [J]. IEEE Transactions on Knowledge and Data Engineering, 15(3): 515-528.

[47] HAN J, KAMBER M, PEI J, 2011. Data Mining: Concepts and Techniques [M]. 3rd ed. Burlington: Morgan Kaufmann.

[48] HAN J, PEI J, YIN Y, 2000. Mining Frequent Patterns without Candidate Generation [C]. Proceedings of the 2000 ACM SIGMOD International Conference Management of Data, 1-12.

[49] HARTIGAN J A, 1975. Clustering Algorithms[M]. New Jersey: John Wiley & Sons.

[50] HE K, ZHANG X, REN S, et al, 2016. Deep Residual Learning for Image Recognition[C]. The IEEE Conference on Computer Vision and Pattern Recognition (CVPR), 770-778.

[51] HIPP J, U. GUNTZER U, NAKHAEIZADEH G, 2000. Algorithms for Association Rule Mining-A General Survey[J]. SIGKDD Explorations, 2(1): 58-64.

[52] HINTON G E. Tutorial on Deep Learning[C]. IPAM Graduate Summer School: Deep Learning, Feature Learning, PDF Presentation (Parts 1, 2, 3 & 4).

[53] HOCHREITER S, SCHMIDHUBER J, 1997. Long short-term memory[J]. Neural Computation, 9 (8): 1735-1780.

[54] IMHOFF C, GALEMMO N, GEIGER J G, 2003. Mastering Data Warehouse Design: Relational and Dimensional Techniques[M]. Somerset: John Wiley & Sons.

[55] INMON W H, 1996. Building the Data Warehouse[M]. Somerset: John Wiley & Sons.

[56] JOLLIFFE I T, 2002. Principal Component Analysis[M]. 2nd ed. Berlin, Germany/New York: Springer-Verlag.

[57] KASS G V, 1980. An Exploratory Technique for Investigating Large Quantities of Categorical Data [J]. Applied Statistics, 29: 119-127.

[58] KAUFMAN L, ROUSSEEUW P J, 1990. Finding Groups in Data: An Introduction to Cluster Analysis[M]. Somerset: John Wiley & Sons.

[59] KERBER R. 1992. ChiMerge: Discretization of Numeric Attributes[C]. Proceedings of the 10th National Conference on Artificial Intelligence (AAAI-92), 123-128.

[60] KIMBALL R, ROSS M, 2002. The Data Warehouse Toolkit: The Complete Guide to Dimensional Modeling[M]. 2nd ed. Somerset: John Wiley & Sons.

[61] KIRA K,RENDELL L A,1992. A Practical Approach to Feature Selection[C]. Proceedings of the 9th International Workshop on Machine Learning,249-256.

[62] KLEINBAUM D, KUPPER L, MULLER K, et al, 1997. Applied Regression Analysis and Multivariable Methods[M]. Pacific Grove: Duxbury Press.

[63] KOHAVI R,1995. A Study on Cross-Validation and Bootstrap for Accuracy Estimation and Model Selection[C]. Proceeding of the 15th International Joint Conference on Artificial Intelligence, 1137-1145.

[64] KOLLER D,FRIEDMAN N,2009. Probabilistic Graphical Models: Principles and Techniques[M]. Cambridge: MIT Press.

[65] KRAMER S,LAVRAČ N, FLACH P, 2001. Propositionalization Approaches to Relational Data Mining[M]//Relational Data Mining. Springer,Berlin,Heidelberg,262-291.

[66] KRIZHEVSKY A, SUTSKEVER I, HINTON G E, 2012. ImageNet Classification with Deep Convolutional Neural Networks[J]. Neural Information Processing Systems,141(5): 1097-1105.

[67] KUOK C M,FU A,WONG M H,1998. Mining Fuzzy Association Rules in Databases[J]. ACM SIGMOD Record,27(1): 41-46.

[68] KURAMOCHI M,KARYPIS G,2001. Frequent Subgraph Discovery[C]. Proceedings of the 2001 IEEE International Conference on Data Mining,313-320.

[69] LACHICHE N,FLACH P,2002. 1BC2: a true first-order Bayesian Classifier[C]. Proceedings of the 12th International Conference on Inductive Logic Programming,Springer-Verlag,133-148.

[70] LI W,HAN J,PEI J,2001. CMAR: Accurate and Effcient Classification Based on Multiple Class-Association Rules[C]. Proceedings of the 2001 IEEE International Conference on Data Mining,369-376.

[71] LI P,LIU H Y,YU J,et al,2010. Fast Single-Pair SimRank Computation[C]. SIAM International Conference on Data Mining,571-582.

[72] LI P,YU J,LIU H Y,et al,2011. Ranking Individuals and Groups by Influence Propagation[C]. The Pacific-Asia Conference on Knowledge Discovery and Data Mining (PAKDD 2011),407-419.

[73] LIU H Y, HAN J, XIN D, SHAO Z, 2006. Top-down Mining of Interesting Patterns from Very High Dimensional Data[C]. Proceedings of the 2006 International Conference on Data Engineering (ICDE'06),114.

[74] LIU B, HSU W, MA Y, 1998. Integrating Classification and Association Rule Mining [C]. Proceedings of the 4th International Conference on Knowledge Discovery and Data Mining,80-86.

[75] LIU H Y,LIN Y,HAN J,2011. Methods for Mining Frequent Items in Data Streams: An Overview [J]. Knowledge and Information Systems,26(1): 1-30.

[76] LIU H Y,LIN F,HE J,et al,2010. A New Approach for the Sequential Pattern Mining of High Dimensional Sequence Databases[J]. Decision Support Systems,50(1): 270-280.

[77] LIU H, MOTODA H, 1998. Feature Extraction, Construction, and Selection: A Data Mining Perspective[M]. Norwell: Kluwer Academic.

[78] LIU H Y,WANG X, HE J,et al,2009. Top-down Mining of Frequent Closed Patterns from Very High Dimensional Data[J]. Information Sciences,179(7): 899-924.

[79] LIU H Y, WANG X, Y. YANG Y, 2010. Comments on "An Integrated Efficient Solution for Computing Frequent and Top-k Elements in Data Streams"[J]. ACM Transactions on Database Systems (TODS),35(1): 1-4.

[80] LIU H Y,YANG H,LI W,et al,2008. CRO: a System for Online Review Structurization[C]. The 14th ACM SIGKDD International Conference on Knowledge Discovery and Data Mining (SIGKDD'08),1085-1088.

［81］ LECUN Y，BOTTOU L，BENGIO Y，HAFFNER P，1998. Gradient-based Learning Applied to Document Recognition［J］. Proceedings of the IEEE，86(11)：2278-2324.

［82］ LUHN H P，1958. A Business Intelligence System［J］. IBM Journal，2(4)：314.

［83］ MacQueen J，1967. Some Methods for Classification and Analysis of Multivariate Observations［C］. Proceedings of the 5th Berkeley Symposium on Mathematical Statistics and Probability，281-297.

［84］ MANKU G，MOTWANI R，2002. Approximate Frequency Counts over Data Streams［C］. Proceedings of International Conference on Very Large Data Bases，346-357.

［85］ MANYIKA J，CHUI M，BROWN B，et al，2011. Big Data：The Next Frontier for Innovation，Competition，and Productivity［M］. New York：McKinsey & Company.

［86］ MENDENHALL W，SINCICH T，2003. Second Course in Statistics：Regression Analysis［M］. Upper Saddle River：Prentice Hall.

［87］ MIKOLOV T，YIH W，ZWEIG G，2013. Linguistic Regularities in Continuous Space Word Representations［C］. Proceedings of the 2013 Conference of the North American Chapter of the Association for Computational Linguistics Human Language Technologies，746-751.

［88］ MIKOLOV T，CHEN K，CORRADO G，et al，2013. Efficient Estimation of Word Representations in Vector Space［C］. Proceedings of International Conference of Learning Representations（ICLR 2013），1-12.

［89］ MILLER R J，YANG Y，1997. Association Rules over Interval Data［C］. Proceedings of the 1997 ACM SIGMOD International Conference Management of Data，452-461.

［90］ MITCHELL T，1997. Machine Learning［M］. Boston：McGraw-Hill.

［91］ MORTON M S S，1971. Management Decision Support Systems：Computer-based Support for Decision Making［M］，Cambridge：Harvard University Press.

［92］ MUGGLETON S，1992. Inductive Logic Programming［M］. New York：Academic Press.

［93］ PAGE L，BRIN S，MOTWANI R，T，1998. The PageRank Citation Ranking：Bringing Order to the Web［R］. Technical Report 1999-66，Stanford University.

［94］ PARK J S，CHEN M S，YU P S，1995. An Effective Hash-Based Algorithm for Mining Association Rules［J］. SIGMOD Record，25(2)：175-186.

［95］ PASQUIER N，BASTIDE Y，TAOUIL R，et al，1999. Discovering Frequent Closed Itemsets for Association Rules［C］. Proceedings of the 7th International Conference on Database Theory（ICDT'99），398-416.

［96］ PEI J，HAN J，MORTAZAVI-A B，et al，2001. PrefixSpan：Mining Sequential Patterns Efficiently by Prefix-Projected Pattern Growth［C］. Proceedings 2001 International Conference Data Engineering（ICDE'01），215-224.

［97］ PELLEG D，MOORE A W，2000. X-means：Extending K-means with Effcient Estimation of the Number of Clusters［C］. Proceedings of the 17th International Conference on Machine Learning，727-734.

［98］ POMPE U，KONONENKO I，1995. Naive Bayesian Classifier within ILP-R［C］. Proceedings of the 5th International Workshop on Inductive Logic Programming，417-436.

［99］ PONNIAH P，2010. Data Warehousing Fundamentals：a Comprehensive Guide for IT Professionals［M］. 2nd ed. Somerset：John Wiley & Sons.

［100］ POWER D J，2002. Decision Support Systems：Concepts and Resources for Managers［M］. Westport：Quorum Books.

［101］ PYLE D，1999. Data Preparation for Data Mining［M］. Burlington：Morgan Kaufmann.

［102］ QIAN N，1999. On the Momentum Term in Gradient Descent Learning Algorithms［J］. Neural Networks，12(1)：145-151.

[103] QUINLAN J R,1979. Discovering Rules by Induction from Large Collection of Examples[M]. Edinburgh: Edinburgh University Press.

[104] QUINLAN J R, 1987. Simplifying Decision Trees[J]. International Journal of Man-Machine Studies,27,221-234.

[105] QUINLAN J R, 1992. Learning with Continuous Classes[C]. Proceedings of Australian Joint Conference on Artificial Intelligence,343-348.

[106] QUINLAN J R,1993. C4.5: Programs for Machine Learning[M]. San Mateo: Morgan-Kaufmann Publishers.

[107] QUINLAN J R,CAMERON-JONES R M,1993. FOIL: A Midterm Report[R]. Spring-Verlag: Machine Learning ECML-93,Lecture notes in Computer Sciance ♯667.

[108] RYAN T,1997. Modern Regression Methods[M]. Somerset: John Wiley & Sons.

[109] SAFAVIAN S R,LANDGREBE D,1998. A Survey of Decision Tree Classifier Methodology[J]. IEEE Transactions Systems,Man and Cybernetics,22: 660-674.

[110] SARAWAGI S,AGRAWAL R,MEGIDDO N,1998. Discovery-Driven Exploration of OLAP Data Cubes[C]. Proceedings of the 6th International Conference on Extending Database Technology, 168-182.

[111] SAVASERE A, OMIECINSKI E, NAVATHE S, 1995. An Effcient Algorithm for Mining Association Rules in Large Databases[C]. Proceedings of the 21st International Conference on Very Large Databases (VLDB'95),432-444.

[112] SAVASERE A,OMIECINSKI E,NAVATHE S,1998. Mining for Strong Negative Associations in a Large Database of Customer Transactions[C]. Proceedings of the 14th International Conference on Data Engineering,494-502.

[113] SCHAffER C,1993. Overfitting Avoidence as Bias[J]. Machine Learning,10: 153-178.

[114] SCHAPIRE R E,2002. The Boosting Approach to Machine Learning: An Overview[C]. MSRI Workshop on Nonlinear Estimation and Classification,1-22.

[115] SHAFER J C,AGRAWAL R,MEHTA M,1996. SPRINT: A Scalable Parallel Classifier for Data Mining[C]. Proceedings of the 22nd Very Large Data Bases Conference,544-555.

[116] SIEDLECKI W, SKLANSKY J, 1993. On Automatic Feature Selection. Handbook of Pattern Recognition and Computer Vision[M]. River Edge: World Scientific Publishing Co. Inc.

[117] SILVERSTEIN C, BRIN S, MOTWANI R, 1998. Beyond Market Baskets: Generalizing Association Rules to Dependence Rules[J]. Data Mining and Knowledge Discovery,2(1): 39-68.

[118] SIMONYAN K,ZISSERMAN A,2014. Very Deep Convolutional Networks for Large-Scale Image Recognition[J]. arXiv: Computer Vision and Pattern Recognition.

[119] SPRAGUE R H,CARLSON E D,1982. Building Effective Decision Support Systems[M]. Upper Saddle River: Prentice Hall.

[120] SRIKANT R and AGRAWAL R,1996. Mining Quantitative Association Rules in Large Relational Tables[C]. Proceedings of 1996 AC M-SIGMOD International Conference. on Management of Data, 1-12.

[121] SRIKANT R,AGRAWAL R,1996. Mining Sequential Patterns: Generalizations and Performance Improvements [C]. Proceedings of the 5th International Conference on Extending Database Technology (EDBT'96),18-32.

[122] SRIKANT R,VU Q,AGRAWAL R,1997. Mining Association Rules with Item Constraints[C]. Proceedings of the 3rd International Conference on Knowledge Discovery and Data Mining, 67-73.

[123] SRIVASTAVA N, HINTON G E, KRIZHEVSKY A, et al, 2014. Dropout: a Simple Way to Prevent Neural Networks from Overfitting[J]. Journal of Machine Learning Research,15(1):

1929-1958.

[124] TUNG A, LU H J, HAN J, et al, 1999. Breaking the Barrier of Transactions: Mining Inter-Transaction Association Rules[C]. Proceedings of the 5th International Conference on Knowledge Discovery and Data Mining, 297-301.

[125] WANG J, HAN J, 2004. BIDE: Efficient mining of frequent closed sequences[C]. Proceedings of 2004 International Conference on Data Engineering (ICDE'04), 79-90.

[126] WANG X, LIU H Y, ER D, 2009. HIDS: A Multifunctional Generator of Hierarchical Data Streams[J]. ACM SIGMIS Database (Database for Advances in Information Systems), 40(2): 29-36.

[127] WANG K, HE Y, HAN J, 2000. Mining Frequent Itemsets Using Support Constraints [C]. Proceedings of the 26th Very Large Data Bases Conference, 43-52.

[128] WITTEN I H, E. FRANK, HALL M A, 1999. Data Mining: Practical Machine Learning Tools and Techniques[M]. Burlington, Massachusetts: Morgan Kaufmann.

[129] XIN D, HAN J, SHAO Z, et al, 2006. C-Cubing: Efficient Computation of Closed Cubes by Aggregation-Based Checking [C]. Proceedings of the 22nd International Conference on Data Engineering, 4.

[130] YAN X, HAN J, AFSHAR R, 2003. CloSpan: Mining Closed Sequential Patterns in Large Datasets [C]. Proceedings of the 2003 SIAM International Conference Data Mining (SDM'03), 166-177.

[131] YANG Z, KITSUREGAWA M, 2005. LAPIN-SPAM: An improved algorithm for mining sequential pattern[C]. Proceedings of Int. Special Workshop on Databases for Next Generation Researchers (SWOD'05), 8-11.

[132] YANG Y, PADMANABHAN B, LIU H Y, WANG C, 2012. Discovery of Periodic Patterns in Sequence Data: A Variance Based Approach[J]. INFORMS Journal on Computing, 24 (3): 372-386.

[133] WANG Y, WITTEN I H, 1997. Induction of Model Trees for Predicting Continuous Classes[C]. Poster Papers of the 9th European Conference on Machine Learning.

[134] YIN X, HAN J, YANG J, et al, 2004. CrossMine: Efficient Classification across Multiple Database Relations[C], Proceedings of the 2004 International Conference on Data Engineering (ICDE'04), 399-411.

[135] ZAKI M. SPADE: An Efficient Algorithm for Mining Frequent Sequences[J]. Machine Learning, 1(1~2): 31-60.

[136] ZAKI M, PARTHASARATHY S, OGIHARA M, et al, 1997. New Algorithms for Fast Discovery of Association Rules[C]. Proceedings of the 3rd International Conference on Knowledge Discovery and Data Mining, 283-286.

[137] ZHOU W, LIU H Y, CHENG H, 2010. Mining Closed Episodes from Event Sequences Efficiently [C]. The Pacific-Asia Conference on Knowledge Discovery and Data Mining (PAKDD), 310-318.

图 书 资 源 支 持

感谢您一直以来对清华版图书的支持和爱护。为了配合本书的使用,本书提供配套的资源,有需求的读者请扫描下方的"书圈"微信公众号二维码,在图书专区下载,也可以拨打电话或发送电子邮件咨询。

如果您在使用本书的过程中遇到了什么问题,或者有相关图书出版计划,也请您发邮件告诉我们,以便我们更好地为您服务。

我们的联系方式:

地　　址: 北京市海淀区双清路学研大厦 A 座 714

邮　　编: 100084

电　　话: 010-83470236　010-83470237

客服邮箱: 2301891038@qq.com

QQ: 2301891038(请写明您的单位和姓名)

资源下载: 关注公众号"书圈"下载配套资源。

资源下载、样书申请

书 圈

获取最新书目

观看课程直播